Uwe Swoboda (Hrsg.)

Direct Banking

Uwe Swoboda
(Hrsg.)

Direct Banking

Wie virtuelle Institute das Bankgeschäft revolutionieren

GABLER

Die Deutsche Bibliothek – CIP-Einheitsaufnahme

Ein Titeldatensatz für diese Publikation ist bei
Der Deutschen Bibliothek erhältlich.

1. Auflage September 2000

Ursprünglich erschienen bei Betriebswirtschaftlicher Verlag Dr. Th. Gabler
GmbH, Wiesbaden 2000
Softcover reprint of the hardcover 1st edition 2000

Lektorat: Ulrike M. Vetter/Maria Kooyman

Der Gabler Verlag ist ein Unternehmen der Fachverlagsgruppe BertelsmannSpringer.

www.gabler.de

Höchste inhaltliche und technische Qualität unserer Produkte ist unser Ziel. Bei der Produktion und Verbreitung unserer Bücher wollen wir die Umwelt schonen: Dieses Buch ist auf säurefreiem und chlorfrei gebleichtem Papier gedruckt. Die Einschweißfolie besteht aus Polyäthylen und damit aus organischen Grundstoffen, die weder bei der Herstellung noch bei der Verbrennung Schadstoffe freisetzen.

Umschlaggestaltung: Nina Faber de.sign, Wiesbaden
Satz: Fotosatz L. Huhn, Maintal

ISBN 978-3-322-91267-1 ISBN 978-3-322-91266-4 (eBook)
DOI 10.1007/978-3-322-91266-4

Vorwort

Kreditinstitute und Direktbanken gründen zurzeit strategische Allianzen mit Softwarefirmen und TK-Unternehmen, um den Kunden einen mobilen Commerce zu offerieren. So versammelt die Deutsche Bank Unternehmen wie SAP, Yahoo, Nokia und Mannesmann/Vodafone, um sich als Tele-Commerce Bank zu etablieren. Darüber hinaus vereinbarten die Sparda-Bank und Alphatel eine Kooperation für die Einführung des Handy Banking. Die Comdirect (Commerzbank) bildet eine strategische Allianz mit T-Online (Deutsche Telekom). Die Kooperation zwischen Telekommunikationsanbietern und Direktbanken ist sinnvoll, da der Kunde von den Vorzügen beider Seiten profitiert. Ein weiteres Beispiel für diesen Kooperationstrend bildet die 1822 Direktbank, die zusammen mit Dr. Materna und Viag Interkom eine marktreife WAP-Brokerage-Lösung offeriert.

Aufgrund der neuen UMTS (Universal Mobile Telecommunications Systems)-Technologie werden weitere Non-Banken in den Bereich Finanzdienstleistungen eindringen. Mit Hilfe des UMTS wird es möglich, neben der Sprache auch Bilder, Daten und Charts über das Mobilfunknetz zu übertragen. Der Versorgungsgrad wird im Jahr 2005 auf mindestens 50% geschätzt. So will der Telekommunikationsanbieter Mobilcom eine eigene Direktbank gründen, die dem Handy-Kunden Kredite einräumt und Wertpapierdepots verwaltet. Alle gängigen Banktransaktionen können mit Hilfe der neuen UMTS-Technologie von jedem beliebigen Ort aus per Handy abgewickelt werden. So könnten Mobiltelefone sogar die Kredit- und Geldkarten verdrängen. Der Mobilfunkanbieter Viag Interkom will den Markt für Finanzdienstleistungen mit einem Partner und nicht mit einer eigenen Bank erobern.

Daraus entsteht eine völlig neue Generation des Banking und der Ausspruch von Bill Gates: „Banking is necessary, banks are not“ wird im neuen Jahrtausend wahrscheinlich in die Tat umgesetzt. In Mobile Commerce, auch M-Commerce genannt, will beispielsweise die

Deutsche Bank jährlich bis zu einer Mrd. Euro investieren. Allerdings wird die weitere Entwicklung des mobilen und Online-Banking davon abhängen, ob sich zukünftig einheitliche Standards und Sicherheitslösungen durchsetzen.

Dieses Buch gibt dem Leser einen Überblick über die wesentlichen Direktbanken. Es ist in sieben Teile gegliedert.

Während sich der erste Teil mit der Typologie der Direktbank beschäftigt, setzt sich der zweite Teil mit der Umfeldsituation der Direktbanken auseinander. Dabei werden sowohl die derzeitige Revolution im Bankgeschäft als auch die zukünftigen finanziellen Bedürfnisse der privaten Kunden dargestellt. Der dritte Teil beinhaltet die modernen Instrumente der Marktforschung. Der Teil vier des Buches konzentriert sich auf die Strategien und strategischen Positionen von ausgewählten Direktbanken. So wird z. B. auf die Expansionsstrategie der ConSors AG und ihre Überlegungen hinsichtlich der Übernahme der Mehrheit der Berliner Effektengesellschaft eingegangen. Damit verfügt sie über eine eigene Handelsplattform. In den Teilen fünf und sechs werden das Leistungsprogramm sowie die Preis- und Servicepolitik untersucht. So wird die Übernahme von Entrium Direct Bankers durch die italienische Bipop-Carire zu einem noch aggressiveren Preiskampf im Brokerage führen. Mit Gebühren von einheitlich 0,2 % des Ordervolumens liegt Entrium in vielen Segmenten im unteren Drittel. Der siebte Teil beschäftigt sich mit der Distributions- und Kommunikationspolitik. Neben der neuen Kommunikationsform Internet stellen die Autoren Aspekte des ethischen Marketing, das Wissensmanagement sowie die Kommunikationsstrategie von einzelnen Instituten vor.

Das Buch dokumentiert in anschaulicher Weise die unterschiedlichen Strategien der Direktbanken und gibt dem Leser wertvolle Anregungen hinsichtlich der neuen Ausrichtung im Direktbankenbereich.

Uwe Swoboda

Inhalt

Teil 3
Moderne Instrumente der Finanzmarktforschung

Teil 4
Stategische Positionen von ausgewählten Direktbanken

Teil 5
Leistungsprogrammpolitik

Teil 1
Typologie der Direktbanken

Typologie der Direktbanken

Uwe Swoboda

Gerade in den letzten Jahren kam es im Bankbereich zu einem vielfältigen Umbruch in den einzelnen Kreditinstituten. Eine Reihe von Banken wurden aufgekauft, andere fusionierten. Darüber hinaus haben sich die Kreditinstitute neue Geschäftsfelder erschlossen, sodass der Begriff „Bank" unter betriebswirtschaftlichen Aspekten sukzessiv obsolet wird. Die Bezeichnung Anbieter von Finanzdienstleistungen und Vorsorgeleistungen wäre sicherlich treffender. Aus diesem Grund ist eine typologische Betrachtung des Finanzdienstleistungsmarktes im Allgemeinen und des Direktbankenmarktes im Besonderen unerlässlich. Die Struktur der Bankwirtschaft wird grundsätzlich durch ihre vorhandenen Kreditinstitute geprägt. Um eine systematische Übersicht über die Vielzahl von neuen Direktbanktypen zu erhalten, ist es notwendig, die Strukturlehre anzuwenden.

Die Strukturlehre arbeitet mit dem Typenbegriff. Die einzelnen Typen beschreibt man durch die Kombination der einzelnen Merkmale. Somit ist die Grundlage jeder Typologie die Klassifizierung, die sich aus einer Betrachtung des Erfahrungsobjektes Direktbank unter verschiedenen Gesichtspunkten ergibt (vgl. O. Hamm, 1981, S. 3, 8 ff. und 266 ff.). Für die Klassifizierung und Typisierung spielen der Kundenkreis sowie das Leistungsprogramm eine herausragende Rolle.

1. Abgrenzung der Begriffe Direktbank und Direct Banking

Sowohl in der bankwissenschaftlichen Literatur als auch in der Bankpraxis werden die Begriffe Direktbank, Home Banking (vgl. U. Swoboda, 1996, S. 6 ff.), Direct Banking, Discount Banking und Telefon-

Banking häufig synoym verwendet. Aus diesem Grund sind eine Abgrenzung der einzelnen Termini und das Herausarbeiten der wesentlichen Merkmale einer Direktbank unerlässlich.

1.1 Der Terminus Direct Banking

Für die Unterscheidung der Begriffe Direktbank und Direct Banking verwendet der Autor die Kontaktsituation. Besteht der Kontakt zwischen Bankmitarbeitern und Kunden in einem persönlichen Gespräch mit direktem Gegenüber, spricht man von persönlichem Kontakt i. e. S. Bietet das Kreditinstitut seine Finanzdienstleistungen mittels Telefon an, so ist diese Situation als semipersönlicher Kontakt zu verstehen. Erfolgt der Kontakt zwischen Kreditinstitut und Bankkunde ausschließlich über Telefax, Brief und/oder Online-Medien, so handelt es sich um einen unpersönlichen Kontakt.

Abbildung 1: Kontaktsituationen mit Retail-Kunden

Institut	Persönlicher Kontakt	Semipersönlicher Kontakt	Unpersönlicher Kontakt
Bank mit Zweigstellen und Filialen	– Persönliches Kunden- bzw. Beratungsgespräch (face-to-face) – Betreuung durch den Außendienst	via Telefon via Videokonferenz	via Telefax via Online-Medien via E-Mails via Mailings via CD-ROM, Diskette via Geldausgabe-automat
Bank ohne Zweigstellen und Filialen (Direktbank)		via Telefon via Videokonferenz	via Telefax via Online-Medien via E-Mails via Mailings via CD-ROM, Diskette via Katalog via Geldausgabe-automat
		Formen des Direct Banking	

Zusammenfassend ist festzustellen, dass unter Direct Banking aus Kundensicht jeder semipersönliche und unpersönliche Kontakt mit einem Geldinstitut zu verstehen ist. Somit kann Direct Banking nicht nur von Direktbanken, sondern auch von Filialbanken betrieben werden. Der Begriff Direct-Banking ist folglich nicht direktbankspezifisch, sondern weist lediglich auf die unterschiedlichen Distributionskanäle hin, die von einem Kreditinstitut verwendet werden.

Eine Direktbank zeichnet sich vor allem durch eine Reihe von anderen charakteristischen Merkmalen sowie ihre organisatorische Gestaltungsform aus, die nachfolgend erläutert werden.

1.2 Erscheinungsformen von Direktbanken

Bevor eine Analyse der unterschiedlichen Direktbanktypen erfolgt, sind in Übersicht 1 (siehe S. 16) die wesentlichen Direktbanken genannt, die derzeit in Deutschland Bankgeschäfte mit Retail-Kunden betreiben. Da fast jeden Monat neue Internetbanken in den deutschen und europäischen Finanzdienstleistungsmarkt eintreten, konzentriert sich der Verfasser auf die bedeutendsten Direktbanken in der Bundesrepublik Deutschland.

1.3 Die Wesensmerkmale einer Direktbank

Für Direktbanken besteht keine Legaldefinition und im Schrifttum existieren vielfältige Interpretationen. So wird die Direktbank vereinzelt auch als „Aldi-Bank“, „Easy Banking“ oder „24-Stunden-Bank“ bezeichnet (vgl. S. Olschner, 1997, S. 39). Es lassen sich jedoch sieben wesensbestimmende Merkmale herausarbeiten (vgl. Swoboda/Wünsche, 1994, S. 278 und B. Hafner, 1999):

- Konzentration der Geschäftstätigkeit auf die Retail-Kunden im Allgemeinen und die wertpapier-affinen Privatkunden im Besonderen;
- Bank oder reiner Vermittler in Form eines Maklers (insbesondere die Hypotheken-„Direktbanken“ sind lt. KWG kein Kreditinstitut, sondern üben lediglich eine Vermittlungstätigkeit aus), die kein Filialnetz besitzen und somit direkt kommunizieren;

Übersicht 1: Die wesentlichen Direktbanken in Deutschland mit Internet-Adresse	
Name der Direktbank	**Internet-Adresse**
Advance Bank	www.advance-bank.de
Allgemeine Deutsche Direktbank	www.allgemeine-deutsche-direktbank.de
Allianz Vermögens-Bank	www:allianz-vermögens-bank.de
AmEx Bank	www.amexbank.de
APO Bank	www.apobank.de
Bank 24 (Deutsche Bank 24)	www.bank24.de www.deutsche-bank24.de
BMW Bank	www.bmwbank.de
Comdirect Bank	www.comdirect.de
ConSors Discount-Broker	www.consors.de
Direkt Anlage Bank	www.direkt-anlagebank.de
Entrium Direct Bankers (ehemalige Quelle Bank)	www.entrium-direct-bankers.de
1822 Direkt	www.1822direkt.com
NetBank	www.netgic.de
Santander Direkt Bank	www.santander.de

- kundenspezifische Marktbearbeitung mit Hilfe von Database-Marketing;
- hohe kundenfreundliche Bedienung und i. d. R. geringe Beratungsintensität;
- Produktgestaltung erfolgt nach dem einfachen und standardisierten Prinzip und dem Streben nach Aufbau eines Markenimages;
- flache Aufbauorganisation und teamorientierte Prozessorganisation, die eine Ausrichtung der Geschäftsaktivitäten an den Kundenbedürfnissen gewährleistet;
- Lean-Banking-Philosophie, die sich im Outsourcing widerspiegelt.

Direktbanken konzentrieren sich bisher ausschließlich auf das breite Mengengeschäft. Allerdings existieren bei einigen Direktbanken Ansätze, sich auf bestimmte Kundensegmente im Privatkundengeschäft zu fokussieren. So haben sich die Discount Broker auf Wertpapieranleger spezialisiert und die Advance Bank auf die MedTier-Gruppe. Zwar werden Call-Center für Firmenkunden aufgebaut, aber eine reine Direktbank für Firmenkunden existiert bisher in Deutschland nicht.

Direktbanken sind grundsätzlich Kreditinstitute nach § 1 KWG und besitzen i. d. R. eine Vollbanklizenz, die ihnen erlaubt, sämtliche Bankgeschäfte zu betreiben. Dazu zählen Zahlungsverkehrsleistungen, Anlageprodukte und teilweise auch Kreditleistungen in Form von Effekten- und Teilzahlungskrediten. Eine Ausnahme bilden Unternehmen, die sich lediglich auf die Vermittlung konzentrieren, wie z. B. die Hypotheken-Discount. Dieses Unternehmen benötigt keine Banklizenz, da sie dem Privatkunden ausschließlich Dienstleistungen anbietet. Die Kunden kommunizieren mit neuen Medien wie Telefon, Telefax und Internet sowie mit Hilfe des klassischen Briefs. Direktbanken versuchen, den Kundenkontakt durch einen gezielten Einsatz von Werbemitteln herzustellen. Sie schalten regelmäßig Anzeigen in ausgewählten Tageszeitungen wie auch Publikumszeitschriften und versenden Mailings. Mailings dienen einerseits zur Informationsübermittlung in schriftlicher Form und andererseits der personalisierten Kontaktanbahnung bzw. Kontaktaufrechterhaltung. Eine weitere Werbemaßnahme ist die Freundschaftswerbung. Sie dient der Neukundengewinnung und weist große Erfolge bei Direktbanken auf. Insbesondere Entrium Direct Bankers (ehemals Quelle Bank) stützt sich auf Referenzen zufriedener Kunden sowie die Mund-zu-Mund-Propaganda, um weitere Kundensegmente zu erschließen.

Für die Direktbank spielt das Direktmarketing eine Schlüsselrolle und zählt zu ihren Hauptaktivitäten. Direktmarketing umfasst dabei sämtliche marketing-politischen Aktivitäten, die sich in der einstufigen Kommunikation und/oder im direkten Vertrieb vollziehen. Zielsetzung ist, sowohl Interessenten als auch Kunden individuell und zielgruppenadäquat zu erreichen. Damit die Direktbank ihre Kundenwünsche wirkungsvoller, schneller und kostengünstiger erfassen kann, sind folgende Systeme unerlässlich: Database-Marketing (DBM; vgl. auch den Beitrag von J. Wohlschiess, Data Warehouse und Data Mining und Computer Aided Selling) (CAS).

Unter Database-Marketing subsumiert man ein Marketing auf der Grundlage kundenindividueller, in einer Datenbank gespeicherter Informationen. Auf einer Database sind sämtliche Informationen über einen Kunden gespeichert, die für Marketingaktivitäten von Bedeutung sind. Dies eröffnet der Direktbank die Möglichkeit, die „richtigen" Kunden zum „richtigen" Zeitpunkt mit den „richtigen" Bankleistungen und/oder Dienstleistungen anzusprechen. Die wesentlichen Schwerpunkte des Database-Marketing sind die Marktanalyse, die Kundenanalyse und die einzelkundenbezogene Marketingplanung. Zu der Kundenanalyse zählt beispielsweise die Ermittlung von individuellen Deckungsbeiträgen, Produktumsätzen sowie Rücklaufquoten von Mailings.

Der Computer Aided Selling unterstützt die Planungs- und Abwicklungsaufgaben im Rahmen von Verkaufsprozessen. Zu den Funktionen des Computer Aided Selling zählen die Gesprächsvorbereitung (z. B. aktuelle Angebotsinformation), Gesprächsdurchführung (z. B. Angebotskalkulation) sowie die Gesprächsnachbereitung (Wettbewerbssituation, Bericht über Kundenkontakt). Hinsichtlich des Kundenkontaktes spielen Call-Center eine wichtige Rolle. Des Weiteren zeichnen sich Direktbanken durch eine freundliche Bedienung und hohen Service aus. Allerdings ist die Beratungsqualität i. d. R. niedrig und an den Standardproblemen ausgerichtet.

Das Produktangebot dieses Banktyps ist straff und nach dem Prinzip „keep it simple" aufgebaut. Das Ziel der Direktbanken ist, dem Retail-Kunden eine überschaubare, transparente Angebotspalette anzubieten. Dazu zählen u. a. ein Sichteinlagenkonto, eine Anlage, ein Girokonto inkl. aller weiteren Zahlungsinstrumente, Vorsorgeleistungen und Wertpapierabwicklungen. Um Fehlallokationen sowohl der personellen als auch der sachlichen Ressourcen möglichst gering zu halten, sind die Servicegespräche vorstrukturiert und ermöglichen eine strukturierte, bedarfsorientierte, schnelle Betreuung.

Da eine Direktbank vom Kunden nicht face-to-face erlebt werden kann, ist der Aufbau einer starken Marke ein wesentliches Merkmal. Die Bank tritt mit dem Kunden lediglich mit „einer Stimme" oder via Telefax, Brief oder Computer in Verbindung. Folglich wird vom Kunden beim Direct Banking viel abverlangt. Der Kunde benötigt Vertrauen wie auch Bereitschaft, sich mit neuen Kommunikationsinstrumenten und Unbekanntem auseinanderzusetzen. Nur durch den Aufbau einer starken Marke ist es möglich, dieses Vertrauen zu erlangen. Der Markencharakter wird bestimmt durch die drei Elemente Produkt, Positionierung und Persönlichkeit, die in Abbildung 2 anhand der Bank 24 erläutert werden. Der Autor verwendet den Namen Bank 24, da ein Teil der Kundengruppe der Deutschen Bank 24 ausschließlich bei der Direktbank ein Konto erhält und nicht auf die Dienstleistungen der Filialen zurückgreift, um die Preisvorteile auch weiterhin zu erhalten. Somit teilen sie die Retailkunden der Deutschen Bank 24 in reine Direktbankkunden und Multi-Channel-Kunden.

Der Markencharakter entsteht durch die Produktqualität. Die Bank 24 ist eine Vollbank, die alle wichtigen Finanzdienstleistungen vom Zahlungsverkehr bis zur Wertpapierabwicklung flächendeckend in Deutschland anbietet. Daneben ist die Positionierung eine wesentliche Grundlage für die qualitative Differenzierung und somit für den Markenwert. Die Kernzielgruppe der Bank 24 liegt bei den 20- bis 40-jährigen Privatleuten, die über ein überdurchschnittliches Einkommen verfügen und ökonomisch denken (vgl. T. Holtrop, 1999, S. 309). Neben der Positionierung spielt die Schaffung einer Markenpersönlich-

Abbildung 2: Markencharakter einer Direktbank am Beipspiel der Bank 24 bzw. Deutschen Bank 24

Produkt	+	Positionierung	+	Markenpersönlichkeit	=	Markencharakter
Was ist die (Deutsche) Bank 24?		Wer ist die Zielgruppe? Welchen Nutzen hat die Zielgruppe (faktisch und emotional)? Warum ist die (Deutsche) Bank 24 besser als die Wettbewerber?		Wie sollten die Konsumenten die (Deutsche) Bank 24 erleben? – souverän – smart – ungezwungen – inspirierend		Wie lässt sich der kreative Leitgedanke in einem Satz beschreiben? 1. Die Bank der neuen Generation 2. „Ihre persönliche Unabhängigkeitserklärung“

keit eine wichtige Rolle. Die Markenpersönlichkeit entsteht erst im Kopf des Kunden, d. h. der Mehrwert Emotion muss beim Kunden angeregt werden. Richtig eingesetzte Emotionen erhöhen das Markenkapital. Für die Bank 24 ergibt sich somit die Aufgabe, ihre Markenpersönlichkeit an der Zielgruppe auszurichten, d. h. sie hat den Wünschen und Bedürfnissen der Zielgruppe, ihren Vorstellungen und Einstellungen am vollkommensten zu entsprechen.

Abschließend bleibt festzustellen, dass die meisten Direktbanken versuchen, eine eigene Markenpersönlichkeit aufzubauen, um sich somit von anderen Kreditinstituten zu unterscheiden und sich zu profilieren. Ne-

Abbildung 3: Leistungsprogramm einer Voll-Service-Direktbank und eines Discount-Brokers

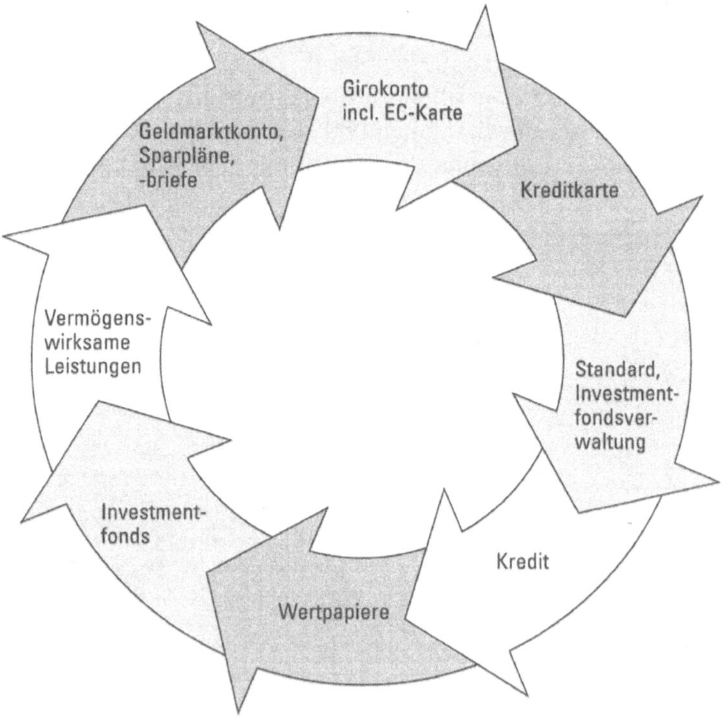

ben dem Markenartikelprinzip spielen dabei die Öffnungszeiten ein wichtiges Convenience-Element: So sind die Öffnungszeiten für Kunden viel vorteilhafter als bei einer klassischen Filialbank. Während Entrium Direct Bankers von 8.00 bis 21.00 Uhr per Telefon erreichbar ist, kann die Comdirect sogar 24 Stunden am Tag erreicht werden.

So bietet die Deutsche Bank 24 und das Hamburger Versandhandelsunternehmen Otto gemeinsam mit AOL Deutschland den Einstieg in die Online-Welt noch kundenfreundlicher an. Die Kooperation dieser drei Unternehmen sieht den Vertrieb eines leistungsstarken Multimedia-Pakets vor, das aus einem Kontoeröffnungspaket der Deutschen Bank 24 für Online Banking, dem Internet-Zugang über AOL sowie

Übersicht 2: Vergleich: Direktbank und klassische Filialbank

	Direktbank	Klassisches Filialgeschäft ohne Direct Banking
Grundphilosophie	„Wir führen Ihre normalen Bankgeschäfte einfach, schnell und preisgünstig aus."	„Wir helfen Ihnen bei der Lösung aller Ihrer finanziellen Probleme"
Leistungspolitik	• nur wichtige und vereinfachte Produkte mit sämtlichen Kontoservices • Kunde informiert sich, entscheidet und bedient sich selbst	• Alle Produkte individuelle Beratung • Kontoservices mit modernen Zugangsmedien
Erreichbarkeit	• 7 Tage die Woche • 24 Stunden am Tag	Öffnungszeiten 9.00 – 18.00 Uhr
Unique Selling Proposition	Alle wichtigen Finanzdienstleistungen, aber einfach strukturierte Produkte	• umfassendes Leistungsprogramm • kundenspezifische Beratung und Betreuung • Persönliches
Preispolitik	Höhere Preisvorteile wegen effizienter Abwicklung der Bankgeschäfte	Angemessener Preis für höhere Leistung einschließlich Beratung

Abbildung 4: Zukünftige Produktpalette für Direktbanken

einem Schneider-PC vom Otto-Versand besteht (vgl. Deutsche Bank mit Multimedia-Paket, 2000, S. 1).

Darüber hinaus ist für die Direktbank eine flache Aufbauorganisation typisch. Zwischen Vorstand und Mitarbeiter steht lediglich eine weitere Führungskraft, die sowohl fachliche als auch soziale Kompetenz aufweisen muss. Insbesondere das Coaching ist ein fester Bestandteil des Miteinanders.

Kennzeichnend für die Direktbank ist die Auslagerung, d. h. das Outsourcing von betriebswirtschaftlichen Funktionen. Die Direktbanken konzentrieren sich dabei vor allem auf ihre Kernkompetenzen, auf den Vertrieb von Bankleistungen. Ein zentrales Element der Auslagerung ist der Aufbau eines Kooperationsnetzes. Die Abbildung 5 zeigt den Aufbau eines Auslagerungskonzeptes am Beispiel der Advance Bank.

Auch Direktversicherer lagern Funktionen aus. Die virtuelle Versicherung General Life Insurance Company of America ist seit 1996 am amerikanischen Markt für Lebensversicherungen tätig. Die Produktentwicklung betreibt primär die Mutter General American Life Insurance. Für das Marketing sind wiederum andere Firmen zuständig. Um die Finanzen kümmern sich Bank One, General American Life Insurance und Conning. Das klassische Underwriting liegt in den Händen von Cybertik und Gerenal Life selbst. Die Verwaltung ist auf Dritte ausgelagert, wie NaviSys und Cybertik. Die Technik liefert das Unternehmen G.A. Sullivan. Somit sind fast alle Funktionen ausgelagert. Lediglich die Steuerung und das Data Warehouse betreibt die virtuelle Versicherung selbst.

Die Zentrale und das wichtigste Call-Center der Advance Bank befinden sich in München. Weitere Back Offices und Abwicklungsleistungen werden in anderen Gebieten Deutschlands sowie von Drittanbie-

Abbildung 5: Die virtuelle Direktbank am Beispiel der Advance Bank

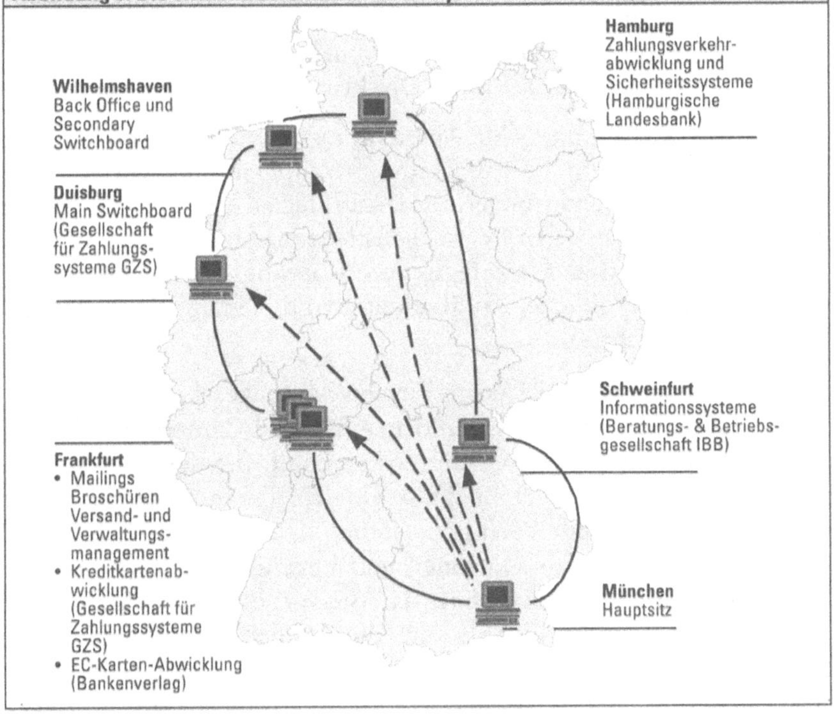

tern zur Verfügung gestellt. Die gesamte Postabwicklung übernimmt ein spezialisierter Dienstleister in Frankfurt. Das sogenannte Overflow-Call-Center, das in Stoßzeiten Kundenanrufe entgegennimmt, befindet sich in Duisburg. Während der Mainframe für wesentliche Bankleistungen wie Buchhaltung und Kontoführung in Schweinfurt untergebracht ist, werden die notwendigen Back-Office-Funktionen für den Zahlungsverkehr und das Wertpapiergeschäft von der Hamburgischen Landesbank durchgeführt. Die Kooperationspartner sowie die einzelnen Bankbereiche wie die unterschiedlichen Call-Center sind durch ein effizientes Informations- und Kommunikationsnetz verbunden. Die Basis für die Kooperation bilden die Service Level Agreements, in denen Qualität und Quantität der Kooperationspartner festgelegt sind. Ein zentrales Element bilden elektronische Workflow-Systeme, die einen weitgehend papierlosen Informations- und Nachrichtenaustausch gewährleisten.

Anhand der Fragmentierungsmatrix stellen wir die Komplexität auf der Leistungsangebotsseite mit den Anforderungen bei der Kundenbetreuung gegenüber. In Zukunft werden neben den Privatkunden auch Firmenkunden Zielgruppen einer Direktbank sein.

Es ist einleuchtend, dass eine Ausrichtung auf Key Accounts (großes Depotvolumen, mehr als 150 Trades pro Jahr) mit der Vermarktung individueller Problemlösungen andere Strategien erfordert als der Vertrieb von standardisierten Finanzdienstleistungen im Mengenkundengeschäft. Anhand der strategischen Ausgangsmatrix lassen sich grundsätzliche Probleme, Anfälligkeiten und Abhängigkeiten aufzeigen (vgl. Übersicht 3).

So führt die Dresdner Bank im Firmenkundengeschäft bewusst das Direktbanksystem zunächst in Form eines Call-Centers ein. Bundesweit hat sie acht Service-Center eingerichtet, die der Firmenkundschaft werktags von 7.00 bis 20.00 Uhr via Telefon und Telefax für Anfragen aller Art zur Verfügung stehen. Diese Service-Direktbank stellt neben Produktinnovationen und Beratungsqualität die dritte Säule im Firmenkundengeschäft dar. Sie verbessert und intensiviert sowohl den Kundenservice als auch die Kundenbetreuung und führt zudem zu einer höheren Ertragsqualität und zu Kostensenkungen. Von diesem Dienstleistungsangebot macht die Zielgruppe derzeit re-

Übersicht 3: Fragmentierungsmatrix im Direktbankgeschäft		
	wenige Kunden	viele Kunden
primär standardisierte Finanzdienstleistungen	**Kiosk-Strategie** z. B. NetBank, Hypotheken Discount	**Mengengeschäft-Strategie** z. B. Deutsche Bank 24
primär individuelle Problemlösungen	**Key-Account-Strategie** (Schlüsselkunden-Strategie) z. B. Advance Bank, Dresdner Bank Firmen-kundengeschäft	**Zielgruppen-Strategie** z. B. ConSors Direkt Anlage Bank

gen Gebrauch. Bereits 49 000 von annähernd 100 000 Zielkunden ließen sich bereits eine persönliche Identifikationsnummer geben.

Zur Schaffung von Wettbewerbsvorteilen bietet eine Reihe von Direktbanken vielfältige Serviceleistungen an. So schulen sie ihre Kunden sowohl im Wertpapierbasiswissen als auch über Chancen und Risiken des asiatischen und nordamerikanischen Marktes in Form von gebührenpflichtigen Seminaren (vgl. Comdirect, Quickborn 2000 und ConSors direct, 1999, S. 33 ff.). So können die aktivsten Kunden von ConSors Mitglied im Star Trader Club werden. Der Grundgedanke des Clubs ist, eine Umgebung zu schaffen, in der dieser Kundentyp eine kompetente Betreuung erhält. Die Teammitglieder bestehen ausnahmslos aus Bank- und Diplomkaufleuten, die über kostenlose Telefon- und Fax-Nummern zu erreichen sind. Darüber hinaus erhalten die Mitglieder Vergünstigungen wie freie Konto- und/oder Depotführungsgebühren. In diesem Club betreut ConSors Kunden, die über ein Depotvolumen von über 100 000 DM verfügen und mehr als 100 Transaktionen pro Jahr abwickeln. Ein Spezialteam von ConSors führt täglich bis zu 1000 Kundengespräche, die sich primär mit börslichem und/oder außerbörslichem Optionsscheinhandel befassen (vgl. ConSors direct, 1999, S. 40). Zudem bietet der Club exklusive Reisen zu den Zentren des Börsengeschehens wie z. B. London und New York an.

2. Grundprinzipien der Direktbanken

Aufgrund des Leistungsprogramms sowie der Servicepolitik können den gegenwärtig am Markt tätigen Direktbanken die folgenden Grundphilosophien zugeordnet werden.

2.1 Online-Prinzip

Das Online-Prinzip findet bei den Direktbanken zunehmende Verbreitung. Ziel dieser Institute ist es, sich ausschließlich auf Online-Medien zu konzentrieren, andere Vertriebswege bietet sie ihren Kunden bewusst nicht an. Eine Analyse der Jahre 1998 und 1999 verdeutlicht, dass dieses Prinzip durch seinen Kostenvorteil besticht und weitere Non- und Nearbanks diesen Weg beschreiten werden. So verzichtet die NetBank, die 1998 von sieben Sparda-Banken gegründet wurde,

Abbildung 6: Grundprinzipien des Direktbankgeschäfts

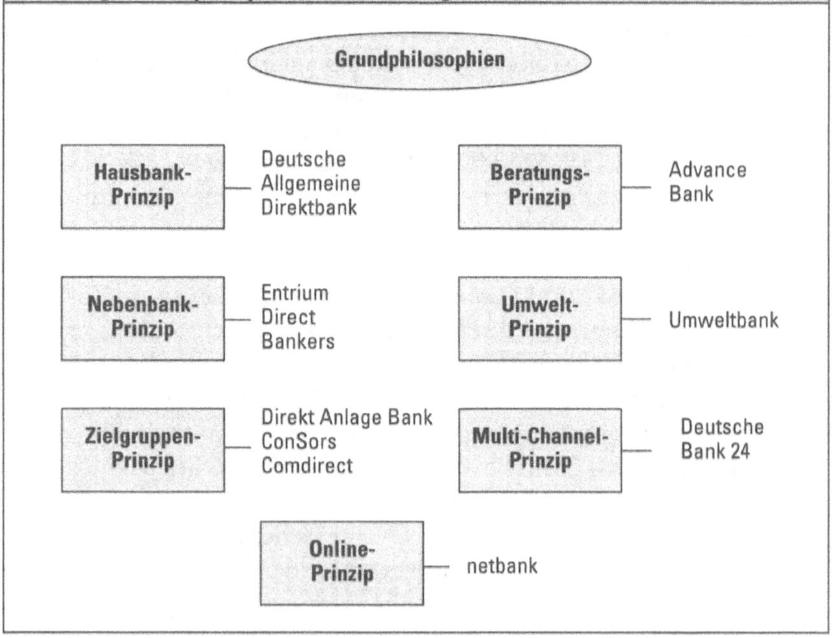

ganz ausdrücklich auf andere Vertriebswege. Sie will gezielt die Marktpotenziale im Online-Banking ausschöpfen und neue Kunden gewinnen. Dabei betreibt sie Outsourcing sowohl von Back-office-Funktionen (wie Call-Center, Versandabteilung) als auch von Stabfunktionen (Finanzmarktforschung, Marketing, Vertrieb und Public Relations). Die gesamte Bank besteht aus lediglich 10 Mitarbeitern. Sie implementiert das One-to-One-Marketing (vgl. Http: netbank.de usw.).

Auch Fidelity Investments verfolgt dieses Grundprinzip und bewegt sich weg von einer Fondsgesellschaft hin zu einem Online-Brokerhaus. Bereits heute verfügt Fidelity über 3 Mio. Online-Konten und knapp 80 % der Aktientransaktionen, die über Fidelity laufen, werden über das Internet abgewickelt (vgl. Fidelity auf dem Weg zum Online-Broker, in HB v. 24./25.9.1999, S. 30). Fidelity will am überdurchschnittlichen Wachstum im Internet teilhaben. So hat sich z. B. der Online-Aktienhandel in den vergangenen neun Monaten in den USA auf 608 Mrd. Dollar verdoppelt.

2.2 Beratungsprinzip

Demgegenüber verfolgt bisher lediglich die Advance Bank eine Beratungsphilosophie. Die Kunden erhalten eine objektive Geldanlage- und Vermögensberatung. Der Schwerpunkt der Beratung bezieht sich auf die Auswahl von bestimmten Investmentfonds. Das Produktangebot wurde in den Jahren 1998 und 1999 weiter ausgebaut durch Vermittlung von Bausparverträgen und Immobilienfinanzierungen (vgl. dazu den Beitrag von U. Swoboda, Strategien der Direktbanken). Das Beratungskonzept findet sich auch im Unternehmens-Slogan „Direkt besser beraten“ wieder. Allerdings weist die Advance Bank seit ihrer Gründung Verluste aus, die aufgrund des Beherrschungs- und Gewinnabführungsvertrags vom Mutterunternehmen, der Dresdner Bank AG, übernommen werden.

Das objektive Beratungskonzept der Advance Bank wird durch eine Kooperation der Advance Bank mit dem Research Institut FERI Trust GmbH realisiert, das die Aufgabe hat, täglich Daten über die Wertentwicklungen der einzelnen Fonds sowie Risikokennziffern zu

Abbildung 7: Beratungskonzept der Advance Bank

Depotstrategie Juni 2000:

Fondspicking/International/Wachstum

maximaler Aktienanteil 65 %/maximaler Fremdwährungsanteil 50 %

Unsere Empfehlung der Asset Allocation:

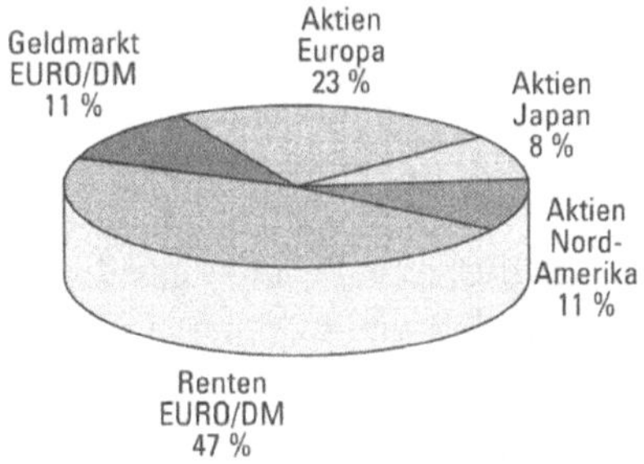

An den internationalen Aktienmärkten machen sich zunehmend Zinsängste breit. Insbesondere in den USA bleibt die Stimmung auch nach der Leitzinserhöhung gespannt. Die US-Notenbank Fed sieht noch immer die Gefahr einer zu schnell wachsenden gesamtwirtschaftlichen Nachfrage, die das Preisklima unter Druck setzt. Speziell der leer gefegte Arbeitsmarkt und der wieder steigende Ölpreis lassen die Inflationsängste aufkeimen. Außerdem stehen die Märkte allgemein noch unter dem Schock der seit April anhaltenden Konsolidierung und es herrscht eine vorsichtige Stimmung bei den Anlegern. Die übertriebene Begeisterung für die Aktien der „neuen Welt" scheint gebrochen und mündet in einer kurzfristig andauernden Unsicherheitsphase. Diese Situation nehmen wir zum Anlass, unser Aktienengagement in den Regionen Europa und USA zu reduzieren.

In Japan deutet sich für das erste Quartal ein Anstieg des BIP von gut 2 Prozent gegenüber der Vorperiode an. Dabei sollte der starke Außenhandel ebenso Impulse liefern wie die öffentlichen Investitionen und der leicht erholte private Verbrauch. Deshalb behalten wir unser japanisches Aktienengagement unverändert bei.

Zusätzlich nehmen wir eine Laufzeitenverlängerung bei den europäischen Rentenwerten vor. Aufgrund der mittelfristig günstigeren Inflationsperspektiven im Euro-Raum auf der Basis von moderaten Lohnabschlüssen und anhaltend kostendämpfenden Produktivitätssteigerungen erwarten wir ein aufgehelltes Zinsbild.

Wir empfehlen Ihnen derzeit folgende Fondsstruktur:

Fonds		Anteil	Kommentar
Flemig European Smalller Companies	Aktien Europa	3 %	Position abbauen
Gartmore Continental Europe	Aktien Europa	6 %	
Oppenheim EURO STOXX 50	Aktien Europa	10 %	
Templeton European Fund	Aktien Europa	4 %	
ABN AMRO Japan Equity	Aktien Japan	8 %	
DWS US Aktien Typ 0	Aktien Nord-Amerika	11 %	Position aufbauen
BWK Rent S	Renten EURO/DEM	5 %	
DIT DEUTSCHER RENTENFONDS	Renten EURO/DEM	12 %	Position aufstocken
DIT LUX RENTEN 2006	Renten EURO/DEM	5 %	
Flemig European High Yield	Renten EURO/DEM	4 %	
MAT Medio Rent	Renten EURO/DEM	3 %	Position abbauen
Mercury European Bond Fund	Renten EURO/DEM	18 %	
MAT APO Liquid	Geldmarkt EURO/DEM	11 %	Position aufstocken

Quelle: Advance Bank

liefern (nach Auskunft der Advance Bank vom 30.3.2000). Im Zusammenspiel von Experten des Anlageausschusses der Advance erhält der Kunde eine objektive Analyse der Fondsmärkte. Damit ist eine unabhängige Wertpapierstrategie möglich. Ferner erhält der Kunde in jedem Quartal eine Empfehlung für seine Asset Allocation hinsichtlich Fonds. Mit Hilfe dieser Daten sowie den Finanzberatern kann der Kunde ein aktives, qualifiziertes Fondspicking betreiben, ohne sich ständig selbst mit dem Markt auseinandersetzen zu müssen.

2.3 Hausbankprinzip

Demgegenüber bietet eine Reihe von Direktbanken ihren Kunden einen Full-Service an. So offeriert z. B. die Allgemeine Deutsche Direktbank seit 1992 ein Gehaltskonto sowie sämtliche Standardprodukte einer Hausbank. Sie gilt als Innovator im Direktbankgeschäft, da sie bereits 1965 völlig auf Geschäftstellen verzichtete und ihre Produkte primär über Brief und Telefon vertrieb.

Zielsetzung dieses Instituts ist es, eine Erstbankverbindung einzugehen und dem Kunden ein umfassendes Angebot an Finanzdienstleistungen zu offerieren. Eine dauerhafte Beziehung zwischen Kunde und Direktbank soll nicht allein über die Preis- und Produktgestaltung, sondern auch über den Aufbau eines persönlichen Vertrauensverhältnisses hergestellt werden.

In den letzten Jahren unterbreiteten immer mehr Direktbanken ihrer Kundschaft ein Vollbankangebot. So umfasste z. B. das Leistungsspektrum der Bank GiroTel, der Comdirect sowie der Bank 24 in der Gründungsphase bereits das strategische Schlüsselprodukt für eine Hauptbankverbindung, das Girokonto. In den darauffolgenden Jahren wurde jedoch die immense Fixkostenbelastung des umfassenden Angebots einer Erstbankverbindung unterschätzt. Dabei kann man bisher zwei unterschiedliche Trends erkennen. Während die Bank 24 mit dem Mengenkundengeschäft der Deutschen Bank zur Deutschen Bank 24 fusioniert wurde, entwickelte sich die Comdirect immer mehr zu einem Discount Broker.

Zusammenfassend lässt sich feststellen, dass dieses Konzept zwar kundenorientiert ist, da es einen Full-Service anbietet, allerdings mit einem so hohen Fixkostenblock belastet ist, dass nur schwer der Break-Even-Punkt erreicht werden kann.

2.4 Zweitbankprinzip

Aus dem oben genannten Problem verfolgt eine Reihe von sehr erfolgreichen Direktbanken explizit eine Zweitbankphilosophie. Dieser Bankentyp verzichtet bewusst auf ein Lohn- und Gehaltskonto. Als 1990 die Quelle Bank (seit September 1999 firmiert die Bank als Entrium Direct Bankers) ihren Betrieb aufnahm, positionierte sie sich als stark serviceorientierte Direktbank, die ihren Kunden zunächst spezielle Passivprodukte anbot. Das Tagesgeld-Pluskonto entwickelte sich zu einem Kernprodukt des Instituts. Bereits über 803 000 Kunden besitzen ein solches Konto. Dieses money market account bietet eine attraktive Verzinsung in Kombination mit einer täglichen Verfügbarkeit des Guthabens und orientiert sich knapp über den Festgeldkonditionen von Großbanken. Derzeit umfasst die Produktpalette von Entrium Direct Bankers folgende Angebote:

- Sparangebote: Tagesgeld-Pluskonto, Festgeld, Plus-Sparbrief;
- Investmentangebot: Direct Broking (seit 1995), Privatier Plan für die private Altersvorsorge (seit 1997);
- Kreditangebote: Barkredit, Verfügungskredit, AutoCash;
- Kartenangebot: Visa Card, Affinity Visa Card (für mehr als 65 verschiedene Organisationen bieten die Entrium Direct Bankers individuelle Kartenprogramme, die zur Kundenbindung und zur besseren, effizienteren Öffentlichkeitsarbeit dienen.
- Discount-Brokerage (seit 1999) mit bereits 91 000 Kunden (vgl. Entrium Direct Bankers AG, I/2000).

Dabei achten Direktbanken, die das Zweitbankprinzip verfolgen, streng darauf, dass die Zahl der Produkte klein und überschaubar bleibt. In das Leistungsprogramm nimmt dieser Banktyp nur leicht verständliche und transparente Produkte auf, die keine intensive Beratung erfordern. Die Service-Orientierung lässt sich an folgenden Dienstleistungen ablesen:

- kostenfreie 0800-Telefonnummer;
- persönliche Telefonbetreuung von montags bis freitags von 8.00 bis 21.00 Uhr (im Wertpapierbereich von 8.00 bis 21.00 Uhr), samstags von 9.00 bis 12.00 Uhr;
- modernes Online-Angebot.

2.5 Zielgruppenprinzip

Bisher erweist sich das Zielgruppenprinzip als das erfolgreichste Konzept. Dabei setzt das Institut auf eine konsequente Marktsegmentierung und konzentriert sich nur auf einen bestimmten Kundenkreis. Die gefundenen Kundencluster erhalten eine zielgruppenorientierte Betreuung und folglich ein individuelles Leistungsprogramm. Dabei verzichtet man bewusst auf die Betreuung der breiten Mengenkundschaft. Zu den möglichen Kundenclustern zählen sowohl an Wertpapieren interessierte Kunden, die beispielsweise Intraday-Trading wünschen, als auch devisenorientierte und immobilienfinanzierungsaffine Kunden.

Als Vertreter dieses Prinzips sind exemplarisch die Direkt Anlage Bank, Santander Direkt Bank, Hypotheken-Discount Bank wie auch ConSors zu nennen.

Abbildung 8: Srategien der zielgruppenorientierten Direktbank

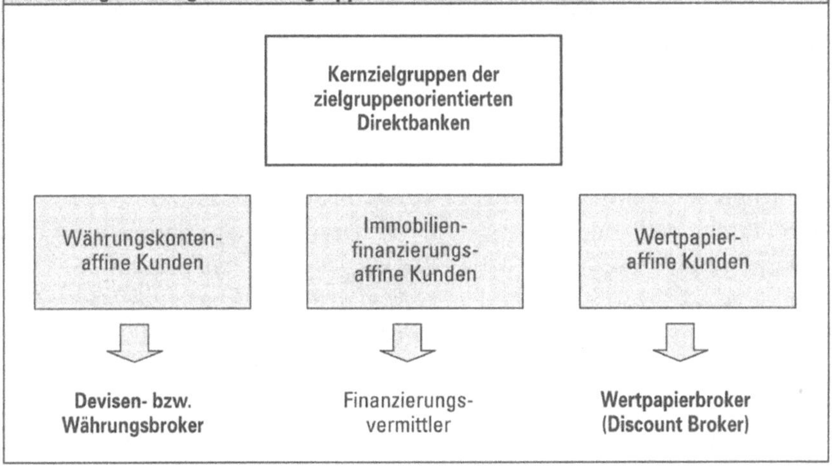

Die Kunden dieses Banktyps zeichnen sich durch folgende Charakteristika aus:

- hohe Preissensibilität,
- innovativ, d. h. sie sind vor allem Nutzer innovativer Finanzdienstleistungen,
- hohes Fachwissen und hoher Informationsstand, d. h. sie beziehen ihr Fachwissen über Wirtschaftszeitungen und -magazine und informieren sich regelmäßig über Programmsender wie ntv,
- Mehrfachbankverbindungen, d. h. sie wickeln ihre Bankgeschäfte bei mehreren Kreditinstituten ab,
- relativ geringe Kundentreue: aufgrund von Konditionsänderungen Wechseln zu anderen Direktbanken.

Gerade in den USA profilierten sich eine Reihe von Instituten mit Intraday-Trading. Beispielhaft sind Datek, Dyanamic Daytrader, Fimatex und Tradewire zu nennen.

3. Organisatorische Gestaltungsformen des Direktbankgeschäfts

Hinsichtlich der organisatorischen Ausgestaltungsform lassen sich im Wesentlichen drei Formen unterscheiden: das Stand-alone-Konzept, das Tochter-Konzept und das Multi-Channel-Konzept (Integrationskonzept).

Beim *Stand-alone-Konzept* handelt es sich um filialloses Institut, das rechtlich selbständig ist und in keinem Konzern enthalten ist. Diese Strategie gilt als das klassische Direktbankprinzip, da auf ein Filialnetz explizit verzichtet wird. Zu den Vertretern dieses Banktyps zählen z. B. die Allgemeine Deutsche Direktbank sowie Entrium Direct Bankers. Die Strategie dieser Institute basiert auf dem Prinzip der *Kostenführerschaft* (vgl. M.E. Porter, 1985, S. 63). Sie gewährt ihrer Kundschaft neben Preisvorteilen auch Convenience-Vorteile. Neben den Vorzügen einer zentralisierten Leistungserstellung und der daraus resultierenden Spezialisierung ist vor vollem der beliebige Standort zu erwähnen. Aufgrund des fehlenden Filialnetzes verfügen die Direktbanken nicht über einen unmittelbaren Face-to-face-Kontakt und können damit auf teure Innenstadt-Standorte verzichten. Aus diesem Grund wählen die meisten Direktbanken City-Randlagen, wo die Mietkosten erheblich geringer sind.

Insbesondere die Discount Broker gehen dabei den Weg der Preisführerschaft im jeweiligen Marktsegment. Dieser ist eng verbunden mit der Frage nach Effizienz und Rentabilität. Die Kosteneffizienz erreichen die Direktbanken durch schlankere Verwaltungsabläufe. Das Grundprinzip im Massengeschäft ist die Ausrichtung der Prozesse am Prinzip des Factory Design. Hierbei versucht man, Prozesse zu normieren und die Strukturen an die industrielle Fertigung anzupassen. Dies erreicht man nur durch den Einsatz von optimalem DV-Support (Call-Center und Backoffice-Funktionalitäten). Die Nachteile dieses Konzepts sind im eingeschränkten Kundenpotenzial sowie in der begrenzten Nutzung von Synergieeffekten zu sehen.

Charakteristisch für das *Tochterkonzept* ist, dass hier die Direktbank an einen Konzern gebunden ist. Zwar sind die Direktbanken i. d. R. selbständige Institute, jedoch sind sie organisatorisch in den Bankkonzern eingebunden und fungieren als Ergänzung zum bereits bestehenden Filialvertrieb. Als Vorteil dieses Konzepts ist die kostenbewusste Umsetzung einer differenzierten Marktbearbeitung zu erwähnen. Während eine Vielzahl der Kunden über den stationären Vertrieb betreut wird, können neue Kundensegmente über diesen Bankentyp erreicht werden. Problematisch können jedoch die Kannibalisierungs- und Mitnahmeeffekte sein, da eine Reihe von Kunden sich bei ihrer Hausbank beraten und anschließend das Wertpapiergeschäft über den

Übersicht 4: Tochterkonzept ausgewählter Direktbanken

Direktbank	Konzernzugehörigkeit
Advance Bank	Dresdner Bank
Deutsche Bank 24	Deutsche Bank
Citi Phone Direct Banking	Citibank Privatkunden
Comdirect Bank	Commerzbank
ConSors Discount-Broker	Schmidt-Bank
Santander Direkt Bank	Santander Bank

direkten Vertriebsweg „Direktbank“ ausführen lässt. Vertreter dieses Organisationsmodells sind fast sämtliche Tochterunternehmen der privatrechtlich organisierten Kreditbanken. Dazu zählen die exemplarisch nachfolgend erwähnten Institute: Advance Bank, Comdirect, Santander Direkt Bank.

Eine dritte Variante bildet das Integrations- bzw. *Multi-Channel-Konzept*. Charakteristisch für dieses Konzept ist, dass sowohl das Direktbankgeschäft als auch die Aktivitäten des stationären Vertriebs innerhalb eines Kreditinstituts durchgeführt werden. Diese Gestaltungsvariante haben der Genossenschaftliche Bankenverband sowie die Sparkassenorganisation gewählt. Sie integrieren somit das Direktbankgeschäft in den Geschäftsstellenvertrieb. Aufgrund der Heterogenität und Dezentralität dieser beiden Institutsgruppen würde ein zeitnahes Reagieren auf die zunehmende Anzahl der Direktbanken erschwert. Aus diesem Grund gründeten einige Großsparkassen bereits vorher eine Direktbank. Als Beispiel sind die Frankfurter Sparkasse mit 1822direct und Sparkasse Pforzheim mit S-Direkt zu nennen.

Gerade dieses Integrationskonzept ist aus Marketinggesichtspunkten die beste Lösung, da es die Wünsche des Bankkunden am besten berücksichtigt. So kann der Kunde wählen, ob er sich von Mitarbeitern in der Zweigstelle beraten lässt oder ob er seine Wertpapiertransaktionen über T-Online abwickelt und seinen Kontostand über Onlinemedien abruft. Zu dieser Erkenntnis ist nun auch die Deutsche Bank gekommen. Nachdem man feststellte, dass eine fullservice-orientierte Direktbank nur schwer schwarze Zahlen erreicht, kam es zu einer Fusion der Mengenkundschaft der Deutschen Bank und der Bank 24 zur Deutschen Bank 24. Somit entstanden innerhalb des Unternehmensbereichs Privat- und Geschäftskunden zwei autonome Geschäftsbereiche, die ihren Kunden klar voneinander differenzierte Produktleistungen anbieten. Allerdings existieren auch weiterhin reine Direktbankkunden, die ausschließlich über die Direktbank ihre Bankgeschäfte abwickeln und den Service der Zweigstelle nicht benutzen. Für diese Kunden bleibt die Deutsche Bank 24 eine reine Direktbank. Der Kunde erhält sich damit die Konditionsvorteile der Direktbank, die er beim sog. Multi-Channel-Banking der Deutschen Bank 24 teilweise verlieren würde. Während die Deutsche Bank 24 sich den Privat- und Geschäftskunden widmet, wird der Geschäftsbereich Private Banking der Deutschen Bank das Vermögensmanagement anbieten (vgl. F. v. Heydebreck, 1999, S. 445). Somit betreut die Deutsche Bank 24 nun ca. 6,8 Mio. Kunden mit 17 000 Mitarbeitern an rund 1 450 Standorten. Mit dieser Lösung hofft man, die Direktbank endlich in die schwarzen Zahlen zu führen.

Zur Abdeckung der unterschiedlichen Kundenbedürfnisse ist es für Kreditinstitute essenziell wichtig, sich auf die Wünsche ihrer Kunden einzustellen. Die Kunden wünschen neben dem klassischen, persönlichen Face-to-face-Kontakt die Möglichkeit des Direct Banking. Aus diesem Grund bietet das Multi-Channel-Konzept eine Reihe von Vorteilen:

- synergetische Effekte,
- Durchführung eines Erlebnis-Banking,
- Optimierung des Vertriebswegemix,
- geringe Personalkosten,
- geringe Kundenkosten.

Übersicht 5: Das Multi-Channel-Konzept von ausgewählten Direktbanken

Direktbank	Konzernzugehörigkeit
Deutsche Bank 24	Deutsche Bank
Öffentlich rechtlicher Sparkassenverbund	S-Direkt
Kreditgenossenschaften	Volksbank-Direkt, Raiffeisen-Direkt

Die Übersicht 6 fasst die unterschiedlichen Organisationsformen sowie ihre Vor- und Nachteile zusammen.

Übersicht 6: Organisatorische Gestaltungsformen des Direct Banking				
Analyse-aspekte **Organisato-rische Gestaltungs formen**	**Merkmale**	**Vorzüge**	**Nachteile**	**Bedeutung**
Stand-alone Konzept	Die Direktbank ist ein rechtlich selbständiges Institut ausschließlich mit Direktvertrieb. *Beispiele:* Santander Direkt Bank, Allgemeine Deutsche Direktbank	• beliebige Standortwahl • eventueller Know-how-Vorsprung durch Spezialisierung • zentralisierte Leistungserstellung	• eingeschränktes Kundenpotenzial • keine lokale Präsenz	• bei Hausse: steigende Bedeutung • bei Baisse: teilweise abnehmende Bedeutung
Tochterkonzept	Die Direktbank ist zwar rechtlich eigenständig, steht jedoch in einem Tochter-Mutter-Verhältnis. Man spricht in diesem Fall auch von der Konzernlösung. *Beispiele:* Advance Bank, ConSors	• differenzierte Marktbearbeitung aus Konzernsicht • Ausnutzung von Synergieeffekten • klare Ergebnisermittlung • eigenständige Marke	• Mitnahmeeffekte • Kannibalisierungseffekte • teilweise mangelnde Marktakzeptanz • hohe Kommunikationskosten	• grundsätzlich abnehmende Bedeutung, außer für Nischenanbieter, die zukünftig ein starkes Markenprofil entwickeln
Multi-Channel-Konzept	Die Direktbank- und Filialaktivitäten werden innerhalb eines Kreditinstituts zusammengeführt. *Beispiele:* Kreditgenossenschaften, Sparkassen, Deutsche Bank 24	• Entlastung des Filialbetriebs • höhere Servicequalität aus Sicht des Kunden • bessere Ausschöpfung des Kundenpotenzials • höhere added-value für die Kunden	• steigende Bedeutung, da der Kunde sowohl das Face-to-face-Gespräch als auch Online-Medien wünscht. • Darüber hinaus ergibt sich für die Kreditinstitute eine günstige Kostenstruktur.	• steigende Bedeutung

Quelle: in Anlehnung an Pischulti

4. Ausblick: Der neue Direktbanktyp – eine europaweite Tele-Commerce-Bank

Nachdem sich insbesondere die deutschen Großbanken im Retailgeschäft am Rande der Gewinnschwelle befinden (So schätzt die Investmentbank J.P. Morgan, dass die Commerzbank im vergangenen Jahr im Retailgeschäft einen Verlust von 80 Mio. Millionen Euro erlitten hat und der Verlust der Dresdner Bank in diesem Geschäftsfeld rund 62 Mio. Euro beträgt. Während das Betriebsergebnis bei der Deutschen Bank bei 16 Mio. Euro und bei der HypoVereinsbank bei 223 Mio. Euro liegt; vgl. Verluste deutscher Banken im Retail-Geschäft, in: FAZ v. 17.1.2000, S. 5), dürften sich die Direktbanken weiter positiv entwickeln.

Die Analyse der Direktbanktypen ergibt, dass vor allem die Direktbanken erfolgreich sind, die ihren Kunden einen wirklichen Kundenvorteil bieten, d. h. über eine Unique Selling Proposition verfügen. Dazu zählen die Direktbanktypen, die das Online-Prinzip, das Zielgruppenprinzip sowie das Zweitbankprinzip verfolgen. Jeder dieser Typen bietet dem Kunden einen spezifischen Vorteil. Während die Online-Banken auf den modernen Vertriebsweg Internet setzen und somit dem Kunden einen 24-h-Service anbieten, offerieren die Zielgruppenbanken ihren Kunden z. B. preisgünstige Wertpapiertransaktionen. Demgegenüber präferieren Kunden das Zweitbankprinzip, wenn sie von der Direktbank einen Value-Added Service und/oder außer ihrer Hausbank eine zweite Kontoverbindung wünschen. Aufgrund der Kostenvorteile die durch den Online-Vertrieb existieren, wird insbesondere das Online-Prinzip eine führende Rolle spielen. Nahezu jedes Kreditinstitut kann damit die Marke „Direktbank" gründen und somit eine eigenständige virtuelle Direktbank errichten. Neben Banken können auch Nicht-Banken relativ schnell in den Markt eintreten und Finanzdienstleistungen offerieren.

In diesem Zusammenhang werden die neuen Technologien die Entwicklung der Direktbanken maßgeblich bestimmen. So wollen der Mannesmann-Vodafone-Konzern und die Deutsche Bank eine völlig neue Direktbank gründen. Diese Direktbank entsteht zunächst in

Form eines Joint Ventures. Sie soll sämtliche Standard-Bankleistungen anbieten und bereits im Jahr 2001 auch Börsengeschäfte abwickeln. Das Ziel dieses Projektes ist, durch eine vollständige Integration von Telekommunikations- und Informationstechnologie eine neue Art von Bankleistung zu entwickeln. Damit soll ein Quantensprung im Finanzdienstleistungsbereich erreicht werden. Die Kunden dieser Tele-Commerce Bank können künftig Bankgeschäfte jederzeit, an jedem Ort und über alle modernen Zugangskanäle (insbesondere über Mobiltelefon) erledigen. Die Telefonnummer wird sozusagen zur Kontonummer. Aus Festnetz- und Mobiltelefon sowie dem Internetzugang entsteht eine individuelle, virtuelle Bank. Durch die Integration des Bankgeschäfts mit der Telekommunikationsrechnung soll ein konkurrenzloses Zahlungsverkehrssystem offeriert werden. Problematisch dürfte jedoch die Abgrenzung der neuen Direktbank zur Deutschen Bank 24 sein, die vor wenigen Monaten aus den Filialen der Deutschen Bank und der Bank 24 entstand. Damit hatte sich die Deutsche Bank klar zur Integration der Vertriebswege unter einem Dach bekannt.

Literaturhinweise

Advance Bank AG (Hrsg.): Lagebericht 1998, München 1999.

ConSors (Hrsg.): direct, 3/1999, S. 33 ff., S. 40.

Comdirect (Hrsg): Discount-Brokerage, Quickborn 2000.

Deutsche Bank mit Multimedia-Paket, in: Der Direkt-Banker & Direkt-Versicherer, 2/2000, S. 1.

Deutsche Bank 24 (Hrsg.): Für alle, die noch etwas vorhaben, Bonn 2000, S. 15.

Entrium Direct Bankers AG (Hrsg.): Discount-Brokerage, Nürnberg 2000.

Hafner, B.: Die strategische Ausrichtung der Allgemeinen Deutschen Direktbank AG, Vortrag Oktober 1999.

Hahn, O.: Struktur der Bankwirtschaft, Bd I: Banktypologie und Universalbanken, Berlin 1981, S. 3 und 8 ff. sowie 266 ff.

Heydebreck, Tessen von: Deutsche Bank 24: Aufbruch in eine neue Bankenwelt, in: Bank 7/1999, S. 445.

Holtrop, T.: Mit der Marke zur optimalen Wertschöpfung, in: Ceyp (Hrsg.): Handbuch Direktvertrieb von Finanzdienstleistungen, Hamburg, 1999, S. 309.
o.V.: Fidelity auf dem Weg zum Online-Broker, in HB v. 24./25.9.1999, S. 30.
Olschner, S.: Auch nach Feierabend, in: Forum 2/1997, S. 39.
Pischulti, H: Direktbankgeschäft, Frankfurt/M. 1997.
Porter, M.E.: Wettbewerbsstrategie, 3. Aufl., Frankfurt/M. 1985.
Swoboda, U.: Privatkundengeschäft der Kreditinstitute, 3. Aufl., Frankfurt/M. 1998.
– Die Bedeutung und Zukunft der modernen Konsumentenbank, Frankfurt/M. 1996.
Swoboda, U./Wünsche, G.: Die Bedeutung von Zielgruppen für die fokussierte Universalbank, in: Die Bank 5/1994, S. 278.

Teil 2
Umfeldsituation

Quantensprung in der deutschen Kreditwirtschaft

Uwe Swoboda

1. Allgemeine Trends

Die deutschen Kreditinstitute stehen unter einem enormen Druck, der zu einer grundlegenen Restrukturierung führt und ein hohes Maß an Flexibilität von Mitarbeitern und Banken voraussetzt. Es kommt zu einer Konsolidierungs-, Konzentrations- und Rationalisierungswelle in der Bankbranche, die in ihrem Ausmaß noch nie dagewesen ist. Im Folgenden werden die wesentlichen Gründe für diese Entwicklung genannt.

Während die primären Ziele im Privatkundengeschäft bis Mitte der achtziger Jahre Wachstum und Marktdurchdringung waren, haben nun Ertragsziele Vorrang. Aus diesem Grund kam es zu einer Konzentration der Marktaktivitäten auf Geschäftsfelder mit hohen Ergebnisbeiträgen. Darüber hinaus wurde das Mengengeschäft unter Einbeziehung von neuen Technologien standardisiert und rationalisiert. Zudem wird das Marktverhalten der Kreditinstitute durch die steigenden Zweit- und Drittbankverbindungen sowie die Aktivitäten der Non- und Nearbanks geprägt. Folglich hat die Intensivierung der Geschäftsverbindung Vorrang vor der Neukundengewinnung. Das aktionsorientierte Holgeschäft wird durch eine kundengruppenorientierte Betreuung abgelöst.

Kreditinstitute, die sich bisher vor allem auf Marktregulierung und traditionelles Kundenverhalten verlassen haben, werden schmerzliche Veränderungen im Verhalten ihrer Privatkunden feststellen. Durch die technologischen Neuerungen werden die nationalen Grenzen aufgeweicht und die Transaktionskosten im Bankensektor gesenkt.

Ein Beispiel für die technologieinduzierte Veränderung ist der US-Discount Broker Charles Schwab & Co. Dieser Discount Broker war einer der ersten, der im Internet Finanzdienstleistungen angeboten hat. Charles Schwab betreut derzeit ca. 6,2 Mio. Konten mit einer Gesamteinlage von rund 570 Mrd. US-$. Davon werden rund 234 Mrd. US-$ ausschließlich über Online-Konten geführt. Die Online-Investoren führen pro Woche Wertpapiertransaktionen im Wert von 9,5 Mrd. US-$ durch. Nationale Grenzen verlieren für deutsche Kunden immer mehr an Bedeutung. Gerade der Retail-Banking-Bereich bietet aufgrund der neuen Medien ein großes geographisches Ausweitungspotenzial. Der deutsche Discount Broker ConSors bietet z. B. seiner Kundschaft über eine Kooperation mit dem amerikanischen Brokerhaus Webstreet Securities die Möglichkeit, direkt über Internet, Telefax oder Telefon US-amerikanische Aktien an der New York Stock Exchange (NYSE) und der NASDAQ zu kaufen oder zu verkaufen. Somit kann der Kunde auf Wertpapiere zurückgreifen, die bisher nur sehr vermögenden Kunden zugänglich waren. Darüber hinaus will ConSors durch die Übernahme der Berliner Effektengesellschaft für Kleinanleger einen eigenen Marktplatz etablieren (Juni 2000). Zudem verfügt die Kundschaft über eine schnelle und kostengünstige Möglichkeit, Wertpapiere zu handeln.

Die Veränderungen im Bankgewerbe sind auf folgende drei Ursachen zurückzuführen:

- Wandel am Markt,
- Wandel der Bedürfnisse und Wünsche der Privatkunden,
- Wandel des Wettbewerbs.

Der Wandel am Markt ist durch die Globalisierung sowie die Deregulierung gekennzeichnet. Durch die Globalisierung löst sich das Bankgeschäft von den traditionellen Grenzen wie Raum und Zeit. Der Globalisierungstrend wird gestützt und verstärkt durch die Schnelligkeit der Informationstechnologie. In der Branche geht man davon aus, dass die Entwicklungen der neuen IT-Formen sowie die Einführung des E-Commerce das Privatkundengeschäft der Banken in den kommenden fünf Jahren mindestens noch einmal so verändern wird, wie dies in den letzten fünf Jahren der Fall war.

Abbildung 1: Einflusskräfte auf den Bankenmarkt

E-Commerce wird die Funktion der Kreditinsitute neu definieren, da die originäre Funktion des Intermediärs, d. h. Vermittler zwischen Angebot und Nachfrage zu sein, sich durch E-Commerce ganz dramatisch verändert. Denn E-Commerce erlaubt den direkten Zugang zum Produzenten und umgekehrt. Folglich eröffnet E-Commerce den Zutritt von Non- und Nearbanks in den Finanzdienstleistungsmarkt. Die neu gegründeten Direktbanken haben diesen Trend frühzeitig erkannt und haben diese Position besetzt. Als Beispiel ist das Quelle-Handelsunternehmen zu nennen, das bereits 1990 die Quelle Bank (heutige Entrium Direkt Bankers) gegründet hat, um durch die komplette Veränderung des Finanzdienstleistungsmarktes zu profitieren. Die Aussage von Bill Gates fasst die Veränderung im Bankgeschäft treffend zusammen: „Banking is essential, banks are not". Auswirkungen des E-Business sind:

- Entstehung neuer Kooperationsformen zwischen Banken und Nicht-Banken.

- Beschleunigung der Kommunikation und Verkürzung der Durchlaufzeiten.
- Verbesserung des Informationsstandes des Kunden.
- Entstehung neuer virtueller Märkte.

2. Deregulierungen

In der Vergangenheit war der Finanzdienstleistungsbereich in der Bundesrepublik Deutschland eine hochgradig regulierte Industrie mit detaillierten gesetzlichen Anforderungen an die Durchführung von Bankgeschäften und Überwachung durch die Aufsichtsbehörden, um die Einhaltung der Gesetze und Bestimmungen zu gewährleisten. Insbesondere in der Europäischen Union ist es durch die Harmonisierung des Bankrechts zu einem teilweisen Rückzug des Staates aus dem Bankgeschäft gekommen. In den nächsten Jahren planen die Regierungen von Frankreich, Italien und Österreich, ihre staatlichen Banken zu privatisieren.

Insbesondere die zweite Bankrechtskoordinierungsrichtlinie hat einen gemeinsamen europäischen Markt für Finanzdienstleistungen geschaffen. Diese Richtlinie beinhaltet folgende Liberalisierungsprinzipien:

- Vertriebsfreiheit über nationale Grenzen,
- Freiheit im Kapitalverkehr,
- Mindestharmonisierung durch gemeinsame Solvabilitäts- und Eigenkapitalnormen,
- Niederlassungsfreiheit und Freiheit zur Filialgründung.

Mit diesen Harmonisierungsschritten sind die Markteintrittsbarrieren zwischen den einzelnen europäischen Mitgliedsstaaten weitgehend aufgelöst worden.

3. Dekonstruktion

Eine weitere wesentliche Ursache für die Veränderungen in der Bankenwelt ist die Dekonstruktion. Unter Dekonstruktion versteht man das Aufbrechen der Wertschöpfungskette im Finanzdienstleistungsgewerbe zwischen der Produktion eines Finanzdienstleistungsproduktes, seinem Vertrieb und seiner Ausführung bzw. Abwicklung. Diese Wertschöpfungskette, die bisher von der Bank von Anfang bis zum Ende durchgeführt wurde, unterliegt nun einer Zerlegung in einzelne Wertschöpfungselemente. Auf dem Finanzdienstleistungsmarkt treten nun alte und neue Wettbewerber auf, die sich ein Stück aus dieser Wertschöpfungskette nehmen. Dabei präferieren sie die Teile, die ihnen am profitabelsten erscheinen und als zukunftsträchtig gelten (Cherry-Picking). Somit entwickeln sich Spezialisten, die in ihrem speziellen, fokussierten und konzentrierten Segment eine überragende

Abbildung 2: Rekonfiguration der Wertschöpfungskette

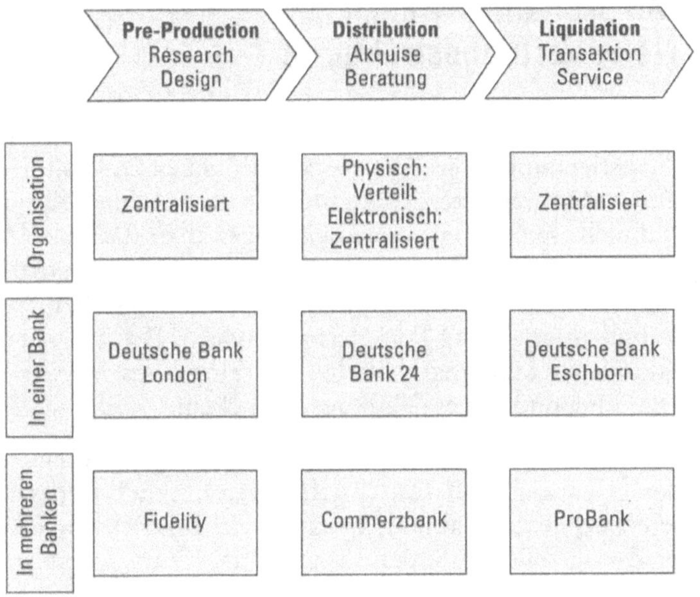

Dienstleistung anbieten, die von den Wettbewerbern, die nach wie vor die ganze Kette anbieten, nicht erreicht werden kann.

Ein Beispiel für die Dekonstruktion ist das Eintreten des französischen Konzerns General Electric Capital in das traditionelle Bankgeschäft mit ausgewählten Segmenten. General Electric Capital ist es in wenigen Jahren gelungen, die großen französischen Kreditinstitute nahezu völlig aus dem Konsumenten-Finanzierungsgeschäft zu drängen. Das Unternehmen konzentriert sich ausschließlich auf einen kleinen Teil der Wertschöpfungskette zwischen Produktion und Ausführung. Zudem benötigt es keine Filialen und unterliegt nicht der Bankenaufsicht. Die Wettbewerbsvorteile liegen in der Konzentration auf ein Geschäftsfeld, wo das Unternehmen aufgrund seiner hohen technischen Effizienz dem Kunden eine besonders effiziente und effektive Dienstleistung (Standardisierung, Automatisierung, Rationalisierung) anbietet. Aufgrund der modernen Kommunikationsmittel kommt es sogar zu einer Förderung und somit Beschleunigung der Dekonstruktion.

4. Multi-Channel-Banking – Neue Vertriebsstrukturen

Die Triebkraft des Wandels ist eine Vielzahl neuer Vertriebskanäle für Finanzdienstleistungen, welche die traditionellen Bankfilialen nicht ersetzen, sondern ergänzen. Insbesondere der gebildete Kunde wird mehr und mehr seine Finanzdienstleistungen über die neuen Medien abwickeln. Nur noch für komplexe Finanzprodukte wird er die Zweigstelle besuchen. Dabei wird sich in den Zweigstellen die Organisation und Ausrichtung komplett verändern. Die in Deutschland neu entstandenen Supermarktfilialen (Bankingshops) werden sich zu Service Banking und Private Banking entwickeln.

Allerdings werden sich die Bankingshops nur etablieren können, wenn der Privatkunde diesen Vertriebsweg nützlich findet und die Bank bereit ist, neue Filialmodelle zu entwickeln. Die Kopie konventioneller Zweigstellen in Supermärkten dürfte zum Scheitern verurteilt sein.

Folgende Banktypen werden entstehen:

1. Produktionsbank: Produktion von Bankleistungen.
2. Transaktionsbank: Ausführung und Abwicklung von Bankleistungen.
3. Vertriebsbank: Vertrieb von Bankleistungen; abhängig von der einzelnen Zielgruppe unterscheidet man zwischen Service- und Beraterbank.

Während sich die Servicebank dem breiten Mengengeschäft widmet und den Kunden einen ausgezeichneten Service sowie eine standardisierte Produktpalette offeriert, bietet die Beratungsbank qualifizierte Beratung durch gut ausgebildete Mitarbeiter an. Dem Kunden wird die individuelle und auf ihn zugeschnittene Beratung wie eine Dienstleistung in Rechnung gestellt.

Wie die Entwicklung im Retail Banking aussehen kann, nimmt die Bank of Scotland vorweg: Das Bankhaus expandiert via Call-Center und Internet in das vergleichsweise wohlhabende England. Filialen werden dabei kaum eröffnet, denn der neu gewonnene Kunde wünscht diesen Service nicht mehr. Die Privatkunden verlieren immer mehr ihre Vorbehalte gegenüber den internetgestützten Bankgeschäften. Die Jugend von heute benutzt das Internet so selbstverständlich wie das Telefon. Aus diesem Grund wird die heranwachsende Generation immer mehr über das Internet Bankgeschäfte abschließen.

Viele Jugendliche zählen sich selbst zur „Generation.de“ (Alter von 14 bis 29 Jahre), also zu jenen jungen Leuten, die ihre sozialen Kontakte auch über das Internet suchen. Zu dieser Generation mit einem neuen Kommunikationsstil via Internet und Handy inklusive der Short-Message-Funktion. Das Hamburger BAT Freizeitforschungsinstitut hat die Web-Generation untersucht und kam zu folgenden Aussagen: Der Computer ist Spiel- und Lernzeug zugleich. Der PC durchdringt somit alle Lebensbereiche von Jugendlichen. So wollen sich rund 65 % der „Generation.de“ Bankangebote per Mausklick nach Hause holen und 57 % der jungen Leute wünschen sich eine Wissensvermittlung per Tele-Learning. Jeder zehnte 14- bis 29-Jährige zieht die e-mail der klassischen Briefpost vor. Insgesamt bleibt somit festzustellen, dass sich das Kommunikations- und Informationsverhalten der jungen Menschen komplett verändert und somit auch von den Banken andere Kommunikationsformen erwarten.

5. Die veränderte Informationsgrundlage durch Data-Mining-Methoden

Kreditinstitute gehen immer mehr dazu über, ihre bestehenden Kundenbeziehungen mit sog. Data-Mining-Methoden auf Gesetzmäßigkeiten und Zusammenhänge zu untersuchen, um ihre Kunden zielgruppengerechter mit Finanzdienstleistungen zu versorgen. Eine amerikanische Bank ermittelte die absprunggefährdeten Kreditkartenkunden und kam zu dem Ergebnis, dass diese gleichzeitig Vielflieger sind. Aufgrund dieser Information erstellte man ein zielgenaues Marketingprogramm, indem das Institut ein kombiniertes Meilen-Kreditkarten-Bonusprogramm herausbrachte. Aufgrund dieser Methoden ist es möglich, stark personalisierte Dienstleistungen anzubieten. Wer in seinem Wertpapierportfolio z. B. europäische IT-Aktien führt, dem stellt die Direktbank regelmäßig alle relevanten Informationen über Branche und Land per e-mail zur Verfügung.

6. Customer Relationship Management via Data Warehouse

Das Customer Relationship Management (CRM) wird zum Dreh- und Angelpunkt im modernen, IT-gestützten Vertrieb. Sein Ziel sind bessere Kundenakquisition und -betreuung in Menge, Qualität und Preis. Die Geschäftsprozesse der Banken werden dabei konsequent auf die Kundeninteressen ausgerichtet. CRM-orientiertes Banking schöpft das Potenzial seiner Kundendatenbestände aus. Die meisten Direktbankbanken sowie Kreditinsitute stellen sich derzeit auf Data-Warehouse-Anwendungen ein. Die folgende Übersicht zeigt die angewandten Data-Mining Methoden.

Übersicht 1: Auswahl der derzeit eingesetzten Data-Mining-Methoden	
Kreditinstitut	**Angewandte Data-Mining-Methoden**
Comdirect Bank	Seit 1995 besteht ein zentrales Data Warehouse für alle Interessenten- und Kundenkontakte. Es ermöglicht CRM-Analysen, beispielsweise darüber, welche Kunden über welche Medien zu welchen Kosten gewonnen werden.
Deutsche Bank und Deutsche Bank 24	Schon zu Beginn der 90er Jahre wurde im zentralen Unternehmenszentrum mit dem Aufbau eines Data Warehouses begonnen, über das sämtliche geschäftssteuernde Prozesse ausgewertet werden sollten. Der Einsatz von OLAP-Tools zählt zu einer kontinuierlichen Verbesserungsstrategie.
Dresdner Bank	Die erste Stufe des Data Warehousing umfasst die Implementierung großer Data-Marts für die wichtigsten Geschäftsbereiche. Die erste Data-Warehouse-Lösung „Wertpapierhandel" arbeitet seit 1999. OLAP und Data Mining folgen in einer zweiten Stufe.

Quelle: Office Banking 4/1999

7. Fazit

Die niedrige Rentabilität im Retail-Geschäft deutscher Kreditinstitute ist in den letzten Jahren intensiv diskutiert worden. Obwohl die Retail-Aktivitäten ein Fünftel der Gesamterträge bzw. ein Viertel der Gesamtkosten einer Bank ausmachen, dürften sie im vergangenen Jahr nur ein Prozent des Betriebsergebnisses erwirtschaften. Angesichts einer Kundenbasis von rund 12 Mio. Retail-Kunden ist ein geschätztes, aggregiertes Betriebsergebnis von 192 Mio. DM im vergangenen Jahr für die vier deutschen Großbanken (Deutsche Bank, Dresdner Bank, Commerzbank und HypoVereinsbank) sehr niedrig. Die Ursachen sind hinlänglich bekannt. Neben dem intensiven Wettbewerb von Seiten der Sparkassenorganisation und den Kreditgenossenschaften zählen hierzu vor allem das aufgrund niedriger Zinsen margenschwache Einlagengeschäft, Probleme im Cross-Selling, die relativ hohe Kostenbasis sowie die teilweise schlechte Beratungsqualität. So kam die von Stiftung Warentest im Oktober 1999 durchgeführte Studie zur Finanzierung eines Eigenheims zu folgendem Ergebnis: Insgesamt 35 % der Einzelberatungen waren mangelhaft oder lediglich ausreichend und nur 4 % waren sehr gut (vgl. C. L. Bergmann, 2000, S. 14 f.).

Dieses Ergebnis ist exemplarisch für die teilweise unterdurchschnittliche Beratungsqualität der deutschen Kreditinstitute. Somit ist festzustellen, dass ein Grund für den zunehmenden Erfolg der Direktbanken sicherlich in der stetig sich verschlechternden Beratungsleistung der Banken liegt.

Zukünftig könnte eine horizontale Wertschöpfung durch Kooperationen und Fusionen im deutschen Retail-Bankgeschäft erwägenswert sein. Hierbei würde die Wertschöpfungskette durch eine Spezialisierung und Konzentration der beteiligten Kreditinstitute auf Kernkompetenzen in Produktkreation und/oder Vertrieb aufgebrochen. Jedes Kreditinstitut sollte in den nächsten Jahren analysieren, ob seine Wettbewerbsvorteile eher in der Produktentwicklung oder im Betrieb effizienter Filialnetze liegen.

Literaturhinweise

Bergmann, C.L.: Viele Banken beraten Bauherren schlecht, in: Finanztest 2/2000, S. 14 f.

o. V. Wandel durch elektronischen Handel, in: HB v. 10./11.9.1999, S. 29.

Die finanziellen und IT-Bedürfnisse der Privatkundschaft

Uwe Swoboda

1. Anlage- und Banknutzungsverhalten in Deutschland

1.1 Anlageverhalten

Obwohl die Sparquote in Deutschland im vergangen Jahr geringfügig weiter gesunken ist, nimmt das Geldvermögen deutlich zu. Ende 1998 belief sich das Geldvermögen der privaten Haushalte in Deutschland auf rund 5,7 Billionen DM. Dies entspricht einer Steigerung gegenüber dem Vorjahr um sechs Prozent. Auf Platz 1 steht mit 1 261 Mrd. DM nun erstmals die Geldanlage in Versicherungen, die im vergangenen Jahr kräftig zulegte. Der Anteil der Versicherungsprodukte liegt inzwischen bei 22 Prozent. Allerdings bleibt abzuwarten, ob sich das Wachstumstempo des Versicherungssparens künftig fortsetzt, da die Zinssensibilität und die Performance-Betrachtung der Privatkunden stetig zunimmt. Der Umfang der Spareinlagen stieg 1999 gegenüber 1998 nur noch leicht von 1 167 Mrd. DM auf 1 194 Mrd. DM. Die Anlage in Rentenwerten nahm sogar von 778 Mrd. DM auf 765 Mrd. DM ab. Zu dieser Entwicklung dürfte das niedrige Zinsniveau beigetragen haben. Auch 1999 herrschte eine weitgehende Stagnation bei Anlagen in Termingeld.

1998 waren rund 17,2 Mio. Deutsche im Besitz von Wertpapieren. Die dominierenden Anlageformen sind jedoch Sparanlagen und Versicherungen. Die Abbildung 1 zeigt die Verteilung des Geldvermögens der privaten Haushalte in der Bundesrepublik Deutschland.

Abbildung 1: Geldvermögen der privaten Haushalte in der Bundesrepublik Deutschland Ende 1998 (in Mrd. DM)

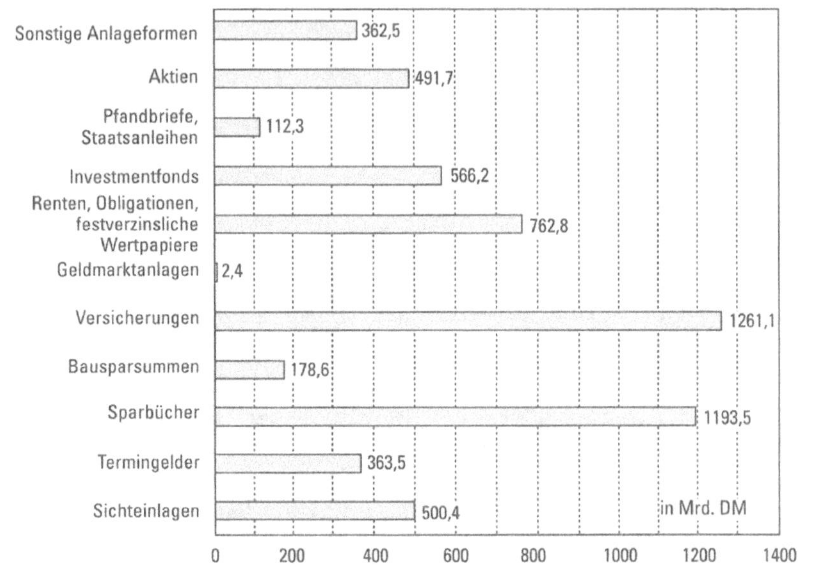

Das Deutsche Aktieninstitut weist lediglich 4,9 Mio. Deutsche als Besitzer von Aktien aus. Somit wird deutlich, dass sich eine Aktienkultur in Deutschland, die von einer breiten Bevölkerungsschicht getragen wird, erst langsam entwickelt. Dies entspricht dem Anteil von Aktienbesitzern in den USA im Jahre 1959. Der Vergleich mit den europäischen Nachbarn zeigt, dass der Anteil privater Haushalte am gesamten Aktieneigentum in Deutschland von sämtlichen Mitgliedstaaten der EU am niedrigsten ist. Allerdings ist festzustellen, dass sich die Aktienkultur in Deutschland im Aufwind befindet. Insbesondere der Börsengang der Deutschen Telekom AG mit 1,4 Mio. privaten Anteilseignern und der Erfolg des Neuen Marktes erweisen sich als Wegbereiter. Die aktuelle Diskussion über die private Rentenvorsorge sowie die geringen Erträge, die sich mit den in Deutschland immer noch beliebten Anlageformen Sparbuch, festverzinsliche Wertpapiere und Kapitallebensversicherungen erzielen lassen, dürften die Entwicklung in Richtung Aktie weiter fördern.

Das Aktiensparen ist trotz der zu verzeichnenden wachsenden Popularität unterrepräsentiert. Besonderer Beliebtheit erfreuen sich in den letzten Jahren Investmentfonds. Das Fondssparen konnte 1998 mit rund 20 % die stärkste Wachstumsrate von allen aufgezeigten Anlageformen verbuchen. Somit hat die Anlage in Investmentfonds einen Anteil von 10,5 % des Geldvermögens der privaten Haushalte in Deutschland erreicht, während die Aktien lediglich bei 8,7 % liegen. Die Experten der Deutschen Bundesbank erwarten eine Fortsetzung des Wachstumstrends, da insbesondere mit Aktienfonds langfristig eine hohe Rendite erzielbar ist.

Abbildung 2: Aktien und Publikums-Aktienfonds im Besitz der privaten Haushalte in Deutschland

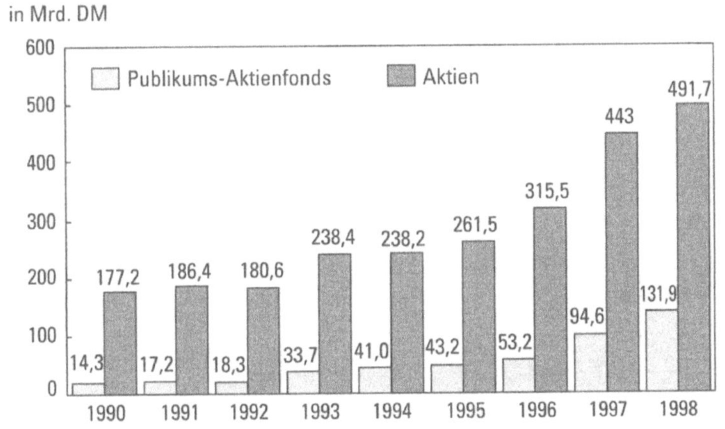

Quelle: DAI: Jahresbericht, 2000, S. 1

Die Studie des Instituts für Bankinformatik kommt zu dem Ergebnis, dass 90 % der Gesamtbevölkerung keine einzige Transaktion im Wertpapierbereich tätigen. Dieses Ergebnis war zu erwarten, da nur rund 6-7 % der Gesamtbevölkerung Aktien besitzen.

Im statistischen Durchschnitt entfällt Ende 1998 auf jeden Bundesbürger ein Geldvermögen von rund 69 000 DM. Darin inbegriffen sind neben den klassischen Sparformen wie Wertpapiere, Termingelder, Sparbuch auch die Geldanlagen bei Lebensversicherungen und

Abbildung 3: Jährliche Transaktionshäufigkeit bei Rentenpapieren, Aktien und Investmentfonds

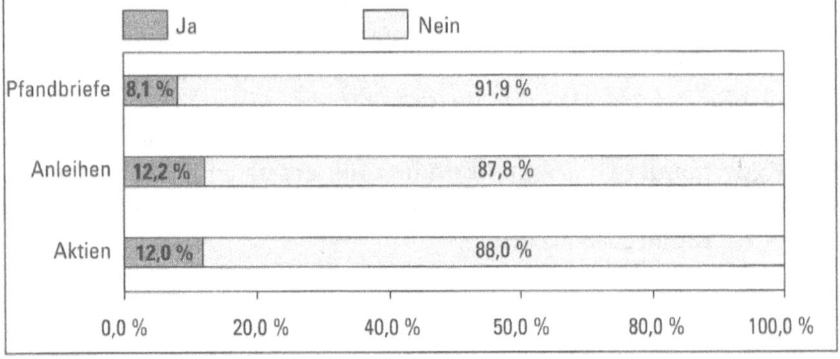

Quelle: IBI-Studie, 1999, S. 35

Bausparkassen sowie Bargeld, Sichteinlagen und Ansprüche aus betrieblichen Pensionszusagen. Das Immobilienvermögen betrug Ende 1998 rund 7,3 Billionen DM. Bei einer Gesamtbetrachtung von Immobilien, Geldvermögen sowie dem Besitz langlebiger Gebrauchsgüter im Wert von etwa 1,7 Billionen DM kommt man zu dem Ergebnis, dass die Bundesbürger über einen Gesamtvermögen von ca. 15 Billionen DM verfügen.

1.2 Unterhaltene Hauptbankverbindungen

Die Betrachtung der Hauptbankverbindungen in Deutschland zeigt ein eindeutiges Bild: Die Sparkassen dominieren die Hauptbankverbindungen mit einem Anteil von ca. 51 % in der Gesamtbevölkerung. Danach folgen die Kreditgenossenschaften mit einem Marktanteil von rund 22 %. Beide Institutsgruppen erreichen somit einen hohen Marktanteil von über 70 % Erstbankverbindungen in Deutschland. Die Deutsche Bank, Dresdner Bank, HypoVereinsbank und Commerzbank liegen auf den hinteren Plätzen mit Prozentsätzen zwischen zwei und sechs. Die Abbildung 4 zeigt die Dominanz der Sparkassen im deutschen Retail-Bankenbereich.

Abbildung 4: Verteilung der Hauptbankverbindungen auf Kreditinstitute und Direktbanken

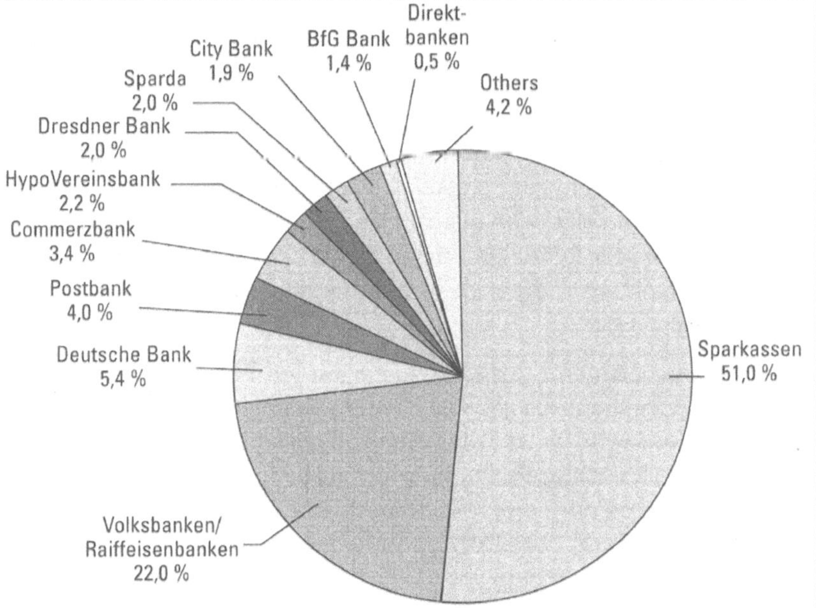

1.3 Genutzte Finanzdienstleistungen

Deutsche Privatkunden nutzen zu 96,3 % das Girokonto. An zweiter Stelle stehen die Produkte des kurzfristigen Sparens mit 29,3 % sowie Produkte der langfristigen Geldanlage mit 26,4 %. Im Gegensatz zu anderen europäischen Staaten nehmen Bausparverträge mit 14,2 % einen hohen Stellenwert ein. Aktien und festverzinsliche Wertpapiere weisen in Deutschland immer noch einen geringen Nutzungsgrad auf (Institut für Bankinformatik, 1999, S. 37).

1.4 Kundentreue

Nachfolgend wird die Kundenbindung im Privatkundengeschäft anhand der Zufriedenheitswerte sowie der Wechselbereitschaft analysiert. Marktforschungsinstitute sind zu dem Ergebnis gekommen, dass die deutschen Privatkunden immer noch sehr treue Kunden sind.

So beträgt die Dauer der Hauptbankverbindung bei mehr als 60 % der Privatkunden länger als zehn Jahre. Über 40 % der Privatkunden bleiben ihrem Institut sogar mehr als zwanzig Jahre treu. Die Kundentreue spiegelt sich in den Zufriedenheitswerten der deutschen Kunden mit ihrer Hauptbankverbindung wider.

Wie die Befragung ergab, sind über 80 % deutschen Privatkunden mit ihrer Bankverbindung zufrieden oder sehr zufrieden. Nur 6 % zeigen sich unzufrieden oder sehr unzufrieden. Im Vergleich zu anderen europäischen Ländern erzielen die deutschen Kreditinstitute noch hohe Zufriedenheitswerte, die sich in einer sehr geringen Wechselbereitschaft widerspiegelt.

Allerdings bestätigen sämtliche vorliegenden Forschungsergebnisse, dass die Wechselbereitschaft vor allem mit zunehmenden monatlichen Haushaltseinkommen und der Ausbildungsqualität signifikant ansteigt (siehe Abbildung 5). Die Beweggründe für den Wechsel des Kreditinstituts liegen zum einen in den schlechten Konditionen der Kreditinstitute sowie in der Unfreundlichkeit der Bankangestellten und

Abbildung 5: Wechselbereitschaft in der Hauptbankverbindung

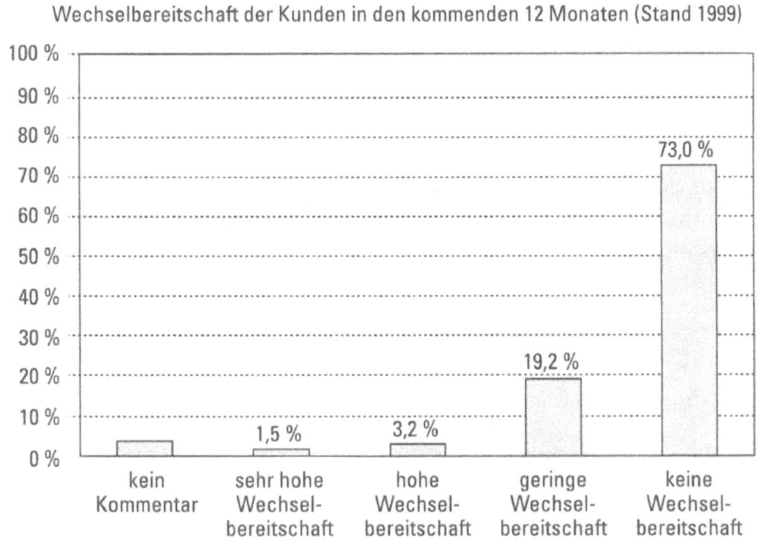

zum anderen in der mangelhaften Beratung wie auch im schlechten Service. Somit liegt ein Grund für die hohen Wachstumstrends der Direktbanken in der Schwäche des stationären Vertriebs sowie der dort angebotenen Dienstleistung.

1.5 Vertriebswegenutzung und bevorzugte Produkt-Vertriebsweg-Kombination

Eine aktuelle Befragung des Autors ergab, dass der klassische Vertriebsweg von über 90 % der Kunden präferiert wird. Zwar wünschen die Kunden auch weitere Zugangsmöglichkeiten zur Bank, aber der Face-to-face-Kontakt mit dem Bankangestellten dominiert. Allerdings würden über 35 % der befragten Privatkunden Telefon- und Internet-Banking begrüßen. Eine Überraschung zeigt sich hinsichtlich der Außendienstberatung. Mehr als 25 % der Privatkunden wünschen eine Beratung via Außendienst. Die Zahl verdeutlicht, dass bei den Privatkunden ein hohes Bedürfnis an persönlicher Betreuung vorliegt und die Direktvertriebswege nicht in jedem Fall zum Erfolg führen. Mit Hilfe einer Gegenüberstellung von aktueller und zukünftig gewünschter Vertriebswegenutzung wird hier versucht, die Entwicklungspotenziale der verschiedenen Distributionskanäle aufzuzeigen.

Abbildung 6: Vertriebswege der Retail-Banken

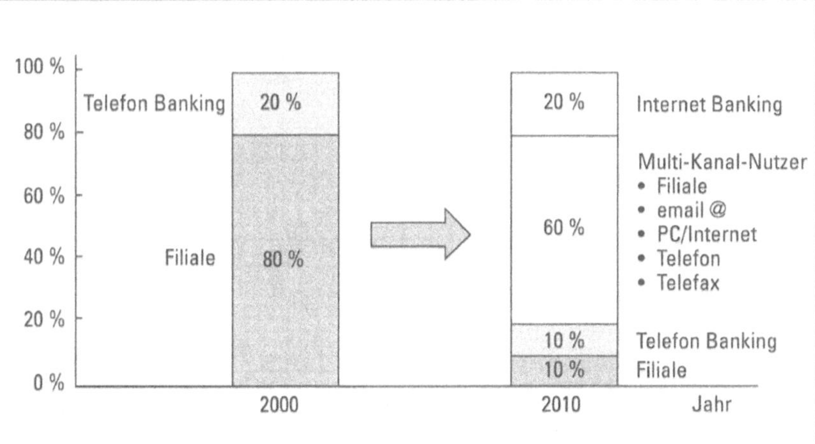

Zu ähnlichen Ergebnissen kommen Untersuchungen der Deutschen Bank 24 sowie der Unternehmensberatungsgesellschaft Roland Berger und Partner.

Dabei lässt sich feststellen, dass die Privatkunden mehr und mehr Portal-Lösungen wünschen, während viele Direktbanken bisher noch auf die interaktive Storefront-Strategie setzen. Die Abbildung 7 zeigt ein Interaktionsportfolio der heutigen Direktbanken. Dabei spielen die Portale eine immer wichtigere Rolle, um Kunden zu erreichen. Sie sind wesentlicher Bestandteil im weltweiten Netz der strategischen Allianzen.

Abbildung 7: Interaktionsportfolio heutiger Direktbanken

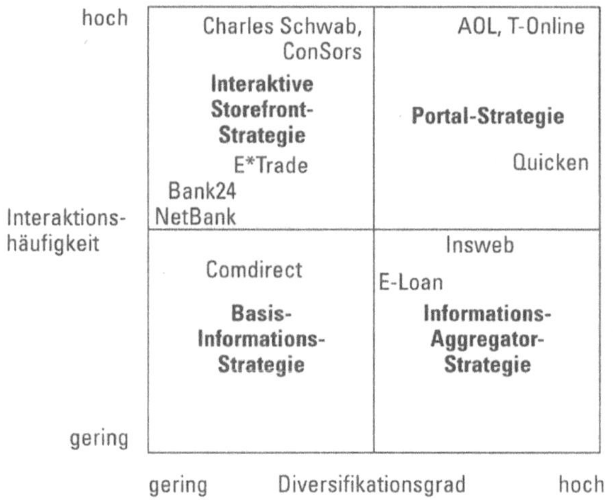

2. Techniknutzungs- und Informationsverhalten der Retail-Kunden

2.1 Nutzung moderner Technologien durch Retail-Kunden

Die Retail-Kunden entwickeln sich immer mehr zu hybriden Kunden, die unterschiedliche Finanzdienstleistungen über verschiedene Vertriebskanäle einkaufen. Insbesondere das Internet führt zu einer Bündelung der Bedürfnisbefriedigung und verändert die Spielregeln des Wettbewerbs.

Produktinteressen der Internet-Nutzer

Eine Studie der BBE ergab 1999, dass sich rund 32 % der Internet-Nutzer für Bankdienstleistungen interessieren.

Die Zahl der Internet-Nutzer wird in den nächsten Jahren kräftig wachsen. Für Deutschland sagen die zwei führenden Marktforschungsunternehmen GfK und A.C. Nielsen einen Anstieg von derzeit knapp 10 Mio. auf über 16 Mio. Internet-Nutzer voraus (Banken auf E-Commerce gut vorbereitet, in: HB v. 26.1.2000, S. 24).

Abbildung 8: Produktinteresse der Internet-Nutzer

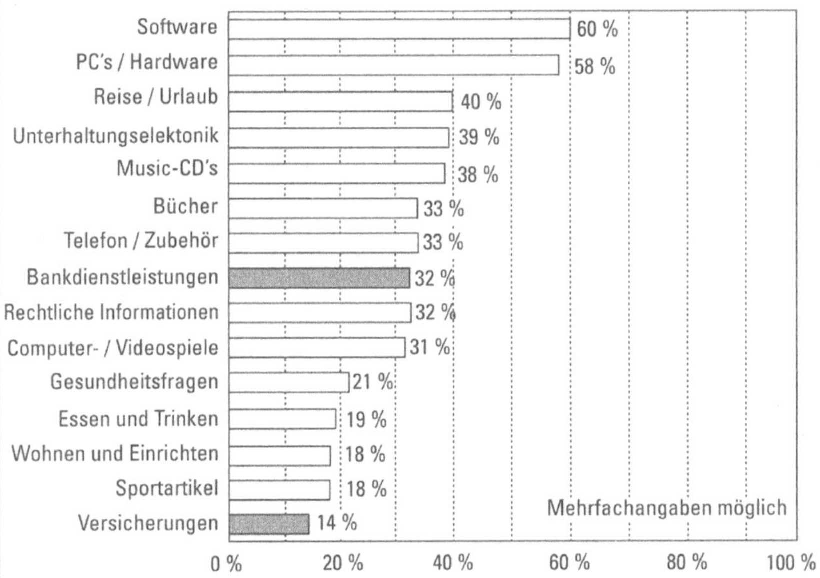

Abbildung 9: Anzahl der Online-Konten in Deutschland

Quelle: in Anlehnung an den Bundesverband deutscher Banken, Köln 2000

Insbesondere für Direktbanken dürfte das Internet der wohl wichtigste strategische Erfolgsfaktor sein, um weiteres Wachstumspotenzial zu erschließen. Das Internet eröffnet als „Marktplatz der Zukunft" den Direktbanken eine Vielzahl neuer Geschäftsmöglichkeiten. Zudem werden die Standortvorteile der klassischen Filialbanken schwinden.

Charakteristik der Internet-Nutzer

Eine Studie des Instituts für Bankinformatik kommt zu dem Ergebnis, dass der typische Nutzer von Online-Banking-Angeboten immer noch sehr stark dem typischen Internet-User ähnelt: Er ist männlich, zwischen 18 und 35 Jahre alt und besitzt eine höhere Schulbildung. Nach einer im September 1999 veröffentlichten Marktstudie der Infratest Burke GmbH ist der durchschnittliche Online-Banker 31 Jahre alt und verfügt über ein durchschnittliches Nettoeinkommen von 4 100 DM. Bereits zwei Drittel der Internet-Nutzer wickeln zumindest einen Teil der Bankgeschäfte online ab. Als ein Haupthindernis für die weitere Verbreitung des Online Banking geben die befragten Personen folgende Gründe an:

- mangelnde Sicherheit der Daten,
- zu kompliziert,
- keine technische Ausstattung wie PC, Modem.

Eine spezifische Eigenschaft aller Personen, die Geldgeschäfte über die neuen Medien wie Internet, Mobiltelefon oder über Web-TV durchführen, ist, dass sie zum sog. Upper-Retail-Segment zählen, d. h. es handelt sich dabei um vorwiegend wohlhabende Privatkunden, die moderne Kommunikationstechnologien als Teil ihres Lebensstils ansehen. Sie verfügen über den finanziellen Spielraum, um einen Investmentfonds-Sparplan abzuschließen und/oder Blue Chips zu erwerben. Es handelt sich dabei um selbstbewusste Kunden, die sich von ihrer Bank nicht „abgefertigt sehen" wollen, sondern ihre Geldgeschäfte interaktiv führen und ein individuelles Finanzportfolio anstreben. Die einzelnen Typen von Internet-Banking-Nutzern sind anhand folgender Dimensionen charakterisiert worden:

- lebensweltliche Einordnung (dabei wurden die sog. Sinus-Lebenswelten des sozialwissenschaftlichen Sinus-Instituts in Heidelberg genutzt; diese Milieus charakterisieren unterschiedliche bundesdeutsche Schichten, die über Wertorientierungen und Lebensstile gebildet werden),

- Einstellung zur Technisierung im Bankgeschäft (in dieser Dimension wurde die Nutzung von Direktbankvertriebswegen, die Nutzung von Geldautomaten sowie Aspekte der persönlichen Beratung abgefragt) sowie die

- Einstellung zum Geld (diese Dimension beinhaltet die Einstellung zum Sparverhalten und der Kreditaufnahme).

Anhand dieser Dimensionen zeigten sich insbesondere 2 Typen von Internet-Nutzern als besonders direktbankaffin: Der chancen- und risikoorientierte Finanztyp (Risk-Finanztyp) sowie der gebrauchsnutzenorientierte Finanztyp (Use-Finanztyp). Für die Direktbanken ist dabei die Tatsache interessant, dass beide Finanztypen über ein hohes Finanzpotenzial verfügen und somit unter dem Aspekt der Profitabilität ein ideales Kundensegment sind (nähere Informationen vgl. Institut für Bankinformatik (Hrsg.): Status quo und Entwicklung des Internet Banking in Deutschland, Regensburg 1999, S. 49 ff.). Während der Risk-Typ, der mit einem Anteil von 18,4 % repräsentiert ist, überwiegend männlich ist und eine Nettoeinkommen von über 4000 DM bezieht, ist der Use-Typ i. d. R. verheiratet bzw. lebt mit einem Lebenspartner und/oder Kindern zusammen und verfügt ebenfalls über ein Haushalts-Nettoeinkommen von über 4 000 DM.

Die Übersicht 1 fasst die wesentlichen Merkmale der direktbankaffinen Kundentypen Risk-Typ und Use-Typ zusammen.

Die Prognosen einer Reihe von Marktforschungsinstituten wie GfK und Infratest Burke gehen davon aus, dass sich das Internet zu einem Kommunikationsinstrument entwickelt, das so selbstverständlich ist wie das Telefon. Aus diesem Grund dürften sich in den nächsten zehn Jahren die direktbankaffinen Kunden wandeln und sich sukzessive an den durchschnittlichen Privatkunden in der Bundesrepublik Deutschland anpassen.

2.2 Informationsverhalten der Retail-Kunden

Die Retail-Kunden werden sich in Zukunft eine nahezu uneingeschränkte Markttransparenz verschaffen können. Mit dem Internet wird sich das Informationsverhalten der Kunden weitgehend verändern. Dem Privatkunden wird es möglich sein, Produkte wie auch Konditionen bequem und auf einfache Weise miteinander zu vergleichen. Mit Suchmaschinen kann der Retail-Kunde weltweit die günstigsten Kredit- und Anlageangebote aufspüren. Zu jeder Zeit kann der Kunde an jedem Ort der Welt per „Mausklick" Bankgeschäfte tätigen. Somit schaffen die verbesserten Informations- und Kommunikationsmöglichkeiten und der wachsende Anteil der einkommensunabhängigen Kaufkraft die Voraussetzungen für einen selbstbewussten, kritischen Privatkunden, der sich seine Informationen über TV-Sendungen wie Telebörse, über Fachmagazine und Finanzzeitungen beschafft.

Dieser wachsende Trend spiegelt sich auch in den zweistelligen Zuwachsraten der Wirtschaftspresse wider. Allein sieben neue Finanz-

Übersicht 1: Risk-Typ/Use-Typ		
	Risk-Typ	**Use-Typ**
Sinus-Milieu	West-Deutschland: primär aufstiegsorientiertes und modernes Arbeitnehmermilieu Ost-Deutschland: hedonistisches Arbeitnehmermilieu und statusorientiertes Milieu	West-Deutschland: modern-bürgerlich, liberal-konservativ sowie konservativ-technokratisch Ost-Deutschland: kleinbürgerlich materialistisches Milieu, rationalistisch-technokratisches Milieu
Einstellung zur Technik	High-Tech-Faszination Convenience-Vorteile durch zeitliche Unabhängigkeit	High-Tech-Faszination Convenience-Vorteile durch Technisierung im Finanzdienstleistungsmarkt
Geschlecht	ca. 40 % Frauen ca. 60 % Männer	ca. 48 % Frauen ca. 52 % Männer
Alter	ca. 70 % sind unter 50 Jahre alt	ca. 46 % sind in der Altersklasse der 30 bis 49-jährigen
Familienstand	1/3 ist ledig und lebt ohne Partner im Haushalt, knapp 50 % sind verheiratet	knapp 70 % sind verheiratet, weitere 10 % leben in einer eheähnlichen Gemeinschaft
Schulbildung	1/3 hat mittlere Reife, fast jeder Fünfte besitzt Abitur ca. 13 % Hochschulabschluss	sehr hohes Bildungsniveau: 37 %: mittlere Reife 11 %: Abitur 13 %: Hochschulabschluss
Berufliche Stellung	über 50 % sind berufstätig über 25 % in höherer Position wie z. B. leitende Angestellte, Beamte wie auch Freiberufler.	überwiegende Mehrheit sind Angestellte, 10 % sind Beamte, geringe Arbeiterquote
Marketing-Mix-Parameter		
Distributionspolitik	Discount-Brokerage, Kontakt primär via Telefon, an zweiter Stelle stehen Online-Dienste	Multi-Channel-affin: Telefon, Online-Dienste sowie persönliche Beratung durch den stationären Vertrieb sowie Bankaußendienst
Preispolitik	abgestufte Preismodelle in Abhängigkeit der Vertriebswegenutzung	abgestufte Preismodelle in Abhängigkeit der Vertriebswegenutzung
Kommunikationspolitik, insbes. Informationspolitik	Wirtschaftswoche, FAZ, SZ, Capital, Chip Fernsehsender n-tv,	Handelsblatt, FAZ, Focus, Spiegel, Wirtschaftswoche, Fernsehsender n-tv
Produktpolitik	Wertpapierleistungen, intraday-Trading	Sparformen, insbesondere Sichteinlagenkonten, Wertpapierleistungen individuelle Vorsorgeberatung und Anlageberatung

Quelle: eigene Befragung und in Anlehnung an die Ergebnisse der IBI-Studie, Regensburg 1999

zeitschriften werden in den nächsten Monaten auf den Markt gebracht.

Übersicht 2: Neue Finanzzeitschriften und -magazine für den börseninteressierten Retail-Kunden

Titel	Verlag	Erscheinungstag	Erscheinungsweise	Auflage
Cybiz	Deutscher Fachverlag	Mittwoch	monatlich	75000
Net Business	Verlagsgruppe Milchstraße	Montag	14-tägig	20000
Die Telebörse	Verlagsgruppe Handelsblatt	Donnerstag	wöchentlich	100000
Financial Times Deutschland	Gruner + Jahr/ Pearson	Montag-Freitag	werktäglich	50000
Der Fonds	Fonds& Frieds Verlag	Freitag	alle 2 Monate	45000
Focus Money	Burda Medien	Donnerstag	wöchentlich	80000
Aktien-Research	Axel Springer Verlag	offen	offen	50000

Quelle: Telebörse schreibt für den Anleger, in: HB v. 26.1.2000, S. 25

3. Zukünftiges Kundenpotenzial für Direktbanken

Eine Reihe von Studien belegen den Direktbanken ein großes Wachstumspotenzial. Danach interessieren sich rund 16 Mio. Kunden für das Direktbankgeschäft. Die Abbildung 10 verdeutlicht, dass bisher rund 2.2 Mio. Personen Kunde bei einer Direktbank sind.

In diesem Gesamtpotenzial befinden sich rund 2,2 Mio. Privatkunden, die bereits zu einer Direktbank gewechselt sind. Zudem ergibt sich ein Potenzial von ca. 4,5 Mio. Bundesbürgern, die in den nächsten zwölf Monaten ein Konto bei einer Direktbank eröffnen werden. Als weiterer Interessentenkreis sind 16 Mio. Privatkunden definiert.

Abbildung 10: Zukünftiges Kundenpotenzial für Direktbanken

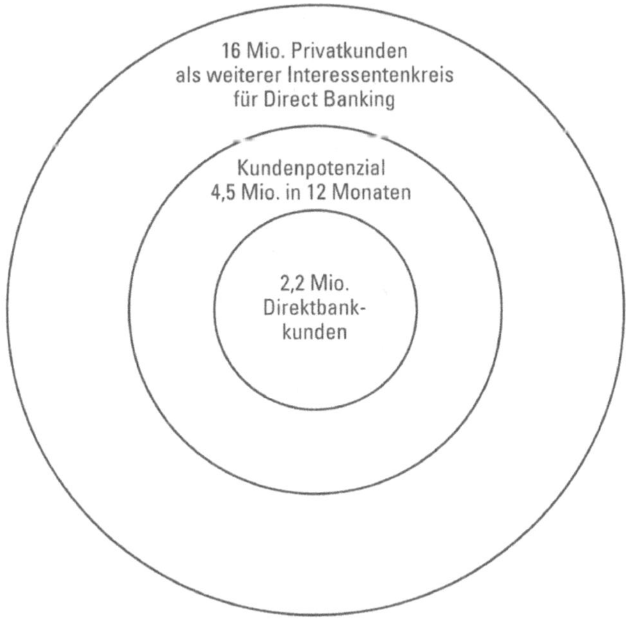

Quelle: in Anlehnung an eine Vielzahl von Studien aus den Jahren 1996-1999

Kennzeichnend für die potenziellen Kunden der Direktbanken ist, dass sie sämtliche modernen Kommunikationsmittel für Bankleistungen einsetzen. Darüber hinaus besteht eine partielle Unzufriedenheit mit der bisherigen Bankverbindung (Zufriedenheits-Analyse: Schlechte Noten für Banken und Versicherungen, in: HB v. 26.1.2000, S. 47).

Allerdings sind die Potenzialschätzungen mit einer gewissen Vorsicht zu interpretieren, da ein Potenzial von jeder einzelnen Direktbank erst ausgeschöpft werden muss. Dabei hat sich ergeben, dass unterschiedliche Strategien der Direktbanken sehr unterschiedlich von den Kunden angenommen werden. Während das Full-Service-Konzept, d. h. die Direktbank als kleine Universalbank mit ihren hohen Fixkosten, bisher nicht sehr erfolgreich ist, erweist sich die Nischenstrategie der Diskount Broker als eine sehr erfolgreiche Strategie.

Darüber hinaus müssen die Kunden den USP der Direktbank erst erkennen und eine Bereitschaft zum Wechsel der Bankverbindung muss sowohl bei jungen Kunden als auch bei älteren Kunden wachsen. Ein überraschendes Ergebnis der Umfrage ist, dass die jungen Personen zwar im Internet surfen und bei den Direktbanken Aktienkurs und Aktiencharts abfragen, jedoch ihre Erstbankverbindung bei einer stationären Filiale nicht kündigen. Die eigene Studie kommt zu dem Ergebnis, dass die Direktbanken für die nächsten zehn Jahre die Stellung einer Zweit- und Drittbankverbindung behalten werden. Darüber hinaus hängt der weitere Erfolg der Direktbanken insbesondere davon ab, wie die Kreditbanken ihren stätionären Vertrieb für das nächste Jahrhundert ausrichten. Sollte es zu keiner bedürfnisorientierten Betreuung der Privatkunden kommen, sondern der Privatkunde eher als Hindernis für das Geldverdienen von Kreditinstituten gelten, werden sich die Direktbanken noch besser im Markt positionieren können.

In diesem Zusammenhang sei angemerkt, dass die Versandhäuser bisher noch nicht die stationären Kaufhäuser und Fachgeschäfte verdrängen konnten. Denn sie haben erkannt, dass der Kunde König ist und eine persönliche Beratung wünscht.

Literaturhinweise

Bundesverband deutscher Banken (Hrsg.): E-Commerce als Bankdienstleistung, Köln 2000.

DAI: Jahresbericht, Frankfurt a. M. 2000.

Institut für Bankinformatik (Hrsg): Status quo und Entwicklung des Internet Banking in Deutschland, Regensburg 1999.

o.V.: Banken auf E-Commerce gut vorbereitet, in: Handelsblatt v. 26.1.2000, S. 24.

o.V.: Zufriedenheits-Analyse: Schlechte Noten für Banken und Versicherungen, in: Handelsblatt v. 26.1.2000, S. 47.

o.V.: Telebörse schreibt für den Anleger, in: Handelsblatt v. 26.1.2000, S. 25.

Die Entwicklung der Direktversicherungen in Deutschland

Knut Kühlmann

1. Zunehmende Bedeutung der Direktversicherer im deregulierten Markt

Mit dem härteren Wettbewerb im Zeichen der Deregulierung sowie den Fortschritten in der Kommunikationstechnik erhält der Vertrieb ohne Außendienst neue Impulse. Der Vertrieb über Direktanbieter liegt im Trend. Im Neugeschäft erzielten sie im Zeitraum 1996-1998 Prämiensteigerungen von über 10 % gegenüber rund 2 % im Durchschnitt aller Vertriebsformen (vgl. C.-P. Meyer, 1998, S. 62 f.). Mit diesen weit überdurchschnittlichen Absatzsteigerungen rückt der Direktvertrieb wieder stärker ins Bewusstsein von Versicherungskonzernen.

Entgegen einer langjährigen Zurückhaltung gegenüber dieser Vertriebsform nimmt inzwischen die Zahl der Direktanbieter im Versicherungsmarkt wieder zu, insbesondere als Ergänzung zu den herkömmlichen Absatzorganen. Die Markterfolge der Direktanbieter haben unzweifelhaft dazu beigetragen, dass mehr und mehr Versicherer mit herkömmlicher Außendienststruktur mit dem Direktvertrieb als ergänzendem Weg zum Kunden liebäugeln. Die Aufnahme des Direktvertriebs in Versicherungskonzernen mit klassischem Außendienst wird heute immer weniger dogmatisch als unvereinbarer Schritt gegenüber der bestehenden Vermittlerorganisation angesehen. Die herkömmlichen Versicherer erblicken vielmehr im Direktvertrieb eine Möglichkeit, in eine Marktnische vorzustoßen. Daneben wollen sie mit diesem Schritt potenzielle Kunden, die sich in erster Linie selbst informieren wollen und vorrangig an preisgünstigen standardisierten Versicherungen interessiert sind, besser vor Konkurrenten abschotten.

Die angestammten Direktversicherer gehen demgegenüber mehr und mehr dazu über, ihren Direktvertrieb durch Merkmale des indirekten Vertriebs zu ergänzen. Auch sie wollen ihr Kundensegment absichern und sich breitere Kundenkreise erschließen, die einerseits preiswerten Versicherungsschutz suchen, andererseits aber auf eine ergänzende Beratung möglichst nahe vor Ort nicht gänzlich verzichten wollen. So unterhalten zahlreiche Direktversicherer Außendienstbüros in größeren Städten, um im wachsenden Wettbewerb auch mit regionaler Kundennähe aufwarten zu können. Indirekte wie direkte Vertriebsformen kommen sich somit näher.

Nur sehr wenige Direktanbieter arbeiten heute noch als „lupenreine" Direktversicherer. Darunter sind idealtypisch alle Versicherungsunternehmen ohne Außendienst und ohne Geschäftsstellen zu verstehen, die unmittelbar Kundenkontakt über die Medien der Telekommunikation (Brief, Telefon oder andere elektronische Medien wie z. B. Internet) pflegen (vgl. D. Farny, 1995, S. 645). Zwischen Versicherungsunternehmen und Kunden dürfen somit nach der vorstehenden Definition keine Vermittler, d. h. keine Dritten, eingeschaltet sein. Die Abbildung 1 veranschaulicht den Unterschied in der Kontaktkette zwischen dem direkten und dem indirekten Absatz.

Abbildung 1: Schematische Darstellung des direkten und indirekten Absatzweges

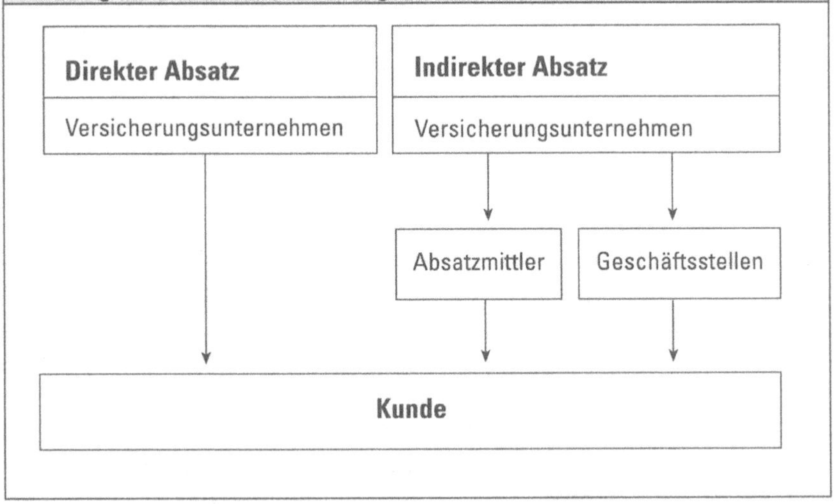

In der Praxis wird der Kreis der Direktversicherer jedoch nicht so eng ausgelegt. Nur sehr wenige Versicherungsunternehmen, wie z. B. die „Cosmos-Gesellschaften“, die „Ontos“, die „Aegon-Versicherung“ oder die „S-Direkt-Versicherung“ können für sich den Status eines „lupenreinen“ Direktversicherers in Anspruch nehmen (vgl. J. Knospe, Direktvertrieb, 1998, S. 271). Die Mehrzahl der Versicherungsunternehmen, die sich als Direktversicherer ausweisen, vertreiben ihre Produkte zwar primär als Direktanbieter, daneben arbeiten sie aber auch mit Maklern und Mehrfachvermittlern zusammen. Einige Direktanbieter, wie z. B. die HUK-Coburg, decken sogar rd. 50 % ihres Geschäfts über ihre nebenberufliche Vermittlerorganisation ab (vgl. J. Knospe, Direktvertrieb, 1998, S. 271). Die Württembergische Gemeinde-Versicherung setzt neben dem Direktvertrieb in reiner Ausprägung zugleich auch auf die Unterstützung durch nebenberufliche Vermittler. Sie werden „Vertrauensleute“ genannt. Das Bild der Direktversicherer erweist sich damit in der Praxis als recht vielschichtig. Vor diesem Hintergrund wird verständlich, dass allgemeine Aussagen zur Wirtschaftlichkeit des Direktabsatzes nur eingeschränkt die Verhältnisse eines idealtypischen Direktversicherers widerspiegeln.

Wenn auch in der Öffentlichkeit dem Direktvertrieb eine weitaus größere Aufmerksamkeit geschenkt wird als es seinem tatsächlichen Marktanteil von derzeit ca. 5-7 % gemessen am gesamten Prämienbestand entspricht, so ist die Entwicklung des Marktanteils dieser Vertriebsform in den letzten 10 Jahren doch beeindruckend. Allein der Marktanteil der im Lebensversicherungsgeschäft tätigen Direktversicherer hat sich so z. B. innerhalb von 10 Jahren von 1,3 % 1989 auf 3,1 % 1998 mehr als verdoppelt (map-Report 1998). Bis zum Jahr 2010 wollen die in diesem Spartensegment engagierten Direktversicherer ihren Marktanteil nochmals verdoppeln (vgl. H.W. Thieltges, 1998). Auch die schwerpunktmäßig als Kfz-Versicherer tätigen Direktanbieter, deren Marktanteil am Prämienbestand 1998 auf rd. 4 % geschätzt wurde, geben sich recht zuversichtlich. Sie erwarten auch für die nächsten Jahre, dass ihre Prämieneinnahmen weiter durchschnittlich doppelt so schnell wie der gesamte Kfz-Versicherungsmarkt wachsen. In den nächsten fünf Jahren, so die Sprecherin der „sun direct“, einer Tochter des größten englischen Direktversicherers, wird mit einer Erhöhung des Marktanteils der Kfz-Direktversicherer auf 7-10 % gerechnet (vgl. C.-P. Meyer, 1998, S. 63).

Die Abbildung 2 gibt einen Überblick über die aktuelle Bedeutung der Absatzwege gemessen am Prämienvolumen. An erster Stelle steht der klassische indirekte Vertriebsweg über selbständige Versicherungsvermittler, eingeschlossen eine immer geringer werdende Zahl angestellter Außendienstmitarbeiter (vgl. K. Kühlmann, 1999, Ziff. 141, S. 5 ff.). Den Platz zwei nimmt die Gruppe der Versicherungsmakler ein. Danach folgen relativ dicht beieinander die firmenverbundenen Vermittler (rechtlich selbständige Vermittlungsgesellschaften von gewerblichen bzw. industriellen Unternehmen bzw. Konzernen), der Vertrieb über den Bankschalter sowie der Direktvertrieb und schließlich noch der sog. Annexvertrieb (vgl. Kurtenbach/Kühlmann/Käßer-Pawelka, 1995, S. 260 ff.). Im Zuge des härteren Wettbewerbs im Zeichen der Deregulierung wird nach nahezu einheitlicher Auffassung der herkömmliche Vertrieb über Vermittler Marktanteile verlieren (vgl. A. Surminski, 1998, S. 184). Insbesondere der Wettbewerb um das einfache, wenig beratungsintensive Geschäft wird nach Ansicht des Verfassers weiter zunehmen. Von dieser Entwicklung wird der Direktvertrieb unzweifelhaft profitieren. Hinzu kommt, dass aller Vor-

Abbildung 2: Marktanteile der Vertriebswege in der Versicherungswirtschaft in Deutschland 1999 (geschätzt)

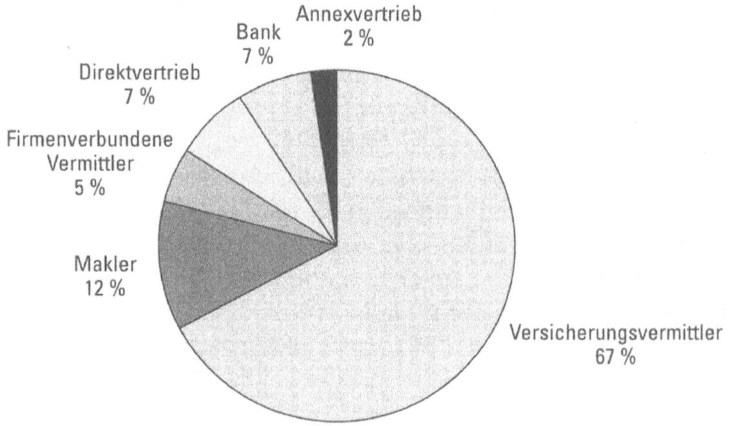

aussicht nach weitere Direktversicherungs-Gesellschaften durch Wettbewerber aus dem Kreis der EU in Deutschland errichtet werden.

2. Überblick über Marktkonzeption und Marktauftritt der Direktversicherer

Die Grundkonzeption der Direktanbieter scheint so einfach wie überzeugend zu sein: „Niedrige Prämiensätze durch Wegfall der Kosten für Außendienstorgane". Alle Direktanbieter halten sich durchweg für preisgünstig. Selbstverständlich fallen auch bei den Direktanbietern Außendienstkosten an, d. h. Kosten für die Kontaktierung der Kunden sowie die Verkaufsanbahnung und -beratung einschließlich der Antragsüberprüfung und Policierung. Die Außendienstkosten sind jedoch i. d. R., insbesondere wenn man von Neugründungen von Direktversicherern einmal absieht, durch gänzlich entfallende bzw. niedrige Provisionen für ergänzend eingesetzte nebenberufliche Vermittler geringer als bei den traditionellen Außendienstversicherern. Ebenso sparen Direktversicherer Kosten dadurch ein, dass sie kein tief gestaffeltes Netz von Außendienststellen und Filialen unterhalten.

Das Sparkapital für niedrige Prämien ist jedoch nicht allein auf entfallende Vertriebs- und Abschlusskosten begrenzt. Einsparungen erzielen Direktversicherer auch dadurch, dass sie ihre Produkte auf einen eng begrenzten Kreis standardisierter beratungsarmer Versicherungsprodukte beschränken. Sie können deshalb auch mit niedrigeren Verwaltungskosten arbeiten. Aufgrund der dargelegten Wettbewerbsvorteile bei den Abschluss- wie bei den Verwaltungskosten liegt der Anteil der Betriebskosten an der Versicherungsprämie bei den in der Lebensversicherung tätigen Direktanbietern bei rd. 4 % gegenüber ca. 16 % im Marktdurchschnitt bei herkömmlichen Versicherern (vgl. H.-W. Thieltges, 1999, S. 12). Im Bereich der Schaden-Unfallversicherung ist der Wettbewerbsvorteil bei den Betriebskosten der Direktversicherer allerdings geringer. Ein signifikanter Betriebskostenvorteil der Direktanbieter gegenüber Außendienstversicherern im Kfz-Versicherungsgeschäft ist nach einer Marktananlyse von Wagner nicht gegeben (vgl. F. Wagner, 1996, S. XIII). Ursächlich dafür ist zum einen, dass bereits mit den niedrigen Prämien die Kostenvorteile an die Kunden weitergegeben werden. Zum anderen spielt eine Rolle, dass die Provisionen in der Kfz-Versicherung bei den traditionellen Außendienstversicherern mit Sätzen zwischen 5-8 % vergleichsweise gering sind.

Weitere Kostenvorteile erzielen die Direktversicherer darüber hinaus i. d. R. durch eine stärkere Risikoselektion gegenüber den klassischen Außendienstversicherern. Durch systematische Risikoauslese haben viele Direktanbieter Kostenvorteile bei den Schadenbedarfswerten gegenüber den klassischen Außendienstversicherern. Als Direktversicherer haben sie auch nicht das Problem, auf Vermittlerinteressen Rücksicht nehmen zu müssen. Die Vermittler sind verständlicherweise bemüht, insbesondere bei Kunden mit mehreren Verträgen, dass ergänzende Anträge der Kunden nicht der Risikoprüfung beim Stammversicherer zum Opfer fallen.

Ungeachtet der Wettbewerbsvorteile auf der Kostenseite, die die Direktanbieter i. d. R. über niedrige Prämien an ihre Kunden weitergeben, legen sie großen Wert darauf, dass sie keine „Billig"- oder „Discountversicherer" sind, bei denen Service entfällt oder auch nur zu kurz kommt (vgl. J. Knospe, Direktvertrieb, 1998, S. 271). Zahlreiche Direktversicherer warten in der Tat mit einer ganzen Palette von Serviceleistungen auf. Die Hannoversche Lebensversicherung ist so z. B. für ihre Kunden schon seit längerer Zeit auch samstags erreichbar. Der Kfz-Direktanbieter „telcom" war es, der als erster Versicherer in Deutschland mit einer 24-Stunden-Erreichbarkeit und Unterstützung im Schadenfall auf den Markt kam. Erst später zogen die traditionellen Außendienstversicherer, die sich als klassische Serviceversicherer sehen, nach. Auch einen Telefonkontakt zum Nulltarif über 0130 Nummern oder Rückruf bei Ferngesprächen bietet eine Reihe von Direktanbietern an, ebenso wie informative, leicht verständliche Kundeninformationen bis hin zu Kundenzeitungen, über die sie regelmäßig zu ihren Kunden Kontakt halten. Einige Direktversicherer, wie z. B.. die Hannoversche Lebensversicherung oder die DA Deutsche Allgemeine, unterhalten zudem ein umfangreiches Netz von Beratungs- und Servicestellen in größeren Städten. Sie ermöglichen es ihnen, auch die Kunden erfolgreich zu umwerben, die alternativ oder ergänzend zu einer telefonischen Beratung auf eine persönliche Beratung mit Augenkontakt Wert legen, wenn auch nicht bei ihnen zu Hause in den eigenen vier Wänden. Die Quelle Versicherung als bedeutender Direktanbieter im Markt umwirbt ihre Kunden mit einer Reihe von „Servicegarantien". Sie sichert jedem Versicherungskunden zu, dass er beispielsweise jeden Monatsersten bei Missfallen seine Versicherung kündigen kann. Weiter bietet sie im Rahmen ihrer Servicegarantien ihren Kunden eine unmittelbare telefonische Erreichbarkeit ohne Verweilen in einer Warteschleife an, d. h. spätestens nach dem dritten Läuten wird der Kontakt zum Quelle-Mitarbeiter hergestellt. Auch Leistungsadditive, wie z. B. eine Auslandsreise-Krankenversicherung und Assistance-Leistungen beim Abschluss einer Kfz-Haftpflichtversicherung oder eine Gratis-Pannenhilfe beim Abschluss einer Vollkaskoversicherung, gehören ebenso zum Serviceangebot namhafter Direktanbieter wie z. B. der AXA-Direkt. Service ist somit nicht allein ein Erfolgsfaktor traditioneller Außendienstversicherer, sondern findet sich in z. T. beachtlicher Ausprägung auch bei Direktanbietern.

Ein niedriger Preis verbunden mit fundierten Serviceleistungen ist ein beachtenswertes Verkaufsargument. Wer möchte nicht gerne mit einem Preisvorteil seine Versicherungsverträge abschließen, vorausgesetzt, er ist in der Lage, die Preiswürdigkeit des abstrakten Leistungsversprechens „Versicherung" hinreichend beurteilen zu können. Der Trend hin zu unternehmensindividuellen Versicherungsbedingungen seit der Deregulierung 1994 erweist sich jedoch als zusehends schwieriger. Die Produkte sind immer weniger identisch und damit vielfach nur schwer miteinander vergleichbar.

Der weitere Vorteil für den Kunden, dass er beim Direktvertrieb in aller Ruhe ohne physischen präsenten Verkaufsdruck seitens eines anwesenden Vermittlers entscheiden kann, ob er einen Versicherungsantrag stellen soll oder nicht, ist für den Direktversicherer ein zweischneidiges Schwert. Insbesondere gilt dies vor dem Hintergrund, dass in der Versicherungswirtschaft im Privatkundengeschäft Versicherungen erfahrungsgemäß nicht gekauft, sondern verkauft werden. Die Vordringlichkeit eines Vertragsabschlusses wird vielfach erst dann von den Kunden erkannt, wenn der Schaden bereits eingetreten ist, d. h. wenn es zu spät ist. Dieser Sachverhalt stellt für die Direktversicherer eine erhebliche Herausforderung dar. Sie müssen ihre potenziellen Kunden im Allgemeinen erst durch umfangreiche Werbung auf sich aufmerksam machen und zum andern schnell und einprägsam den Versicherungsbedarf sowie die Vordringlichkeit seiner Deckung aufzeigen. Dies ist in der Tat leichter gesagt als getan. Die Direktversicherer sind deshalb in weit überdurchschnittlichem Maße in der Werbung engagiert. Dieser Aufwand ist beträchtlich und schmälert zu einem nicht geringen Teil wieder den Vorteil geringerer Abschlusskosten, soweit es den Direktversicherern nicht gelingt, über vergleichsweise niedrige Preise ein hohes Umsatzvolumen zu erzielen und damit im großen Stil von der Fixkostendegression zu profitieren.

Die klassischen Direktanbieter setzen auf den unmittelbaren Informationsaustausch zwischen Versicherer und Kunde, sei es in schriftlicher oder telefonischer Form oder über andere Medien der Telekommunikation. Dabei setzen sie ihr Know-how in der zielgruppenorientierten Kundenansprache ein. Bevorzugte Werbemittel der Direktanbieter sind:

- Anzeigen,
- Einzelwerbebriefe,
- Werbedrucksachen als Beilagen zu Zeitschriften und Zeitungen,
- Werbeanzeigen in Zeitschriften und Zeitungen,
- Werbespots in Hörfunk und Fernsehen,
- Werbebotschaften über Internetauftritte (Website-Präsentationen,
- Direkte Kundenansprache und Beratung über Call-Center (vgl. D. Farny, 1995, S. 645).

Eine erfolgreiche Tätigkeit als Direktanbieter im Versicherungsbereich ist an eine Reihe von Voraussetzungen geknüpft, die speziell für diese Vertriebsform im Markt gegeben sein müssen. Der Preis als dominierender Wettbewerbsfaktor der Direktanbieter greift nur dort, wo ein ausgeprägtes Preisbewusstsein der potenziellen Nachfrager vorliegt. Unabdingbar ist des Weiteren, dass die Nachfrager auch in der Lage sind, die Preiswürdigkeit des Leistungsangebots, bestehend aus Produkt- und Serviceleistung, zu erkennen. Dies setzt voraus, dass die Kunden eine hohe Transparenz über Anbieter, Produkt- und Serviceleistung sowie den Preis haben. Je einheitlicher das Produktprofil im Markt ist, desto leichter ist es für den Nachfrager, sich über den

Preis zu orientieren und sich dem günstigsten Anbieter zuzuwenden. Dies ist jedoch zumindest annäherungsweise nur in wenigen Bereichen, wie z. B. der Risikolebensversicherung, und nur in einem eng begrenzten Kundensegment der Fall.

Das Tätigkeitsfeld für Direktanbieter ist darüber hinaus auch noch insoweit eingeschränkt, als eine hohe Bedarfsintensität gegeben sein muss wie z. B. bei der Kraftverkehrs-Haftpflichtversicherung als gesetzlicher Pflichtversicherung. Soweit allerdings der Gesetzgeber nicht den Abschluss einer Versicherung zwingend vorschreibt, werden vielfach weder der Bedarf noch die Dringlichkeit seiner Abdeckung hinreichend von den Kunden erkannt oder aber schlechthin unterschätzt. Handelt es sich zudem noch um Low-Interest-Produkte, wie bei Versicherungen, dann ist es noch schwerer, die Aufmerksamkeit der Kunden zu erreichen und ihnen leicht verständlich die Notwendigkeit eines Versicherungsabschlusses aufzuzeigen. Weiterhin müssen die umworbenen potenziellen Kunden bereit sein, die Angebotsunterlagen in eigener Regie, d. h. ohne Unterstützung durch einen Vermittler, zu sichten, zu prüfen und nach Möglichkeit noch beim werbenden Direktanbieter abzuschließen. Es versteht sich, dass die Direktanbieter angesichts dieser Gegebenheiten auf einen engen Kreis leicht verständlicher standardisierter Versicherungen fixiert sind und sich schwerpunktmäßig an die Kunden wenden, die informiert und engagiert sind, sich mit Versicherungsfragen auseinanderzusetzen. Oftmals ist es weniger ein schmaler Geldbeutel als vielmehr eine Art sportlicher Ehrgeiz, als informierter und kostenbewusster Kunde aufzutreten (vgl. J. Knospe, Anruf genügt, 1998, S. 14). Als Ansprechpartner stehen den Kunden bei Direktversicherern Berater in der Zentrale bzw. in Beratungsstellen zur Verfügung. Soweit Direktversicherer Beratungsstellen in der Region ihrer Kunden unterhalten, bieten sie ihren Kunden auch die Möglichkeit zum persönlichen Gespräch bei ihnen.

3. Ausblick

Der Personenkreis, der die aufgezeigten Anforderungen erfüllt, findet sich zweifelsohne nicht in der Breite des Marktes für Privatversicherungen. Gleichwohl darf das mögliche Kundensegment für Direktanbieter aber auch nicht unterschätzt werden. Marktstudien belegen, dass so z. B. der Anteil der Bevölkerung, der bereit ist, bei einem Direktversicherer abzuschließen, immerhin bei 18-25 % der Bevölkerung in Deutschland liegt (vgl. J. Knospe, Direktvertrieb, 1998, S. 274). Inwieweit dieses durchaus beachtliche Potenzial auch von Direktversicherern ausgeschöpft wird, hängt maßgeblich davon ab, in welchem Umfang der Preisvorteil der Direktanbieter im Zuge des verschärften Wettbewerbs nicht durch Preissenkungen traditioneller Außendienstversicherer wieder geschmälert wird.

Eine entscheidende Rolle wird daneben auch die Entwicklung des Abschlussverhaltens spielen. Mit dem Vordringen elektronischer Medien wie Internet und Electronic Commerce wird es zunehmend leichter und bequemer, sich zu informieren und direkt online zu bestellen. Ein vielfältig abrufbares Angebot an Produkt- und Firmen-Ratings ebenso wie an Suchmaschinen zur Auswahl vorteilhafter Preis-/Leistungsverhältnisse wird den Trend zugunsten der Direktversicherer weiter verstärken. Auch wenn damit zu rechnen ist, dass zunehmend traditionelle Außendienstversicherer ihre Call-Center zugleich als Instrument zur Direktakquisition parallel zu ihrer Vermittlerorganisation benützen, so werden sie doch vorrangig in ihrem herkömmlichen Kundenbestand und weniger im Nischensegment der Direktversicherer akquirieren. Allein schon deshalb, weil sie als traditionelle Außendienstversicherer nicht die Kostenvorteile eines gut arbeitenden Direktversicherers haben. Es fehlt ihnen damit der prägnante Marktauftritt, um den Kreis der kritischen und informierten Verbraucher zu erreichen. Als Ergebnis kann damit festgehalten werden, dass die Direktversicherer in der Versicherungswirtschaft weiterhin an Bedeutung gewinnen werden. Sie werden allerdings, bedingt durch die dargelegten Besonderheiten dieses Vertriebsweges, ihren Marktstatus als Nischenversicherer nicht überwinden können.

Literaturhinweise

Farny, D.: Versicherungsbetriebslehre, 2. überarbeitete Auflage, Karlsruhe 1995.

Knospe, J.: Anruf genügt, in: Rheinischer Merkur, Nr. vom 19, 8.5.1998.

– Direktvertrieb – die Euphorie ist verflogen, in: Zeitschrift für Versicherungswesen, Heft Nr. 1o, 15. Mai 1998.

Kühlmann, K.: Handbuch des Versicherungsvermittlers, 28. Ergänzungslieferung, Landsberg am Lech 1999.

Kühlmann, K. et al.: Marketing und Vertrieb. Studienmaterial „Geprüfter Versicherungsfachwirt", Wiesbaden 2000.

Kurtenbach, W.W./Kühlmann, K./Käßer-Pawelka, G.: Versicherungsmarketing, 4. vollständig überarbeitete u. erweiterte Auflage, Frankfurt am Main 1995.

Meyer, C.-P.: Direktversicherer, Kfz ist die stärkste Sparte, in: Mein Geld, Heft 4, 1998.

Surminski, A.: Berufsbild mit Zukunft, in: Zeitschrift für Versicherungswesen, Heft 7, 1.4.1998.

Thieltges, H.W. : Direktversicherung, in: Hörzu special, 1998 und 1999.

Wagner, F.: Direktversicherung im Schaden-/Unfallversicherungsgeschäft, Beilage zur Versicherungswirtschaft, Heft 5 vom 1.3.1996.

Die historische Entwicklung der Direktbanken und die zukünftigen Entwicklungsmöglichkeiten

Uwe Swoboda

Vom elektronischen Handel (E-Commerce) sind stärkere Veränderungen auf dem Finanzdienstleistungsmarkt zu erwarten als von der Globalisierung. E-Commerce wird zu einer neuen Definition der Kreditinstitute führen. Es erlaubt dem Kunden den direkten Zugriff auf den Produzenten und ermöglicht Nichtbanken und banknahen Instituten den Zutritt zum Markt der Finanzdienstleister. Aus diesem Grund schätzen Experten, dass sich das Bankgeschäft in den nächsten fünf Jahren stärker verändern wird als in den vergangenen fünf Jahren.

1. Die historische Entwicklung der Direktbanken

Das Direktbankgeschäft ist keine Erfindung der neunziger Jahre. Bereits im Jahr 1965 wurde die Allgemeine Deutsche Direktbank als „Bank für Spareinlagen und Vermögensbildung“ (BSV) in Frankfurt gegründet. Sie ist somit das älteste filiallose Kreditinstitut in Deutschland (vgl. U. Swoboda 1996, S. 41), das anfangs den Kontakt primär über den Briefverkehr suchte. Der strategische Wettbewerbsvorteil dieses Kreditinstituts bestand schon damals in den günstigen Konditionen sowie dem kundengerechten Service. Die Produktpalette der damaligen BSV-Bank umfasste beispielsweise die Immobilienfinanzierung, die Bereitstellung von Konsumentenkrediten sowie die Ansammlung von vermögenswirksamen Leistungen (vgl. A. Gaertner, 1995, S. 40 ff.). Nach der Kundenanzahl liegt die Allgemeine Deutsche Direktbank derzeit auf dem dritten Platz. Sie gilt als Vollbank bzw. Full-Service-Bank. Aufgrund der historischen Entwicklung liegt

Abbildung 1: Historische Entwicklung der Direktbanken

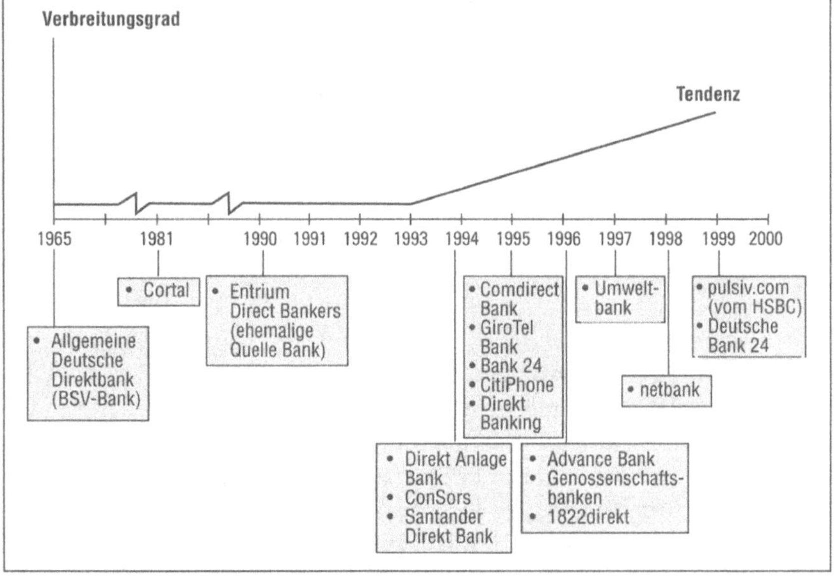

der Schwerpunkt ihres Leistungsprogramms heute immer noch auf der Vermögensbildung und der Altersvorsorge in Form von standardisierten Spar- und Investmentprodukten (vgl. dazu auch B. Hafner, 1999, S. 318).

Die zweite Welle der deutschen Direktbanken wurde im April 1990 durch die Gründung der damaligen Quelle Bank, heute Entrium Direct Bankers, ausgelöst. Bezeichnend dafür war, dass ein Versandhandelsunternehmen, das Quelle Versandhaus, die Vorteile des direkten Vertriebs sah und diesen Trend nutzte. Die Quelle Bank ging im September 1999 als Entrium Direct Bankers AG an den Neuen Markt und befindet sich im Besitz der Familie Schickedanz sowie von BIPOP-Carire. Entrium Direct Bankers ist derzeit mit 850 000 Kunden und Einlagen in Höhe von rund 10,5 Mrd. DM die größte Voll-Service-Bank. Entrium tritt als Spezialist für das Asset Management in Form von Sichteinlagenkonten und Investmentfonds auf und ist seit Herbst 1999 auch im Discount-Brokerage-Geschäft tätig. Entrium baut derzeit das Discount-Brokerage-Geschäft aus und bietet neben Intraday Trading auch XETRA-Handel sowie Realtime-Kurse und Realtime-

Abbildung 2: Gesamtkundenanzahl der bedeutendsten deutschen Direktbanken

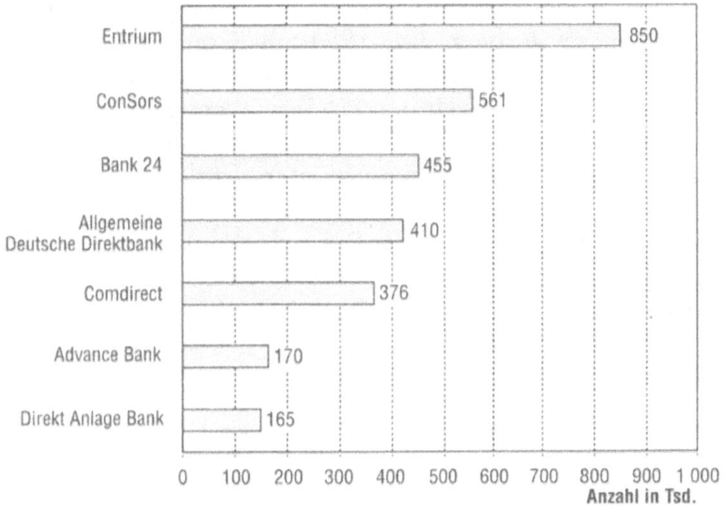

Orderbook ihren Kunden an. Der wesentliche Vertriebsweg lag bisher im Telefon und Briefverkehr. Erst 1997 wurde bei Entrium – damals noch Quelle Bank – der Kontakt per Internet eingeführt. Zielsetzung der Internet-Dienstleistungen ist, dem Privatkunden die gesamte Produktpalette auch online zu offerieren. Nach Auskunft von Entrium nutzen derzeit rund 10 000 Kunden das Online-Banking. Ein wesentlicher Wettbewerbsvorteil von Entrium liegt in der gebührenfreien 0800-Nummer sowie in der portofreien Zusendung der Kontoauszüge. Darüber hinaus legt Entrium auch Freikuverts für den Schriftverkehr bei.

2. Die dritte Gründungswelle im Direktbankgeschäft

Die dritte Welle im Direct Banking begann im Jahr 1994. Im Mai 1994 wagte die Direkt Anlage Bank den Eintritt in den Privatkundenmarkt. Als ein Tochterunternehmen der Bayerischen Hypotheken-

und Wechsel-Bank war die Direkt Anlage Bank AG der erste deutsche Discount Broker. Allerdings konnte sie ihre Pionierstellung nicht ausnutzen und rangiert heute im Discount-Brokerage-Markt an vierter Stelle. Kurz danach wurde im Juni 1994 mit „ConSors Discount Broker“ der zweite deutsche Discount Broker errichtet (vgl. auch H. Pischalti, 1997, S. 25 f.). Im Februar 1995 gründete die Commerzbank die Comdirect zunächst als Voll-Service-Bank. Aufgrund der hohen Kostenstruktur eines Full-Service-Anbieters erfolgte eine Repositionierung der Comdirect zu einem preisorientierten Discount Broker. Im September 1995 errichtete die Deutsche Bank ihre Direktbanktochter Bank 24 ebenfalls als Voll-Service-Bank. Weitere Kreditinstitute sind seitdem in das Direktbankgeschäft eingestiegen. Zu ihnen zählen u.a. die Advance Bank (März 1996), die 1822direkt (November 1996).

Die Abbildung 3 gibt einen Überblick über das Direktbank-Engagement der deutschen Großbanken.

Abbildung 3: Großbanken und ihre Direktbanktöchter

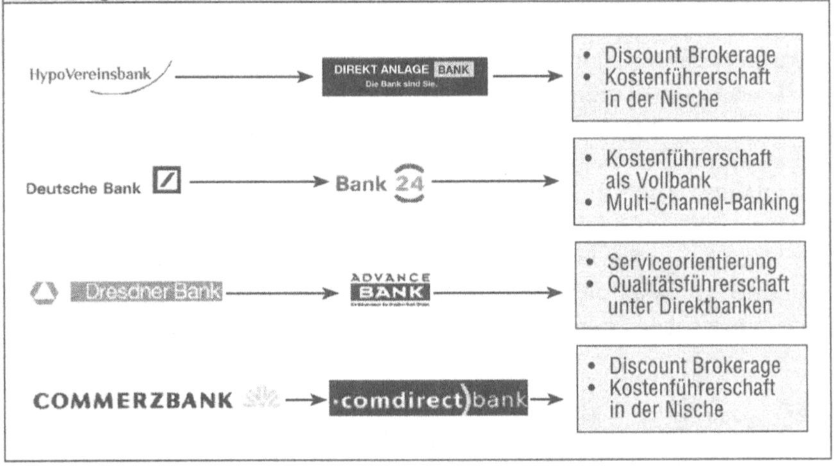

Die Abbildungen 4 und 5 zeigen die Marktanteile der wichtigsten Akteure im Discount-Brokerage-Bereich in Deutschland und Europa.

Abbildung 4: Die Marktanteile der deutschen Discount-Broker nach Kunden

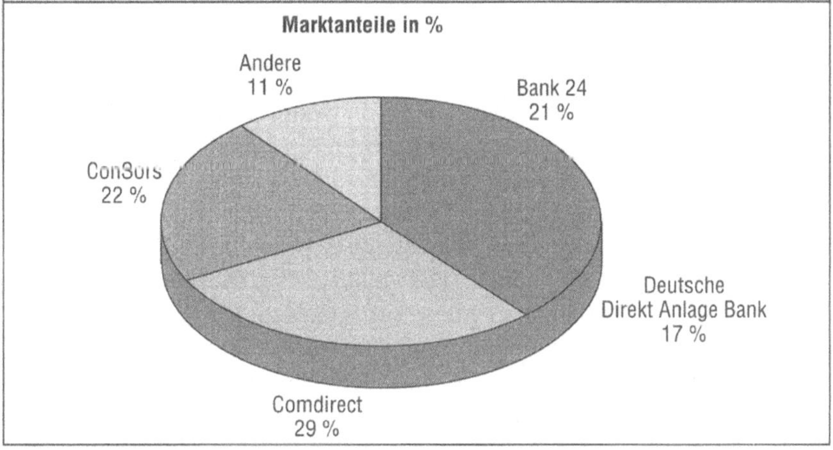

Quelle: J.P. Morgan: Discount-Broker Report, Frankfurt/M. 2000

Abbildung 5: Die 20 führenden Discount-Broker-Direktbanken in Europa

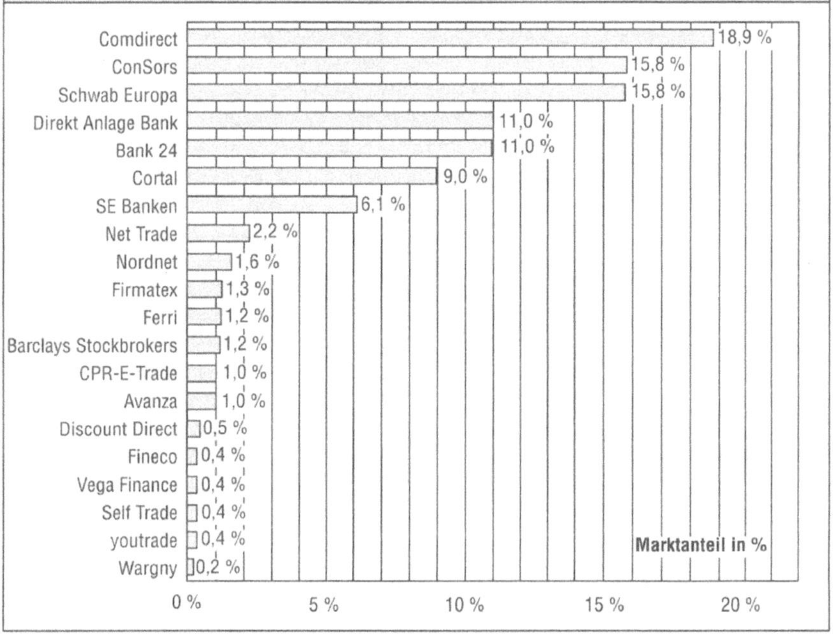

Quelle: J.P. Morgan: Discount-Broker Report, Frankfurt/M. 2000

3. Die zukünftige Entwicklung der Direktbanken

3.1 Die Kundenprofitabilität des Online-Kunden

Die sich im Wandel befindlichen Kundenpräferenzen werden den Erfolg der Direktbanken weiter voranbringen. Dabei kommt das Angebot mehrerer Vertriebswege (stationär, mobil, direkt via Direktbank) durch ein Institut der bisherigen Kundenmentalität entgegen und wird zukünftig die Strategie der Direktbanken weitgehend beeinflussen. Der Kundennutzen wird zum Maßstab aller Vertriebsaktivitäten. Ein weiterer Grund für den Erfolg der Direktbanken ist die hohe Kundenprofitabiltät der Internet-Kunden. Die bisherigen Internet-Nutzer zeichnen sich durch ein relativ hohes Nettoeinkommen aus und verfügen somit über ein für Direktbanken interessantes verfügbares freies Einkommen.

Abbildung 6: Die Kundenprofitabilität der Internet-Kunden

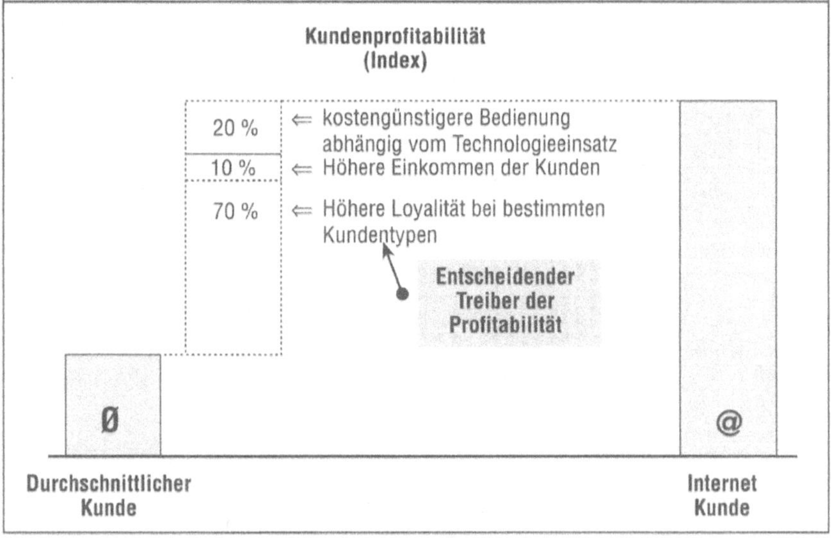

Quelle: in Anlehnung an Berechnungen von Bain & Company, Frankfurt/M 2000

3.2 Konzentrationstendenzen im Direktbankgeschäft

So hat die Bankgesellschaft Berlin ihre Direktbanktochter Bank Girotel AG (gegründet 1995, Bilanzsumme Ende 1998 1,7 Mrd. DM, 65 000 Kunden), mit Wirkung vom 30. September 1999 an die Allgemeine Deutsche Direktbank verkauft (vgl. Allgemeine Deutsche Direktbank steigt ein, in HB v. 29.9.1999, S. 13). In den nächsten Jahren dürfte es zu einer weiteren Konzentration der Direktbanken kommen. Insbesondere wenn die Kundenzahl weit unter 100 000 liegt bzw. die Gewinnschwelle nicht in naher Zukunft erreicht wird. Aus diesem Grund kann die erfolgreiche Positionierung der deutschen Direktbanken nur auf europäischer Ebene stattfinden.

3.3 Durch die Informationstechnologie veränderte Bankenwelt

Unternehmen und Finanzdienstleister erhalten durch das Internet völlig neue Möglichkeiten, Aktiv-, Passiv- und Dienstleistungen nicht nur kostengünstig, sondern auch weitaus effizienter als bislang anzubieten. Das Zukunftsforum kommt zu folgenden Einschätzungen: Innerhalb des nächsten Jahrzehnts werden weltweit eine Milliarde Internet-Nutzer erwartet. Darüber hinaus prognostiziert es, dass es zukünftig keine Internet-Unternehmen mehr gibt, sondern nur noch Gesellschaften im Internet.

Diese Entwicklung dürfte durch die Technologiesprünge noch beschleunigt werden: Die Rechenkapazität von Computern wird sich weiterhin alle 18 Monate verdoppeln. In zehn Jahren wird ein PC die Leistung eines heutigen Supercomputers haben. Die Bandbreite von Computernetzwerken wird innerhalb der nächsten 15 Jahre um den Faktor 10 000 zunehmen. Die Kapazität von magnetischen Speichermedien steigt im Jahr 2000 um 60%. In zehn Jahren werden 16 GB Standard sein. Zudem kommt es zu Deep Computing, d. h. die hohe Verarbeitungsgeschwindigkeit wird mit hochentwickelter analytischer Software gekoppelt, und zu universellem Computing oder Pervasive Computing, d. h. Computerchips werden so klein und preisgünstig sein, dass sie praktisch überall eingebaut werden: in Autos, Türschlösser, Kleidungsstücke. Folglich wachsen Sprach- und Datenwelten zusammen. Wir werden in Zukunft auf immer mächtigere Dienste zugreifen können, unabhängig von Ort und Zeit.

Aufgrund dieser technischen Entwicklungen wird das Wirtschafts- und Finanzleben im Allgemeinen und das Bankgeschäft im Besonderen völlig neue Formen annehmen. Aufgrund des Internets werden die Preise von Dienstleistungen und Finanzdienstleistungen immer transparenter. Private Haushalte werden dabei unmittelbar in den Kreislauf des E-Business einbezogen.

4. Zukünftige Vertriebswege der Retail-Kunden

Ausschlaggebend für die erfolgreiche strategische Ausrichtung einer Direktbank sind der Kunde und seine Bedürfnisse. Nach Prognosen

Abbildung 7: Zukünftige Vertriebswege der Retail-Kunden

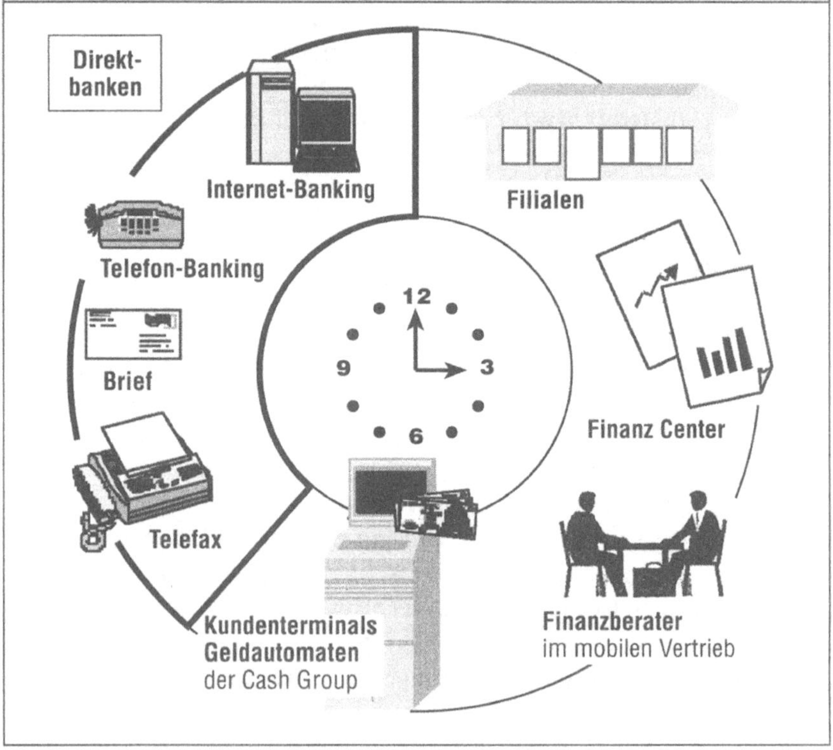

von führenden Marktforschungsinstituten wie z. B. der GfK werden innerhalb weniger Jahre rund 60% aller Bankkunden neben dem stationären Vertrieb auch technologiegestützte Zugangswege (Internet, e-mail usw.) nutzen.

In diesem Restrukturierungsprozess dürften diejenigen Direktbanken an Bedeutung gewinnen, die sich entweder klar spezialisieren oder die dem Kunden ein Multi-Channel Banking offerieren. Dieses Konzept verfolgen bereits die Sparkassen- und Genossenschaftsorganisation und seit September 1999 die Deutsche Bank 24. Die Deutsche Bank führte die Bank 24 sowie die Filialen zu einem gemeinsamen Institut zusammen, um den Retail-Kunden Kundenservice aus einer Hand rund um die Uhr anzubieten nach dem Motto „Das Beste aus zwei Welten". Somit dürften ihre Erfolgschancen in einem integrierten Multi-Channel-Management langfristig sehr gut sein. Eine Reihe von Direktbanken drängen zudem in das Versicherungsgeschäft. So hat zum Beispiel die Deutsche Direktanlage Bank mit dem Internet-Versicherungsmakler Insurancecity AG ein Kooperationsabkommen geschlossen. Attaktiv ist dieses Geschäft für die Direktbanken, da vor allem bei Lebens- und Krankenversicherungen hohe Vermittlungsprovisionen gezahlt werden. Aus dem Versicherungsvertrieb klassischen Banken ist bekannt, dass an etwa jeden zweiten Bankkunden eine Versicherungspolice vermittelbar ist.

Literaturhinweise

Gaertner, A.: Die Entwicklung des Direktbankgeschäfts in Deutschland, in: Allgemeine Deutsche Direktbank (Hrsg.): Direktbanken – die moderne Bankverbindung, Frankfurt/M. 1995, S. 40 ff.

Hafner, B.: Ausgestaltung der Produktpolitik einer Direktbank, in: Ceyp, M.: Handbuch Direktvertrieb von Finanzdienstleistungen, Hamburg 1999, S. 318.

Pischulti, H.: Direktbankgeschäft, Frankfurt/M 1997, S. 25 f.

Swoboda, U.: Die Bedeutung und Zukunft der modernen Konsumentenbank, Frankfurt/M. 1996, S. 41.

Hat das Direct Banking in Deutschland eine Zukunft?

Jürgen Singer

1. Entstehung der Direktbank

Das Direct Banking ist in Deutschland keine neue Erscheinung. Die erste Direktbank in Deutschland war die BSV-Bank für Sparanlagen und Vermögensbildung, eine Tochter der ehemaligen gemeinwirtschaftlichen Unternehmensgruppe (vgl. J. M. W. Verbunt, 1998, S. 506). In den 80er Jahren wurden die Banken, die nicht durch Geschäftsstellen den Kontakt mit Kunden herstellten, Briefbanken genannt (vgl. U. Kleineidam, 1989, S. 7). Banking by mail und Banking by phone waren für das deutsche Kreditgewerbe damals noch ungewohnte Vertriebsformen. Dagegen zeigte sich das Kreditgewerbe in Großbritannien und in den USA wesentlich experimentierfreudiger: Bereits Mitte der 70er Jahre erprobten verschiedene Kreditinstitute in den USA die Vertriebsform Telefonbanking. Infolge der technischen Probleme in der Telekommunikation und angesichts der noch zu geringen Akzeptanz seitens der potenziellen Kunden war der Markterfolg des Banking by phone aber ein langwieriger Weg (vgl. S. Härtl, 1995, S. 18).

In Deutschland gab es zwar Anfang der 80er Jahre eine Euphorie für das BTX-Banking (vgl. H. König, 1982, S. 71). Allerdings ließen sich die übertriebenen Wunschvorstellungen der Befürworter nicht realisieren. Der Durchbruch des Telefon-Banking Ende der 80er Jahre war wesentlich auf die KKB-Bank zurückzuführen. Ihr gelang es, durch attraktive Werbung das passive Telefon-Banking erfolgreich zu positionieren. Zunächst lehnten zahlreiche deutsche Kreditinstitute das Telefon-Banking ab. Sie stuften es als unseriös und unwirtschaftlich ein, auch fehlte ihrer Meinung nach die Akzeptanz der Kunden (vgl.

S. Härtl, 1995, S. 19). Als das steigende Interesse für das Telefon-Banking erkennbar wurde, wendeten auch sie die Vertriebsform an: Die Bandbreite ihrer Aktivitäten reichte vom Aufbau von Call-Centern bis hin zur Gründung eigenständiger Direktbanken. An die Stelle der anfänglichen Skepsis trat die Direktbankeuphorie. Insbesondere im Telefon-Banking sahen zahlreiche Befürworter den Problemlöser im Geschäftsfeld Retail Banking. Alle großen Aktienbanken betreiben inzwischen eigene Direktbanken, etliche Sparkassen und Genossenschaftsbanken nutzen Call-Center für den Direktvertrieb. Zahlreiche Veröffentlichungen preisen die Vorteile der Direktbank, die Zukunft der Geschäftsstelle sieht man düster und prophezeit einen erheblichen Personalabbau des Kreditgewerbes.

Die optimistischen Prognosen über die Zukunft der Direktbanken werden sich aber zumindest in den nächsten Jahren nicht erfüllen. Dem breiten Durchbruch stehen gravierende Hemmnisse entgegen. Inzwischen sind sowohl die Direktbanken wie auch andere Protagonisten des Direct Banking zurückhaltender in ihren Vorhersagen: Euphorisch im Jahr 1995 geäußerte Prognosen gingen noch von der Steigerung des Marktanteils der Direktbanken von 0,2 % (1995) auf bis zu 20 % im Jahre 2000 aus. Die Beratungsgesellschaft Booz-Allen & Hamilton benannte vorsichtig in der Abbildung der Kundenpräferenzen ihre Schätzung als „Nutzungsperspektive 2000+“ (vgl. B. Pauluhn, 1998, S. 563). In dieser Zeitangabe, theoretisch bis zum Jahr 2999 gehend, ist ein sehr großes Sicherheitspolster eingebaut.

2. Probleme der Direktbank

2.1 Erzielung eines ausreichenden Kunden- und Wertvolumens

Die in der Aufbauphase der Direktbanken geplanten Kundenzahlen waren sehr optimistisch. Der Grundfehler war die Überschätzung des Kundenpotenzials. Zwar gaben die Befragungsergebnisse Anlass zu mutigen Prognosen. Das Potenzial für das Segment Direktbanken wurde auf etwa 15 % geschätzt. Eine neuere Untersuchung nannte sogar noch höhere Werte: Jeder dritte Befragte, so die Ergebnisse der Studie, zeigte Interesse, per Telefon, Fax oder Online die täglichen

Bankgeschäfte durchzuführen (Bankservice – Kunden wollen mehr Elektronik, in: Wirtschaftswoche 30/1997, S. 9). Unterschätzt wurden die Schwierigkeiten, dieses Potenzial zu akquirieren. Nicht jeder direktbankaffine Kunde und auch nicht alle der bei Umfragen ermittelten Interessenten beanspruchen die Leistungen der Direktbanken (vgl. A. Buchholz, 1998, S. 19). Bis jetzt verhalten sich die Kunden in Deutschland wesentlich zurückhaltender gegenüber dem Direktvertrieb als etwa in den USA oder in Großbritannien, insbesondere gegenüber elektronischen Zugangswegen (vgl. R. Schulte, 1998, S. 715).

Anlaufverluste und eine mehrjährige Verlustphase wurden zwar selbstverständlich einkalkuliert, zahlreiche Direktbanken dürften aber, wenn überhaupt, wesentlich später als prognostiziert in die Gewinnzone kommen. Bei der Gründung der Bank 24 beispielsweise rechneten die Entscheidungsträger mit sieben Jahren bis zum Erreichen des Break-Even-Punktes. Die Advance Bank benötigt dazu 250 000 bis 300 000 Kunden. Ende 1998 hatte sie 103 000 Kunden. Um ihr Ziel, die Gewinnzone im Jahr 2002 zu erreichen, müsste sie in jedem Jahr bis 2002 etwa 50 000 neue Kunden gewinnen (Advance Bank will spätestens 2002 Verlustzone verlassen, in: Handelsblatt v. 15.04.1999, S. 18). Laut Auskunft eines Advance-Bank-Mitarbeiters wurde der Break-Even-Punkt auf das Jahr 2007 verlegt (Stand Mai 2000). Trotz umfangreicher Werbung konnten die meisten Direktbanken die geplanten Kundenzahlen nicht planmäßig akquirieren, sieht man von wenigen Ausnahmen wie beispielsweise ConSors oder Quelle Bank ab. In der Literatur werden die Kosten für die Gewinnung eines Kunden auf 500,– DM bis 1 000,– DM geschätzt (vgl. S. Burgmaier, 1997, S. 46). Inzwischen loben Direktbanken attraktive Werbegeschenke und Geldprämien für die Zuführung eines Kunden aus. Lockangebote wie fixe Depotgebühren von 79,– DM je Depot, unabhängig vom Depotwert, inzwischen sogar der Wegfall von Depotgebühren oder hohe Einlagenzinsen werden offeriert. Bonusprogramme bei bestehenden Kundenverbindungen stabilisieren zwar wie beabsichtigt die Geschäftsbeziehung, sie wirken sich – so der unerwünschte Nebeneffekt – leider ertragsschmälernd aus. Damit begehen die Direktbanken dieselben Fehler wie bei der Einführung des Lohn- und Gehaltskontos Ende der 60er Jahre. Versuchen sie, in der Konsolidierungsphase die Preise anzuheben, so werden sie auf erheblichen

Widerstand stoßen. Unterstellt man eine ausgeprägte Preisempfindlichkeit ihrer Kunden, dann verlieren sie schnell mühsam und teuer gewonnene Kunden.

Da die Direktbanken bis 1998 trotz teurer Werbekampagnen lediglich 1 Mio. Kunden aus dem prognostizierten Potenzial von 8,5 Mio. Kunden akquirieren konnten, ist der Markt zwar als wettbewerbsintensiv, aber noch nicht als verteilt zu bezeichnen. Auf jeden Fall handelt es sich um einen wachsenden Markt, da Jugendliche heute mit elektronischen Medien groß werden (vgl. F.-M. Keine, 1998, S. 117).

2.2 Beschränkte Produktpalette der Direktbank

Die Direktbank muss sich bis heute auf die Rolle als Zweitbank beschränken. Zahlreiche Direktbanken leiden unter der Passivlastigkeit, da attraktive Einlagenkonditionen der größte Anreiz in der Akquisition sind. Damit degeneriert die Direktbank zum Depositensammelbetrieb. Zukunftsaussichten sind nur dort erkennbar, wo ein Direktvertrieb sich auf derzeit noch wenig besetzte Nischen konzentriert. Das Discount Broking oder die Hypothekarkreditvermittlung offenbaren die Erfolgsträchtigkeit solcher Strategien. In diesen Marktnischen können die Direktbanken durch die günstigen Konditionen das notwendige Kundenpotenzial gewinnen.

2.3 Schwieriger Aufbau der persönlichen Beziehung

Zahlreiche Befragungen offenbaren die Präferierung der persönlichen Beratung. Insbesondere für Problemlösungen und bei komplexen Produkten wird das Gespräch mit dem Betreuer bevorzugt. Die Entpersonifizierung nimmt noch zu, sofern im Telefonbanking ein Mensch-Maschine-System eingesetzt wird. Ein Großteil der Kunden akzeptiert das Telefonbanking nur dann, wenn man mit einem Menschen sprechen kann (F.-M. Keine, 1998, S. 117 f.).

Eine Infratest-Studie ergab, dass 72 % der Befragten Bedenken gegen Direktbankangebote haben, da sie ihren Gesprächspartner nicht sehen können (Direktbanking: pro und contra, in: Die Bank 2/1996, S. 113). Dieses Problem verschärft sich, wenn in den Direktbanken die

Kunden nicht bestimmten Betreuern zugeordnet werden und die Fluktuation im Call-Center hoch ist. Die negativen Folgen durch die geringere persönliche Beziehung sind (a) die schwächere Loyalität der Kunden und (b) demzufolge die größere Wechselbereitschaft der Kunden (vgl. B. Hafner, 1999, S. 52). Zwar ist das Bildtelefon noch nicht verbreitet, doch die dem Kunden vertraute Stimme des Betreuers, die Vorstellung des Betreuers durch ein persönlich gehaltenes Mailing an seine Kunden und durch seine bessere Kenntnis des Kunden könnten die o. a. Schwäche weitgehend kompensieren. Nahezu alle Direktbanken verzichten bewusst darauf, woraus ein Wettbewerbsvorteil für die Geschäftsstelle resultiert. Allerdings müsste er vom Filial-Banking genutzt werden. Wenn aber im Filial-Banking unpersönliche Dialogmöglichkeiten präferiert werden, dann entsteht auch dort ein Mangel an persönlicher Betreuung und Beratung (vgl. W. Staminski/H. Staminski, 1999, S. 43 f.).

2.4 Sicherheitsprobleme des Direktbanking

In der Sicherheit sehen nicht wenige Kunden ein Problem der Geschäftsverbindung mit Direktbanken. Immerhin über 70 % der in der Infratest-Studie Befragten offenbarten ihr Misstrauen (vgl. o.V. Direktbanking, 1996, S. 113). Der Sicherheit des Vertriebswegs Direktbank scheint noch zu wenig Vertrauen geschenkt zu werden. Vor allem für die ältere und technikunerfahrene Generation dürfte das Sicherheitsproblem eine hohe Hürde darstellen. Zwar übertreiben die Medien in ihren reißerisch aufgemachten und in der Regel wenig fundierten Berichten dieses Risiko. Meldungen über das Eindringen von „Hackern“ in PC’s oder in Rechenzentren großer Unternehmen und über das Erlauschen des Passwortes oder der PIN verunsichern dennoch. Inzwischen warnen die Medien vor der Benutzung der Kreditkartennummer im Internet. Gefahren bei der Internet-Nutzung liegen auch in der unbewussten Datenpreisgabe und in der leichten Analyse der Kaufgewohnheiten. In den USA wird die Zahl der Internet-Geschädigten auf 200 000 geschätzt. Internet-Insider fordern sogar, dass jeder Nutzer der E-Mails und des E-Commerce gleichzeitig als eigener Datenschützer fungieren sollte.

2.5 Telekommunikationskosten und Warteschleifen als Probleme

Zwar werben die Direktbanken mit ihrer 24-Stunden-Erreichbarkeit und den günstigen Konditionen. Der Kunde sollte bei den Kostenvergleichen aber nicht die Kommunikationskosten außer Acht lassen. Werden sie von der Direktbank vollständig getragen, dann resultiert daraus ein Rentabilitätsproblem für das Institut. Üblich ist die Aufteilung dieser Kosten zwischen Kunde und Direktbank in unterschiedlichem Umfang. Werden sie gänzlich vom Kunden getragen, dann dürfte die Nutzung des Direktvertriebs sehr teuer für ihn werden.

Die Verärgerung der Kunden über kundenunfreundliche Öffnungszeiten der Geschäftsstelle wird abgelöst durch das mitunter sehr lange Verharren in scheinbar endlosen Wartezeiten, verursacht durch zu geringe Kapazitäten in den Call-Centern und überlastete Datenleitungen. Zwar gestalten lustige Melodien und Sprüche das Verweilen in der Warteschleife lebendig. Eine derartige Unterhaltung der wartenden Kunden steigert in der Regel nicht die Zufriedenheit, insbesondere dann nicht, wenn der Kunde die Melodie mehrmals vernehmen muss und wenn er die Telefonkosten trägt. Inzwischen sind zahlreiche Telefone mit einer Gebührenanzeige ausgestattet, was die Verärgerung noch erhöht.

Stellt der Kunde mittels Telefon oder PC an seinem Arbeitsplatz die Verbindung her, so kann das zu arbeitsrechtlichen Schritten gegen ihn führen. Durch leistungsfähige Erfassungssysteme lassen sich privat geführte Telefonate oder Online-Verbindungen ermitteln. Will sich ein Arbeitgeber von einem Mitarbeiter trennen, so lohnt sich die Überprüfung der getätigten Telefonate, der gesendeten Faxe und Online-Verbindungen. Hinzu kommt noch als weiterer Ansatzpunkt für das rechtliche Vorgehen die für private Zwecke verwendete Arbeitszeit.

2.6 Rechtliche Risiken

Die Geschäftstätigkeit der Kreditinstitute wird in zunehmendem Maße durch Rechtsprechung und Gesetzgebung eingeengt. Beispiele sind das Verbraucherkreditgesetz oder die mannigfaltigen Aufklärungspflichten in der Wertpapierberatung. Auch die Rechtsprechung fällt heute im Regelfall zuungunsten der Kreditinstitute aus. Zwar ist das Schutzbedürfnis des Kunden sehr hoch einzustufen, vernachlässigen darf man aber nicht die Interessenlage des Kreditinstituts. Letztlich geht übersteigerter Kundenschutz zu Lasten des Kunden, wenn sich die Kreditinstitute aus bestimmten Leistungen vollständig zurückziehen, sollten sie das rechtliche Risiko als existenzgefährdend ansehen.

Ein rechtliches Risiko resultiert für das Discount Broking aus dem Umfang der Beratungspflicht. Werden Discount Broker zum Schadenersatz für fehlgeschlagene Effektengeschäfte verurteilt und sollte trotz des fehlenden Beratungsangebots eine Beratungspflicht unterstellt werden, dann ist das Discount Broking mit Privatkunden gravierend beeinträchtigt. Weitgehende Aufklärungspflichten für die Kunden mit umfangreichem Informationsmaterial und mehreren zu leistenden Unterschriften erschweren das Erreichen der Rentabilitätsschwelle.

Schränkt die Rechtsprechung den Vertriebsweg aktives Telefon-Banking ein, dann verliert das Direct Banking seinen bisher bedeutendsten Wettbewerbsvorsprung gegenüber der Geschäftsstelle. Der XI. Zivilsenat des Bundesgerichtshofes stufte die anlässlich der Kontoeröffnung zu unterzeichnende Einverständniserklärung, durch die sich ein Kreditinstitut das Einverständnis mit telefonischer Beratung erklären lässt, als unangemessene Benachteiligung des Kunden im Sinne des § 9 AGBG ein (Pressemitteilung 20 der Pressestelle des BGH zum Urteil Az: XI ZR 76/98). Er sieht die Telefonwerbung als besonders schwerwiegende Beeinträchtigung der verfassungsrechtlich geschützten Privatsphäre an. Laut Urteil stellt die telefonische Werbung einen groben Missbrauch des vom Anschlussinhaber in dessen Interesse und auf dessen Kosten unterhaltenen Telefonanschlusses zu Werbezwecken dar. Die Herbeiführung des Einverständnisses durch Allgemeine Geschäftsbedingungen wird ausgeschlossen. Das Ertragsvolumen wird durch dieses Gerichtsurteil stark zurückgehen, wenn das Anrufen des Kunden erschwert oder sogar verboten wird.

2.7 Fehlender Beschäftigungs- und Risikoausgleich im Discount-Broking

Die Discount Broker können ihren Wettbewerbern aufgrund ihrer kostengünstigen Leistungserbringung erhebliche Marktanteile abnehmen. Ihr Handelsvolumen wird durch die steigende Attraktivität des Wertpapiers und durch die Wertpapierreife breiter Bevölkerungskreise anwachsen. Die günstige langandauernde Börsensituation sorgte als Aufwind für das beeindruckende Wachstum der Discount Broker. Allerdings darf man nicht außer Acht lassen, wie eine jahrelange Börsenbaisse auf das Discount Broking wirken könnte: Dann können Discount Broker nicht das wegbrechende Geschäftsvolumen kompensieren und müssen eine längere Zeit durch die Mutterbank subventioniert werden. Eine klassische Universalbank kann zumindest versuchen, einen Teil der dann unterbeschäftigten Mitarbeiter in anderen Geschäftsfeldern einzusetzen. Dem Spezialisten Discount Broker verbleiben die Alternativen Verlustausgleich über mehrere Jahre durch die Gesellschafter oder Personalabbau.

3. Die Überkapazität des Direct Banking als Problem

3.1 Der Direktbankenmarkt ist overbanked

Die heute zweifelsohne vorhandenen Überkapazitäten im Direct Banking basieren auf optimistischen, teils sogar euphorischen Erwartungen in das Direct Banking, die sich auf die unerwartet rasche und hohe Akzeptanz des Telefon-Banking zurückführen lassen. Die Zukunft des Vertriebes wurde in der Kundenfernbedienung gesehen. Vor allem Privatbanken planten, sich vom größten Teil ihrer wenig rentablen Zweigstellen zu trennen und den geschäftsstellenintensiven Sparkassen und Genossenschaftsbanken Kunden sowie Marktvolumen abzuwerben. Diese Konkurrenten verharrten anfangs weitgehend passiv gegenüber dem neuen Direktvertrieb, sieht man von wenigen Instituten wie etwa der innovativen Sparkasse Leipzig ab.

Gerechtfertigt wurde der schnelle Kapazitätsaufbau auch mit dem Argument, gewinnen könnten nur solche Institute, die rasch nennenswerte Marktanteile erkämpfen. Auch kalkulierten die Direktbanken, dass die Überkapazität nur temporär bestünde, da das Kundenvolumen ebenfalls stark ansteigen würde. Wenn das Marktsegment allerdings nicht entsprechend zunimmt, dann erweisen sich die Planungen als obsolet. Vertraute man blindlings auf die Aussagen zur hohen Akzeptanz des Direktvertriebes, sah man sich durch die Interpretation der positiven Antworten getäuscht: Direktbankaffin ist nicht gleichbedeutend mit der Nutzung des Direktvertriebes und mit der Übertragung von Geschäften auf Direktbanken. Bei Befragungen, ob man aus Umweltaspekten den öffentlichen Personen-Nahverkehr häufiger nutzen sollte, erhält man ebenfalls hohe Zustimmungswerte. Die meisten dieser Personen setzen sich aber nicht in öffentliche Verkehrsmittel, sondern in das eigene Auto. Die in den Befragungen offenbarte Aufgeschlossenheit gegenüber dem Direct Banking bedeutet nicht zwangsläufig die Entscheidung, die Angebote der Direktbank zu nutzen. Bequemlichkeit, d. h. Vermeidung der mit der Übertragung der Geschäftsverbindung verbundenen Aktivitäten, und Unsicherheit gegenüber dem Online- sowie Internet-Banking sind schwer zu überwindende Hürden.

3.2 Das Überleben der Geschäftsstelle als Hemmnis

Die Geschäftsstelle wurde von den Protagonisten des Direktvertriebs übereilt abgeschrieben. Sie bezeichneten die Zweigstellen als Mühlstein am Hals des Kreditgewerbes (vgl. E. Muth, 1996, S. 43). Der kostengünstigere Direktvertrieb sollte den anscheinend unrentablen Vertriebsweg Zweigstelle im Geschäftsbereich Retail Banking ablösen. Übersehen wurden allerdings die Rentabilitätsreserven und das Attraktivitätspotenzial der Geschäftsstelle. Die Ursache für die vermeintliche Unrentabilität liegt nicht an der Geschäftsstelle selbst, sondern an dem Unvermögen, deren Gestaltungsspielräume auszuschöpfen. Selbstverständlich ist die klassische Zweigstelle nicht überlebensfähig. Auch muss eine Vielzahl unrentabler Stellen geschlossen werden. Ein Großteil dieser Stellen sind aber Zweigstellen mit wenigen Mitarbeitern. Löst beispielsweise eine Genossenschaftsbank in kleinen Orten ihre Mini-Stellen auf, dann darf man nicht vom Zweigstellensterben sprechen. In solchen Geschäftsstellen sind lediglich wenige Mitarbeiter tätig, mitunter sogar nur ein einziger. Nicht einmal der Ersatz durch einen Bankomaten ist wirtschaftlich, da in den Orten nach der Schließung des Einzelhandelsgeschäfts, der Post und der Gaststätte allenfalls noch für die Kollekte in der Kirche Bargeld benötigt wird. Eine Kompetenz-Geschäftsstelle in der Kreisstadt mit qualifizierten Beratern für das Anlagegeschäft, in der Baufinanzierung sowie im Versicherungsgeschäft und flankiert durch Selbstbedienung, kundenfreundliche Öffnungszeiten sowie passives Telefon-Banking bietet den Privatkunden wesentlich mehr Vorteile. Das Kreditinstitut kann mehrere kleine Stellen schließen und erzielt dadurch Einsparungsmöglichkeiten, beispielsweise weniger Anfahrtkosten für den Botendienst zu diesen Stellen, verminderte Versicherungskosten, geringerer Einrichtungs- und Sicherheitsbedarf. Auch für die Mitarbeiter ist die Arbeit in Kompetenzstellen attraktiver, da die Tätigkeit in Mini-Stellen eintönig ausfällt.

3.2.1 Rationalisierungspotenzial der Geschäftsstelle

Im Geschäftsstellennetz liegen erhebliche Rationalisierungsreserven (vgl. M. Bader, 1999, S. 64), deren Hebung die Rentabilität des festen Standorts verbessern kann.

Die Mitarbeiter im Kundenverkehr sollten sich voll auf den Kontakt mit dem Kunden konzentrieren können. Back-Office-Aufgaben müssen deshalb ausgelagert bzw. konzentriert werden. Die Abläufe wären zu straffen. Um eine Unterauslastung zu vermeiden, könnten in Spitzenzeiten vermehrt Teilzeitbeschäftigte eingesetzt werden. Auch erscheint es nicht zwingend, alle denkbaren Spezialbetreuer in jeder Geschäftsstelle vorzuhalten (vgl. H.-J. Platzek, 1996, S. 12). Die Abstufung des Geschäftsstellennetzes ist deshalb eine conditio sine qua non. Weiterhin sollten kleinere Servicestellen geschlossen werden zugunsten von Kompetenzstellen, in denen verschiedenartige Leistungen angeboten werden können.

Wichtig bei der Abstufung des Geschäftsstellennetzes ist die Einordnung der Kunden in verschiedene Gruppen. Individual- und Firmenkunden können in kleineren Stellen nicht rentabel betreut werden. Diese Kunden müssten entweder in größeren Niederlassungen oder in speziellen Stellen beraten werden. Die Kosten für teure Firmenkunden- oder Individualkundenbetreuer lassen sich nicht in den Stellen amortisieren, in denen das Markt- respektive Wertvolumen zu niedrig ist.

Hinzukommen muss die Überprüfung des Sortiments klassischer Bankprodukte. Die Marketingexzesse mit einer Vielzahl von Produkten, die sich sehr ähnlich sind, sollten endlich beendet werden. Damit wären Kostenvorteile zu erzielen: Wie sich im Mengengeschäft eine gestraffte Produktpalette erfolgreich vermarkten lässt, kann man an Discountern wie etwa ALDI beobachten.

Einen erheblichen Kostenbestandteil der Geschäftsstelle stellen die umgelegten Kosten der übergeordneten Ebenen und Zentralbereiche dar. Der Geschäftsstellenleiter kann die Höhe dieser Belastungen nicht beeinflussen. Allerdings beeinträchtigen sie die Rentabilität der Niederlassungen. Sie bezahlen Fehlentscheidungen und Ressourcenvergeudungen der Kopfstellen und der Zentrale, die doch letztlich nur Dienstleister sein sollten für die Vertriebsstellen. Der Abbau der Overhead-Kosten könnte ebenfalls zur Rentabilitätsverbesserung des Filial-Banking beitragen.

Zwei Beispiele illustrieren eine solche Ressourcenverschwendung:

In den neuen Bundesländern errichtete ein Sparkassenverband ein überdimensioniertes Schulungszentrum. Die Investitionshöhe belief sich auf 300 Mio. DM, die Auslastung ist unzureichend.

Zwei Rechenzentren eines regionalen Bankenverbands werden derzeit zusammengelegt. An diesem Projekt sind zahlreiche externe EDV- und Organisationsberater beteiligt. Die Aussage eines Entscheidungsträgers „Geld spielt keine Rolle“ offenbart dessen großzügige Einstellung, nicht aber Verantwortungsbewusstsein.

Die hohen Kosten beider Beispiele sind letztlich von den Vertriebsstellen zu tragen, etwa über hohe Verbandsbeiträge der Mitgliedsinstitute, über hohe Seminarkosten und über Nutzungspreise für EDV-Leistungen.

3.2.2 Attraktivitätspotenzial der Geschäftsstelle

Die Geschäftsstelle muss nicht sterben, obwohl das „Totenglöckchen“ von zahlreichen Experten in Vorträgen und Veröffentlichungen geläutet worden ist. Der zweite „Schlüssel“ zur ihrer Rettung liegt in der Nutzung des Attraktivitätspotenzials. Gelingt es, die Attraktivitätsreserven zu nutzen, dann können die Direktbanken nicht das Volumen und die Kunden des Filial-Banking „erben“.

Als Attraktivitätsreserven der Geschäftsstellen lassen sich beispielhaft nennen: verlängerte Öffnungszeiten, eventuell den Kunden sogar das Gespräch mit Bankmitarbeitern am Samstag in der Geschäftsstelle ermöglichen, kundenfreundlich gestaltete Selbstbedienung und neue Formen von Geschäftsstellen wie etwa der Banking Shop in großen Supermärkten und Einkaufscentern mit hoher Kundenfrequenz. Die Einführung des Telefon-Banking wurde von dem verantwortlichen Vorstandsmitglied der KKB-Bank mit dem Argument begründet, dass die meisten Kunden ungern in die Bank gingen und zahlreiche Kunden die Durchführung von Bankgeschäften als lästig empfänden. Sollte dies zutreffen, dann hätten die Marketingexperten zahlreicher Kreditinstitute versagt. Wundern müsste man sich lediglich über die immer noch hohe Loyalität des Großteils der Kunden. Das derzeit diskutierte Konzept „Erlebnis-Banking“ verfolgt das Ziel, den Besuch der Geschäftsstelle zu einem positiven Vorgang umzuwandeln. Höflichkeit und Freundlichkeit der Betreuer und Schalterkräfte sind wichtige Voraussetzungen, um die unangenehme Pflicht des Filialbesuchs in ein Erlebnis umzuwandeln (vgl. O. Hahn, 1982, S. 56-62). Ein Vorstandsmitglied einer Regionalbank äußerte bei der Vorstellung des ersten Finanzshops seines Instituts resignierend, dass man erst jetzt (im Jahre 1997) lernen würde, was der Kunde wolle. Insbesondere beklagte er auch das Abwehren der Kunden mittels Selbstbedienung im Eingangsbereich, wodurch das Gespräch mit dem Kunden verhindert wird und die Betreuer ihre Kunden nicht mehr zu Gesicht bekämen.

Ergänzt werden sollte das reduzierte Banksortiment um weitere Allfinanzleistungen. Wenn die größeren Geschäftsstellen zu Kompetenzcentern erweitert und dort auch provisionsstarke Allfinanzprodukte angeboten werden, dann ist dies ein weiterer Schritt zur Stärkung des Filial-Banking (vgl. P. Gloystein, 1998, S. 12). Ein wichtiger Baustein zur Rentabilitätsverbesserung der Geschäftsverbindungen ist die Finanz- und Vermögensanalyse (vgl. O. Betsch, 1995, S. 5). Zwar wurde diese Analyse zuerst ausschließlich für den vermögenden Privatkunden durchgeführt, heute sehen Kreditinstitute in ihr den Einstieg in eine ertragreiche Kundenverbindung: Die Produktnutzung lässt sich intensivieren, das Cross-Selling-Potenzial ist besser ausschöpfbar. Letztlich kann die Zufriedenheit durch die Schwerpunktlegung auf die Kundenorientierung erhöht werden. Bei der Vermögensanalyse macht sich der Betreuer durch spezielle Fragen ein Bild von den finanziellen und privaten Zielen, der Anlagementalität, dem Lebensstil, der Risikoneigung, den Renditeerwartungen, der steuerlichen Belastung und der Vermögenssituation des Kunden. Auf der Basis der Informationen erhält der Kunde die für ihn am besten geeigneten Produkte offeriert. Diese Analyse ist das Instrument zur ganzheitlichen, lebensphasenübergreifenden, zukunfts- und bedarfsorientierten Betreuung (vgl. P. Müller, 1997, S. 8). Wenn das Discount Broking der klassischen Anlageberatung in den Niederlassungen erhebliche Markt- und Kundenvolumina abzunehmen in der Lage war, dann ist die Ursache nicht nur in den Preisvorteilen zu suchen. Die üblichen Provisionen für Effektengeschäfte sind durchaus akzeptabel, da mit ihnen auch die Beratung entgolten wird. Die Kreditinstitute sollten sich aber fragen, weshalb Effektenkunden zunehmend auf das Beratungsangebot verzichten, beträchtliche Kosten für die Informationsbeschaffung auf sich nehmen sowie Zeit in eigene Recherchen und das Depotmanagement investieren. Eine mögliche Antwort könnte darin liegen, dass Kunden die Beratungsqualität als unzureichend empfinden. W. Staminski/H. Staminski zitieren eine 1997 erstellte Studie (a. a. O., S. 43): In 123 Geldinstituten führten Testkunden 450 Testgespräche. In 80% der Gespräche wurde die Beratung als wenig kompetent und nicht bedarfsorientiert bewertet. Gelingt es den Filialbanken, das Qualitätsniveau in der Anlageberatung anzuheben, dann brauchen sie die Discount Broker nicht zu fürchten.

3.3 Multiple-Channel-Vertrieb als Konkurrent der Direktbank

Unter Multiple-Channel-Vertrieb versteht man das koordinierte Zusammenspiel aller Vertriebswege eines Kreditinstitutes (vgl. B. Pauluhn, 1998, S. 558 f.). Der Kunde kann jeweils den Vertriebsweg für seine Banktransaktionen auswählen, der seine persönlichen Präferenzen erfüllt. Der Multiple-Channel-Vertrieb stellt eine neue Dimension in der Vertriebspolitik der Kreditinstitute dar, um den Ansprüchen des zunehmend hybriden und in seinem Nachfrageverhalten schwerer prognostizierbaren Kunden gerecht zu werden. Zwar bietet heute das

Kreditgewerbe dem Kunden ein breites Spektrum an Vertriebskanälen an, doch kann dieser nicht oder nur unter Abstrichen die für ihn am besten geeigneten Kanäle auswählen. Beispielsweise möchte ein Kunde gerne für seinen Zahlungsverkehr die Vertriebswege Telefon bzw. Internet nutzen oder er will Direktbankkonditionen für kurzfristig fällige Einlagen. Auf der anderen Seite aber will er auf die kompetente und persönliche Beratung zur Lösung komplexer Probleme nicht verzichten. Bei der heute noch üblichen Aufteilung der Vertriebswege auf verschiedene Anbieter müsste der Kunde sein Girokonto bei einer Direktbank eröffnen, das Wertpapierdepot dagegen wird bei einer Geschäftsstelle unterhalten. Verteilt ein Kunde seine Einlagen auf das zinsgünstige Parkkonto einer Direktbank und auf ein Festgeldkonto einer Filialbank, dann kommt auf ihn das Ärgernis „Überwachung, eventuell Änderung der ZAST-Freistellungsbeträge“ zu. Aus Sicht der Kreditinstitute ist es unwirtschaftlich, größere Kapazitäten aller möglichen Vertriebskanäle aufzubauen und anzubieten, selbst wenn einige davon allenfalls in begrenztem Umfang in Anspruch genommen werden. Für die anbietenden Institute stellt dies eine Ressourcenverschwendung dar. Das Nebeneinander von verschiedenen, isoliert voneinander agierenden Distributionswegen, die sogar miteinander konkurrieren, vergeudet die Ressourcen der Bank. Die bessere Alternative liegt in der Integrierung aller Angebote, sowohl der Direktbankleistungen als auch der Beratungsprodukte in eine einzige Geschäftsverbindung (vgl. M. Bader, 1999, S. 64). Dann können die bisher fragmentierten Kundeninformationen, beispielsweise das Kreditrisiko und Sicherheitsziele der Bank betreffend oder unausgeschöpfte Cross-Selling-Potenziale besser ausgeweitet werden mit dem Ziel der vertriebswegeübergreifenden Informationsharmonisierung mit Anstreben hoher Aktualität.

Unumgänglich ist es deshalb, die Bedürfnisse der Kunden zu ermitteln und dementsprechend innerhalb der Vertriebswegeplanung die Kapazitäten der einzelnen Kanäle zu gestalten (vgl. Michalk/Dilling, 1998, S. 88).

Der Kunde hat durch den Multiple-Channel-Vertrieb den Freiraum, sich anhand seiner Präferenzen für den geeignetsten Zugangsweg zu entscheiden. Er muss nicht zusätzlich zu seinem Girokonto bei einer Filialbank das Wertpapierdepot bei einem Discount Broker eröffnen, wenn er deren günstige Konditionen nutzen will und auf die Beratung verzichten zu können glaubt. Warum sollte ein Kunde dann noch zur Direktbank wechseln, wenn er den hausinternen Direktvertrieb nutzen kann zu ähnlichen Konditionen, wie sie von der Direktbank offeriert werden?

4. Thesen zur Zukunft der Direktbanken in Deutschland

4.1 Es gibt heute und in naher Zukunft zu viele Direktbanken

Ein Teil der ab Anfang der 90er Jahre aufgebauten Direktbanken entwickelt sich zur Fehlinvestition. Verbunt bezeichnete die Direktbanken zwar als Zeitbombe für das klassische Privatkundengeschäft (vgl. J.M.W. Verbunt, 1998, S. 505), die Direktbanken werden aber zumindest in absehbarer Zeit nicht den prognostizierten Marktanteil erringen können. Der Trost, wertvolle Erfahrungen gewonnen zu haben und diese im Retail Banking nutzen zu können, erscheint gering im Verhältnis zu dem hohen Kapitaleinsatz.

Einen eleganten Weg schlägt die Deutsche Bank ein: Sie beabsichtigt, das Retail Banking mit ihrer Direktbank 24 zu fusionieren. Einmal lässt sich so das Nichterreichen der selbst gesetzten Ziele im Direktbanking verschleiern. Außerdem kann sie die hohen Werbeinvestitionen in den Namen Bank 24 und die aufgebaute Kompetenz im Direktvertrieb weiter nutzen. Der dritte Vorteil liegt in der Kreierung der Zielgruppenbank für Retail- und Private-Kunden und im gleichzeitigen Aufbau des Multi-Channel-Vertriebs. Der Direktvertrieb wird als In-House-Lösung integriert in die Gesamtbank.

4.2 Dem Multi-Channel-Vertrieb gehört die Zukunft

Das Direct Banking wird nicht aussterben. Es überlebt in der Multi-Channel-Konzeption. Zukunftsreich erscheint außerdem das elektronische Direct Banking, ob mit T-Online oder auf der Internet-Basis. Die Generationen mit höherer Akzeptanz für das Online-Banking wachsen heran. Nicht auszuschließen ist, dass es nur wesentlich länger dauert, bis das Direct Banking sich gegenüber dem Filial-Banking durchsetzt. Auch der Geldausgabeautomat und die Kundenterminals stießen bei der Einführung auf starke Akzeptanzschwierigkeiten. Heute werden beide Geräte intensiv genutzt. Die Institute können außerdem durch den Multi-Channel-Vertrieb sowohl die direktbank- als auch die filialbankaffinen Kunden ansprechen (vgl. T.v. Heydebreck, 1999, S. 27). Der größte Teil der Kunden, ca. 60-80 % (vgl. B. Pauluhn, 1998, S. 562), dürfte beide Vertriebswege nutzen wollen. Deshalb sollte man ihm die Entscheidung überlassen. Erhöht sich die Akzeptanz des Direct Banking im Zeitverlauf, dann kann die Bank flexibel reagieren und die Kapazität des Direktvertriebs vergrößern, das Filial-Banking dagegen redimensionieren (vgl. T.v. Heydebreck, 1999).

Es wäre nicht verwunderlich, wenn Direktbanken sogar ein eigenes Stützpunktnetz aufbauen würden. Die Direkt Anlage Bank baute einige Anlagecenter auf, in denen das Discount Broking vorgeführt wird und die als Lern- und Treffpunkte zur Depoteröffnung gedacht sind. Die Direktbanken von Autoproduzenten beispielsweise könnten in den größeren Autohäusern Allfinanzshops errichten. Die Vorteile solcher Shops liegen in der günstigen Erreichbarkeit, dem ausreichenden Parkplatzangebot sowie der attraktiven Öffnungszeit des Autohauses. Da die Autoproduzenten ihr Händlernetz bereinigen, wäre auch das Kundenpotenzial sehr hoch.

4.3 Die Überlebenschancen der Direktbank im Retail- und Private-Banking sind gering

Im klassischen Retail- und Private-Banking wird sich das Direktbankgeschäft in naher Zukunft nicht rentabel betreiben lassen. Zwar kann man Kunden durch attraktive Einlagenkonditionen gewinnen. Die Passivlastigkeit aber degeneriert die Direktbank zum Geldmarktfonds. Dazu braucht das Kreditgewerbe keine Direktbank. Nur wenn es den Direktbanken gelingen sollte, weitere Geschäftsfelder zu erschließen und die Rolle der Hauptbank zu übernehmen, dann hätten sie eine Überlebenschance. Ansatzpunkte sind das Anbieten von E-Commerce und von Versicherungen über den Direktvertriebsweg.

Die Pionierbanken des Direct Banking, insbesondere die Allgemeine Deutsche Direktbank oder die Quelle Bank, sind die Ausnahmen von dieser Regel. Ihr früher Marktauftritt erleichterte die Kundengewinnung. Die Chance, das direktbankaffine Kundenpotenzial abzuschöpfen, wurde von ihnen genutzt. Nicht übersehen darf man zudem das hohe Volumen der Allgemeinen Deutschen Direktbank im Hypothekarkreditbereich.

Erfolgreich entwickelt sich das Direktbankkonzept nur in Nischen. Insbesondere im Wertpapiergeschäft lassen sich mit ihm hohe Marktanteile erringen. Immer mehr Kunden fragen sich, warum sie hohe Fondsaufschläge und Provisionen im Effektenhandel bezahlen sollen, obwohl ihrer Ansicht nach die Beratungsqualität unzureichend ist. Das wertpapierreife Kundenvolumen wächst rasant weiter, sofern kein empfindlicher Börsencrash die Anlagelust für längere Zeit dämpft.

Auch im Hypothekarkreditgeschäft wird sich die Direktbank etablieren infolge der zunehmenden Vertrautheit mit der Baufinanzierung und durch das hohe Volumen des Einzelkredits. Wenn ein Bauherr das zweite Objekt finanziert oder umschuldet, dann hat er die Erfahrung und kann auf die margenträchtige Beratung durch den Kreditverkäufer verzichten. Zwar ist die Zinsmarge des Anbieters gering; die hohen Volumina, die standardisierte Bearbeitung und die Rechtssicherheit der Immobilienfinanzierung kompensieren diesen Nachteil.

Literaturhinweise

Bader, Monika: Zwei Banken unter einem Dach, in: Banken & Sparkassen 1/1999, S. 64.

Betsch, Oskar: Anspruch und Wirklichkeit der Beratung vermögender Privatkunden – eine Profilierungschance für Genossenschaftsbanken durch das Angebot von Privater Finanzplanung, in: ZfgG 45/1995, S. 4-16.

Buchholz, A.: Die Euphorie ist verflogen, in: Süddeutsche Zeitung, 12.1.1998, S. 19.

Burgmaier, Stefanie: Enormer Aufwand, in: Wirtschaftswoche 24/1997, S. 46.

Gloystein, Peter: Neue Wege zum privaten Kunden, in: bank und markt 4/1998, S. 12-18.
Härtl, Silke: Die Beurteilung des Telefonbanking aus Bankensicht, Nürnberg 1995.
Hafner, Bernhard: Direktbanken als Herausforderung, in: FLF 2/1999, S. 50-55.
Hahn, Oswald: Die Bedeutung der menschlichen Qualität innerhalb der Bankleistung, in: Die Bank 2/1982, S. 56-62.
von Heydebreck, Tessen: „Auch uns kann drohen, dass wir langfristig im Privatkundengeschäft nicht die nötige Größe haben“ (Interview), in: FAZ 17.4.1999, S. 27.
Keine, Friedrich-Michael: Das menschliche Element im Zweigstellenvertrieb – ein Auslaufmodell, in: Kreditwesen 03/1998, S. 117-121.
Kleineidam, Uwe: Direct-Mailing als absatzpolitisches Instrument im Privatkundengeschäft der Banken, unveröffentlichte Diplomarbeit, Lehrstuhl Prof. Dr. Oswald Hahn, Nürnberg 1989.
König, Herbert: Der Bildschirmtext als Instrument der Bankpolitik, Frankfurt/M. 1982.
Michalk, Claus/Dilling, Holger: Wettbewerber im Informationszeitalter, in: Oskar Betsch, Eckart van Hooven, Georg Krupp (Hrsg.), Handbuch Privatkundengeschäft, Frankfurt/M. 1998, S. 79-91.
Müller, P.: Ganzheitliche Kundenberatung durch Financial Planning – Ein Konzept zur Implementierung einer allumfassenden Kundenbetreuung, erläutert am Beispiel der Basler Kantonalbank, Stuttgart/Wien 1997.
Muth, E.: Filialnetz – Mühlstein am Hals des Bankgewerbes?, in: Banken & Versicherungen 1/1996, S. 42-45.
o.V.: Advance Bank will spätestens 2002 Verlustzone verlassen, in: Handelsblatt v. 15.04.1999, S. 18.
o.V.: Bankservice – Kunden wollen mehr Elektronik, in: Wirtschaftswoche 30/1997, S. 9.
o.V.: Direct Banking: pro und contra, in: Die Bank 2/1996, S. 112-113.
Pauluhn, Burkhardt: Multiple Channels als Komfortlösung, in: Oskar Betsch, Eckart van Hooven, Georg Krupp (Hrsg.), Handbuch Privatkundengeschäft, Frankfurt/M. 1998, S. 557-572.

Platzek, Heinz-Jörg: Perspektiven des Vertriebs von Finanzdienstleistungen, in: bank und markt 2/1996, S. 10-13.
Pressemitteilung 20 der Pressestelle des BGH zum Urteil Az: XI ZR 76/98.
Schulte, Reinhold: Mobiler Vertrieb – was bleibt für ihn übrig?, in: Oskar Betsch, Eckart van Hooven, Georg Krupp (Hrsg.), Handbuch Privatkundengeschäft, Frankfurt/M. 1998, S. 707-728.
Staminski Wolfgang/Staminski, Helmut: Kunden honorieren Ehrlichkeit, in: Banken & Sparkassen 1/1999, S. 42-45.
Verbunt, Joannes M.W.: Direktbanken – eine Zeitbombe für das klassische Privatkundengeschäft, in: Oskar Betsch, Eckart van Hooven, Georg Krupp (Hrsg.), Handbuch Privatkundengeschäft, Frankfurt/M. 1998, S. 505-516.

Teil 3
Moderne Instrumente der Finanzmarktforschung

Einsatz von Data Warehouse und Data Mining zur Kundenanalyse und Kundenbewertung im Direktbanking

Jan Wohlschiess

1. Einleitung

Der Privatkundenmarkt im Finanzdienstleistungssektor ist durch sinkende oder gleichbleibende Marktanteile, ein begrenztes Neukundenpotenzial sowie einen stark zunehmenden globalen Wettbewerb durch Non- und Near-Banks gekennzeichnet. Durch das Allfinanzkonzept treten auch Post, Versicherungen, Kreditkartenunternehmen, institutionelle Investoren und Inhouse-Banking-Abteilungen großer Industrie-, Handels- und Dienstleistungsunternehmen verstärkt mit Finanzdienstleistungen am Markt auf. Die Entstehung und Etablierung von globalen Netzmärkten wie das Internet und die dadurch ermöglichte direkte medienbruchlose Herstellung und Distribution von Finanzprodukten und -services wird die Intensivierung des Wettbewerbs in erheblichem Maße weiter fördern.

Das Verhalten der Kunden hat sich in den letzten Jahren ebenfalls verändert. Kunden sind besser informiert und ihre Erwartungen an Finanzdienstleister sind erheblich gestiegen (vgl. Knauber/Kuloglu/Podrazil, 1997, S. 300 f.).

Für Finanzdienstleister ist es demnach von zentraler Bedeutung, die Marktbedingungen, das Kundenverhalten und die eigenen Schwächen und Stärken zu kennen, um schnell auf Trends und Entwicklungen reagieren zu können (vgl. D. Boehrer, 1996, S. 7). Dies gilt gleichermaßen für Finanzdienstleister im Retail Banking wie für das Direktbanking.

Vor diesem Hintergrund wird der Rohstoff „Information" – neben Kapital, Arbeit und materiellen Ressourcen – zu einem der fundamentalen Produktionsfaktoren. Die Bedeutung des Faktors Information und eines entsprechenden Technologieeinsatzes zur Erlangung von Konkurrenzvorteilen wird deshalb im Finanzdienstleistungssektor auch allgemein anerkannt (vgl. A. Andersen & Co., Studie 1986, S. 88). Ein großer Teil der Informationen liegt in den Datenbeständen der Unternehmen versteckt. Davon wird allerdings nur ein sehr kleiner Prozentsatz von den Entscheidungsträgern ausgewertet und bearbeitet. Im Durchschnitt analysieren die Unternehmen nur 7 % Prozent der von ihnen erzeugten Daten (vgl. IBM: Knowledge Computing, 1995, S. 2).

In diesem Beitrag sollen Techniken zur Informationsgewinnung aus Privatkundendaten einer Direktbank bzw. eines Finanzdienstleisters mit integriertem Direktvertrieb auf Basis eines Data Warehouse beschrieben werden. Ziel ist es dabei, Antworten auf die folgenden Fragen zu geben:

- Wie können Kunden anhand der im Unternehmen gesammelten Daten analysiert und bewertet werden?
- Mit welchen Techniken können welche Ergebnisse erzielt werden?
- Wie können strategisch wichtige Informationen aus der Vielzahl von Daten effizient herausgefiltert und nutzbar gemacht werden?
- Wie können Daten zu profitablem Wissen werden? Welche Anwendungen gibt es speziell im Direktbanking?

2. Definitionen

2.1 Kundenanalyse und Kundenbewertung

Kundenanalyse wird nachfolgend verstanden als die Untersuchung des Kundenstamms auf signifikante Unterschiede und Interdependenzen anhand einzelner Merkmale oder Merkmalskombinationen (vgl. R. Shaw, 1991 und grundlegend H. Böhler, 1991, S. 447 ff.). Dieser Beitrag beschränkt sich auf die datenbasierte Kundenanalyse. Daher wird der Begriff Datenanalyse synonym verwendet. Die aus der Analyse und aus fachlichen Algorithmen resultierenden Wertzuweisungen anhand der Merkmale einzelner Kunden oder Gruppen von Kunden werden unter dem Begriff Kundenbewertung zusammengefasst.

Analyse und Bewertung von Kunden erfolgen in Abhängigkeit des verfolgten Ziels durch Anwendung einer oder mehrerer Analyse- bzw. Bewertungstechniken. Diese Techniken werden im Folgenden unter dem Begriff Data Mining zusammengefasst und bedienen sich dabei aus Datenbeständen eines Data Warehouse.

2.2 Data Warehouse

Erstmals Anfang der 80er Jahre unter den Begriffen Data Supermarket und Super Databases erwähnt, stellte IBM 1988 ein internes Projekt unter dem Namen European Business Information System (EBIS) vor (vgl. Data Management Review, 1994, H. 5, S. 14-19). 1991 wurde EBIS in Information Warehouse Strategy umbenannt. Den Kern dieses Projektes bildet das Data-Warehouse-Konzept (vgl. Mertens/Griese, 1993, S. 16 ff.).

Data Warehouse und Data-Warehouse-Konzept werden oft synonym verwendet und sind auch unter den Bezeichnungen Atomic Database, Decision Support System Foundation, Information Warehouse, Business Information Warehouse und Reporting Database erwähnt.

Nachfolgend wird der Begriff Data Warehouse als eine integrierte, nach Sachzusammenhängen geordnete, mehrere Jahre umfassende Sammlung ganz unterschiedlicher Datenbestände definiert (vgl. A.-W. Scheer, 1996, S. 74). Die zentrale Datenbank enthält wichtige Informationen für fundierte Analysen der operativen Systeme einerseits sowie der unternehmensexternen Informationsquellen andererseits (vgl. J. Hamm, 1997, S. 104 f.). Das Data Warehouse ist somit ein „complete repository of corporate data extracted from transaction systems that is available for ad-hoc access by knowledge workers" (vgl. Strategic Technologies & Systems Inc.: Introduction to High Performance Database Technology, S. 23-25).

Viele Unternehmungen haben heute realisiert, dass mit der gezielten Auswertung von Daten strategische Wettbewerbsvorteile erreicht werden können und beschäftigen sich deshalb mit der Implementierung eines geeigneten Data Warehouse (siehe hierzu Meta Group Deutschland GmbH (1995): State of-the-Practice survey – Data Warehouse, München, 1995, S. 6).

Data Mining ist ein mögliches Hilfsmittel für die Analyse der Kundendaten und damit für die Entscheidungsfindung innerhalb des Data-Warehouse-Konzeptes.

2.3 Data Mining – Knowledge Discovery

Der Begriff Data Mining ist mit vielen Namen belegt, wobei die angelsächische Formulierung „Knowledge Discovery in Databases (KDD)“ (vgl. Measurements and Analysis for Marketing, in: Journal of Targeting (8/96), S. 152) wohl dem eigentlichen Ziel dieser Form von Datenanalysen am ehesten gerecht wird. Daneben existieren Begriffe wie Knowledge extraction, Data pattern processing, data archeology, information harvesting etc. Data Mining ist dabei der am weitesten verbreitete Begriff und wird daher auch nachfolgend verwendet.

Unter Data Mining – Knowledge Discovery in Datenbank-Management-Systemen – wird ein nichttrivialer Prozess verstanden, der sich mit dem Auffinden von impliziten, bisher unbekannten und potenziell nützlichen und verständlichen komplexen Beziehungen in den Daten beschäftigt (vgl. Frawley/Piatetsky-Shapiro/Matheus, 1991, S. 3).

Data Mining meint damit einerseits das gezielte Suchen nach Mustern in den Daten anhand fest vorgegebener Parameter und andererseits den Prozess der automatischen Gewinnung von Aussagen ohne Parametrisierung (vgl. Bissantz/Hagedorn/Mertens, 1993, S. 481-487).

Eine Kategorie der Kundenanalyse und Kundenbewertung mittels Data Mining besteht demnach darin, Thesen anhand des Datenmaterials zu verifizieren oder zu verwerfen.

Eine andere Kategorie des Data Mining ermöglicht ohne präzise Fragestellung ein Aufdecken von verborgenen und unbekannten Informationsstrukturen, strategischen Erkenntnissen, Regeln und Zusammenhängen (vgl. J. Grabmeier, 1996, S. 63).

Data Mining setzt dabei neben mathematisch-statistischen auch interdisziplinäre Techniken und Algorithmen ein, die z. B. aus Bereichen der Bio-Informatik, Physik oder Quantenchemie stammen können (vgl. J. Becker, 1997, S. 30). Übersetzt man Data Mining aus dem Englischen, so würde man von einem „Schürfen nach Daten“ sprechen. Im vorliegenden Fall ist die „Daten-Mine“ das Data Warehouse.

3. Ziele des Einsatzes von Data Warehouse

Speziell Finanzdienstleister verfügen über eine besonders günstige Ausgangssituation hinsichtlich der verfügbaren Kundendaten. Ein Finanzdienstleister erhält über Kontendaten nicht nur Zugriff auf die finanziellen Verhältnisse der Kunden, sondern besitzt auch eine Reihe von Selbstauskunftsdaten, die der Kunde bei Vertragsabschluss bekanntgeben muss (vgl. J. Hamm, 1997, S. 104 f.). Ein möglicher Ansatz zur Verwertung dieser Daten ist das Data-Warehouse-Konzept. Das Ziel des Data Warehousing kann so definiert werden:

„Versorgung autorisierter Einzelpersonen mit zuverlässigen, zeitgerichteten, genauen und verständlichen Geschäftsinformationen aus allen Unternehmensbereichen zum Zweck der Entscheidungsfindung“ (vgl. Mucksch/Holthuis/Reiser, 1996, S. 421).

Untersuchungen und Befragungen, z. B. durch die Meta Group, ergaben dabei die in Abbildung 1 genannten Hauptziele der Unternehmungen.

3.1 Abgrenzung Data Warehouse und operative Datenbanken

Die Datenbank des Data Warehouse existiert zusätzlich neben den Datenbanken der operativen Systeme. Die Daten der operativen Datenbanken sind in ihrer Struktur auf die Anwendungssysteme ausgerichtet, in denen sie genutzt werden.

Dazu zählten eine Vielzahl von Anwendungen einer Direktbank, wie z. B. Handelsabwicklungssysteme im Wertpapiergeschäft oder Umsatzsammler für Kontobewegungen (vgl. Heinrich/Hofmann, 1996, S. 21).

Aufgrund der anwendungstechnischen Erfordernisse entsprechen diese Systeme nicht der fachlichen Sicht des Informationsnachfragers im Data Warehouse. Die Daten liegen zumeist in „atomarer“ Detailsicht

Abbildung 1: Hauptziele für den Einsatz von Data-Warehouse-Anwendungen (vgl. J. Koch, 1997, S. 16)

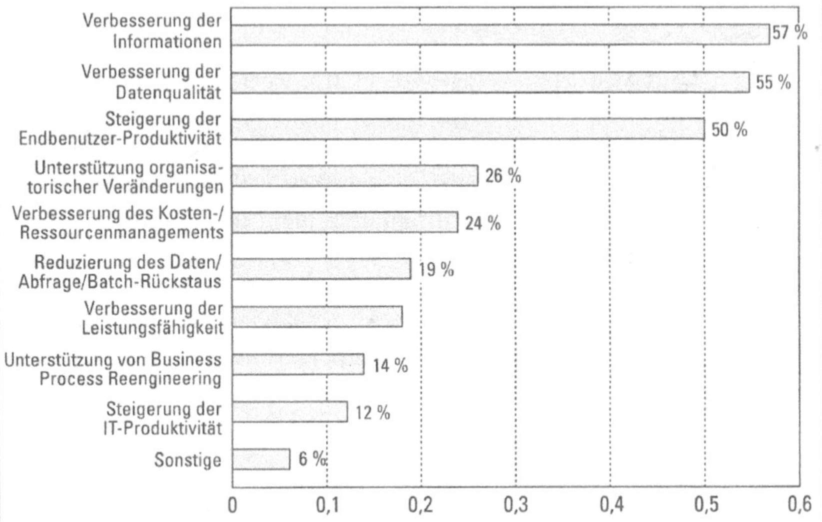

Quelle: Meta Group

vor und sind diesem Benutzerkreis als Grundlage notwendiger Informationen für Entscheidungen nur sehr schwer zugänglich zu machen (vgl. W. Otto, 1996, S. 45). Eine daraus resultierende und notwendige Trennung zwischen den Datenbanken des Data Warehouse und den Daten der operativen Systeme beschreibt Abbildung 2.

3.2 Das Data-Warehouse-Konzept

Die meisten Ausführungen und Konzepte beziehen sich auf den folgenden Data-Warehouse-Ansatz:

- subject-oriented,
- integrated,
- time-variant,
- nonvolatile (vgl. Inmon/Hackathorn, 1994, S. 2 u. W. H. Inmon, 1996, S. 33).

Themenorientiert *(subject-oriented)* bedeutet, dass die Daten nicht wie in der Transaktionsverarbeitung anwendungsorientiert abgelegt

Abbildung 2: Datenvergleiche Operative Datenbanken und Data Warehouse (vgl. A.-W. Scheer, 1996, S. 75)		
Charakteristika	**Operative Datenbanken**	**Data Warehouse**
Transaktionsvolumen	hoch	niedrig bis mittel
Antwortzeit	extrem kurz	mittel
Update	hohe Frequenz, permanent	niedrige Frequenz
Betrachtungsperiode	aktuelle Periode	Vergangenheit bis Zukunft
Umfang	anwendungsintern	anwendungsübergreifend
Aktivitäten	operativ, detailliert	analytisch, aufbereitet
Niveau der Daten	detailliert	aggregiert, aufbereitet
Verarbeitungseinheit	Datensatz (record), eindimensional	Matrizen (array), multidimensional, sachbezogen

werden, sondern sich nach den Geschäftsobjekten richten (vgl. Heinrich/Hofmann, 1996, S. 22). Nicht nur im Fall einer Direktbank ist dieses „Objekt“ meist der Kunde.

Die Informationen über einen einzelnen Kunden sind somit nicht mehr für jeden Aspekt seines umfassenden Profils in einem eigenen System verteilt (vgl. Der Weg zum Data Warehouse, in: Client Server Computing, 3/1996, S. 26). Das zweite wichtige Merkmal, das Daten in einem Data Warehouse unbedingt zu erfüllen haben, ist ihre Konsistenz und Anwendungsunabhängigkeit *(integrated)* (vgl. Inmon, 1996, S. 33).

Das Data Warehouse ermöglicht erstens eine von der jeweiligen Anwendung unabhängige Darstellung der geschäftlich essenziellen Daten, zweitens erlaubt es durch die Integration der unterschiedlich strukturierten Daten eine homogene Sicht und Auswertung (vgl. Datenauswertung ohne Eingriff in operative Datenbanken, in: Client Server Computing, 6/1996, S. 66).

Das dritte Charakteristikum der Daten in einem Data Warehouse stellt einen wesentlichen Unterschied zu den Daten in einer operativen

Umgebung dar. In dieser sind Daten zum Zeitpunkt des Zugriffs stets auf dem neuesten Stand.

Da die Daten in einem Data Warehouse – abhängig von der Häufigkeit der Updates – nur zu einem bestimmten Zeitpunkt dem aktuellen Stand entsprechen, d. h. „nicht gerade jetzt", werden diese als periodenvariant *(time-variant)* bezeichnet (vgl. Inmon/Hackathorn, 1994, S. 8).

Grundlage der Datenorganisation sind verschiedene Zeitperioden. Zudem ist der Zeithorizont in einem Data Warehouse auch entscheidend länger als in operativen Systemen. Während dieser hier normalerweise bei 60 bis 90 Tagen liegt, so ist in einem Data Warehouse von einem Zeithorizont von 5 bis 10 Jahren auszugehen (vgl. Inmon, 1996, S. 36 f.). Durch den Zeitbezug der Daten können Entwicklungen in der Vergangenheit nachvollzogen werden und unter Verwendung bestimmter Data Mining Techniken wird es möglich, Trends und Prognosen für künftige Entwicklungen abzuleiten. Das Data Warehouse bringt somit für den Anwender die wichtige Dimension Zeit als Bezugsgröße für Bewertungen zurück, die durch das Löschen oder Aktualisieren von Daten in operativen Systemen verloren gegangen ist (vgl. Datenauswertung ohne Eingriff in operative Datenbanken, in: Client Server Computing, 6/1996, S. 67).

Während in operativen Systemen ständig Daten hinzugefügt, nicht mehr aktuelle gelöscht oder verändert werden, ist in einem Data Warehouse keine Änderung der Werte möglich *(nonvolatile)*. Hier existieren nur zwei mögliche Arten von Operationen: das Schreiben neuer Daten zusätzlich zum bereits bestehenden Datenbestand sowie der Zugriff darauf (vgl. Heinrich/Hofmann, 1996, S. 22).

Große Datenbestände aller Art, wie sie in einem Data Warehouse gehalten werden, liefern die Basis für die Kundenanalyse und Kundenbewertung unter Verwendung von sog. Data-Mining-Techniken.

4. Data Mining

4.1 Kategorien des Data Mining

Mit der Definition des Data Mining wurde bereits eine Trennung in einen Bereich mit entdeckendem und in einen Bereich mit verifizierendem Charakter vorgenommen (vgl. M. Soeffky, 1997, S. 6):

- Analysen basierend auf Hypothesentests (statistische Analyse) und
- Discovery-Systeme.

Analysen basierend auf Hypothesentests (statistische Analyse)

Analysen, die auf Hypothesentests basieren, machen heute etwa 70 % der eingesetzten Data-Mining-Anwendungen aus. Diese Kategorie lässt sich auch als statistische Analyse bezeichnen. Sie verwendet Techniken der induktiven Statistik und verlangt von den Benutzern die Fähigkeit, einen Überblick über den fachlichen Zusammenhang von Kundenmerkmalen zu besitzen, um entsprechende Hypothesen zu formulieren und die Ergebnisse einer Analyse interpretieren zu können.

In dieser Kategorie werden hauptsächlich Data-Mining-Techniken der statistischen Methoden eingesetzt (vgl. Abschnitt 4.3).

Discovery-Systeme

Discovery-Systeme automatisieren das Data Mining, sodass auch Nicht-Statistiker große Datenmengen effektiv analysieren können. Discovery-Systeme gehen deshalb iterativ vor und sind mit einer zusätzlichen Schicht über dem Abfragesystem des Data Warehouse ausgestattet. Entweder kann der Benutzer selbst Vermutungen formulieren oder er lässt sich vom Discovery-System unterstützen. Das Discovery-System benutzt intelligente Algorithmen (vgl. J. Becker, 1997, S. 30), die z. B. auf neuronalen Netzwerken oder auch auf genetischen Algorithmen basieren.

In Abbildung 3 sind beide Kategorien (vgl. M. Soeffky, 1997, S. 5) und Ihre Wechselwirkungen dargestellt.

Abbildung 3: Kategorien des Data Mining

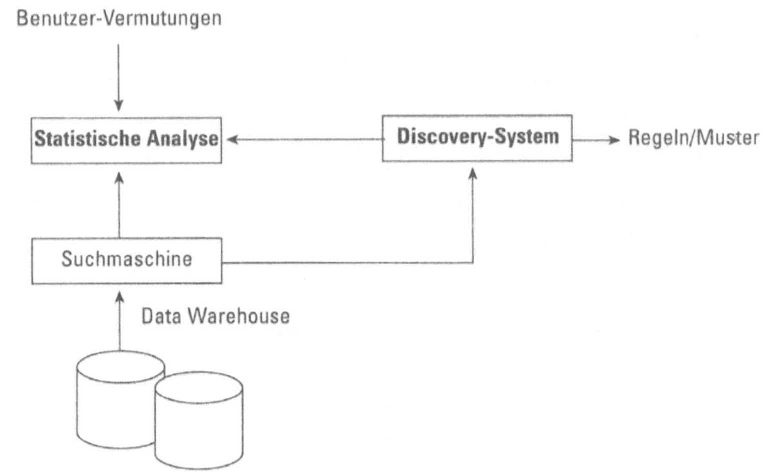

4.2. Data-Mining-Operationen

Informationsnachfrager setzen zur Analyse und Bewertung von Kunden in Abhängigkeit von der Problemstellung entweder manuell verschiedene Data-Mining-Techniken ein oder Discovery-Systeme kombinieren *automatisch* verschiedene Data-Mining-Techniken. Kombinationen aus verschiedenen Data-Mining-Techniken werden als Data-Mining-Operationen bezeichnet. Mit discovery-getriebenem Data Mining verbindet man gewöhnlich vier Klassen von Data-Mining-Operationen:

- Bildung von Vorhersage- und Klassifizierungsmodellen,
- Segmentierung von Datenbanken,
- Analyse von Verbindungen und
- Ermittlung von Abweichungen (IBM's Data Mining Technology, in: IBM White Paper, Stanford, 4/1996).

Diesen Operationen liegen diverse Data-Mining-Techniken zugrunde, z. B. statistische Verfahren oder Techniken der künstlichen Intelligenz. Die jeweils verwendeten Data-Mining-Techniken oder Kombinationen aus diesen sind herstellerspezifisch unterschiedlich und abhängig

Abbildung 4: Beziehungen zwischen Data-Mining-Techniken und Data-Mining-Operationen

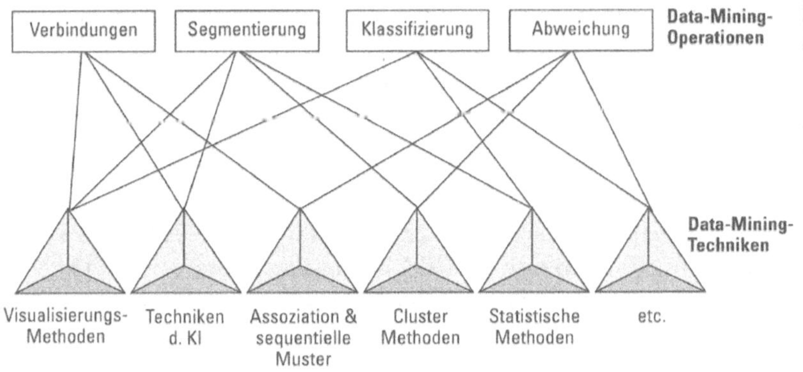

von der jeweiligen Fragestellung. Abbildung 4 veranschaulicht die Beziehungen der verschiedenen Techniken zu den jeweiligen Data-Mining-Operationen.

Data-Mining-Operationen (vgl. Wietzorek/Henkel, 1997, S. 242) zeichnen sich dadurch aus, dass sie übereinstimmende Eigenschaften, Regeln und Strukturen in großen Datenbeständen automatisch entdecken. Die einzelnen Data-Mining-Operationen lassen sich wie folgt kurz beschreiben:

Bildung von Vorhersage- und Klassifizierungsmodellen

Diese Operation verwendet den Inhalt eines Data Warehouses, um aus historischen Daten automatisch ein Modell zu generieren, das ein gewünschtes Verhalten vorhersagen kann.

Eine Direktbank könnte beispielsweise den Return-On-Investment (ROI) eines Fonds vorhersagen, um danach über seine Aufnahme ins Portfolio zu entscheiden. Eine traditionell verwendete Data-Mining-Technik ist z. B. die lineare Regression in Verbindung mit dem Einsatz eines neuronalen Netzes (IBM's Data Mining Technology, in: IBM White Paper, Stanford 4/1996).

Segmentierung von Datenbanken

Mit Hilfe dieser Operation werden Gruppen von Datensätzen aus dem Data Warehouse identifiziert, die über gemeinsame Charakteristika und Verhaltensmuster verfügen. Die so entstehenden Segmente sollen in sich möglichst homogen sein (sich in möglichst vielen Attributen gleichen), sich untereinander aber deutlich unterscheiden.

Eine Direktbank kann auf diese Weise ihre Kunden segmentieren und darauf aufbauend für die verschiedenen Bedürfnisse der einzelnen Kundensegmente spezielle Kundenbetreuungssysteme entwickeln (IBM's Data Mining Technology, in: IBM White Paper, Stanford 4/1996). Ein weiteres Einsatzgebiet der Segmentierung liegt in der Analyse großer Kundenbefragungen (binäres Segmentieren; vgl. P. Quaredon, 1996, S. 121).

Analyse von Verbindungen (Link-Analyse)

Das Ziel einer Link-Analyse besteht darin, relevante Verbindungen zwischen Datensätzen aufzufinden. Eine Direktbank kann damit z. B. Cross-Selling-Potenziale ermitteln. Erhält man beispielsweise als Ergebnis, dass die Kombination aus Sparbuch und Wertpapierdepot überdurchschnittlich oft auftritt, wird man diese beiden Produkte auch gemeinsam anbieten.

Ermittlung von Abweichungen

Diese Operation kann als das genaue Gegenteil zur Datenbank-Segmentierung betrachtet werden. Sie identifiziert Kunden, die zu keinem bestimmten Segment passen. Dabei wird untersucht, ob diese Abweichungen erklärt werden können oder ob sie wirklich aus dem Rahmen fallen. Die Abweichungsanalyse ist oft die Quelle echter Entdeckungen, da Ausreißer häufig Abweichungen von bekannten Erwartungen sind (vgl. Wietzorek/Henkel, 1997, S. 240 ff.).

4.3 Data-Mining-Techniken

Die genannten Data-Mining-Operationen bestehen aus Kombinationen zahlreicher Data-Mining-Techniken. Im Rahmen dieses Beitrags können jedoch nicht alle Techniken näher vorgestellt werden. Aus den Bereichen:

- statistische Methoden und
- Techniken der künstlichen Intelligenz

werden deshalb im Folgenden ausgewählte Techniken exemplarisch erklärt.

4.3.1 Statistische Methoden

In Anlehnung an Backhaus (vgl. Backhaus/Erichson/Plinke/Weiber, 1996, S. XVII-XXIII) werden die statistischen Methoden folgendermaßen unterteilt in

- strukturenprüfende Verfahren und
- strukturenentdeckende Verfahren.

Strukturenprüfende Verfahren

Strukturenprüfende Verfahren sind Verfahren, deren primäres Ziel ist, *Zusammenhänge zwischen Variablen (Merkmalen) zu überprüfen.*

Der Informationsnachfrager muss bei der Anwendung einer solchen Technik bereits konkrete Vorstellungen auf sachlogischer und theoretischer Ebene davon haben, welche Zusammenhänge über die Wirkungsrichtung zwischen den zu untersuchenden Variablen bestehen.

Die strukturen-prüfenden Verfahren werden dazu verwendet, diese Zusammenhänge zu überprüfen. Aus dieser Kategorie werden die Regressionsanalyse, Diskriminanzanalyse und die Kontingenzanalyse vorgestellt:

- *Regressionsanalyse:* Die Regressionsanalyse findet Anwendung bei Fragestellungen mit dem Ziel, Zusammenhänge von Variablen, zu erkennen, zu erklären oder Werte einer abhängigen Variablen zu schätzen bzw. zu prognostizieren. Das verwendete Datenmaterial muss Variablen mit ausschließlich metrischem Skalenniveau umfassen, die in einem ersten Schritt aufgrund von sachlogischen Überlegungen in eine abhängige und eine oder mehrere unabhängige Variablen eingeteilt werden. Im Sonderfall von genau einer unabhängigen Variablen handelt es sich um eine einfache, ansonsten um eine multiple Regressionsanalyse.

Zwischen der abhängigen und der oder den unabhängigen Variablen wird eine lineare oder nicht-lineare Beziehung unterstellt. Die Regressionsanalyse errechnet nun die Parameter der unterstellten Beziehung, sodass sich eine optimale Anpassung der unterstellten Funktion an das Datenmaterial ergibt. Als Optimalitätskriterium wird i. d. R. die sog. „Summe der quadrierten Residuen" (vgl. Backhaus/Erichson/Plinke/Weiber, 1996, S. 14 f.) verwendet. Die Regressionsanalyse liefert außerdem Maßzahlen, anhand derer u. a. die Güte der Anpassung, die Bedeutung der einzelnen unabhängigen Variablen zur Erklärung der abhängigen Variablen sowie die Gültigkeit der Aussagen in der Grundgesamtheit, wenn das benutzte Datenmaterial als Stichprobe interpretiert wird, beurteilt werden können.

Die Schwierigkeit in der Anwendung liegt zunächst darin, dass der Informationsnachfrager zu erkennen hat, welche der Variablen sich als abhängige bzw. als unabhängige eignen und aus diesen eventuell noch eine Auswahl treffen muss, was sich bei einer großen Anzahl an Variablen als keineswegs triviales Problem darstellt. Außerdem muss zwischen den ausgewählten Variablen nicht nur eine Beziehung bestehen, sondern diese muss dem Informationsnachfrager zudem noch bekannt sein. Vor allem die lineare Regressionsanalyse unterstellt mehrere Prämissen, die in der Praxis oftmals nicht erfüllt sind (vgl. Backhaus/Erichson/Plinke/Weiber, 1996, S. 33 f.).

Trotz der genannten Probleme wird einer Regressionsanalyse gegenüber den Verfahren der künstlichen Intelligenz (z. B. Neuronale Netze) aufgrund der einfacheren Algorithmen und ihrer Überlegenheit hinsichtlich Schnelligkeit und Transparenz häufig der Vorzug gegeben.

- *Diskriminanzanalyse:* Die Diskriminanzanalyse wird zur Analyse von Gruppenunterschieden angewandt, in der untersucht wird, ob sich die Gruppen signifikant hinsichtlich der Variablen unterscheiden und welche Variablen zur Unterscheidung zwischen den Gruppen geeignet bzw. ungeeignet sind. Objekte unbekannter Gruppenzugehörigkeit können bei Vorliegen der relevanten Variablen einer Gruppe zugeordnet werden. Ein typisches Anwendungsbeispiel ist die Kreditwürdigkeitsprüfung von Privatkunden, bei der anhand von soziodemographischen Merkmalen (Alter, Einkommen usw.), Anzahl weiterer Kredite, Beschäftigungsdauer sowie weiterer Variablen die Antragsteller in eine Klasse hohen oder niedrigen Kreditrisikos eingeteilt werden.

Die Diskriminanzanalyse setzt voraus, dass die Merkmalsvariablen metrisch skaliert sind und die Gruppenzugehörigkeit durch eine nominal skalierte Variable ausgedrückt wird. Zudem müssen Daten für die Merkmalsvariablen von Elementen und deren Gruppenzugehörigkeit vorhanden sein. Die Diskriminanzanalyse bestimmt die Koeffizienten einer Linearkombination der Merkmalsvariablen (sog. Diskriminanzfunktion) so, dass der Quotient aus der Streuung zwischen den Gruppen und der Streuung innerhalb der Gruppen maximal wird. Der sich aus der Diskriminanzfunktion ergebende Wert ist die Grundlage der eingangs erwähnten Analysen.

Die Anwendung der Diskriminanzanalyse setzt eine Gruppenbildung voraus, die eventuell durch eine vorgeschaltete Clusteranalyse erzeugt wurde. Bezüglich der Anzahl der Merkmalsvariablen gilt die Faustregel, dass sie höchstens halb so groß wie der Umfang der Stichprobe und mindestens so groß wie die Anzahl der Gruppen sein sollte.

- *Kreuztabellierung und Kontingenzanalyse:* Mit Hilfe der Kreuztabellierung und der Kontingenzanalyse werden Zusammenhänge zwischen nominal skalierten Variablen aufgedeckt und untersucht. Ein typisches Anwendungsbeispiel ist die Untersuchung, ob der Besitz einer Eurocard im Zusammenhang mit dem Beschäftigungsverhältnis (Arbeiter, Angestellter, Beamter, Selbständiger) steht. Ein Zusammenhang würde beispielsweise dann bestehen, wenn der Anteil der Eurocard-Besitzer unter den Selbständigen höher wäre als unter den Arbeitern. Zur Untersuchung werden die Kunden der Bank in die Felder einer sog. Kreuztabelle eingeordnet, mit den möglichen Ausprägungen des Beschäftigungsverhältnisses als Zeilen und zwei Spalten („hat Eurocard" oder „hat keine Eurocard"). Mit Hilfe der Anzahl Kunden in den einzelnen Feldern und der daraus berechneten Prozentwerte ermittelt die Kontingenzanalyse Maßzahlen, die die Stärke des Zusammenhangs zwischen den beiden Variablen und die Güte des Schlusses auf die Verhältnisse in einer übergeordneten Grundgesamtheit zum Ausdruck bringen (hier ist vor allem der χ^2-Test zu nennen, vgl. Backhaus/Erichson/Plinke/Weiber, 1996, S. 175 ff.).

Die Kontingenzanalyse misst lediglich einen statistischen Zusammenhang zwischen Variablen, Aussagen über Kausalität können mit den gewonnenen Informationen nicht getroffen werden. Die Kontingenzanalyse kann aufgrund von bestimmten Untergrenzen hinsichtlich der Besetzungszahlen der einzelnen Felder in der Kreuztabelle nur auf ausreichende große Grundgesamtheiten angewandt werden. Dennoch ist die Kreuztabellierung aufgrund der Anschaulichkeit und leichter Interpretierbarkeit der Ergebnisse auch für Informationsnachfrager mit nur statistischem Grundwissen eines der am häufigsten angewandten Verfahren.

Strukturenentdeckende Verfahren

Primäres Ziel von strukturenentdeckenden Verfahren ist, Zusammenhänge zwischen Variablen oder Objekten zu entdecken. Bei der Anwendung eines solchen Verfahrens besitzt der Informationsnachfrager zu Beginn keine Vorstellung davon, welche Zusammenhänge zwischen den Variablen oder den Objekten bestehen könnten. Aus dieser Kategorie sollen hier die Faktorenanalyse, Clusteranalyse und das CHAID-Verfahren näher beschrieben werden.

- *Faktorenanalyse:* Die Faktorenanalyse ist ein Verfahren, mit dem eine größere Anzahl von metrischen Variablen auf eine kleinere Anzahl von unabhängigen Einflussgrößen, sog. Faktoren, reduziert werden kann. Jeder der Faktoren repräsentiert mehrere der ursprünglichen Variablen. Die Faktorenanalyse ist oftmals eine Vorstufe zu den anderen Verfahren, um Abhängigkeiten zwischen den unabhängigen Variablen auszuschalten. Bei einer Direktbank könnten die Variablen durchschnittliche Haben-Umsätze, durchschnittliche Soll-Umsätze sowie die Kreditlinie des Kunden verdichtet werden auf einen Faktor „Geschäftsvolumen", der dann (neben anderen Faktoren bzw. Variablen) in ein anderes Verfahren eingeht. Die Faktorenanalyse berechnet zunächst aus den Korrelationen der einzelnen Variablen ein Maß (i. d. R. findet das Kaiser-Meyer-Olkin-Maß Anwendung), anhand dessen entschieden wird, ob eine Faktorenanalyse überhaupt sinnvoll ist. Wird dies bejaht, dann findet in einem nächsten Schritt die sog. Faktorextraktion statt, bei der die Anzahl der Faktoren bestimmt wird. Die endgültige Zuweisung der Variablen zu den einzelnen Faktoren wird in der daran anschließenden sog. Faktorrotation durchgeführt. Abschließend werden die Faktorwerte bestimmt, wobei u. a. regressionsanalytische Verfahren zum Einsatz kommen können. Ein großer Vorteil der Faktorenanalyse besteht darin, dass der Informationsnachfrager a priori keine Kenntnis über die mögliche Struktur des Rohmaterials oder über die möglichen Beziehungen der einzelnen Variablen untereinander haben muss. Als Voraussetzung genügt neben dem metrischen Skalenniveau der Variablen eine ausreichende Fallzahl, für die als Faustregel die Variablenzahl als Untergrenze und die dreifache Variablenzahl als Sollwert gilt (vgl. Backhaus/Erichson/Plinke/Weiber, 1996, S. 255 f.).

Ein Hauptproblem bei der Durchführung der Faktorenanalyse stellt oftmals die Interpretation der gefundenen Faktoren dar, was auch die Anschaulichkeit der Ergebnisse der sich an die Faktorenanalyse anschließenden Verfahren stark beeinträchtigen kann. Trotzdem ist die Faktorenanalyse insbesondere bei anfänglich vielen und stark korrelierten Variablen eine Notwendigkeit vor der Anwendung anderer Verfahren, die eine „vernünftige" Anzahl unabhängiger Variablen voraussetzen (wie z. B. die Regressionsanalyse).

- *Clusteranalyse:* Die Clusteranalyse fasst die Elemente einer Stichprobe anhand verschiedener Merkmalsvariablen zu Gruppen (sog. Cluster) zusammen, sodass die Elemente eines Clusters möglichst homogen, die Cluster untereinander aber deutlich heterogen sind. Die Merkmalsvariablen können entweder von nominalem oder von metrischem Skalenniveau sein. Der Informationsnachfrager muss sich sowohl für ein Maß, das die Ähnlichkeit bzw. die Unterschiedlichkeit zwischen den Elementen misst, als auch für einen sog. Algorithmus, der darauf aufbauend die Zusammenfassung der Elemente vornimmt (sog. Fusionierungsalgorithmus), entscheiden. Die zur Auswahl stehenden Maße werden im Wesentlichen durch das Skalenniveau der Merkmalsvariablen determiniert. Die Güte der Ergebnisse einer Clusteranalyse werden oftmals mit Hilfe einer auf der durchgeführten Gruppenbildung aufbauenden Diskriminanzanalyse überprüft. Der wesentliche Unterschied zwischen den beiden Verfahren liegt darin, dass die Diskriminanzanalyse bereits definierte Gruppen voraussetzt, während die Clusteranalyse diese erst bildet.

Die Anwendung der Clusteranalyse ist problematisch, wenn die Grundgesamtheit bereits derart heterogen ist, dass die gebildeten Gruppen kaum Elemente enthalten. Die Clusteranalyse zählt zu den häufig verwendeten Data-Mining-Techniken und spielt vor allem in der Data-Mining-Operation der Segmentierung eine große Rolle. Voraussetzung ist jedoch eine sinnvolle Interpretierbarkeit der Ergebnisse, d. h. dass eine anschauliche Beschreibung der einzelnen Cluster anhand der Merkmalsvariablen ihrer Objekte möglich ist.

- *CHAID:* Der Begriff CHAID ist eine Abkürzung für Chi-squared Automatic Interaction Detector. Hierbei handelt es sich um ein Verfahren auf der Grundlage von sog. χ^2-Tests, das eine Stichprobe hinsichtlich eines Zielkriteriums in homogene Segmente zerlegt. Der Datenbestand darf ausschließlich nominal oder ordinal skalierte Variablen enthalten. Das Verfahren sucht unter Verwendung des χ^2-Tests nach derjenigen Variablen, die sich am besten zur Trennung von vorab definierten Gruppen eignet und fasst diejenigen Ausprägungen dieser Variablen zusammen, zwischen denen sich die Anteile der Gruppen nicht signifikant unterscheiden. Die so gebildeten Segmente werden im nächsten Schritt analog überprüft, was iterativ so lange fortgesetzt wird, bis vorab festgelegte Abbruchkriterien erreicht sind oder keine Variablen mehr zur Verfügung stehen, die die Trennung verbessern können.

Zwischen der Kreuztabellierung und Kontingenzanalyse einerseits sowie dem CHAID-Verfahren andererseits besteht ein enger Zusammenhang, da der Kern des CHAID-Verfahrens als automatisiert ablaufende Kontingenzanalyse mit dem χ^2-Test beschrieben werden kann. Anhand dieses Zusammenhangs kann nochmals der Unterschied zwischen den strukturen-prüfenden und den strukturen-entdeckenden Verfahren illustriert werden. Während der Informationsnachfrager bei der Kreuztabellierung und Kontingenzanalyse zunächst Vermutungen anstellt, zwischen welchen Variablen ein Zusammenhang bestehen könnte und zur Begrenzung seines Aufwandes vorrangig diese Variablen untersucht, testet das CHAID-Verfahren ohnehin jede unabhängige Variable auf einen möglichen Zusammenhang mit der abhängigen, sodass der Informationsnachfrager außer der Festlegung der abhängigen Variablen a priori keine Vorstellung über die vorliegenden Abhängigkeiten haben muss.

Obwohl sowohl die Clusteranalyse als auch die CHAID-Analyse Elemente in Gruppen einteilen, bestehen doch wesentliche Unterschiede zwischen den beiden Verfahren:

- CHAID nimmt die Gruppenbildung anhand einer abhängigen Variablen vor.
- Die mit CHAID gewonnenen Ergebnisse besitzen bereits eine prognostische Relevanz, sodass hierzu nicht erst eine weitere Technik (wie z. B. die Diskriminanzanalyse) nachgeschaltet werden muss.
- CHAID bietet die Möglichkeit der hierarchischen Aufsplittung in Untergruppen mehrerer Ebenen.

Das Verfahren verlangt, dass metrisch skalierte Variablen auf das niedrigere nominale oder ordinale Datenniveau transformiert werden, was zu einem Informationsverlust führt. Andererseits liegen zum einen in der Praxis oftmals ohnehin überwiegend nominale Variablen über die Merkmalsträger vor und zum anderen können durch die Gruppierung von metrischen Variablen in Klassen Ausreißer in den Daten auf pragmatische Art behandelt werden, sodass dies kein echter Nachteil ist. Mit der Diskriminanzanalyse können analoge Fragestellungen wie mit CHAID behandelt werden, jedoch mit dem Unterschied, dass die Diskriminanzanalyse ausschließlich metrische Variablen verarbeiten kann.

Ein Nachteil von CHAID besteht darin, dass die einzelnen unabhängigen Variablen isoliert auf ihren Zusammenhang mit der abhängigen Variablen untersucht werden und deshalb Zusammenhänge, die sich erst durch die Kombination zweier erklärender Variablen ergeben, unentdeckt bleiben (vgl. F. Brosius, 1997, S. 325 ff.).

In der Praxis – und hier vor allem im Bereich Database-Marketing – ist CHAID weit verbreitet (vgl. J. Ruhland, 1997, S. 633). Gründe liegen zum einen darin, dass mehrere Software-Hersteller (z. B. SPSS und SAS) entsprechende Programme anbieten, die auch für Nicht-Statistiker leicht zu bedienen sind, zum anderen in der übersichtlichen sowie leicht interpretierbaren Darstellung der Ergebnisse in dem für CHAID-Verfahren typischen Baum (vgl. J. Ruhland, 1997, S. 634 f. und P. Dastani, 1997, S. 266).

4.3.2 Techniken der Künstlichen Intelligenz

Aus dem Forschungsgebiet der Künstlichen Intelligenz sind in den letzten Jahren vor allem zwei Data-Mining-Techniken hervorgegangen: Neuronale Netze und genetische Algorithmen (vgl. J. Ruhland, 1997, S. 206). Im Folgenden werden die Neuronalen Netze näher beschrieben.

Die Neuronalen Netze sind dem Aufbau echter Nervensysteme nachempfunden und basieren auf einer sehr komplizierten Mathematik, die die Wechselwirkungen vieler Einzelentscheidungen abbildet. Daraus lassen sich weitgehend automatisch Prognosemodelle ableiten. Diese sollen dem Informationsnachfrager wichtige Erkenntnisse darüber vermitteln, welche Konsequenzen bestimmte Entscheidungen für die Unternehmung haben könnten. Das zu untersuchende Datenmaterial kann dabei kompliziert und ohne lineare Zusammenhänge sein (vgl. Rehkugler/Zimmermann, 1994, S. 1-88).

Bei der Erstellung eines solchen Netzes sind der Informationsnachfrager und ein Netzdesigner beteiligt. Der Informationsnachfrager definiert dabei die Input-/Outputvariablen und der Netzdesigner nimmt die technische Konstruktion, das Training und die anschließende Ergebnisvalidierung vor.

Das Neuron bildet die primäre Verarbeitungseinheit des Netzes. Es hat als Input eine reelle Zahl, die das mathematische Abbild der Erregung einer echten Nervenzelle darstellt. Dieses Abbild wird mittels einer sog. Transferfunktion in einen Outputwert verrechnet. Die Transferfunktion stellt den mathematischen Formalismus zur Abbildung eines Entscheidungsprozesses dar und ist zugleich technischer Inhalt eines Neurons.

Die Neurone (Nervenzellen) werden über ein Netzwerk von Leitungen miteinander verbunden. Da es regelmäßig vorkommt, dass mehrere Leitungen anderer Zellen am Input einer Zelle auflaufen, werden diese einzelnen Eingänge durch gewichtete Summierung zu einem Eingangswert zusammengefasst, der dann entsprechend in den Output verrechnet wird.

Die Anordnung der Neuronen erfolgt in Schichten (Layer). Jeweils genau ein Layer erhält externe Erregungswerte (Input-Layer) bzw. gibt seine Erregungswerte (Output-Layer) nach außen ab.

Alle anderen Schichten haben keine derartigen Rückkopplungen (Hidden-Layer). Die Anzahl der Input-Neuronen, Output-Neuronen und die Anzahl der Neuronen in den Hidden-Layern sowie die Anzahl der Schichten variieren in Abhängigkeit von der Problemstellung und werden vom Netzdesigner definiert.

Um valide Prognoseaussagen machen zu können, muss das Netz „trainiert" werden, d. h. es werden verschiedene Beispielfälle geliefert, für die der Input und Output bereits bekannt sind. Der Prognosefehler aus den Beispielfällen wird zur Korrektur der Verbindungsgewichte zwischen den Neuronen verwendet. Dieses Training wird nun über weite Teile des Datenbestandes fortgeführt. Nach Erreichen einer gleichmäßigen Prognosegüte über die Fälle der zu untersuchenden Daten oder wenn keine Verbesserung mehr erreicht wird, wird das Training abgebrochen.

In einer weiteren Stufe wird das trainierte Netz anhand von noch nicht getesteten Daten (Validierungsstichprobe) überpüft. Das so trainierte Netz kann in der letzten Stufe für Prognosen eingesetzt werden.

Zu den typischen Problemstellungen, die mit Neuronalen Netzen gelöst werden sollen, zählen Prognosemodelle zur Zielgruppenoptimierung bei groß angelegten Mailingaktionen oder auch Aktienkursprognosen.

In der praktischen Anwendung hat sich gezeigt, dass zumindest der automatisierte Ablauf des Trainings sich lediglich auf die Anpassung der Gewichte bezieht, für optimale Ergebnisse jedoch auch andere Parameter wichtig sind. Dies hat zur Folge, dass zeitaufwendige Anpassungen nicht unterbleiben.

4.4 Anwendungen im Direktbanking

Zur Problemlösung von konkreten Anwendungen werden verschiedene Data-Mining-Techniken und -Operationen stufenweise eingesetzt. Eine isolierte Technik führt meist nicht zum gewünschten Resultat. Abbildung 5 verdeutlicht den Zusammenhang zwischen Data-Mining-Techniken, Data-Mining-Operationen und deren mögliche Anwendungen (vgl. Wietzorek/Henkel, 1997, S. 242).

Wichtig ist dabei die Erkenntnis, dass es für eine konkrete Anwendung keinen eindeutigen Lösungsweg der Verwendung von Data-Mining-Techniken bzw. -Operationen geben kann. Zu ein und derselben Problemstellung werden unterschiedliche Informationsnachfrager bzw. Hersteller von Data-Mining-Software unterschiedliche Techni-

Abbildung 5: Data-Mining-Techniken, Data-Mining-Operationen und Anwendungen

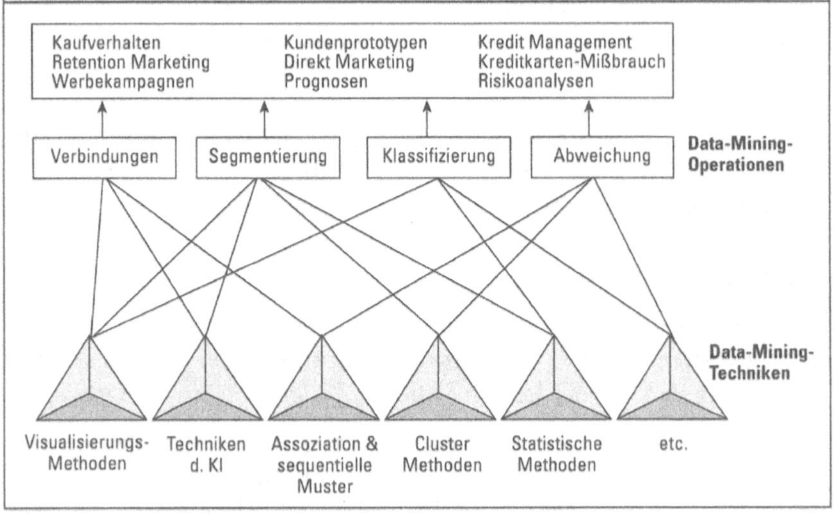

ken oder Kombinationen von Techniken bevorzugen. Die im Folgenden beschriebenen Anwendungen zeigen daher nur einen von mehreren denkbaren Lösungsansätzen.

Betrugserkennung

Lösungen zur Betrugserkennung werden vor allem im Zusammenhang mit dem Missbrauch von Kreditkarten verwendet. Dabei sollen Lösungen gefunden werden, welche die Verwendung von Kreditkarten mit betrügerischer Absicht möglichst frühzeitig erkennen und verhindern helfen. Auf Basis eines solchen Modells kann die Direktbank ein Anwendungssystem erstellen und etablieren. Eine solches Anwendungssystem kann permanent aktiv oder temporär auf Anfrage zur Betrugserkennung beitragen.

Man kann davon ausgehen, dass der betrügerische Benutzer von Kreditkarten aufgrund eines bestimmten charakteristischen Verhaltens enttarnt werden kann, d. h. eine illegale Verwendung von Kreditkarten lässt sich anhand eines speziellen Verhaltensmusters erkennen. Oft werden z. B. kleine Testbuchungen vor größeren Abbuchungen vorgenommen, um eine mögliche Sperrung der Kreditkarte zu überprüfen (siehe Krahl/Windheuser/Zick, 1998, S. 106 f.).

Diese Verhaltensmuster sind in den Transaktionsdaten gespeichert und bilden die Basis der Analyse. Die Transaktionsdaten sind dahingehend zu analysieren, dass die Verhaltensmuster mit Betrugsfolge zu identifizieren sind. Verhaltensmuster mit besonders hoher Betrugshäufigkeit können als Modellkern für das entsprechende Anwendungssystem verwendet werden.

Direkt-Marketing

Ein wichtiges Ziel der Anwendung von Data Mining im Direkt-Marketing ist die Identifizierung von Kunden, die bei einer direkten Ansprache z. B. per Mailing auf ein bestimmtes Produkt dieses mit hoher Wahrscheinlichkeit auch kaufen. Hierzu wird vor dem eigentlichen Mailing in einem ersten Schritt einer kleineren Zufallsstichprobe aus dem Kundenbestand das Produkt angeboten (sog. Testmailing) und zahlreiche Merkmale dieser Kunden (z. B. Alter, Vermögen, Geschlecht usw.) in einer Datei „eingefroren“. Die Responseanalyse stellt fest, welche der im Testmailing angeschriebenen Kunden das Produkt tatsächlich gekauft haben und teilt so die Stichprobe in Käufer und Nichtkäufer auf. Mit Hilfe des Data Mining wird nun die Stichprobe dahingehend analysiert, in welchen Merkmalen sich die Käufer von den Nichtkäufern signifikant unterscheiden. Dahinter steht das Ziel, mit Hilfe der vorhandenen Kundenmerkmale eine Kaufwahrscheinlichkeit zu berechnen. Typischerweise finden dabei die Data-Mining-Techniken CHAID, Regressionsanalyse oder Neuronale Netze Anwendung. Im Folgenden wird exemplarisch die CHAID-Analyse am Beispiel eines Kredits für Privatkunden einer Direktbank näher erklärt. Wie bereits beschrieben, identifiziert CHAID Kundensegmente, die einen über dem Durchschnitt liegenden Anteil an Käufern aufweisen und stellt die Ergebnisse in einer Baumstruktur dar (vgl. Abbildung 6):

Abbildung 6: CHAID-Baum „Private Kredite“

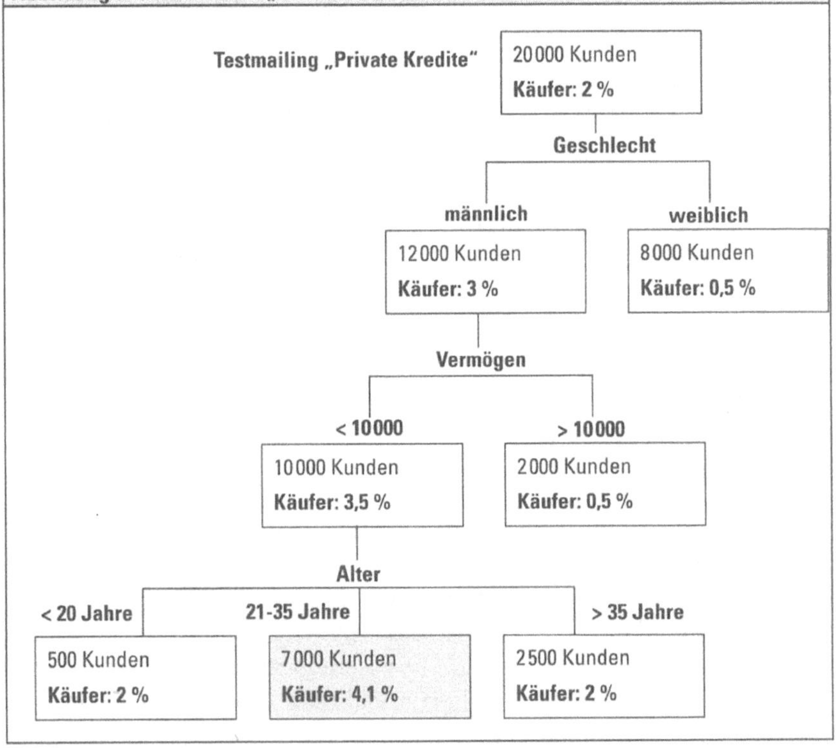

Aus dem oberen Knoten des Baumes kann man ablesen, dass von den 20 000 Kunden des Testmailing 2 % einen privaten Kredit abgeschlossen haben. Das Merkmal Geschlecht teilt die Stichprobe in zwei Segmente, wobei von den 12 000 männlichen Kunden 3 % und von den 8 000 weiblichen Kunden 0,5 % Käufer waren. Nach derselben Logik unterteilen auch die Merkmale Vermögen und Alter das männliche Segment noch feiner. Die höchste Käuferquote (4,1 %) weisen die 7 000 männlichen Kunden mit einem Vermögen <10 000 DM im Alter zwischen 21 und 35 Jahren im schraffierten Segment auf. Somit kommen diese Kunden als Zielgruppe für das anschließende Mailing in Betracht. Wie in Abbildung 7 dargestellt, könnte durch eine Beschränkung auf diese Zielgruppe eine Reduktion der anzusprechenden Gesamtmenge an Kunden um 65 % erreicht werden. Dabei würden trotzdem 72,5 % der Käufer angesprochen.

Abbildung 7: Zielgruppenoptimierung mit Data Mining

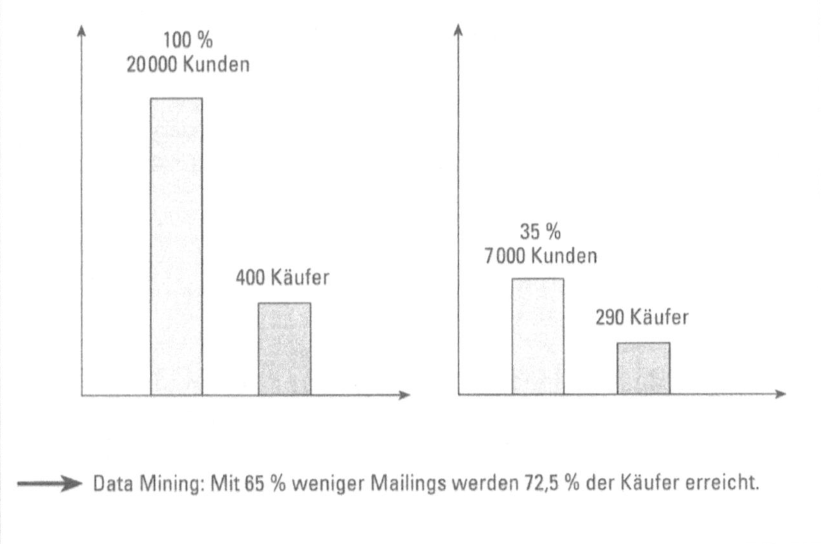

Kredit-Management – Bonitätsprüfung

Das Kredit-Management hilft der Direktbank, neue Kriterien zur Kreditvergabe zu finden und abhängig von der Insolvenzgefahr einen Risikozuschlag zu bestimmen (vgl. Krahl/Windheuser/Zick, 1998, S. 107 ff.).

Weiter kann auf Basis der gewonnenen Erkenntnisse unter Einbeziehung bestehender Erfahrungen mit manuellen Verfahren ein Anwendungssystem entstehen, das die Bonitätsanalyse eines Kreditnachfragers im Privatkundengeschäft zumindest teilautomatisiert. Diese Anwendungssysteme können z. B. Agenten im Call-Center bei telefonischem Verkauf von Kreditprodukten bei der Vorentscheidungsfindung unterstützen, können aber auch z. B. in internetbasierten Vertriebslösungen eingesetzt werden.

Zunächst wird eine Analyse der Daten bestehender Kundenbeziehungen mit positivem oder negativem Verlauf von Kredittilgungen durchgeführt, wobei die Übertragung der gewonnenen Erkenntnisse auf Neukunden unterstellt wird. Hierzu wird eine große Menge an historischen Daten über bestehende Kreditnehmer, deren Tilgungsverhalten und die zur Kreditvergabe durchgeführte manuelle Bonitätsanalyse benötigt. Die historischen Daten werden dahingehend segmentiert, dass Kundentypen gebildet werden, die sich bezüglich ihres Kreditausfallrisikos signifikant unterscheiden.

5. Fazit

Die Qualität der gewonnenen Informationen wird durch verschiedene Einflussgrößen determiniert. Eine Einflussgröße stellt dabei die verwendete Datenbasis dar. Die Daten im Data Warehouse sind aufgrund der Vielzahl an unterschiedlichen operativen Datenbanken nicht immer konsistent verfügbar (vgl. G. Walker, 1996, S. 47), wodurch sich Probleme in der Ergebnisinterpretation und -validierung der Analyse ergeben können.

Eine weitere Einflussgröße stellt die Wahl der für die Problemstellung geeigneten Data-Mining-Operation bzw. -Technik dar. Der Informationsnachfrager muss dabei über ein ausreichendes Wissen über die anzuwendende Data-Mining-Operation bzw. -Technik und die zu lösende Problemstellung verfügen, um aus der Vielzahl der möglichen Alternativen die geeignete auszuwählen. Die beschriebenen Überschneidungen in der Verwendung der statistischen Methoden beispielsweise zeigen, dass eine eindeutige Trennung nach Problemstellung oft nur schwer möglich ist. Um das Datenmaterial im Data Mining auch korrekt verwenden zu können, muss der Informationsnachfrager zudem über ein detailliertes Wissen über den Inhalt und die Ausprägungen der einzelnen Variablen verfügen. Er hat außerdem auch die Freiheitsgrade der einzelnen Verfahren (z. B. Wahl des geeigneten Fusionierungsalgorithmus bei der Clusteranalyse) problemadäquat auszufüllen und darauf aufbauend die Ergebnisse richtig zu interpretieren. Eine Fehlinterpretation der gewonnenen Informationen kann auch daraus resultieren, dass ein nicht quantifizierbarer Teil an Informationen aufgrund der Restriktionen der Data-Mining-Technik oder der verfügbaren Daten unberücksichtigt bleiben muss. Eine Fehlinterpretation von Informationen birgt Risiken hinsichtlich von Fehlentscheidungen im Unternehmen.

Den genannten Grenzen und Problemen steht eine durch das Data Warehouse gewonnene strukturierte, integrierte und zentrale Datenbasis entgegen. Bisherige Hemmnisse wie die Verteilung der Daten an vielen Stellen im Unternehmen und den damit verbundenen Zugriffsproblemen werden durch eine zentrale Datenhaltung zunehmend abgebaut. Durch eine einheitliche Verwendung von Steuerungsgrößen, Datensichten und Zeitabgrenzungen im Data Warehouse werden die Daten für den Informationsnachfrager verständlicher. Die gewonnenen Informationen werden durch die Verwendung einer einheitlichen Datenbasis zudem vergleichbarer. Durch den anwendungsübergreifenden Datenbestand im Data Warehouse entsteht der Vorteil, dass geschäftsfeld- oder produktübergreifende Analysen einfacher möglich werden. Die Daten im Data Warehouse können mit Data-Mining-Standardsoftware analysiert werden. Verborgene, bisher nicht vermutete Informationen wie beispielsweise gemeinsame Eigenschaften, Verhaltensweisen, Auffälligkeiten oder Trends können wie beschrieben mittels Data Mining gewonnen werden. Direktbanken haben die Möglichkeit, durch den Einsatz von Data Mining auf eine sichere Grundlage zur Entscheidungsfindung in verschiedensten Anwendungen zurückzugreifen.

Literaturhinweise

Arthur Andersen & Co.: Studie über den Finanzplatz Schweiz, Perspektiven – Herausforderungen – Chancen, Zürich 1986.

Backhaus, K./Erichson, B./Plinke, W./Weiber, R.: Multivariate Analysemethoden, Eine Anwendungsorientierte Einführung, 1996.

Becker, Jörg: Data Mining für Geldinstitute, in: Geldinstitute 1-2/1997, S. 30-33.

Bissantz, N./Hagedorn, J./Mertens, P.: Data Mining (Datenmustererkennung), in: Wirtschaftsinformatik 35 (1993), S. 481-487.

Böhler, H: Marktsegmentierung als Basis eines Direct-Marketing-Konzeptes, in: H. Dallmer (Hrsg.): Handbuch Direct Marketing, 1991.

Boehrer, Daniel: Data Warehouse und Data Mining: Wie Banken strategische Informationen aus Ihren Daten entdecken können, in: Swiss Banking School Publikation Nr. 150, 12/1996.

Brosius, Felix: SPSS-CHAID: Statistische Datenanalyse für Segmentierungsmodelle und Database Marketing, 1997.

Dastani, P.: Data Mining im Database Marketing, in: Link/Brändli /Schleuning/Kehl: Handbuch Database Marketing, 1997, S. 253-270.

Frawley, W. J./Piatetsky-Shapiro G./Matheus, C. J.: Knowledge Discovery in Databases, 1991.

Grabmeier, J.: Verborgene Schätze, in: Business Computing, 7/1996, S. 63-65.

Hamm, J.: Data Warehouse: Fundierte Datenbasis für effizientes Marketing, in: Link/Brändli/Schleuning/Kehl: Handbuch Database Marketing, 1997, S. 103-117.

Heinrich, C. E./Hofmann, M.: Entscheidungsunterstützung mit dem SAP Open Information Warehouse, in: Industrie Management, 12/1996, S. 21-27.

Inmon, W.H.: Building the Data Warehouse, second Edition, New York 1996.

Inmon, W. H./Hackathorn, R. D.: Using the Data Warehouse, New York 1994.

Knauber, N./Kuloglu, H. C./Podrazil, U.M.: Kundenorientierung durch Marktsegmentierung, in: Die Bank, 5/1997, S. 300-304.

Koch, J.: Data Warehouse gibts nicht von der Stange, in: Beilage Computerwoche: Blickpunkt Data Warehouse 6/1997, S. 15-20.

Krahl D./Windheuser U./Zick F.-K.: Data Mining – Einsatz in der Praxis, 1998.

Mertens, P./Griese J.: Integrierte Informationsverarbeitung – 2. Planungs- und Kontrollsysteme in der Industrie, 7. aktualisierte und überarbeitet Auflage, Wiesbaden 1993.

Mucksch, H./Holthuis, J./Reiser, M.: Das Data Warehouse-Konzept ein Überblick, in: Wirtschaftsinformatik 38/1996, S. 421-433.

o.V. IBM: Knowledge Computing, 1995.

o.V.: Data Management Review's two Categories of Data Warehouse Products, in: Data Management Review 5/1994, S. 14-19.

o.V.: Strategic Technologies & Systems Inc.: Introduction to High Performance Database Technology, 1995.

o.V.: IBM's Data Mining Technology, in: IBM White Paper, Stanford, 4/1996.

o.V.: Measurements and Analysis for Marketing, in: Journal of Targeting, 8/96.

o.V.: Der Weg zum Data Warehouse, in: Client Server Computing, 3/1996, S. 26-36.

o.V.: Datenauswertung ohne Eingriff in operative Datenbanken, in: Client Server Computing, 6/1996, S. 66-69.

Otto, W.: Die richtigen Informationen zur richtigen Zeit, in: Output, 1/1996, S. 45-47.

Quaredon, P.: Middle Ware Spectra, 1996.

Rehkugler, H./Zimmermann, H.G.: Neuronale Netze als Entscheidungskakül, in: Neuronale Netze in der Ökonomie, 1994, S. 1-88.

Ruhland, J.: Database Marketing im Finanzmarkt, in: Link/Brändli/Schleuning/Kehl: Handbuch Database Marketing, 1997, S. 617-638.

Ruhland, J.: Genetische Algorithmen und Neuronale Netze im datenbankgestützen Marketing, in: Link/Brändl/Schleuning Ch./Kehl: Handbuch Database Marketing, S. 206-221.

Scheer, A.-W.: Data Warehouse und Data Mining: Konzepte der Entscheidungsunterstützung, in: IM Informations Management, 1/1996, S. 74-75.

Shaw R.: Computer Aided Markets and Selling, 1991.

Soeffky M.: Von befriedigenden Lösungen weit entfernt; in: Beilage Computerwoche: Blickpunkt Data Warehouse, 6/1997, S. 4-8.

Walker, G.: Information bedarfsgerecht auf Abruf, in: Banken & Versicherungen, 3/1996, S. 46-47.

Wietzorek, H./Henkel, G.: Data Mining und Database Marketing: Grundlagen und Einsatzfelder; in: Link/Brändli/Schleuning/Kehl: Handbuch Database Marketing 1997, S. 235-252.

GfK Finanzmarktpanel zur Optimierung der Kundenverbindung

Lenard J. W. Goedeke

1. Strukturveränderungen im Retail Banking

Die Veränderungsprozesse im deutschen und europäischen Finanzmarkt haben in den vergangenen Jahren an Tempo gewonnen. Der über Jahrzehnte stabile und kalkulierbare Markt der Kunden und Wettbewerber verändert sich zunehmend.

Wurden in der Vergangenheit die Kundenbeziehungen zu Banken, Bausparkassen oder Versicherungen auf nachfolgende Generationen „vererbt“ (Multiplikation ohne größere Aufwendungen für das Kundenbindungsmanagement durch die Finanzdienstleister), ist heute ein eher umgekehrter Trend zu erkennen. Der Verbraucher wird bei der Nachfrage nach Finanzdienstleistungen immer emanzipierter und sucht das für ihn beste Angebot. Dabei ist es unerheblich, ob ihm dieses Angebot von seinem aktuellen Vertragspartner oder von einem Wettbewerber unterbreitet wird.

Der Rückgang der Loyalität lässt sich empirisch in den geringen Anbindungsquoten mit Finanzdienstleistungen dokumentieren. Beträgt die „Wiederkaufrate“ bei Banken noch nahezu 50 Prozent, ist sie im Versicherungsbereich bereits auf 33 Prozent gesunken. Die Finanzdienstleister sprechen somit von Kunden, obwohl sie vielfach gar nicht genau wissen, wer ihre Kunden eigentlich sind, denn im Durchschnitt besitzt ein Kunde heute 15 Produkte bei insgesamt sieben verschiedenen Finanzdienstleistern.

Diese Entwicklungen lassen vermuten, dass sich die Rahmenbedingungen aus der Sicht der „traditionellen Finanzdienstleister“ auch in den nächsten Jahren weiter verschlechtern werden. Je rascher sich die

Märkte und die Kundenbedürfnisse verändern, desto wichtiger wird eine kontinuierliche Marktbeobachtung. Repräsentative Befragungen sind deshalb eine wichtige Informationsquelle, deren Bedeutung in der Zukunft weiter zunehmen wird.

2. Das Finanzmarktpanel

Das GfK Finanzmarktpanel ist z. B. eine wertvolle Informationsquelle. Die grundlegende Zielsetzung des GfK Finanzmarktpanels besteht in der Analyse der Faktoren, die die kurz- und mittelfristige Geschäftsentwicklung prägen. Dabei werden die jeweiligen Teilbereiche des Finanzmarktes in den Gesamtzusammenhang aller finanziellen Dienstleistungen eingebettet, die von privaten Haushalten in Anspruch genommen werden. Denn nur diese ganzheitliche Betrachtung erlaubt es, die Nachfragereaktionen der privaten Haushalte für einzelne Teilbereiche des Finanzmarktes richtig zu bewerten.

Abbildung 1: Befragungsinhalte des GfK Finanzmarktpanels

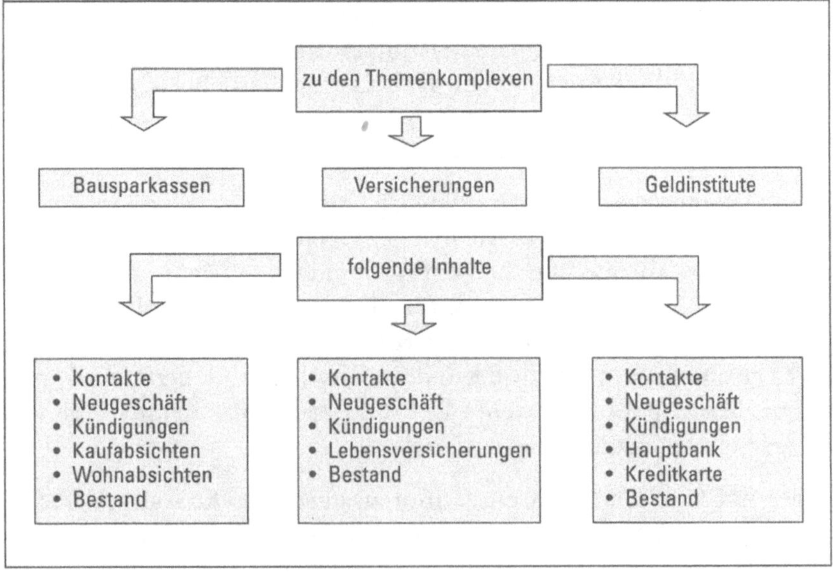

Die in Abbildung 1 dargestellten Inhalte erlauben eine detaillierte, unternehmens-, kunden- oder auch marktbezogene Analyse des Finanznachfrageverhaltens der privaten Haushalte bzw. der Einzelpersonen.

Dieses Instrument erlaubt eine strategisch wertvolle und differenzierte Analyse des Bausparkassen-, Versicherungs- und Bankenmarktes im Hinblick auf:

- Ausstattung mit Finanzdienstleistungen,
- Nachfrageverhalten nach Finanzdienstleistungen,
- Beschreibung der aktuellen Marktsituation
  - Entwicklung der Kundenanteile und -strukturen,
  - Überprüfung der Zusammenarbeit mit einem oder mehreren Finanzdienstleistungsunternehmen,
- Neugeschäftsverlauf
  - Erfassen von Präferenzbildungsfaktoren bei der Wahl der Gesellschaften,
  - Sichtbarmachung von Wechslerströmen,
- Ermittlung der Akquisitionsaktivitäten des Außendienstes,
- Kontakte zu Finanzdienstleistungsunternehmen,
- Überprüfung der Cross-Selling-Aktivitäten.

Der beschriebene Strukturwandel auf der Nachfrageseite und die Reaktionen der Anbieter nebst wettbewerbsrelevanten Veränderungen (Fusionen, veränderte Vertriebswege etc.) lassen sich aber allein mit konventionellen Ansätzen nicht beschreiben. Für eine detailliertere Analyse sind große, originäre, nicht durch Kumulation entstandene Stichproben notwendig, die zu jedem Zeitpunkt sowohl den Bestand als auch den aktuellen Bedarf an Finanzdienstleistungen ausgewählter Kundengruppen zur Verfügung stellen.

Die empirische Basis des GfK Finanzmarktpanels umfasst 20 000 repräsentativ ausgewählte Haushalte. Damit basiert das GfK-Finanzmarktpanel auf der größten, permanent bestehenden Stichprobe in der Bundesrepublik Deutschland.

Diese Befragung ist strukturiert auf ADM-Basis und verteilt sich über ca. 2 600 Sample Points. Die Erhaltung der Panelstruktur wird durch ständige Soll-Ist-Kontrollen und den strukturgleichen Ersatz ausscheidender Haushalte gewährleistet. Es gilt als sicher, dass das GfK Finanzmarktpanel in der Lage ist, den Markt für finanzielle Dienstleistungen realitätsgerecht wiederzugeben.

Die Panelmethode weist gegenüber einer Befragung bei immer neuen Stichproben folgende Vorteile auf:

- Die fortwährende Registrierung von Verhaltensabläufen und Verhaltensänderungen für jedes einzelne Panelmitglied ermöglicht neben den konventionellen Querschnittsbetrachtungen auch die Durchführung von Längsschnittanalysen.
- Die Datenerfassung ist sehr präzise, da die Fragebogen sehr exakt ausgefüllt werden. Insbesondere führt die intensive Betreuung der Teilnehmer und das daraus resultierende Vertrauen dazu, dass auch sensible Fragen (z. B. nach Lebensversicherungs- und Bausparsummen) beantwortet werden.
- Es können originäre Großstichproben zur Verfügung gestellt werden (d. h. es ist keine Kumulation mittlerer Stichprobensubstanzen notwendig).

Die Erhebungen werden im monatlichen Rhythmus bei 20 000 Haushalten schriftlich durchgeführt, wobei die Aktivitäten und Veränderungen hinsichtlich der Kontakte, Neuabschlüsse und Kündigungen für jeden Haushalt einzeln erfasst werden. Darüber hinaus werden in einem halbjährlichen Rhythmus Fragestellungen zu Hauptbankverbindungen und Kaufabsichten von Immobilien erhoben. Somit bietet das GfK Finanzmarktpanel jene Größe und Kontinuität, die für Analysen vor diesem Hintergrund notwendig sind.

Die vom GfK Finanzmarktpanel erhobenen Informationen und die darauf aufbauenden Analysen liegen mittlerweile für sehr lange Zeitreihen vor und erlauben daher Vergleiche und Beobachtungen für viele aufeinanderfolgende Zeiträume.

Im Sinne eines umfassenden Marketingmodells werden die beschriebenen Informationen zum Vorteil einer effizienten Zielgruppenbeschreibung um weitere Erkenntnisse über das Verhalten, die Neigungen und Einstellungen der Marktteilnehmer der Nachfrageseite angereichert. Auf diesem Wege entsteht ein Modell, das nicht nur ex post das Marktverhalten beschreibt, sondern perspektivisch als

Abbildung 2: Finanzmarktpanel-Beobachtung von Zielgruppenbereichen

Frühwarnsystem für aufkommende Marktentwicklung eingesetzt werden kann. Dies gilt in besonderem Maße für die Affinität von Vertriebswegen, die Loyalität oder auch die Kundenzufrienheit.

Die Abbildung 3 zeigt exemplarisch ausgewählte Ergebnisse der Kundenzufriedenheit, die Weiterempfehlungsbereitschaft und die Wiederwahlneigung im Versicherungsbereich für ausgewählte Sparten.

Das angedeutete Marketingmodell mit den erwähnten Vertriebsaffinitäten, dem aktuellen Finanznachfrageverhalten, der Kundenzufriedenheit und der teilweise daraus resultierenden (abnehmenden) Loyalität der Kunden liefert in Verbindung mit weiteren Untersuchungen der GfK interessante Hinweise auf mögliche zukünftige, teilweise heute bereits zu beobachtende Entwicklungen im Privatkundensektor für Finanzdienstleistungen.

Abbildung 3: Ergebnisse der Befragung im Versicherungsbereich

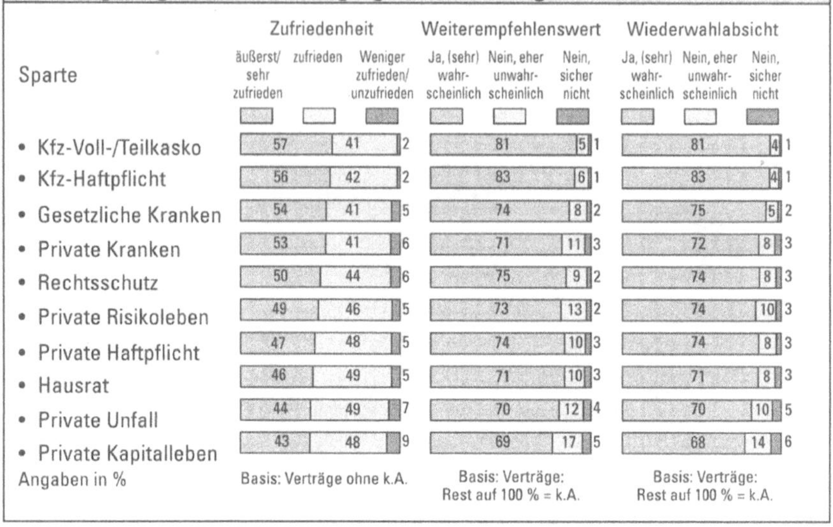

3. Abwicklung von Finanzdienstleistungen

Die Finanzdienstleistungsbranche steht derzeit tiefgreifenden Veränderungen (u. a. infolge technischer Entwicklungen) im Bereich der Kommunikation zwischen Finanzdienstleister und Kunde sowie dem veränderten Nachfrageverhalten der Kunden gegenüber.

Auch das Privatkundengeschäft wird seit Jahrzehnten durch neue Technologien beeinflusst, von denen grundlegende Auswirkungen auf die Vertriebsstruktur der Geldinstitute und Versicherungsgesellschaften ausgehen. Von der Automatisierung Anfang der sechziger Jahre über die Einführung der Kundenselbstbedienung in den Bankfilialen Ende der siebziger Jahre sind es jüngst Fortschritte in der Telekommunikation, die neue Formen der Abwicklung von Bank- und Versicherungsgeschäften ermöglichen.

Der Wunsch der Kunden nach einer schnellen, bequemen und zugleich kostengünstigen Abwicklung von Geld- und Versicherungsgeschäften nimmt zu. Die Kunden erwarten immer häufiger von ihren Finanzdienstleistern, dass sie über Hotlines, Call-Center, Internet-Pages, T-Online oder andere Medien Informationen und Service zu jeder Zeit bieten können. Hiervon werden telefonische und elektronische Vertriebswege, über die Finanzdienstleistungen unabhängig von Ort und Zeit nachgefragt und rationell angeboten werden können, begünstigt.

Zwar ist der Direktvertrieb trotz euphorischer Einschätzungen für die traditionelle Filialbank und den Versicherungsvermittler noch nicht zu einer großen Gefahr geworden, doch die Wettbewerbsvorteile eines dichten Zweigstellennetzes und einer großen Außendienstorganisation als alleinige Faktoren scheinen allmählich zu schwinden. Dabei spielt der Faktor Zeit aus der Sicht der Kunden in zunehmendem Maße eine präferenzbeeinflussende Rolle. Um auf die Herausforderung des Direktvertriebs zu reagieren, ist die Gewinnung von Informationen über Vorstellungen und Erwartungen der Bevölkerung an den Direktvertrieb, die bisherige Akzeptanz und die zukünftigen Marktpotenziale des Direktvertriebs wichtig.

Die nachfolgenden Ausführungen basieren zum einen auf den Ergebnissen des GfK Finanzmarktpanels sowie weiteren Projekten der GfK-Finanzmarktforschung.

4. Der Banken- und Sparkassenmarkt in Deutschland

4.1 Bankverbindungen

Im deutschen Bankenmarkt ist der öffentlich-rechtliche zusammen mit dem genossenschaftlichen Sektor dominierend. Mehr als die Hälfte der Bevölkerung ab 16 Jahre ist Kunde bei einer Sparkasse und ein Viertel verfügt über eine Bankverbindung zu einer Volks- oder Raiffeisenbank, die nach den Sparkassen die meisten Niederlassungen betreiben. Dann folgt die Postbank mit 8 % aller Bankverbindungen vor Großbanken wie der Deutschen Bank (7 %), der Dresdner Bank (5 %) sowie der Commerzbank und der HypoVereinsbank mit jeweils 3 % aller Bankverbindungen. Immerhin 4 % der Bevölkerung sind bereits Kunde bei einer Direktbank.

Im Durchschnitt verfügen die Bankkunden über 1,4 Bankverbindungen und waren bislang ausgesprochen treue Kunden. In den letzten 12 Monaten haben lediglich 4 % der Bevölkerung ihre Bankverbindung gewechselt. Alle vorliegenden Forschungsergebnisse konstatieren zweifelsfrei, dass die Wechselbereitschaft vor allem mit zunehmendem monatlichen Haushaltsnettoeinkommen und der Ausbildungsqualität signifikant ansteigt. Als Gründe für einen Anbieterwechsel werden vor allem genannt:

- Unfreundlichkeit der Bankangestellten,
- schlechte Konditionen,
- mangelnde Beratung und Service.

Ein Einfluss auf die Kundenloyalität kann unter diesen Rahmenbedingungen und subjektiven Empfindungen nicht negiert werden. Andere Untersuchungen der GfK-Marktforschung belegen, dass immerhin 14 % der Bankkunden darüber nachdenken, ihre Bankverbindungen, sei es durch eine Produktverlagerung oder das Einrichten einer neuen Bankverbindung, zu ändern.

4.2 Traditionelle Geldinstitute

Bei der Abwicklung von Bankgeschäften dominiert nach wie vor der Schalterbereich in der Filiale. 90 % der Bankkunden tätigen ihre Bankgeschäfte über diesen Vertriebsweg und suchen damit den persönlichen Kontakt zu einem Bankangestellten.

Finanzgeschäfte generell sind, wie andere Untersuchungen der GfK belegen, nach Auffassung der Bevölkerung beratungsintensive Dienstleistungen, bei denen hoher Wert auf den persönlichen Kontakt und das Vertrauen zum Berater gelegt wird. Persönliche Beratung durch die Mitarbeiter des Finanzdienstleisters genießen ein höheres Vertrauen als telefonische oder schriftliche Ratschläge durch anonyme und dem Kunden nicht vertraute Mitarbeiter eines Direktanbieters. Zum gegenwärtigen Zeitpunkt gilt dies in besonderem Maße für die Versicherungen. Internationale wie nationale Beobachtungen belegen, dass dies in besonderem Maße für komplexe Leistungen im Finanzdienstleistungsbereich Gültigkeit besitzt.

Daneben besteht bei den Bankkunden jedoch auch eine hohe Bereitschaft, Selbstbedienungsgeräte, wie z.B. Geldausgabeautomaten, Kontoauszugsdrucker, Devisenwechselautomaten sowie sogenannte Selbstbedienungsterminals für allgemeine Informationen und Daueraufträge zu nutzen und damit weitgehend unabhängig von den Schalteröffnungszeiten zu agieren. 72 % der Bankkunden nehmen den Selbstbedienungsbereich eines Geldinstitutes in Anspruch. Inzwischen ist der Einsatz technischer Hilfsmittel bei Geldtransaktionen zur Routine geworden und die Banken verbessern das Selbstbedienungsangebot von Jahr zu Jahr. Zum einen wird die Produktpalette regelmäßig erweitert, zum anderen erhöht sich der Bedienungskomfort.

Während der Kunde bei den technisch unterstützten Selbstbedienungselementen immer noch zur Bank gehen muss, kommt inzwischen auch die Bank mittels Home-Banking immer häufiger zum Kunden. Home Banking, das inzwischen fast alle Geldinstitute in unterschiedlichen Formen anbieten und das dem Kunden ermöglicht, seine Bankgeschäfte von zu Hause, dem Büro oder von unterwegs zu erledigen, wird bei den Kunden immer beliebter. Als Medien dienen den Kunden dabei öffentliche und private Kommunikationsnetze. Unterschieden werden muss in diesem Zusammenhang zwischen Home Banking via Online/Internet, Telefon, Fax oder auch Brief.

10 % aller Bankkunden praktizieren bereits Telefonbanking und 4 % wickeln ihre Bankgeschäfte bereits über Online-Medien ab. Bei der Online-Abwicklung dominieren einfache und nicht erklärungsbedürftige Bankgeschäfte, wie das Vornehmen von Überweisungen (52 %), das Erfragen von Kontoständen (27 %) sowie das Einholen allgemeiner Informationen (16 %).

4.3 Direktbanken

Bekanntheit

Seit wenigen Jahren ist in der deutschen Bankenlandschaft der Trend zur Direktbank unübersehbar. Mehr als ein Dutzend Direct-Banking-Anbieter tummeln sich derzeit auf dem deutschen Markt und arbeiten auf schwierigem Terrain. Untersuchungen bescheinigen ihnen zwar

Abbildung 4: Genutzte Bankdienstleistungen

Frage: Welche Bankgeschäfte erledigen Sie per Telefon oder PC bei traditionellen Geldinstituten?

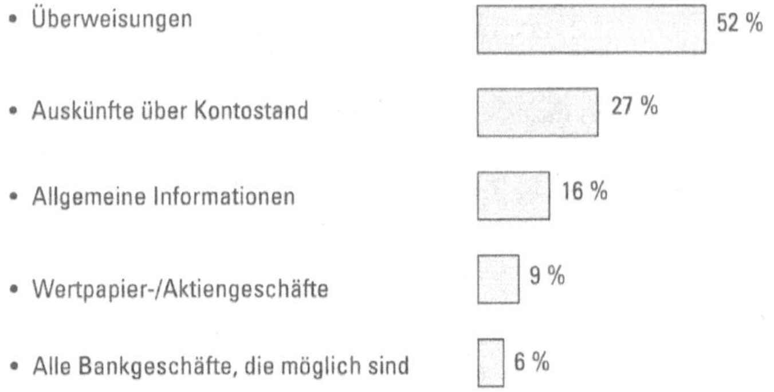

Basis: Kunde eines traditionellen Geldinstituts nutzt Telefon- oder PC-Beratung

ein stetig wachsendes Kundenpotenzial, doch in der Umwandlung dieses Potenzials tun sie sich noch schwer. Die Probleme der Direktbanken sind zum einen, dass sich die Verbraucher trotz sinkender Kundenloyalität immer noch relativ schwer von ihrer bisherigen Bank trennen, und zum anderen werden die Direktbanken als virtuelle Unternehmen ohne Filialnetz vom Verbraucher nur über die Werbung wahrgenommen. Direktbanken haben deshalb nur eine Chance, wenn sie sich über einen breiten und qualitativen Werbeauftritt in den Köpfen der potenziellen Kunden als Marke positionieren und ihr Angebot klar von den Filialbanken differenzieren.

Was die spontane Bekanntheit betrifft, so kennen 28 % der Bevölkerung ab 16 Jahre mindestens eine Direktbank. Das sind absolut gesehen 17,3 Millionen Personen. Die Rangfolge der bekannten Direktbanken sieht dabei wie folgt aus:

Die Bank 24 erreicht bei den Personen, denen Direktbanken bekannt sind, einen ungestützten Bekanntheitswert von 37 % und die Advance Bank von 26 %. Diese beiden Unternehmen sind im Direktbankenmarkt im Bereich Werbung die sogenannten „Big Spender“ und versuchen, durch einen konsequenten Markenaufbau ihre Bekanntheit zu steigern. Im Gegensatz zur Advance Bank, die sich zur Zeit unter dem

Abbildung 5: Bekanntheit von Direktbanken

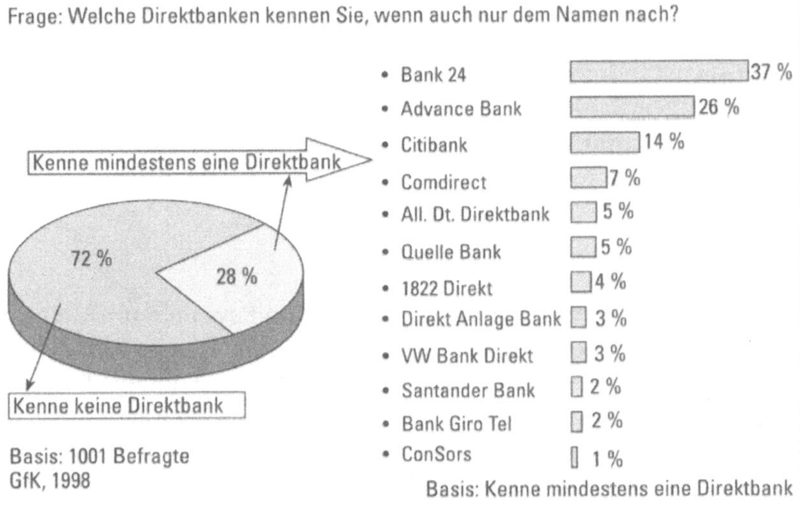

Dach der Dresdner Bank neu zu positionieren versucht, ist es der Bank 24 offensichtlich eher gelungen, sich über ihren massiven Werbeauftritt im Fernsehen als Marke in den Köpfen der Verbraucher zu verankern.

Neben der Bank 24 und der Advance Bank wird insbesondere die Citibank, die inzwischen ihr CitiPhone Banking um das PC-Banking ergänzt hat, von der Bevölkerung (14 %) als Direktbank wahrgenommen. Darüber hinaus bekannte Direktbanken sind vor allem die Comdirect (7 %) sowie die Allgemeine Deutsche Direktbank und die Quelle Bank mit jeweils 5 % ungestützter Bekanntheit.

Inzwischen haben auch die Finanztöchter der Autohersteller ihren Markt erobert. Die mit Vollbanklizenzen ausgestatteten Finanztöchter z. B. von VW, BMW und Porsche bieten ihren Kunden zusätzlich zur traditionellen Absatzfinanzierung auch Anlageprodukte wie Spar- und Festgeldkonten sowie Kreditkarten zu günstigeren Konditionen als die traditionelle Kreditwirtschaft an. Damit verlieren die klassischen Banken nicht nur beim Kreditgeschäft Marktanteile, sondern müssen auch im Bereich der Geldanlagen Verluste hinnehmen.

Insbesondere die VW-Bank will sich endgültig unter den deutschen Direktbanken positionieren und als erste Bank eines Autokonzerns ein eigenständiges Profil gewinnen. Mit einer TV-Kampagne – der ersten einer deutschen Autobank – wurde der Direktbankbereich unter dem eigenständigen Namen Volkswagen Bank direct eingeführt. Die „Volkswagen Bank direct" ist auf Wachstumskurs. Sie konnte sich im Markt etablieren und erzielt zur Zeit einen Bekanntheitsgrad von 3 %.

Kundenaufkommen der Direktbanken

Derzeit (Stand 1999) sind ca. 2,5 Millionen Personen im Alter ab 16 Jahre bereits Kunden bei einer Direktbank. Überproportional vertreten sind dabei vor allem Bankkunden zwischen 30 und 40 Jahren, Bezieher überdurchschnittlicher Einkommen und Personen mit Abitur bzw. Studium. Das Kundenaufkommen führender Direktbanken gestaltet sich derzeit wie folgt:

Ein Viertel der befragten Direktbankkunden sind Kunden bei der Entrium. Jeweils 10 % haben eine Bankverbindung bei der Advance Bank, der Santander Direct Bank, der Volkswagen Bank direct und der 1822direkt. 7 % sind Kunden bei der Bank GiroTel und 5 % stehen in Kontakt mit der Allgemeinen Deutschen Direktbank.

Die Mehrzahl der Direktbankkunden sieht ihre Direktbankverbindung allerdings nicht als Erstbankverbindung, sondern verfügt daneben noch über eine weitere Bankverbindung bei einem traditionellen Geldinstitut. Darüber hinaus haben nur 12 % im Zuge des Vertragsabschlusses bei der Direktbank eine andere Bankverbindung aufgelöst.

Etwas mehr als ein Drittel der Direktbankverbindungen sind innerhalb der letzten 12 Monate entstanden, was für ein steigendes Interesse der Bevölkerung an Direktbanken spricht.

Vorteile

Die Vorteile der Direktbanken liegen neben bequemer Kontoführung im Wesentlichen in höheren Zinsen und niedrigeren Gebühren. Die

Inanspruchnahme von Bankdienstleistungen über Telefon oder Computer bietet allerdings nicht nur Kosteneinsparungen bei den Gebühren, denn durch die Nutzung der Telefonleitungen kommen auf die Kunden verdeckte Kosten zu und machen oftmals schon den Kostenvorteil, den Home-Banker durch günstigere Transaktionskosten erzielen, zu nichte.

Produktnutzung

Der Trend geht bei den Direktbanken in Richtung Universalangebot. Direktbanken bieten neben preisgünstigen Wertpapiergeschäften teilweise schon Baufinanzierung (z.B. Advance Bank) und Versicherungspolicen (z.B. 1822direkt) an.

Die Hälfte der Direktbankkunden verfügen bei ihrer Direktbank über ein Giro-/Gehaltskonto. 20 % nutzen Konten zur kurzfristigen Geldanlage; 17 % besitzen bei der Direktbank ein Sparbuch und 12 % verfügen über einen Prämiensparvertrag bzw. Sparplan. Daneben investieren jeweils 7 % der Kunden einen Teil ihres Vermögens in Aktien und Fonds.

Geschäftsabwicklung und Kommunikation

Jeder sechste Bundesbürger im Alter von 14 bis 59 Jahren nutzt laut des GfK-Online-Monitors zumindest gelegentlich das Internet und/oder einen Online-Dienst. Absolut gesehen sind das 15,9 Millionen Personen.

Doch trotz zunehmender Nutzung der Online-Medien stützt sich der Kontakt zum Kunden bei den Direktbanken nach wie vor überwiegend auf das Telefon, wobei die Anrufe in Call-Center meist rund um die Uhr entgegengenommen werden.

68 % der Direktbankkunden wickeln ihre Bankgeschäfte mit der Direktbank per Telefon ab. Jeweils 20 % suchen den Kontakt mit ihrer Direktbank online oder über den Postweg.

Zufriedenheit und Weiterempfehlungsbereitschaft

Vor dem Hintergrund zunehmender Wettbewerbsintensität im Bankenmarkt und sinkender Kundenloyalität gilt es vor allem, bestehende Kunden zu binden und deren Cross-Selling-Potenzial besser auszuschöpfen. Dabei ist die Kundenzufriedenheit als Voraussetzung für die Kundenbindung ein wichtiger strategischer Erfolgsfaktor. Nur ein zufriedener Kunde wird mit hoher Wahrscheinlichkeit auch wieder kaufen, weiterempfehlen und anderen Anbietern geringere Aufmerksamkeit schenken.

Aufgrund der hohen Zufriedenheitsraten können sich 59 % der Direktbankkunden vorstellen, weitere Produkte bei einer Direktbank abzuschließen und 93 % würden ihre Direktbank an Freunde und Verwandte weiterempfehlen.

Abbildung 6: Verbesserungspotenziale bei Direktbanken

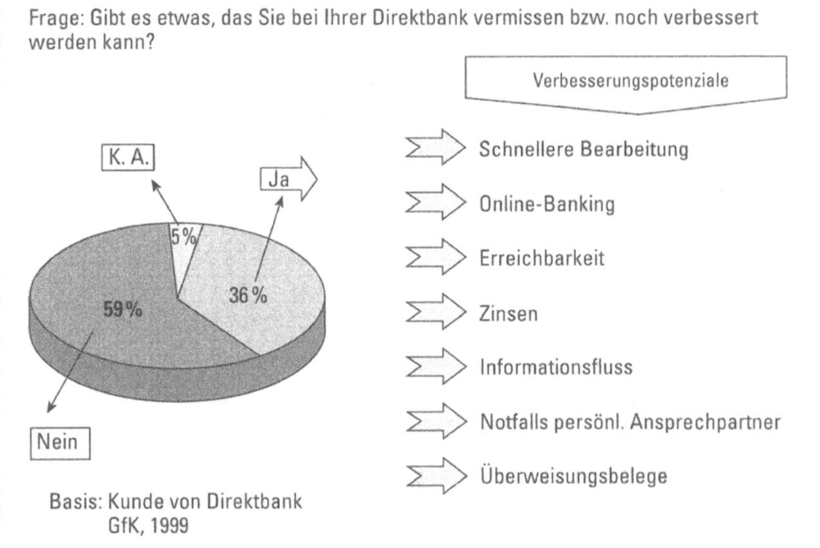

5. Direktvertrieb von Finanzdienstleistungen

5.1 Direct Banking bei traditionellen Geldinstituten

An die 8 Millionen Personen wickeln ihre Bankgeschäfte mit traditionellen Geldinstituten bereits per Home Banking via Telefon oder PC ab. Weitere 16 Millionen haben derzeit Interesse an diesem Vertriebsweg. Dieses Interesse wird vor allem durch die Home-Banking-Vorteile Zeitersparnis, höhere Bequemlichkeit sowie die Unabhängigkeit von Öffnungszeiten geweckt. Daneben versuchen die Banken, durch die Weiterentwicklung der Sicherheit und technischen Verfügbarkeit Hemmschwellen bei den Kunden abzubauen. So soll z. B. das neue Verschlüsselungssystem – Home Banking Computer Interface (HBCI) – das Online Banking sicherer machen.

Die Home-Banking-Interessenten können sich bei der Abwicklung von Bankgeschäften per Telefon oder PC vor allem die Nutzung der

Abbildung 7: Zukünftige Nutzung des Homebanking

Frage: Können Sie sich vorstellen, zukünftig einen Teil Ihrer Bankgeschäfte per Telefon/PC abzuwickeln?

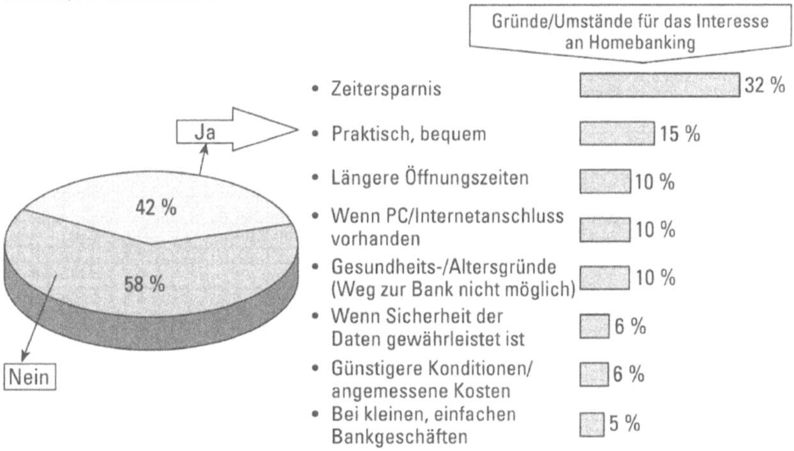

Basis: Kunden einer traditionellen Bank, die kein PC- und Telefonbanking nutzen/Bank bietet Homebanking an. GfK, 1999

Abbildung 8: Bedarf an PC- und Telefonbanking

Frage: Würden Sie es begrüßen, wenn Ihre Bank PC- und Telefonbanking anbieten würde?

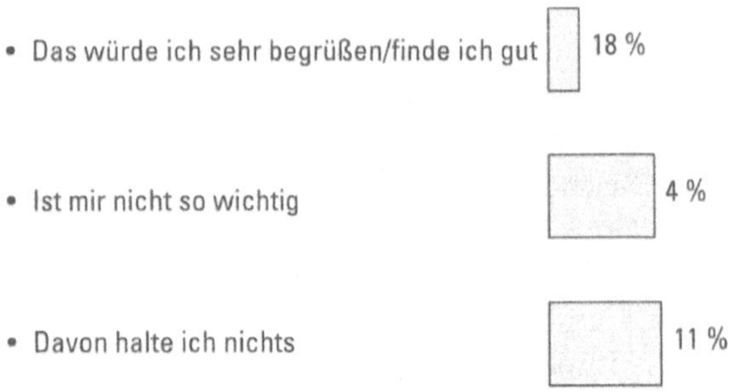

Basis: Kunde einer traditionellen Bank, die kein Homebanking anbietet. GfK, 1999

zur Zeit überwiegend vorhandenen Basisleistungen wie Kontoinformationen und einfache Zahlungsverkehrsanwendungen vorstellen.

60 % der Bankkunden, die derzeit ihre Bankgeschäfte noch nicht per Telefon oder PC abwickeln, geben an, dass ihre Bank über ein Home-

Abbildung 9: Potenzielle Nutzung des PC- und Telefonbanking

Frage: Welche Bankgeschäfte würden Sie per Telefon oder PC abwickeln?

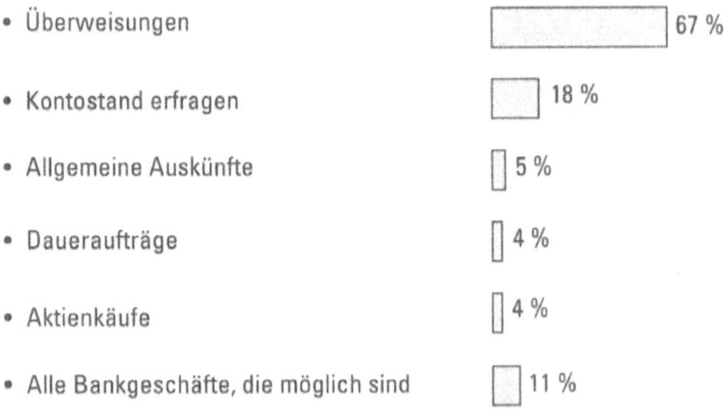

Basis: Bankkunden, die an Homebanking bei traditionellen Geldinstituten interessiert sind

Abbildung 10: Nutzungshemmnisse von Homebanking

Frage: Bietet Ihnen Ihre Bank den Direktvertrieb von Finanzdienstleistungen?

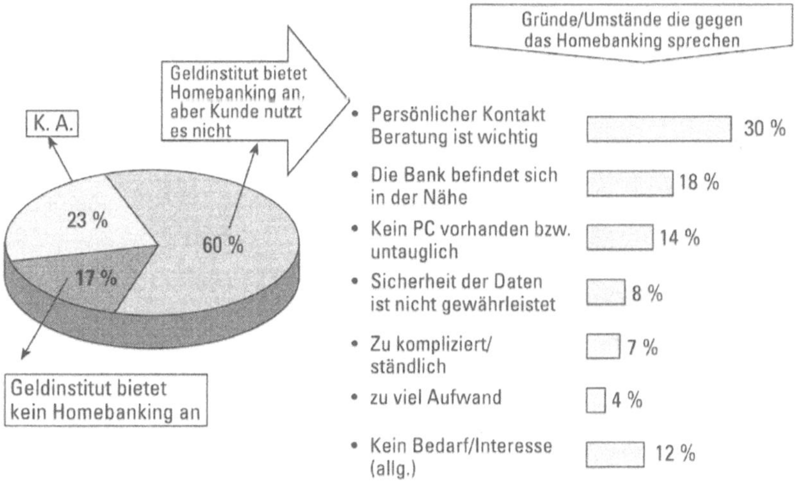

Basis: Kunden einer traditionellen Bank, die kein PC- oder Telefonbanking bei traditionellen Banken nutzen. GfK, 1999

banking-Angebot verfügt. Aus folgenden Gründen ziehen die Bankkunden die bisherige Abwicklung dem Home Banking vor: die persönliche Beratung und Betreuung (30 %), die Bank befindet sich in unmittelbarer Nähe (18 %), die fehlende bzw. untaugliche PC-Ausstattung (14 %) und die Befragten sind der Meinung, dass die Datensicherheit nicht gewährleistet ist.

5.2 Marktpotenziale für Direktbanken

Die Frage nach den Chancen der Direktbanken ist gleichzeitig die Frage nach der künftigen Entwicklung der Kundenbindung. Bankkunden sind bisher noch relativ treue Kunden, die allerdings mit wachsendem Interesse die Alternativen am Markt beobachten. Diese grundsätzliche Offenheit für Angebote anderer Geldinstitute ist eine Chance für die Direktbanken.

Abbildung 11: Abschlusswahrscheinlichkeit einer Direktbankverbindung

Frage: Können Sie sich vorstellen, einen Vertrag bei einer Direktbank abzuschließen?

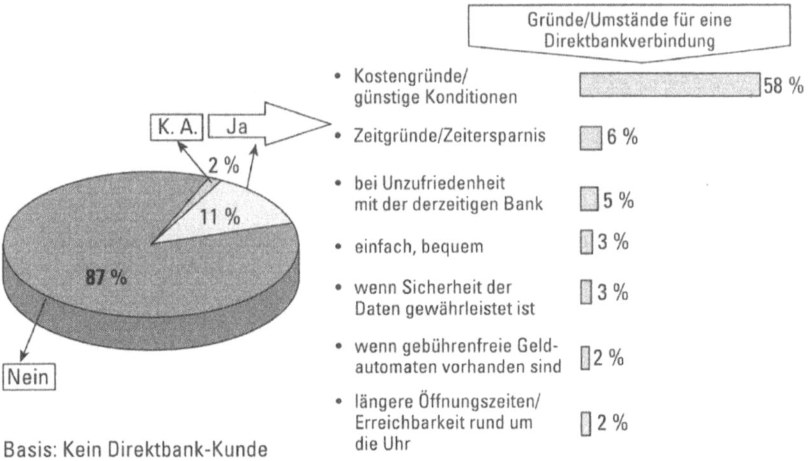

Basis: Kein Direktbank-Kunde
GfK, 1999

Basis: Direktbankkunden

Abbildung 12: Wechselwahrscheinlichkeit zu einer Direktbank

Frage: Wie wahrscheinlich wäre bei Eintreten der von Ihnen gewünschten Umstände ein Wechsel zu einer Direktbank?

Wechsel mit einer Wahrscheinlichkeit von

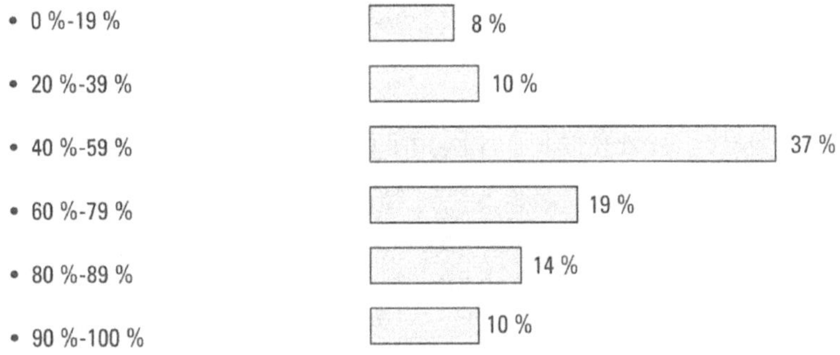

Basis: Direktbank-Interessen. GfK, 1999

Rund 11 % der Bevölkerung ab 16 Jahre interessieren sich derzeit für eine Direktbank und können sich vorstellen, Kunden bei einer Direktbank zu werden. Absolut gesehen sind das fast 7 Millionen Kunden. Dabei kann ein Potenzial von 3,2 Millionen enge Interessenten, die sich mit einer Wahrscheinlichkeit von mindestens 60 % eine Direktbankverbindung vorstellen können, und 3,8 Millionen weitere Interessenten definiert werden.

Der auschlaggebende Grund für eine Direktbankaffinität sind eindeutig die günstigen Konditionen (58 %). Dem Bankkunden sind zwar auch Bequemlichkeit und Zeitersparnis durch die Abwicklung der Bankgeschäfte von zu Hause oder vom Büro aus wichtig, in erster Linie geht es aber um finanzielle Vorteile. Hinzu kommt auch die Bereitschaft, eine mögliche Unzufriedenheit mit den traditionellen Geldinstituten zum Anlass für eine neue Bankverbindung bei einer Direktbank zu nehmen.

Bei der Unterscheidung der Direktbankinteressenten nach dem Alter gibt es eine eindeutige Präferenz in der Gruppe zwischen 16 und 39 Jahren. Ausgeprägt ist die Präferenz auch in Abhängigkeit vom Einkommen. Je höher das monatliche Haushaltsnettoeinkommen ist, desto stärker ist das Interesse am Direct Banking. Ebenso wächst die Direktbankaffinität mit steigender Ausbildungsqualität.

Bei der Frage, welche Produkte man wahrscheinlich bei einer Direktbank nutzen würde, werden von den Direktbankinteressenten das Girokonto (78 %) sowie Konten zur kurzfristigen Geldanlage (66 %) und das Sparbuch (66 %) präferiert. Aber auch die Nutzung von festverzinslichen Wertpapieren, Prämiensparverträgen, Sparbriefen, Aktien und Fonds ist noch für mehr als die Hälfte der Direktbank-Motivierten interessant.

Die Mehrheit der Kunden eines traditionellen Geldinstitutes (87 %) reagiert auf Direktbankangebote zurückhaltend und kann sich nicht vorstellen, Kunde bei einer Direktbank zu werden. Diesen Kunden ist vor allem die persönliche Beratung und Betreuung wichtig (73 %). Daneben befürchten sie, dass die Datensicherheit nicht gewährleistet ist (16 %) und sind der Meinung, dass Bankprodukte zu kompliziert sind, um über das Telefon oder das Netz abgewickelt zu werden. Zu-

Abbildung 13: Produktnutzungswahrscheinlichkeit bei einer Direktbank

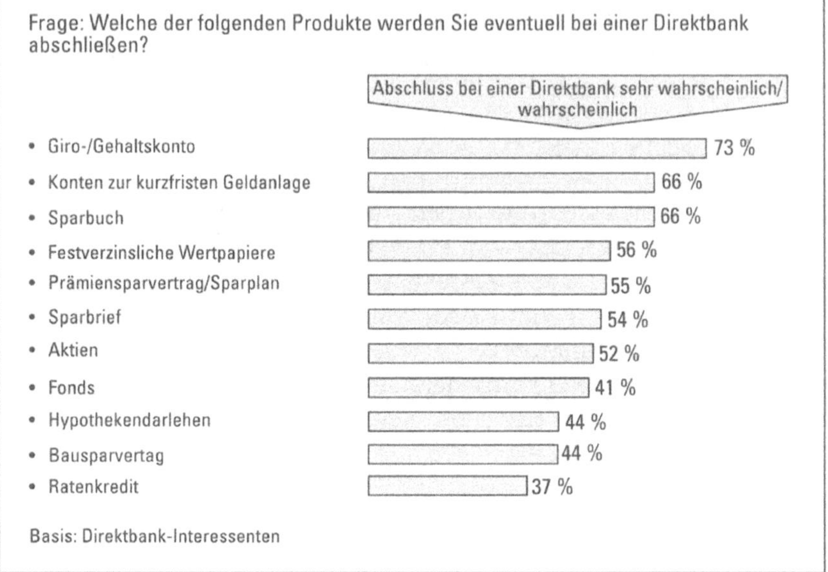

dem geben 10 % an, dass sie mit der Nutzung der neuen Kommunikationsmedien nicht vertraut genug sind.

6. Neue Vertriebswege für Finanzdienstleistungen

Für das Modell Direktvertrieb spricht vieles: zeitliche und örtliche Unabhängigkeit, günstige Kosten, der größere Bedarf an verschiedenen Finanzdienstleistungen – vor allem für die Altersvorsorge – die Zunahme der neuen Medien (Online-Dienste, Internet), zunehmende Computerisierung aller Lebensbereiche. Angesichts der rasanten Fortschritte in der Kommunikationstechnologie ist sowohl im Bankbereich als auch im Versicherungsmarkt abzusehen, dass der Direktvertrieb via Telefon, Call-Center, Fax und PC in Zukunft weiterhin an Bedeutung gewinnen wird und Potenziale in durchaus attraktiven Kundengruppen aufweist. Eine wichtige Rolle werden dabei die On-

Abbildung 14: Nutzungshemmnisse von Direktbanken

Frage: Aus welchen Gründen können Sie sich eine Nutzung von Direktbanken nicht vorstellen?

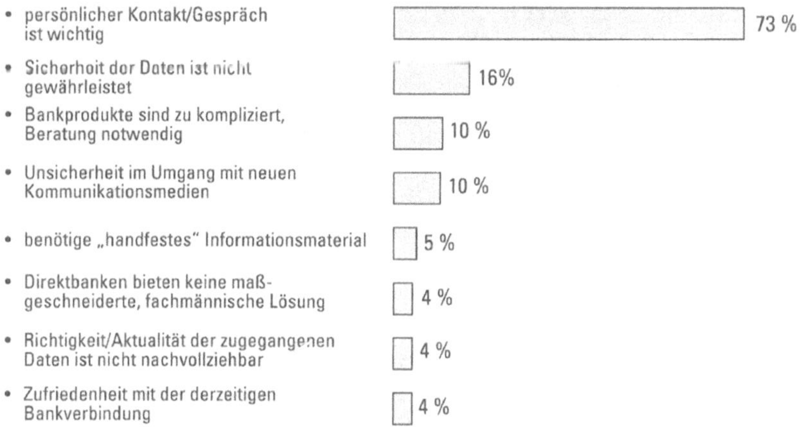

Basis: Befragte die kein Interesse an einer Direktbank haben

line-Dienste und das Internet, das anfangs noch vorwiegend für reine Informations- und Marketingzwecke genutzt worden ist, spielen.

Während im Bankbereich bereits sowohl Direktbankkunden als auch Kunden traditioneller Geldinstitute Bankgeschäfte via Online-Medien abwickeln, haben die Untersuchungen bezüglich der Kommunikationswege mit traditionellen Versicherungen und Direktversicherungen ergeben, dass die Kontaktaufnahme mit Versicherungsgesellschaften über Online-Medien eine untergeordnete Rolle spielen.

Bislang beschränken sich die Online- bzw. Internet-Auftritte von Versicherungsgesellschaften weitestgehend auf Informationsfunktionen, wie die Selbstdarstellung des eigenen Unternehmens und ausgewählter Produkte, und vernachlässigen die Interaktion bzw. Kommunikation mit dem Kunden. Kommunikative Aspekte und Ziele haben derzeit noch einen höheren Stellenwert als der Vertrieb der Produkte. In Bezug auf die konkrete Angebots-und Vertragsabwicklung steckt die Entwicklung eher noch in den Kinderschuhen. Doch die Bedeutung und die Vorteile der Nutzung von Online-Diensten und Internet, wie

z. B. der Reduzierung von Unternehmenskosten und der daraus folgenden Preissenkungsspielräume zugunsten des Kunden oder der besserer Zugänglichkeit größerer Informationspotenziale für den Kunden, wird zunehmend auch von den Versicherungsgesellschaften erkannt. Die noch vergleichsweise geringe Nutzung des Electronic Commerce als Absatzinstrument für Versicherungsprodukte sind vor allem auf Grund von Sicherheitsbedenken zu erklären.

7. Management Summary

Banken- und Sparkassenmarkt

- Im deutschen Bankenmarkt ist der öffentlich-rechtliche zusammen mit dem genossenschaftlichen Sektor dominierend. Mehr als die Hälfte der Bevölkerung ab 16 Jahre ist Kunde bei einer Sparkasse und ein Viertel verfügt über eine Bankverbindung zu einer Volks- bzw. Raiffeisenbank.

- Bei der Abwicklung von Bankgeschäften dominiert nach wie vor der Schalterbereich in der Filiale. 90 % der Bevölkerung tätigt ihre Bankgeschäfte über diesen Vertriebsweg und sucht damit den persönlichen Kontakt zu einem Bankangestellten. Daneben besteht bei den Bankkunden jedoch auch eine hohe Bereitschaft, den Selbstbedienungsbereich einer Filiale zu nutzen.10 % aller Bankkunden praktizieren bereits Telefon-Banking und 4 % wickeln bereits über Online-Medien ab.

- Was die spontane Bekanntheit der Direktbanken betrifft, so kennen 28 % der Bevölkerung mindestens eine Direktbank. Das sind absolut gesehen 17,3 Millionen Personen. Die beiden bekanntesten Direktbanken sind die Bank 24 und die Advance Bank.

- 4 % der Bevölkerung sind bereits Kunde bei einer Direktbank. Das sind absolut gesehen 2,5 Millionen Bankkunden. Die Hälfte der Direktbankkunden verfügt bei ihrer Direktbank über ein Giro-/Gehaltskonto. 20 % nutzen Konten zur kurzfristigen Geldanlage; 17 % besitzen bei der Direktbank ein Sparbuch und 12 % verfügen über einen Prämiensparvertrag bzw. Sparplan. Daneben investieren jeweils 7 % der Kunden einen Teil ihres Vermögens in Aktien und Fonds. Die Vorteile der Direktbanken liegen neben bequemer Kontoführung im Wesentlichen in höheren Zinsen und niedrigeren Gebühren.

- Trotz zunehmender Nutzung der Online-Medien stützt sich der Kontakt zum Kunden bei den Direktbanken nach wie vor überwiegend auf das Telefon.
- 69 % der Direktbank-Kunden sind mit ihrer Direktbank sehr bzw. vollkommen zufrieden. 27 % sind zufrieden und lediglich 4 % sind weniger zufrieden.

Versicherungsmarkt

- Der Versicherungsmarkt Deutschland wird von der Allianz Versicherung geprägt. Daneben sind derzeit jedoch Konzentrationstendenzen festzustellen.
- Von allen Versicherungen sind die Hausratversicherung (52 %), die Private Haftpflichtversicherung (49 %) sowie die Kfz-Haftpflichtversicherung (49 %) am meisten verbreitet.
- Bei der Abwicklung der Versicherungsangelegenheiten steht der Versicherungsvertreter als zentrale Instanz bei der Abwicklung der Versicherungsgeschäfte bei den Kunden nach wie vor hoch im Kurs.
- Den höchsten spontanen Bekanntheitsgrad bei den Direktversicherungen erreicht die Cosmos Versicherung (21 %) Dann folgen die Direktversicherungen Allstate Direct (17 %), Auto Direkt (14 %), die Delfin Direkt (13 %), die Sicher Direct – ehemals Axa Tellit Direkt – (12 %) sowie die Sun Direct (11 %).
- 5 % der Bevölkerung (3,2 Millionen) sind Kunde bei einer Direktversicherung. 29 % der Direktversicherungskunden besitzen bei der Direktversicherung eine Risikolebensversicherung, 18 % eine Kapitallebensversicherung und 7 % eine Private Rentenversicherung. In der Versicherungssparte Kfz-Versicherung verfügen 24 % über eine Private Haftpflichtversicherung und 22 % über eine Kas-

ko-Versicherung. Wie bei den Direktbanken liegt auch bei den Direktversicherungen der entscheidende Vorteil in den günstigen Konditionen.

- Ähnlich wie bei den Direktbanken wickelt die Mehrheit der Direktversicherungskunden (71 %) ihre Versicherungsangelegenheiten mit der Direktversicherung über das Telefon ab.
- Die Untersuchung zeigt, dass die Direktversicherungskunden ähnlich zufrieden wie die Direktbanken-Kunden sind.

Marktpotenziale für den Direktvertrieb von Finanzdienstleitungen

- An die 8 Millionen Personen wickeln ihre Bankgeschäfte mit traditionellen Geldinstituten bereits per Home Banking via Telefon oder PC ab. Weitere 16 Millionen haben derzeit Interesse an diesem Vertriebsweg. Dieses Interesse wird durch die Home-Banking-Vorteile Zeitersparnis, höhere Bequemlichkeit sowie die Unabhängigkeit von Öffnungszeiten geweckt.
- Rund 11 % der Bevölkerung interessieren sich derzeit für eine Direktbank und können sich vorstellen, Kunden bei einer Direktbank zu werden. Absolut gesehen sind das fast 7 Millionen Kunden.
- Nahezu 12 Millionen Versicherungskunden nutzen bereits die Möglichkeit des Direct Insurancing. Insgesamt gesehen sind weitere 8 Millionen Versicherungskunden aus Gründen der Zeitersparnis und Bequemlichkeit an der Möglichkeit des Direct Insurancing interessiert.
- Derzeit sind ca. 3,2 Millionen Personen Kunde bei einer Direktversicherung. Darüber hinaus zeigen weitere 10 Millionen Versicherungskunden Interesse an einer Direktversicherung.

Teil 4
Strategische Positionen von ausgewählten Direktbanken

Strategien der Direktbanken

Uwe Swoboda

1. Situation in Europa und Deutschland

Europa

Der Markt für Direktbankgeschäfte in Europa zählt 2000 schätzungsweise 36 Mio. Kunden. Dabei entwickelte er sich in der Europäischen Wirtschafts- und Währungsunion sehr unterschiedlich. Zur Ableitung der unterschiedlichen Markterschließungsstrategien ist es notwendig, die einzelnen europäischen Märkte nach ihrer Marktattraktivität zu analysieren. So untersuchte die Unternehmensberatungsgesellschaft Roland Berger und Partner nach den Dimensionen Marktwachstum und Marktreife den europäischen Direktbankenmarkt (vgl. auch Melnyk/Rogg/Steiner, 1999, S. 664). Dabei lassen sich die europäischen Staaten in drei Gruppen einteilen:

- Belgien, Niederlande sowie die skandinavischen Länder sind bereits weit entwickelte Direktbankenmärkte. Eine große Kundenzahl nutzt bereits die Finanzdienstleistungen der Direktbanken. Die Folge ist, dass diese Direktbankenmärkte ein vergleichsweise geringes zukünftiges Wachstumspotenzial aufweisen dürften.
- Die zweite Gruppe besteht aus der Schweiz und Österreich. Hier erwartet man trotz hoher Wachstumsraten nur eine geringe Anzahl an Direktbankkunden. Der Grund dürfte in der Kundenbasis liegen. Die Kunden sind einerseits gegenüber neuen Technologien und innovativen Vertriebswegen bisher noch nicht so aufgeschlossen und andererseits zeichnet sie eine hohe Kundentreue aus. Darüber hinaus ist der Schweizer Bankenmarkt in festen Händen von wenigen Großbanken.
- Italien, Spanien, Frankreich und Deutschland weisen die höchste Marktattraktivität auf. Diese Kernländer zeichnet nicht nur ein

Abbildung 1: Marktattraktivität für Direktbankgeschäfte in Europa

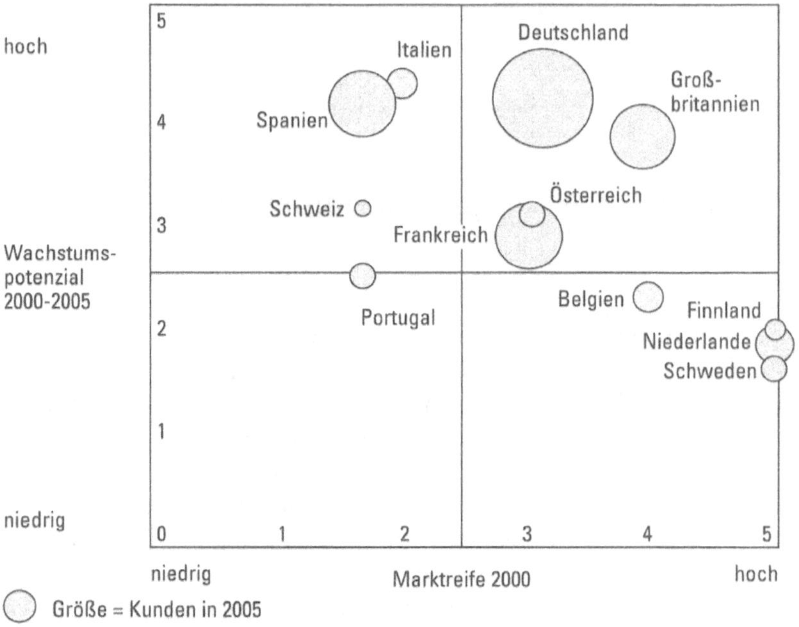

Wachstumspotenzial: gewichtete Summe von Wachtumsfaktoren
Marktreife: ungewichtete Summe der Penetrationsrate 2000, Anzahl der Wettbewerber 2000

hohes Wachstumspotenzial, sondern auch ein großes Kundenpotenzial aus.

In den nächsten Jahren werden die innovativen Vertriebsformen wie Internet, Mobiltelefon und interaktives Fernsehen die Antriebskraft für ein überdurchschnittliches Wachstum im Direktbankenmarkt sein.

Nachfolgend werden die Kernmärkte Frankreich, Großbritannien und Deutschland näher erläutert. Der französische Direktbankenmarkt zeichnet sich bereits in 2000 durch eine hohe Marktdurchdringung aus. Im Vergleich zu anderen europäischen Märkten weist er eine Penetrationsrate von 24 % für das Telefon-Banking auf. Der Grund dafür liegt im hohen Verbreitungsgrad von Minitel, das bereits in den achtziger Jahren in Frankreich implementiert wurde. Insgesamt besitzen bereits 14 Mio. Privatkunden eine Direktbankverbindung. Besonders attraktiv macht den französischen Markt die vergleichsweise geringe Wettbewerbsintensität in bestimmten Produktfeldern. Derzeit existieren noch wenige Nischenanbieter in den Produktfeldern Privatkundenkredit und Internet-Brokerage. Ein weiterer interessanter Markt ist Großbritannien, der als am weitesten entwickelt gilt. Die Penetrationsrate des Direktbanking liegt bei ca. 31 Prozent. Dabei spielt das Telefon-Banking die wichtigste Rolle. In den nächsten Jahren wird ein hohes Wachstum der Direktbankkundschaft auf über 22 Mio. Kunden bis zum Jahr 2005 erwartet. Ein weiterer Vorteil des britischen Marktes liegt im hohen prognostizierten Anlagevolumen von geschätzten 900 Mrd. US-$ für 2005 im Retail-Segment.

Deutschland

Direktbanking ist auch in Deutschland kein neues Phänomen. Bereits in den sechziger Jahren wurde die Allgemeine Deutsche Direktbank gegründet. Deutschland zählt heute mit rund 10 Mio. Direktbankkunden zum drittgrößten Direktbankenmarkt in Europa. Bisher werden die Kontakte zum Direktbankkonto über das Telefon hergestellt, allerdings präferieren die Kunden mehr und mehr die Online-Medien wie Internet und Zugangsmedien (T-Online, AOL usw.). Nach Angaben der Regulierungsbehörde hat sich die Anzahl der Online-Kunden in Deutschland in den letzten vier Jahren vervielfacht. Derzeit sind die deutschen Haushalte mit folgenden elektronischen Medien ausgestattet:

Mobiltelefone: In Deutschland nimmt die Anzahl der Mobiltelefonnutzer stark zu. Laut einer Analyse der Deutschen Telekom kommen jedoch pro Woche brutto rund 250 000 neue Kunden hinzu. Im Jahr 2000 wird mit rund 21 Mio. Handybesitzern gerechnet. Aufgrund dieses Trends sowie der neuen Handy-Generation (Ablösung des GSM-Netzes durch GRPS und UMTS) ist davon auszugehen, dass es zu einer weiteren Marktdurchdringung des Direktbanking kommt. Die Marktdurchdringung von Personal Computern liegt im deutschen Markt bei ca. 30 %. Im Vergleich zu anderen Staaten liegt Deutschland nur im Mittelfeld, weist jedoch in den letzten zwei Jahren hohe Wachstumsraten auf.

Übersicht 1: Marktdurchdringung von Personal Computern in ausgewählten Märkten						
Land	USA	Schweiz	Groß-britannien	Frank-reich	Japan	Italien
Penetrations-rate	57 %	48 %	31 %	24 %	23 %	14 %

Zusammenfassend bleibt festzustellen, dass zwar die Bundesrepublik Deutschland keine führende Nation in der Informationsgesellschaft ist, aber über eine solide Infrastruktur für Internet- und Online-Banking verfügt. Aus diesem Grund erscheinen Waschstumsraten von jährlich 22 % für den deutschen Direktbankenmarkt als realistisch. Hochgerechnet ergibt sich eine Kundenbasis für den Direktvertrieb von rund 22 Mio. Kunden im Jahr 2005. Für den deutschen Markt spricht nicht nur die hohe prognostizierte Wachstumsrate, sondern auch das im europäischen Vergleich mit Abstand höchste Anlagevolumen im Retail-Bereich von rund 1 200 Mrd. US-$.

2. Strategische Positionierung von Direktbanken

2.1 Strategien der Direktbanken

Der Strategiebegriff hat sich zu einem Modewort entwickelt und wird aus diesem Grund sehr unterschiedlich verwendet. Bevor die einzelnen Strategien der Direktbanken erläutert werden, ist es notwendig, kurz den Terminus Strategie zu erläutern und seine Funktion darzustellen.

Unter Strategien (vgl. zur Abgrenzung von Strategie und Taktik Swoboda, 1998, S. 79 und J. Becker, 1998, S. 143) versteht man Grundsatzpositionen, die ein Unternehmen mittel- bis langfristig in seiner geschäftlichen Ausrichtung determinieren. Strategien geben somit die Stoßrichtung einer Direktbank an und bilden den konkreten Handlungsrahmen. Folglich sind sie das zentrale Bindeglied zwischen den Zielsetzungen einer Direktbank und den laufenden operativen Maßnahmen.

Gerade in einer Zeit, in der der Bankenwelt gravierende Veränderungen bevorstehen, ist es unerlässlich Strategien aufzustellen, um auf unerwartete Verhaltensweisen der Privatkunden, der Wettbewerber in der Bankenbranche sowie der Konkurrenten in der Nichtbankenbranche (z. B. Handels- und Versicherungsunternehmen) vorbereitet zu

Übersicht 2: Strategiefelder für Direktbanken

Strategiefeld	Charakterisierung	Basisoptionen
Marktstimulierungsstrategie	Bestimmung der Art und Weise der Marktbeeinflussung	• Markenstrategie bzw. Qualitätsstrategie versus Discount-, Preiswettbewerbsstrategie (Beraterdirektbank versus Aldibank)
Marktparzellierungsstrategie	Festlegung von Art bzw. Grad der Differenzierung der Marktbearbeitung	• Massen- oder Segmentierungsmarketing • Retail Banking oder Private Banking • undifferenzierte Marktbearbeitung versus konzentrierte Marktbearbeitung
Marktarealstrategie	Bestimmung des Marktes bzw. Absatzraumes	Nationale oder internationale Absatzpolitik: • national orientierte Direktbank • europäisch orientierte Direktbank • Zwei-Kontinent-Direktbank (NAFTA + WWU) • Triade-Direktbank (NAFTA + WWU + ASEAN)
Marktfeldstrategie von Ansoff	Bestimmung der Finanzdienstleistungs-/Markt-Kombination	gegenwärtige oder neue Finanzdienstleistungen in gegenwärtigen oder neuen Märkten

sein. Somit ist es für Direktbanken lebensnotwendig, sich strategisch auszurichten und strategische Wettbewerbsvorteile aufzubauen, die sie langfristig verteidigen können und die die Retail-Kunden auch wahrnehmen. Somit soll eine Strategie die Direktbanken auf Kurs halten und das Management vor „blindem Aktionismus“ auf der operativen Ebene bewahren (vgl. Hörschgen/Kirsch/Käßer-Pawelka/Grenz, 1993, S. 21).

Die Strategien lassen sich in Standardstrategien und in strategische Denkmodelle unterteilen. Während sich die Standardstrategien lediglich an einer Dimension orientieren, bestehen strategische Denkmodelle aus einer Vielzahl von unterschiedlichen Dimensionen. Zu den eindimensionalen Standardstrategien zählen z. B. die Marken-, Discount- und Internationalisierungsstrategie sowie die Marktstimulierungs- und die Marktarealstrategie. Demgegenüber stehen die strategischen Denkmodelle, wie z. B. die Marktfeldstrategie von Ansoff.

Jedes Strategiefeld wird durch verschiedene Ausprägungen charakterisiert (siehe Übersicht 2).

2.2 Strategiefelder

Jede Direktbank muss sich hinsichtlich ihres Leistungsprogramms und des Marktes festlegen. Dabei können sowohl nur ein Strategiefeld als auch mehrere Strategiefelder von der Direktbank belegt werden. Grundsätzlich ist festzuhalten, dass, je länger eine Direktbank auf dem Markt ist, desto früher wird sie in mehreren Strategiefeldern vertreten sein. Die Beschreibung der einzelnen Direktbankstategien erfolgt an verschiedenen Beispielen. Die Repositionierung der Bank 24 wird in Übersicht 3 gezeigt.

2.3 Strategiefestlegung

Für die Verfolgung einer – und damit Festlegung auf eine bestimmte – Strategie sind folgende Dimensionen unerlässlich: Zielgruppe, Leistungsprogramm sowie Beratungs- und Servicequalität. Die letzten beiden Merkmale spiegeln die unterschiedlichen Möglichkeiten zur

Übersicht 3: Marktfeldstrategie am Beispiel Deutsche Bank 24 (ehemals Bank 24)

Finanzmarkt Finanzdienst- leistungen	nur direktbankaffine Kunden	gesamter Privatkundenmarkt (Retail Banking)
nur Produkte, die direkt absetzbar sind	Bank 24	
beratungsintensive Produkte, die über die Filiale verkauft werden		Deutsche Bank 24 „Multikanalbank, Qualitätsbank und Zielgruppenbank"

Schaffung von Wettbewerbsvorteilen gegenüber den Konkurrenten wider. Dabei muss sich eine Direktbank zwischen folgenden Strategievarianten entscheiden:

- Spezialisierung auf eine Produktpalette oder Anbieten eines universellen Leistungsprogramms.
- Spezialisierung auf Transaktionen (und somit folglich keine Beratungsleistung) oder Angebot von Beratungsleistungen, d.h. Transaktionsdirektbank oder Beraterdirektbank.

Betrachtet man die europäischen Direktbanken aufgrund dieser beiden Dimensionen, so muss man feststellen, dass eine Reihe von Direktbanken sich noch nicht für eine klare, abgegrenzte Strategie entschieden haben.

2.4 Das Strategie-Portfolio

Das nachfolgende Portfolio zeigt anhand der Dimensionen *Beratungsintensität* und *Leistungsprogramm* die unterschiedlichen Geschäftsstrategien auf. Für den Erfolg einer Direktbank ist es unerlässlich, sich klar innerhalb dieser Dimensionen zu positionieren und eine „stuck-in-the-middle-Position" zu vermeiden. Die Beraterdirektbank zeichnet sich sowohl durch hohe Beratungsqualität als auch durch ein univer-

Abbildung 2: Positionierung ausgewählter europäischer Direktbanken

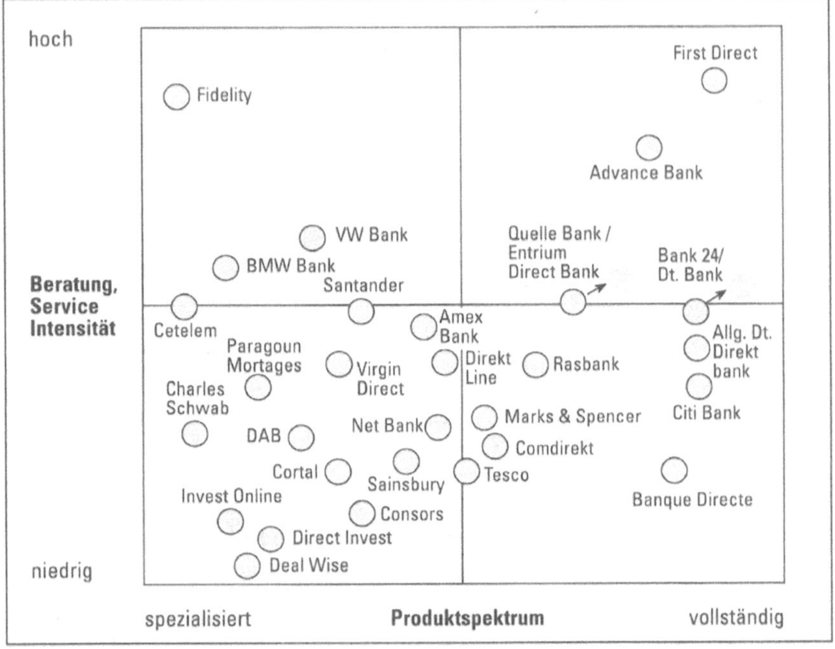

selles Leistungsprogramm für Retail-Kunden aus. Zielsetzung dieses Bankentyps ist, mit dem Retail-Kunden eine Hauptbankverbindung einzugehen. Die Direktbank versucht, eine langfristige und profitorientierte Kundenbeziehung aufzubauen und sich als Fullservice-Anbieter zu positionieren.

Zusammenfassend kann festgestellt werden, dass grundsätzlich vier strategische Geschäftsmodelle für Direktbanken in Europa darstellbar sind.

Full-Service-Direktbank

Das Leistungsprogramm der Full-Service-Direktbank ist vergleichbar mit dem Angebot der traditionellen Retail-Bank. Sie versucht, sämtliche Kundenwünsche abzudecken und die Hausbank des Privatkunden zu sein. Das Produktspektrum umfasst somit folgende vier Bereiche:

- Geld und Serviceleistungen: Kreditprogramm, Sparprogramm, Zahlungsverkehr;
- Planen und Anlegen: individuelle Anlageprogramme;
- Versicherung und Vorsorge:
  - klassische Versicherungsleistungen: Risikolebensversicherung, Berufsunfähigkeits-Zusatzversicherung, Kfz-Versicherung;
  - Vorsorgeleistungen: private Altersvorsorge mit Investmentfonds und Kapitallebensversicherungen;
- Bauen und Wohnen: Bausparverträge, Baufinanzierungsprogramm.

Die Zielgruppe dieses Direktbankentyps sind Privatkunden, die über ein relativ hohes Finanzpotenzial verfügen. Der Fokus in diesem Geschäftsmodell liegt bei einem Bruttoeinkommen von 65 000 DM und höher und/oder Depotvolumen von 50 000 DM und mehr. Die Beratungsqualität wird durch fest zugeordnete Ansprechpartner garantiert, die sich um alle finanziellen Bedürfnisse des Kunden kümmern bzw. weitergehende Wünsche an Produktspezialisten weiterleiten. Ein wesentlicher Erfolgsfaktor ist somit die Beratungsqualität des Kundenberaters, der neben fachlicher Kompetenz auch über hohe kommunikative Kompetenz verfügen sollte. Um eine hohe Convenience zu erreichen, kann der Kunde das Institut an 24 Stunden an 7 Tagen der Woche via Telefon oder Internet erreichen.

Beraterdirektbank

Die Beraterdirektbank beschränkt sich auf bestimmte Elemente im Leistungsprogramm (Nischenspezialist). Das Produktspektrum kann sich grundsätzlich auf folgende Bereiche konzentrieren:

- Baufinanzierung,
- Geld- und Serviceleistungen,
- Fondsleistungen,
- Wertpapierleistungen,
- Versicherungs- und Vorsorgeleistungen.

Der entscheidende Erfolgsfaktor besteht in der Spezialisierung auf eines der oben genannten Geschäftsfelder sowie der hochwertigen Beratung durch einen persönlichen Berater. Der Vorteil dieses Geschäftsmodells liegt in der klaren Kommunikation des Unique Selling Proposition. Dem Privatkunden wird deutlich vermittelt, dass er bei der Beraterdirektbank nicht sämtliche Bankleistungen erhält, aber dafür eine persönliche und objektive persönliche Beratung in Anspruch nehmen kann. Die Leistungen charakterisieren sich durch Premiumqualität. Kundenseitig fokussiert sich die Beraterdirektbank auf beratungsintensive und technikaffine Kundensegmente.

Discount-Direktbank

Wie die Beraterdirektbank konzentriert sich auch die Discount-Direktbank als Nischenspezialist auf spezifische Kundenbedürfnisse und offeriert dem Kunden primär Transaktions- und Abwicklungsleistungen. Der wesentliche Unterschied liegt in der fehlenden Beratungsleistung. Das Leistungsprogramm kann sich auf folgende Bereiche konzentrieren:

- Passivgeschäft,
- Aktivgeschäft,
- Dienstleistungsgeschäft.

Der Preis und die Abwicklungsgeschwindigkeit bilden das Kerndifferenzierungsmerkmal. Hierbei erscheint die Fokussierung auf den Wertpapierbereich und Baufinanzierungsbereich am lukrativsten. Insbesondere Online-Broker, die als Produktspezialisten tätig sind, sind von Kostenproblemen kaum betroffen. Interne Berechnungen der Branche ergeben, dass bei den heutigen Erlös- und Kostenstrukturen die Gewinnschwelle für einen eigenständigen Discount Broker bereits bei deutlich unter 100 000 Kunden liegt (vgl. Krause, 2000, S. 28). Hinsichtlich der Vertriebskanäle unterscheidet man zwei Direktbanktypen: die Direktbank, die dem Kunden sämtliche direkte Vertriebskanäle anbietet und die Direktbank, die lediglich Online-Medien offeriert, die sog. Online-Direktbank bzw. Internet-Direktbank. Sie wird in der Bankbranche auch Internet-Only-Bank bzw. virtuelle Bank genannt (vgl. dazu auch den Beitrag von Herrn Dr. Wings in diesem Buch).

Übersicht 4: Ausprägung von Online-Banken

Online-Banken

Multi-Channel Direktbank	Reine Internetbank (virtuelle Bank)
ausschließlich Brief, Telefon, Internet Mobiltelefon, Telefax z.B. ConSors	ausschließlich Internet z.B. Netbank, Interhyp.de

Aldi-Direktbank/Mengendirektbank

Die Strategie dieses Direktbanktyps zeichnet sich durch ein universelles, hoch standardisiertes Produktspektrum sowie einer niedrigen Beratungsintensität aus. Der wesentliche Vorzug dieser strategischen Ausrichtung liegt in der klaren Positionierung der Bank. Der Kunde erkennt die wesentlichen Vorzüge sehr schnell. Die Kundenvorteile liegen in guten, simplen Bankleistungen mit sehr attraktiven Konditionen, die andere Direktbanken so nicht offerieren können.

Die Strategie ist teilweise mit der Strategie der Sparda-Banken vergleichbar, die ihren Kunden ein gebührenfreies Girokonto offerieren und sich auf wesentliche Produkte zur Befriedigung der Kundenbedürfnisse konzentrieren. Insgesamt bleibt festzustellen, dass sie kaum hohe Beratungsqualität vorhält. Der Vorteil dieser Strategie ist, dass sie von keiner etablierten Direktbank besetzt ist und somit noch einen weißen Fleck in der Direktbankenlandschaft darstellt.

2.5 Strategie einer Transaktionsbank

Die Kernidee der Strategie einer Transaktionsbank ist primär durch das kostenorientierte Denken geprägt. Dabei versucht dieser Direktbankentyp, einen umfassenden Kostenvorsprung in der Branche aufzubauen und zu verteidigen. Die entscheidende Voraussetzung für das Erreichen einer Kostenführerschaft ist, in dem eigenen Kerngeschäft einen hohen Marktanteil zu erreichen. Mit Hilfe der hohen Umsätze kann die Direktbank folgende allgemeingültigen Teileffekte erzielen:

- Preiszugeständnisse bei ausgelagerten Dienstleistungen (wie z. B. Call-Center, EDV-Anlage und Versandeinrichtungen),
- Degression der Fixkosten pro ausgeführte Dienstleistung bei steigendem Output, d. h. je größer das Angebot an Finanzdienstleistungen (z. B. Wertpapierorder) ist, desto weniger schlagen die Fixkosten pro Dienstleistung durch (Economies of Scale),
- Substitution von weniger effizienten Produktionsverfahren durch leistungsfähigere neue Technologien, die erst ab einem bestimmten Dienstleistungsvolumen (täglicher Wertpapierordereingang) sinnvoll eingesetzt werden können (Economies of Scope).

Aus diesen Ergebnissen lassen sich für Direktbanken zwei grundlegende strategische Stoßrichtungen ableiten:

1. Direktbanken müssen stets versuchen ihre Marktanteile auszubauen, da Banken mit einem höheren Marktanteil grundsätzlich über ein höheres Kostensenkungspotenzial verfügen.
2. Direktbanken müssen Märkte mit Wachstum präferieren, da sich auf einem wachsenden Markt relativ schnell die kumulierten Tranksaktionsmengen verdoppeln lassen, während es auf gesättigten Märkten sehr schwierig ist.

Aus diesen Gründen werden die Transaktionsbanken zunächst in ihrem Heimatmarkt expandieren und anschließend in attraktiven europäischen Märkten wie Frankreich, Großbritannien, Italien und Spanien ihre Bankgeschäfte ausweiten.

Direktbanken wie z. B. ConSors (Deutschland), Direkt Anlage Bank (Deutschland), Comdirect (Deutschland), Direct Invest (Großbritannien) und Cortal (Frankreich) verfolgen konsequent eine Kostenführerstrategie, die auf Größen- und Verbundeffekte sowie den Einsatz moderner Informationstechnologien abzielt. Neben den Discount Brokern zählen dazu auch Spezialisten im Hypothekengeschäft wie z. B. Hypotheken Discount, Interhyp und Paragon Mortgages oder Direktbanken, die sich primär dem Privatkundenkredit widmen (z. B. Cetelem).

Als problematisch sind die kaum vorhandenen Markteintrittsbarrieren zu sehen, sodass immer neue Wettbewerber in dieses Geschäft einsteigen. So gründete z. B. HSBC Trinkaus & Burkhardt das Tochterunternehmen pulsiv.com, das dem Privatkunden primär Online-Brokerage anbietet (vgl. Krause, 2000, S. 30).

Discount Broker ConSors

Neben der Comdirect, die bezogen auf die Anzahl der Kunden der größte deutsche Discount Broker ist, soll die Strategie eines Discount Brokers am Beispiel von ConSors näher erläutert werden.

ConSors wurde in Nürnberg 1994 als Tochterunternehmen des Privatbankhauses Schmidt Bank gegründet und zunächst lediglich als Filiale der Schmidt Bank geführt. Im Jahre 1998 entschied die Geschäftsführung, ConSors als eigenständige Unternehmenseinheit zu führen, und im April 1999 erfolgte der erfolgreiche Börsengang am Neuen Markt Die Aktie von ConSors wurde bereits am ersten Handelstag mit einer Prämie von 130 % gegenüber dem Ausgabepreis gehandelt. Somit rangiert das Unternehmen entsprechend seiner Börsenkapitalisierung unter den TOP 10 des Neuen Marktes. Die Aktien befinden sich zu 70,2 % im Besitz der Schmidt Bank, zu 2,3 % im Besitz des Managements von ConSors und zu 27,5 % im Publikumsbesitz (lt. Auskunft von ConSors, März 2000).

ConSors gilt als äußerst innovative Direktbank und verfügt derzeit über ein durchschnittliches jährliches Wachstum von 132 %. Die Strategie besteht aus folgenden Ebenen:

- Kostenführerschaft,
- Innovationsführerschaft im Bereich Produkt- und Serviceangebot,
- Positionierung als europäischer Discount Broker.

Mit Hilfe des Einsatzes von modernster Technik verfolgt ConSors die Kostenführerschaft. Aufgrund der unterschiedlichen Geschäftspolitik von ConSors und dem Mutterunternehmen (der Schwerpunkt der Schmidt Bank liegt im klassischen Privat- und Firmenkundengeschäft in einem regional begrenzten Raum: Bayern, Sachsen und Thüringen) ergeben sich keine Kannibalisierungseffekte mit der angestammten Privatkundschaft der Schmidt Bank. Zudem erzielt ConSors Gewinne aufgrund der eigenen Wertpapierabwicklung im Bereich Economies of Scale. Außerdem sorgen die ständig steigenden Transaktionsvolumina aus dem Telefon- und Online-Brokerage dafür, dass die zukünf-

Abbildung 3: Service und Entwicklung der Kundendepots bei ConSors

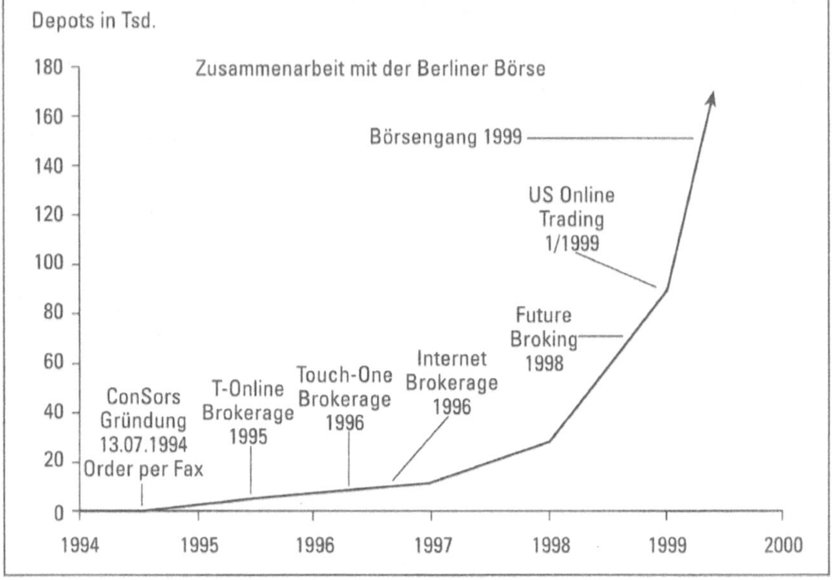

tigen EDV-Investitionen in der Wertpapierabwicklung schnell amortisiert werden.

Bedingt durch die schnellen technologischen Entwicklungen im Bankenbereich, setzt ConSors ganz gezielt auf die schnelle Umsetzung von Basis- und Schlüsseltechnologien. Mit Hilfe der Schlüsseltechnologien erschließt sich ConSors die Chance, zumindest temporär Wettbewerbsvorteile aufzubauen. Zudem verfolgt sie das Ziel der Innovationsführerschaft im Brokerage-Markt, das ihr jedoch von der Comdirect und der Direkt-Anlage-Bank streitig gemacht wird. Die Innovationsführerschaft beruht insbesondere auf dem sich ständig erweiternden Leistungsprogramm und dem verbesserten Serviceangebot. Parallel dazu strebt ConSors die Internationalisierung an. So wurden Tochterunternehmen in Frankreich, Spanien, Italien und der Schweiz gegründet. Gerade den Schweizer Banken ist es lange Zeit gelungen, die Preise für Wertpapiertransaktionen für Privatanleger im internationalen Vergleich auf sehr hohem Niveau zu halten. Zunächst bot die Basler Kantonalbank ihren Kunden, die auf Beratung verzichten, moderate Preiskonzessionen. Nun folgt die ConSors Schweiz AG. Darüber hinaus existieren Pläne für eine Expansion in weitere europäische Länder (ConSors drängt in die Schweiz, Handelsblatt v. 4.10.1999, S. 23).

Marketing-Mix von ConSors

ConSors versteht sich als reiner Discount Broker, der sich primär an den informierten, selbständig handelnden Viel-Trader richtet. Die Wettbewerbsvorteile liegen folglich vor allem in der Preis-, Produkt- und Servicepolitik. ConSors versucht, durch den degressiven Preisverlauf möglichst hohe Ordervolumina an sich zu binden. Ein Vergleich mit anderen Direkt-Brokern zeigt, dass sich ConSors klar als Preisführer positioniert.

Das Produktspektrum konzentriert sich auf den Wertpapierbereich und umfasst neben Direktanlagen in Aktien, Optionen und Anleihen auch Fondsprodukte. Gleichzeitig weist das Produktangebot einen hohen Standardisierungsgrad auf, um effiziente interne Prozesse zu gewährleisten und eine überlegene Kostenposition zu erreichen. Zusätzlich erhalten die Kunden umfassende Informationsmöglichkeiten

Übersicht 5: Servicebereich und -leistung bei ConSors

Servicekategorie	Wesentliche Servicearten
Information	ConSors Handelsblatt, Internet Edition
	News und Research
	Fonds Finder (Fonds-Analyse-Tool)
	OS-Finder (Optionsschein-Analyse-Tool)
	Aktienfinder (Aktien-Analyse-Tool)
	Information durch real-time nahen Zugriff auf alle Börsenkurse
	Charts (Zugriff auf über 80000 Charts)
Community	ConSors Service-Center: Online-Beantwortung von Fragen und Erläuterung von Problemen via Telefon
	ConSors Seminarangebot: in diesen Seminaren referieren renommierte Anlageprofis über verschiedene Themen (Entwicklung einzelner Aktienmärkte und -branchen, Fundamentalanalyse, Chartanalyse usw.)

primär durch die Integration von Informationsdiensten auf den einzelnen Webseiten im Internet. Die Übersicht enthält die wesentlichen Serviceleistungen von ConSors.

Von Beginn an nutzte ConSors alle Direktvertriebswege wie Telefon, Telefax, Brief und Online-Medien. Allerdings nehmen das Phone- und Internet-Brokering eine herausragende Stellung ein. Darüber hinaus ist man hinsichtlich der Vertriebswege bestrebt, den Kunden weg vom Telefon für das kostengünstigere Internet zu bewegen. Dadurch gelingt es ConSors, Prozessschritte auf den Kunden zu übertragen und interne Abläufe noch effizienter zu gestalten. Die dadurch gewonnenen Kostenvorteile werden an die Kunden weitergegeben, wodurch die Position als Preisführer weiter gestärkt wird.

2.6 Strategie einer Beraterdirektbank

Die Strategie der Beraterdirektbank basiert auf der Differenzierungsstrategie. Dabei versucht die Direktbank, ihre Bankleistungen und Dienstleistungen von den Angeboten der Wettbewerber abzuheben und damit einen einzigartigen Vorteil zu besitzen, d. h. die Direktbank versucht, eine Unique Selling Proposition bei ihrer Zielgruppe zu erreichen. Mit Hilfe dieses Produktvorteils will die Direktbank dem Preiskampf entrinnen und sich primär über höhere Preise auf dem Markt durchsetzen. Allerdings muss die Direktbank den angesprochenen Zielgruppen einen entscheidenden Grund, einen reason why dafür geben, damit der Kunde diese Direktbank präferiert. Der reason why liegt in der Regel im value-added. Aus diesem Grund wird in der Literatur auch von sog. »value-added-Direktbanken« gesprochen. Das Angebot der Beraterdirektbank:

- hohe Beratungsqualität,
- umfassender Service (Musterdepot, Wertpapiercharts, Indizes, Börsennachrichten),
- Face-to-face-Beratung, also kein ausschließlicher Kontakt über Online-Medien und Telefoncomputer,
- hohe Convenience; unter dem Terminus Convenience subsumiert man Bequemlichkeit. Convenience stellt folglich ein zentrales Element in der Positionierung im Direktbankenmarkt dar. Außer we-

sentlichen »hard« Produktmerkmalen wie Qualität und Preis präferieren die Retail-Kunden mehr und mehr soft facts wie Bequemlichkeit der Leistungsabnahme.

- hohe wahrgenommene Objektivität in der Beratungsleistung,
- Innovationsführerschaft im Produktbereich (z. B. Cash-Management-Angebot)
- Innovationsführerschaft im Technikbereich (z. B. Intraday-Trading).

Advance Bank

Insbesondere die Advance Bank versucht, sich mit einer Vielzahl von Serviceleistugen und hoher Beratungsqualität am Direktbankenmarkt durchzusetzen. Die Advance Bank wurde im März 1996 als 100 %ige Tochter der Bayerischen Vereinsbank gegründet. Zum Jahreswechsel 1997 wurde die Advance Bank im Zuge der Fusion der Bayerischen Vereinsbank und der Bayerischen Hypotheken- und Wechselbank an die ED-Projekt- und Beteiligungs-AG, eine Tochter der Dresdner Bank, verkauft. Diese Firma übernahm schließlich den Namen Advance Bank.

Die strategische Ausrichtung der Advance Bank auf die Mutterbank ist u. E. optimal. Sie wird bereits im Slogan beider Institute deutlich. Die Dresdner Bank betont den beratungsorientierten Ansatz mit dem Werbeslogan: „Dresdner Bank – Die Beraterbank“, während die Advance Bank ihren Kunden die Nachricht „Direkt besser beraten“ zukommen lässt. Problematisch ist die bisherige Finanzsituation der Advance Bank, die im Jahre 1998 ein Defizit in Höhe von rund 200 Mio. DM aufwies, das aufgrund des Beherrschungs- und Gewinnabführungsvertrages vom Mutterunternehmen übernommen wurde. Der Break-Even soll im letzten Quartal 2001 erreicht werden. Für 2002 wird ein Ergebnis in zweistelliger Millionenhöhe angestrebt (Advance Bank geht im Ausland an den Start, in: Handelsblatt v. 21./22.1.2000, S. 18).

Marketing-Mix der Advance Bank

Die beratungsorientierte Direktbank tritt mit dem Anspruch an, Hauptbankverbindung zu sein. Die anvisierte Zielgruppe sind anspruchsvolle Bankkunden mit Affinität für das Direktbanking und einer Altersstruktur zwischen 20 und 55 Jahren.

Die Value-added-Marktpositionierung beruht im Wesentlichen auf drei Elementen:

- hohe Fachkompetenz,
- objektive Beratung und Produktauswahl,
- hoher Convenience-Faktor,

Zum einen ist auf die hohe Beratungsqualität hinzuweisen, die mit Hilfe des hohen Ausbildungsstandes der Mitarbeiter gesichert ist. So verfügen über 80 % der Mitarbeiter entweder über einen Hochschulabschluss oder über eine Ausbildung zum Bankkaufmann bzw. eine andere kaufmännische Berufsausbildung. Darüber hinaus zeichnet sich die Geschäftsphilosophie durch eine hohe objektive Beratung aus. Zum einen empfiehlt die Advance Bank kaum konzerneigene Investmentfonds, zum anderen beschränkt sich die Dienstleistungspalette nicht auf das Wertpapiergeschäft. Auch für Lebensversicherungen und Baufinanzierungen hat das Institut Beratungstools entwickelt. Dabei kommt dem Geschäft mit geschlossenen Fonds, das 1999 ein Platzierungsvolumen von 70 Mio. DM erreicht hat, eine große Bedeutung zu. Darüber hinaus bietet die Advance den Direktabschluss von Lebensversicherungspolicen über das Internet an.

Zum anderen ist der hohe Convenience-Faktor zu erwähnen. Die Kunden schätzen am Direktbanking die Bequemlichkeit, die sich in der enormen Schnelligkeit der Bedienung und Abwicklung zeigt. Die dominierende Bedeutung der Convenience wird auch dadurch deutlich, dass die überwiegende Zahl von Retail-Kunden sogar bereit ist, für den Faktor Bequemlichkeit Zugeständnisse bei den Konditionen zu machen (vgl. Advance Bank AG (Hrsg.): Kundenbroschüre, München 1999).

Was die Preispolitik betrifft, so versucht die Advance, höherpreisige Produkte abzusetzen und eine Skimming-Preisstrategie zu verfolgen (zu den unterschiedlichen Denkmodellen und Ansätzen für die Konditionierung von Beratungsleistungen vgl. W. Kuhn, 1998, S. 472 ff.).

Zusammenfassend bleibt festzustellen, dass die Strategie der Advance Bank ausgelegt ist auf eine hohe objektive Beratungsqualität sowie eine hohe Convenience in Verbindung mit einem hohen Innovationsgrad. So führte die Advance Bank z. B. als erste Direktbank ein sog. Cash-Management für Retail-Kunden ein. Die Übersicht 6 zeigt die wesentlichen Bestandteile des Leistungsprogramms und die Abbildung 4 das Serviceangebot der Advance Bank.

Übersicht 6: Produktpalette der Advance Bank

Bereich	Produkt
Konto	ZinsGiro Cash-Management-Konto Geldmarktkonto
Hausfinanzierung	Baufinanzierung
Passivprodukte	RenditePro
Fonds	Aktienfonds inländische und ausländische Rentenfonds inländische und ausländische Immobilienfonds Immobilienleasing Mobilienleasing Schiffsbeteiligungen

Abbildung 4: Serviceangebot der Advance Bank

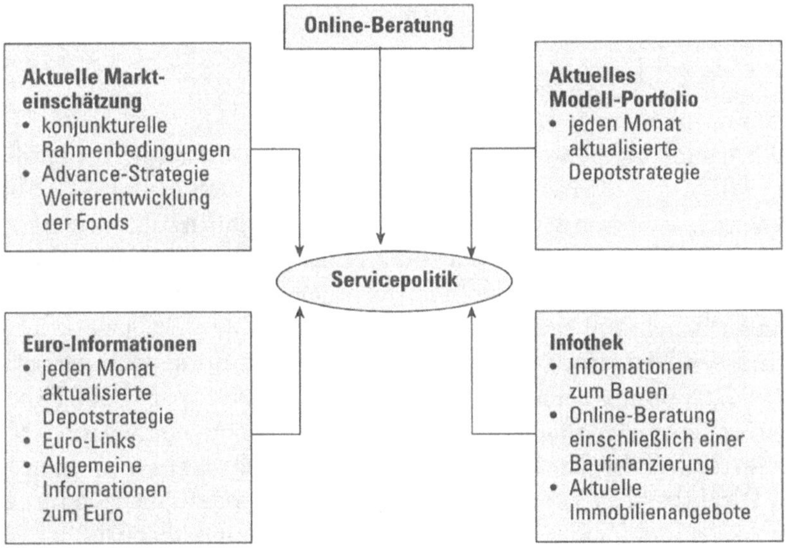

Die Advance Bank will im Jahr 2000 kräftig expandieren und die Kundenzahl von 200 000 überschreiten. Bis zum Jahr 2002 will sie die Kundenzahl von 300 000 überschreiten (Advance Bank geht im Ausland an den Start, in: Handelsblatt v. 21./22./1 2000, S. 18). Sie hat sich auf das Midtier-Segment konzentriert. Nach Schätzungen der Fachleute soll dieses Kundensegment innerhalb von drei Jahren auf wenigstens 1 Million wachsen. Zu dieser Kundengruppe sind die Internet-Nutzer der zweiten Welle zu rechnen, die erst jetzt ihr Interesse an dieser Technologie entdecken. Im Unterschied zu den Internet-Nutzern der ersten Stunde, die man als Happy-Trader mit semi-professionellem Effektenwissen bezeichnet, ist dieser Kundentyp nicht bereit, völlig auf die Beratung zu verzichten. Diese Kundengruppe ist ambivalent. Sie ist einerseits preissensibel, möchte aber andererseits die Vorteile der modernen Technologie mit der Möglichkeit verbinden, sich in bestimmten Fällen persönlich beraten zu lassen. Der wesentliche strategische Wettbewerbsvorteil der Advance Bank liegt darin, dass sie der einzige Anbieter mit Beratung im Wertpapiergeschäft ist. Auch die Direktbank Charles Schwab betreut die sog. Midtier-Gruppe. Für dieses Institut werden hervorragende Wachstumsraten prognostiziert.

3. Ausblick

Die Marktchancen für Direktbanken sind in Europa außerordentlich gut. Allerdings dürften nur die Direktbanken auch weiterhin erfolgreich sein, die das Potenzial des europäischen Marktes intensiv nutzen und eine klare Expansionsstrategie in Europa planen. Die Direktbanken müssen eine europaweite Plattform mit starker Internet-Orientierung aufbauen und eine klare Fokussierung auf ihre Zielgruppe legen. So müssen Discount Broker an allen wichtigen Börsenplätzen zu Inlandskonditionen lieferfähig sein. Folglich ist die europäische Expansion für sämtliche anlageorientierten Direktbanken ein Muss. Gerade im härter werdenden Wettbewerb im Online-Brokerage werden bei den Direktbanken künftig Schwierigkeiten auftreten, die sich nur auf den Aktienhandel über das Internet konzentrieren und sonst über kein weiteres Kundenbindungsinstrument verfügen. Laut der Analyse des

Unternehmens Datamonitor dürften die besten Überlebensschancen die Discount Broker haben, die entweder eine breite Produktpalette bzw. hohen technischen Service – wie z. B. Intraday-Trading in sämtlichen führenden Kapitalmärkten – anbieten oder ihren Brokerage-Zweig an eine Voll-Service-Bank anbinden (Nicht jeder Online-Broker wird überleben, in: Handelsblatt v. 21./22.1.2000, S. 18). Allerdings sind nach einer Reihe von Studien die Perspektiven für das Online-Brokerage glänzend. So prognostizieren die Unternehmen Roland Berger und Datamonitor, dass allein für Deutschland die Zahl der über das Internet verwalteten Depots von jetzt 420 000 auf rund 2,85 bzw. 3,00 Mio. Depots im Jahr 2002 steigen wird. Bei dieser Prognose ist allerdings zu berücksichtigen, dass in diesem Markt keine wesentlichen Markteintrittsbarrieren exisitieren und aufgrund der niedrigen Gewinnschwelle immer mehr Institute Online-Brokerage anbieten. Darüber hinaus dürfte die oben geschilderte Depotentwicklung sehr stark von der weiteren Entwicklung der Aktienmärkte abhängen. Dabei sollten zwei Szenarien unterschieden werden: Zum einen ein weiter prosperierender Markt und zum anderen eine lang anhaltende Konsolidierungsphase. Im ersten Szenario dürfte die Zahl der Online-Broker weiter stark wachsen und folglich der Preiswettbewerb zwischen den einzelnen Direkt-Brokern noch steigen. Als Reaktion wären zwei unterschiedliche Strategien möglich. Die erste Strategie besteht darin, sich auf Nischenmärkte wie sehr aktive Kunden oder Optionsscheinanleger zu konzentrieren. Die zweite Strategie umfasst die Ausdehnung des Leistungsprogramms, um das gesamte Spektrum der privaten Bedürfnisse abzudecken. Im Baisse-Szenario dürften sich eine Vielzahl von Privatkunden enttäuscht von der Aktienanlage abwenden. Die verbleibenden Privatkunden wünschen einen gesteigerten Informationsbedarf für ihre Anlageentscheidung.

Gerade im Szenario einer anhaltenden Aktienmarktschwäche dürften sich viele Kunden den Full-Service-Direktbanken und Beraterdirektbanken zuwenden. Insgesamt ist davon auszugehen, dass gerade diese beiden Direktbanktypen zukünftig wachsen werden. Für alle Direktbanken dürfte gelten, dass zur Sicherung des weiteren Überlebens eine Ausdehnung auf den europäischen Privatkundenmarkt unbedingt notwendig ist.

Literaturhinweise

Becker, J.: Marketing-Konzeption, 6. Aufl., München 1998.

Hörschgen/Kirsch/Käßer-Pawelka/Grenz: Marketing-Strategien, Berlin 1993.

Kilgus, E.: Positionierung des Retail Banking im Strukturwandel des Finanzsektors, in: Beat,B./Schmid, P. (Hrsg.): Retail Banking, Wiesbaden 1995.

Krause, R.: Trinkaus startet Internet Brokerage, in: Bank 1/2000, S. 28 ff.

Kuhn, W.: Erfolgversprechende Ansätze bei der Konditionierung von Beratungs-Leistungen, in: Betsch/van Hooven/Krupp: Handbuch Privatkundengeschäft, Frankfurt/M. 1998, S. 469 ff.

Lamberti, H.-J.: Transaction Services – ein attraktiver Markt, in: Bank 1/2000, S. 18 ff.

Massfeller, N.: Automobile Finanzdienstleister im Wandel der Zeit, in: Bank 10/1999, S. 682 ff.

Meffert, H.: Direct-Banking – Bestandsaufnahme und Perspektiven, in: Ceyp (Hrsg): Handbuch Direktvertrieb von Finanzdienstleistungen, Hamburg 1999.

Melnyk, R./Rogg, H./Steiner, A.L: Direct Banking in Europa, in: Bank 10/1999, S. 664 ff.

N.N.: Advance Bank geht im Ausland an den Start, in: HB v. 21./22./1 2000, S. 18.

Scholz, G./Warg, M.: Information Factory zur Optimierung der Kundenbeziehung, in: Bank 10/1999, S. 676 ff.

Swoboda, U.: Die Bedeutung und Zukunft der modernen Konsumentenbank, Frankfurt/M. 1996.

– Privatkundengeschäft der Kreditinstitute, 3. Aufl., Frankfurt/M. 1998.

Warth, W.: Bancassurance im Spannungsfeld zwischen Kooperation und Konkurrenz, Bank 1/2000, S. 8 ff.

NetBank: die neue Unternehmensform im Banking

Heinz Wings

Die NetBank AG ist die erste Internet-Only-Bank Europas und wurde 1998 von sechs Sparda-Banken mit einem Kapital von 20 Millionen DM gegründet. Der Geschäftsbetrieb wurde am 15. April 1999 mit Vollbanklizenz aufgenommen. Die NetBank konzentriert sich ausschließlich auf den elektronischen Vertrieb über das Internet. Das Geschäftssystem ist geprägt vom Gedanken des Lean Banking. Folglich verfügt die NetBank über keine Filialstruktur oder große Call-Center. In der Konsequenz besteht das Institut aus einem kleinen und exklusiven Stab von Mitarbeitern. Die daraus resultierenden Kostenvorteile werden an die Kunden über günstige Konditionen weitergegeben und ermöglichen die Verfolgung einer Preisführerstrategie bei gleichzeitig höchster Qualität der Dienstleistung.

Die NetBank ist nicht nur reine Internetbank, sondern vielmehr ein e-Commerce-Institut. Ziel ist es, über verschiedenste Kooperationspartner e-Business in seiner ganzen Breite anzubieten. So erweitern bereits heute Reisen (TUI/Travelland), Bücher (Amazon) sowie Musik- und Videoangebote (Music.Net) das Leistungsspektrum. Darüber hinaus stellt die NetBank ihren Web-Besuchern maßgeschneiderte Contents zur Verfügung, und zwar aus den Bereichen Wirtschaft, Politik und Börsen. Kundenseitig fokussiert sie sich auf die Segmente der „Entscheider“ und „Karrierestarter“. Die Alleinstellungsmerkmale/USP's der NetBank liegen insbesondere in der Verbindung von Preis- und Qualitätsführerschaft und dem Eingehen von intelligenten Kooperationen.

Ursprüngliche Zielsetzung des Instituts war es, in den ersten fünf Jahren 50 000 Kunden zu gewinnen und eine Bilanzsumme von 600 Millionen Euro zu erreichen. Heute ist das Strategieziel wesentlich expansiver formuliert: die NetBank erstrebt, bis Ende 2005 140 000 Kunden zu gewinnen und eine Bilanzsumme von 2,9 Mrd. DM aufzubauen (siehe auch Abschnitt 3 unter „Strategische Weiterentwicklung).

1. Zielsystem der NetBank

Das Zielsystem der NetBank stützt sich auf die mit der Gründung der neuen Bank verfolgten Absichten der Gründungsgesellschafter. Insbesondere die aus der Umweltanalyse und -prognose abgeleiteten Marktpotenziale im Online-Banking (mindestens ein Drittel Vertriebswege-Anteil im Jahre 2010) und Electronic Commerce möchten die Gesellschafter rasch und kostengünstig erschließen. Die hierzu notwendigen Fähigkeitspotenziale sind in den eigenen Häusern nicht im erforderlichen Umfang vorhanden und können auch nicht mit der gebotenen Schnelligkeit, Qualität und Kosteneffizienz aufgebaut werden. Durch die als Vertriebswegspezialist ausgegliederte NetBank sollen diese Handikaps ausgeglichen werden, sodass Wettbewerbsvorteile von Branchenfremden oder Spezialanbietern überkompensiert werden können.

Strategische Absichten

Die NetBank wird in der Rechtsform einer Aktiengesellschaft geführt und fokussiert sich auf den elektronischen Vertrieb. Daher ist sie sui generis filiallos. Back-Office-Aufgaben und Stabsfunktionen lagert sie weitestgehend aus an Industriedienstleister oder Servicegesellschaften. Ihr Geschäftszweck ist das erfolgreiche Betreiben von Electronic Commerce, der Bank-, Finanz- und sonstige Geschäfte einbezieht. Von den übrigen Direktbanken möchte sich die NetBank differenzieren insbesondere durch den weitestgehenden Verzicht auf das Telefon-Banking, aber auch dadurch, dass sie über Bank- und Finanzdienstleistungen hinaus weitere Produkte elektronisch vermittelt und sich als Information-Broker platziert.

Um die erkannten Marktpotenziale im Online-Banking und sonstigen Electronic Commerce rasch erschließen zu können, wird die NetBank konsequent die Technik einbinden und mit Mitarbeitern oder Outsourcern arbeiten, die das notwendige Fähigkeitspotenziel für die Erschließung des elektronischen Marktes schon verinnerlicht haben.

Strategische Leitlinien

Die NetBank hat sich die folgenden Leitlinien gesetzt:

- Sie etabliert sich als Vollbank.
- Zielgruppe sind direktvertriebsaffine, konzernfremde Menschen, die bereits Online-Erfahrung haben.
- Kosten sind durch Outsourcing-Maßnahmen weitgehend zu variabilisieren. Damit bleibt der Personalbestand auf einem vergleichsweise niedrigen Niveau.
- Durch Kooperationen werden Risiken gemindert und neue Vertriebswege erschlossen. Jeder Partner soll die Risiken tragen, die er einschätzen und beherrschen kann.
- Alle Arbeitsabläufe sind weitgehend elektronisch zu gestalten. Die Produkte werden schwerpunktmäßig elektronisch vertrieben. Der Verkauf erklärungsbedürftiger Produkte erfolgt über Partner mit menschzentriertem Vertrieb oder multimedial.
- Kundenbindungs- und Differenzierungsinstrumente sind Preis *und* Qualität, wobei sich „Qualität" nicht nur definiert durch die stabile Verfügbarkeit der Systeme und Transaktionssicherheit im Internet, sondern auch durch die Individualisierung von Informationen (Information-Broking, „One-to-One-Marketing") und den maßgeschneiderten, d. h. bedarfsgerechten, themenbezogenen elektronischen Verkauf auch von über Finanzdienstleistungen hinausgehenden Produkten bzw. Produktbündeln.

Strategische Unternehmensziele

Ihre aus den strategischen Absichten abgeleiteten strategischen Unternehmensziele fasst die NetBank wie folgt zusammen:

- ROI im Durchschnitt der nächsten 5 Jahre: 1 % p. a.
- Break-Even nach vier Jahren.

- Erschließung des stark anwachsenden Marktpotenzials im Online-Banking mit dem privaten Kunden. Der Marktanteil in Deutschland im Online-Banking soll in zehn Jahren mindestens 0,5 % betragen.
- Positionierung als Information Broker im Internet.
- Erschließung neuer Geschäftsfelder im elektronischen Markt (sonstiger Electronic Commerce, Platzierung als Zertifizierungsstelle, Aufbau einer Multimedia-Unit, die Service-Leistungen für dritte Banken erbringt).

2. Strategiehierarchie der NetBank

Die NetBank unterscheidet Unternehmens-, Geschäftsbereichs- und Funktionalbereichsstrategien.

2.1 Unternehmensstrategien

Die marktbezogene Strategie der NetBank zielt insbesondere auf die rasche und kosteneffiziente Erschließung des sich dynamisch vergrößernden Marktpotenzials im Online-Banking und sonstigen Electronic Commerce. Die zur Ausschöpfung der als attraktiv erkannten Potenziale notwendigen Fähigkeitsprofile (Kernkompetenzen, strategische Erfolgspositionen) werden durch die zielgerechte Auswahl von Mitarbeitern oder Outsourcern flexibel und zeitgerecht erzeugt. Die NetBank erstrebt die Umsetzung der folgenden unternehmensbezogenen Strategien:

- Ausschöpfung der Synergiepotenziale im Verbandsbereich durch Nutzung der gruppeneigenen oder -nahen Dienstleister im Informationstechnikbereich sowie für das Outsourcing von Back-Office- und Stabsbereichen, soweit keine Kernkompetenzen der Bank tangiert sind.

- In Abhängigkeit von der betrachteten Problemsituation: Auswahl der vom Preis-/Leistungsverhältnis her jeweils besten Dienstleister zur Erschließung des Marketing- und Vertriebspotenzials.

- Auswahl von Partnern im sonstigen Finanzdienstleistungs- und Non-Finanzdienstleistungsbereich, die zielgruppenaffine Produkte mit sehr gutem Preis-/Leistungsverhältnis bieten und/oder zur Erschließung von Neukunden beitragen können.

- Elektronische Bearbeitung der Geschäftsprozesse auf dezentralen Systemen, die über Nettodatenschnittstellen mit den Host-Systemen, auf denen die juristische Verarbeitung erfolgt, zu verknüpfen sind. Dies schließt auch die Implementierung von Antrags- und Verhaltensscoring-Systemen zur Reduktion von Geschäftsrisiken, aber auch zur Vertriebsförderung ein.
- Betreiben von Qualitätsmanagement mit technikgestützten Methoden auf allen Stufen der Erstellung der Bankmarktleistung.
- Einbezug insbesondere der Führungskräfte in die Mitunternehmerschaft.
- Angebot von individualisierten Informationen an Kunden und Noch-nicht-Kunden.
- Platzierung der NetBank auch als Dienstleister für Dritte im Multimedia-Bereich.

2.2 Geschäftsbereichsstrategien

Für ihre Geschäftsbereiche („Banking", „Sonstige Finanzdienstleistungen (S-FDL)" und „Non-FDL-Produkte") strebt die NetBank eine Nischenstrategie an, die ausgeprägt sein soll in der Form der segmentbezogenen Kostenführerschaft. Zentrale Zielgruppen sind „Gutverdienende Entscheider" sowie „Studenten und Karrierestarter".

Geschäftsbereich Banking

Im Geschäftsbereich Banking verfolgt die NetBank folgende Strategien:

- Angebot von Klipp-und-klar-Produkten, insbesondere ein verzinstes Multifunktionskonto („*netgic*Konto"), das das Girokonto, die Spar- und die Termineinlage substituiert sowie ein Einlagenprodukt mit länger laufender Zinsbindung. Hierzu werden die ec-Karte, die VISA-Card und Schecks angeboten. Auf der Kreditseite sind der Dispo- und Persönliche Kredit und ab Mitte 2000 Hypothekarkredite zentrale Produkte. Es wurde zudem Ende 1999 ein Wertpapierorder-System implementiert, das auch für den Intraday-Handel vorbereitet ist. Die Bargeldversorgung erfolgt über die Sparda-Banken.

- Angebot von Inhalten insbesondere aus dem Börsenbereich (Kurse, Charts, Indices usw.), dem Nachrichtensektor und aus finanzdienstleistungsfremden Feldern.
- Abschluss von Cross-Promotion-Vereinbarungen mit Inhalteanbietern.
- Fast ausschließliche E-Mail-Kommunikation mit Kunden und Interessenten; der Zugangsweg zur Bank über Telefon wird nur in Ausnahmefällen (z. B. Störungen der Front-End-Geräte beim Kunden) oder zur Abforderung von Informationen geöffnet.
- Einrichtung von Foren zu aktuellen Themen.

Geschäftsbereich „Sonstige FDL-Produkte"

Im Geschäftsbereich „Sonstige FDL-Produkte“ werden folgende Strategien verfolgt:

- Angebot von zielgruppenaffinen „Problemlösungen“.
- Es erfolgt keine exklusive Bindung an tradierte Kooperationspartner, die NetBank positioniert sich als Mehrfachvermittler.
- Kooperationsstrategien mit Partnern aus dem sonstigen Finanzdienstleistungsbereich können von ihrer Festigkeit her bis zur Beteiligung an der NetBank reichen.

Geschäftsbereich „Non-FDL-Produkte"

Der Bereich des Electronic Commerce beinhaltet folgende Strategien:

- Die strategische Stoßrichtung ist hier zunächst weniger auf Provisionserzielung, sondern auf Kundenakquisition und -bindung ausgerichtet.

- Inhalteanbieter, Handelsunternehmen und Unternehmen aus dem Online- oder Unterhaltungsbereich sind die bevorzugten Partner. Exklusive Bindungen oder Beteiligungen werden nicht angestrebt.

2.3 Funktionalbereichsstrategien

Die Funktionalbereichsstrategien der NetBank fokussieren sich insbesondere auf das attraktive, aus der Umweltanalyse und -prognose abgeleitete Meta-Nutzenpotenzial „Informations- und Kommunikationstechnik“. Sie sind zielgerichtet und unterstützen die Strategien der Geschäftsbereiche. Die NetBank plant die Umsetzung folgender Funktionalbereichsstrategien:

Informationstechnik/Organisation

- Implementierung von Online- und Offline-Applikationen für das transaktionsbezogene Online-Banking.
- Einsatz von Workflow- und Workgroup-Programmen.
- Anwendung von „künstlich intelligenten“ Programmen zur Auswertung des Datawarehouse: Einbindung beispielsweise von Antrags- und Verhaltens-Scoring-Systemen.
- Schaffung eines strukturierten Schnittstellenmanagements, insbesondere mit Blick auf die Standard-Bankapplikationen und auf die Systeme der Kooperationspartner (z. B. Inhalteanbieter, sonstige Finanzdienstleister und Handelsunternehmen).
- Integration modularer Zahlungssysteme: Für die NetBank ist in diesem Zusammenhang im Wesentlichen zu beachten, dass sich einzelne Zahlungssysteme noch nicht als Industriestandard herausgebildet haben. Vor diesem Hintergrund hält sich die NetBank eine höchstmögliche Flexibilität offen hinsichtlich der Unterstützung heutiger und künftiger Zahlungssysteme und auch -arten. Die unterstützten Zahlungsarten sollten „easy to use“ und weit verbreitet sein. Hierzu gehören das Bankeinzugsverfahren, aber auch die für den international betriebenen Electronic Commerce viel wichtigeren Kreditkarten, obwohl derzeit die Kreditkarten für Micropayments wegen der damit verbundenen hohen Transak-

tionskosten noch ungeeignet erscheinen. Auch nicht-chipgebundene Zahlungsmittel im Netz, wie beispielsweise das CyberCoin-System von CyberCash, sollten wegen der eher übernationalen Bedeutung unterstützt werden. Insgesamt betrachtet ist ein modulares Zahlungssystem bei der NetBank bzw. ihrem Outsourcer im Bankanwendungsbereich zu implementieren, das über ein neutrales Vertragsprotokoll zum Händler jedwede elektronischen Zahlungsmittel einbinden kann, ohne dass der Handel eigene Systeme aufbauen muss.

Marketing/Öffentlichkeitsarbeit/Produktentwicklung

- Anwendung des Push-, Pull- und Multiplikationsansatzes im elektronischen Vertrieb über das Internet.
- Generierung und Penetration einer Marke als Produktdach („*netgic*").
- Kundenbindungsinstrumente im Netz: An kundenbindungsstärkenden Online-Marketing-Maßnahmen sollen insbesondere die folgenden umgesetzt werden:
  - Einbezug von Entertainment und gezielt eingesetzter Interaktivität.
  - Schaffung einer möglichst direkten Kommunikationsbeziehung zwischen Anbieter und Nachfrager durch „One-to-One"-Marketing.
  - Einführung eines „Frequent-Usage-Pricing", d. h. in Abhängigkeit von der Intensität der Nutzung der vom eigenen Unternehmen angebotenen Dienstleistungen greifen betimmte Sondervergünstigungen.
  - Gewährung von Incentives, beispielsweise könnten Preise abhängig vom Grad der Nutzung einer Web-site verlost oder mittels eines Zufallsgenerators vergeben werden.
  - Moderation von Foren/Chats zu bestimmten Finanzdienstleistungsthemen, aber auch mit Bezug auf sonstige Fragestellungen (Kunst, Politik usw.).
  - Einsatz einer „Identifikationsfigur" („Nick Netgic"), die durch die Web-Applikation führt, als „elektronischer Kundenbetreuer" fungiert und Fragen beantwortet.

- Kostengünstige Steigerung des Bekanntheitsgrades der NetBank durch gezielte und sehr starke Öffentlichkeitsarbeit.
- Einfache, leicht verständliche und zielgruppenaffine Ausprägung neuer Produkte.

Qualitätssicherung

- Implementierung eines technikgestützten Qualitätssicherungssystems für alle Transaktionsketten. Der Prüfung unterliegen insbesondere Response-Zeiten, Dokumentation sowie Auswertung sämtlicher Geschäftsvorfälle und die Verfügbarkeit der Systeme.
- Durchführung von Systemintegrations- und -belastungstests.

Outsourcing „Back Office"

- Abschluss von Outsourcing-Verträgen mit Dienstleistern, die sich ausschließlich auf das noch nicht digital verarbeitete Transaktionsvolumen beziehen.
- Vorgabe von Standards für die Bearbeitung von Geschäftsprozessen.
- Generierung eines Monitoringsystems, das in definierten Situationen eine Rückmeldung gibt zum Meta-Prozesssteuerungsmanagement in der NetBank.

Outsourcing „Sonstige Stabsbereiche"

- Abschluss von Outsourcing-Verträgen mit Dienstleistern auf der Basis zeitorientierter, funktionsbezogen unterschiedlicher Vergütung.
- Erarbeitung von Standards für die laufende Arbeit.

3. Unterschiede zu konventionellen Direktbanken

- Die NetBank setzt Telefon-Banking nur als Back-up-System ein. Sie spezialisiert sich somit noch weiter als herkömmliche Direktbanken. Hieraus resultierende Kostenvorteile leitet sie über günstige Konditionen an Kunden weiter.

- Die NetBank gibt zudem eine „No-Risk-Garantie“ für ihre Sicherheitstechnologie. Die Garantie gilt immer dann, wenn der Kunde seinen Mitwirkungspflichten nachgekommen ist. Damit gilt das Prinzip der „umgekehrten Beweispflicht“, d. h. die Bank hat dem Kunden nachzuweisen, dass er seine Pflichten verletzt hat.
- Die NetBank setzt zudem auf das „Information Broking“. Sie greift den Ansatz des „One-to-One-Marketing“ auf.
- Auf ihrem elektronischen Marktplatz verkauft sie neben Bankprodukten auch sonstige zielgruppenaffine Produkte.
- Und last but not least sind die Kundenbindungs- und Differenzierungsinstrumente der NetBank sowohl der Preis als auch die Qualität.
- Damit wird die NetBank die neuen Spielregeln des sich dynamisch verändernden elektronischen Marktes erheblich beeinflussen.

4. Erste Erfolge und strategische Weiterentwicklung

Erste Erfolge

Durch den First Mover Advantage als erste Internet-only-Bank und einer Differenzierungsstrategie mit Fokus auf Preis und Qualität hat sich die NetBank erfolgreich als e-Commerce-Institut im Online-Markt positioniert. Seit Ende 1999 wird – mit dem Start der Depotanwendung – eine verstärkte Expansion verfolgt, die bereits erste Erfolge zeigt. Darüber hinaus zeigen potenzielle Investoren und Kooperationspartner der Top-League steigendes Interesse. Gleichzeitig spiegelt sich diese Entwicklung in einer positiven Presse (z. B. vorderste Ränge in den Rankings) und exzellenten Positionierungen in Tests (z. B. Testsieger Online-Today, Focus-Online und Internet World) wider. Von Lafferty wurde die NetBank im Mai 2000 als beste europäische Internet-only-Bank ausgezeichnet.

Aus dieser positiven Ausgangssituation heraus und zusammen mit der prospektierten Entwicklung des e- und mobile-Commerce eröffnet sich die Möglichkeit der stärkeren Partizipation an den Marktentwicklungen im Internet. Die sich hierdurch bietenden Chancen sollen im Rahmen der strategischen Weiterentwicklung, die als Update der ursprünglich konservativen strategischen Ausrichtung der NetBank zu verstehen ist, umgesetzt werden.

Die strategische Weiterentwicklung ist auf ein starkes Wachstum durch Konzentration der Ressourcen auf die nächsten zwei Jahre ausgerichtet.

Strategische Weiterentwicklung

Die strategische Weiterentwicklung der NetBank stellt primär auf die veränderten Marktbedingungen und die Wachstumschancen für das Online-Banking ab. Online-Banking hat sich seit 1997 sprunghaft weiterentwickelt und bietet enorme Wachstumschancen in den nächsten Jahren.

Vor diesem Hintergrund wurde ein erweitertes strategisches Konzept für die NetBank erarbeitet. Die strategische Weiterentwicklung zielt auf eine Kundenzahl von nahezu 40 000 bis Ende 2001 bzw. 140 000 bis Ende 2005. Innerhalb des Planungszeitraums wird ein Börsengang angestrebt.

Die strategische Weiterentwicklung der NetBank basiert auf vier Ansatzpunkten:

- *Verstärkung der Marketingaktivitäten:* Die Marketingmaßnahmen werden sich verstärkt auf Print- und Online-Kampagnen konzentrieren. Zusätzlich werden auch Maßnahmen in den folgenden Bereichen durchgeführt werden: Public Relations, Newsletter, Mailings, Loyality-Programme und eine anfängliche Bekanntheits-/ Image-Kampagne.
- *Nutzung von Kooperationen:* Als weitere Maßnahme zur schnellen Schaffung einer attraktiven Kundenbasis werden Kooperationen forciert. Diese werden zur Schaffung einer Win-Win-Situation auf gegenseitigen Nutzen ausgerichtet sein. Hierzu wurden sieben attraktive Branchensegmente identifiziert und die Anzahl der Zielpartner sowie Kooperationsfelder definiert. Erste Verhandlungen

mit potenziellen Kooperationspartnern sind bereits erfolgt. Insbesondere mit Talkline konnten die Kooperationsverträge bereits begründet werden.

- *Ansprache neuer Kundensegmente:* Es werden klar definierte Kundensegmente angesprochen. Für diese werden jeweils zielgruppenspezifische Produkt-Service-Bundles angeboten. Weiterhin werden Themenportale aufgesetzt, die auf die Bedürfnisse einzelner Interessengruppen abstellen.
- *Internationalisierung des Geschäftssystems (langfristiges Ziel):* Nach der Etablierung der NetBank in Deutschland ist die Internationalisierung ein weiterer Schritt der strategischen Entwicklung der NetBank. Zielmärkte sind Spanien, Frankreich, Italien und Großbritannien. Das Produkt-Servicespektrum wird – mit lokalen Anpassungen – in zwei Schritten in den jeweiligen Märkten aufgebaut.

Diese Schwerpunkt-Strategien (ohne Internationalisierung) wurden vor dem Hintergrund einer detaillierten Ressourcen-Planung (IT, Personal, Abwicklungskapazitäten) in einen Businessplan und eine Kapitalbedarfsplanung transformiert. Danach erreicht die NetBank im Jahr 2003 die Gewinnschelle. Die durchschnittliche Bilanzsumme in 2001 beträgt ca. 609 Mio. DM und in 2005 knapp 2,9 Mrd. DM. Der kumulierte Jahresüberschuss wird im Jahr 2006 positiv. Die Kundenzahlen werden in 2001 knapp 40 000 und in 2005 ca. 140 000 betragen.

Zusammenfassung

NetBank-Strategie

- Zum einen konzentriert sich die NetBank auf den elektronischen Vertrieb: Sie arbeitet sehr spezialisiert mit einem kleinen, aber exklusiven Stab von Mitarbeitern. Die geringe Personalkapazität ist nur möglich, weil die NetBank die Aufgaben der Stabs- und Betriebsbereiche ausgelagert hat und ihre Geschäftsprozesse weitestgehend digitalisiert sind.

- Auf ihrem elektronischen Marktplatz betreibt die NetBank nicht nur das Bankgeschäft, sondern sie wird auch den E-Commerce in einer sinnvollen Breite ausbauen.

- Des Weiteren platziert sie sich weg vom Vertriebssystem ihrer Mutterbanken. Dies, um neue Märkte zu erschließen.
  - Das schafft die NetBank, indem sie insbesondere andere Zielgruppen anspricht – nämlich die Entscheider und Karriere-Starter.
  - Durch die Ausgliederung der Bank aus den Mutter-Banken können rasch neue Märkte erschlossen werden.
  - Dabei unterliegt die NetBank in ihrem elektronischen Markt nicht dem Regionalprinzip.

- Zudem wird die NetBank alle Kooperationspotenziale sowohl in der Gruppe der Sparda-Banken als auch bei gruppenfernen Partnern ausschöpfen.

Vorteile der NetBank

- Die über die Spezialisierung auf den Vertriebsweg „Internet" gewonnenen Kostenvorteile gibt die NetBank über günstige Konditionen an ihre Kunden weiter. Dies auch durch die ausschließliche Berechnung einer Pauschalgebühr pro Wertpapier-Transaktion.

- Zudem nimmt die NetBank ihren Kunden im Banking das wirtschaftliche Risiko ab, und zwar durch die Abgabe einer „No-Risk-Garantie".

- Des Weiteren bietet sie ihren Kunden auf Wunsch personalisierte Informationen. Und das kostenfrei.

- Last but not least schöpft die NetBank alle Vorteile des e-Commerce aus: sie offeriert ihren Kunden auf ihrem elektronischen Marktplatz auch interessante, zielgruppenaffine Produkte aus dem sonstigen Dienstleistungs- und Handelsbereich.

Nichts ist so stark wie eine Idee, deren Zeit gekommen ist. Vor diesem Hintergrund startete das Banking mit der NetBank in eine neue Ära.

Die NetBank ist nicht eine Weiterentwicklung konventioneller Vertriebsformen im Bankbereich, sondern eine völlig neue Unternehmensform.

Literaturhinweis

Wings, Heinz: Digital Business in Banken: Informationstechnologie – Erfolgsfaktor für die strategische Positionierung, Hrsg. Bartmann, Dieter, Wiesbaden, 1999.

Strategische Positionierung von Auto-Direktbanken

Frank Stenner und Joachim Lorenz

Das herstellerverbundene Automobil-Finanzierungsgeschäft hat in Deutschland eine lange Tradition. Schon seit 1926 werden durch die Ford Bank Automobile finanziert (vgl. R. Förtsch, 1998, S. 27). Opel und Fiat folgten im Jahr 1929, alle weiteren Autobanken entstanden nach dem Zweiten Weltkrieg (vgl. http://www.autobanken.de).

BMW Financial Services nahm im Jahr 1971, damals noch als BMW Kredit GmbH, die Geschäftstätigkeit als Kreditinstitut des BMW Konzerns auf. Aus dieser nationalen Keimzelle ist durch fortschreitende Expansion in andere Märkte ein internationaler Dienstleister mit dem Namen BMW Financial Services als eigenständige Sparte der BMW Group entstanden. Heute betreut BMW Financial Services weltweit einen Bestand von über eine Million Leasing- und Kreditfinanzierungsverträgen. Parallel dazu wurde das Leistungsprogramm dieses weltweit tätigen Finanzdienstleisters in allen Bereichen kontinuierlich erweitert. Den Auftakt für diese Expansion in neue Geschäftsbereiche und Kundensegmente markierte die deutsche Landesgesellschaft BMW Bank GmbH, die bereits im Jahr 1994 das Direktbankgeschäft aufnahm.

Im Folgenden wird die Evolution in der Positionierung von Finanzdienstleistern in der Automobilwirtschaft aufgezeigt. Ferner wird die Zielsetzung einer Auto-Direktbank von der anderer Direktbanken abgegrenzt. Dem Leistungsprogramm, als eine der wichtigsten Quellen für die Differenzierung vom Wettbewerb, ist ein weiterer Abschnitt gewidmet, wobei ein deutlicher Schwerpunkt auf dem Passiv- und Provisionsgeschäft liegt. Abschließend wird die künftige strategische Position von BMW Financial Services auf Basis der erwarteten Markt- und Wettbewerbssituation dargestellt.

Dem Aktivgeschäft, d.h. der Leasing- und Kreditfinanzierung privater und gewerblicher Fahrzeughalter sowie der Finanzierung des Kfz-Handels, kommt im Hinblick auf die Kerninhalte des Sammelwerks nicht die Beachtung zu, die ihm aufgrund seiner Bedeutung für einen Finanzdienstleister in der Automobilwirtschaft gebührt.

1. Evolution der strategischen Positionierung von Finanzdienstleistern in der Automobilwirtschaft

Als Spezialisten für die objektbezogene Finanzierung von Automobilen haben sich die herstellerverbundenen Kreditinstitute und Leasing-Gesellschaften von Beginn an deutlich von herkömmlichen Kreditinstituten abgegrenzt. Sie haben diesen Kreditinstituten erhebliche Marktanteile im Fahrzeugfinanzierungsgeschäft abgenommen. Inzwischen werden durch BMW Financial Services in Deutschland beispielsweise über 40 % der zugelassenen Neuwagen finanziert. Bezogen auf das Marktsegment Neuwagenfinanzierung entspricht dies einem Marktanteil von weit über 50 %. Grundlage des Erfolgs ist die Tatsache, dass sich Autobanken wie BMW Financial Services zunächst im Kundenportfolio der zugehörigen Konzernmarken hervorragend strategisch positioniert haben.

Durch strategische Positionierung versucht sich ein Unternehmen von seinen Wettbewerbern so deutlich abzuheben, dass es im Bewusstsein der identifizierten Zielgruppen eine herausragende Stellung einnimmt (vgl. H. Meffert, 1998, S. 343 f.). Die dazu notwendigen Differenzierungsmerkmale müssen nicht nur vorhanden, sondern auch pointiert dargestellt und wahrgenommen werden, um die Einmaligkeit des Leistungsangebots des Unternehmens in der Überzeugung des Kunden zu manifestieren (vgl. Kotler/Bliemel, 1999, S. 473 f.).

Im Zeitverlauf erfuhr die angestrebte strategische Position der Autobanken eine kontinuierliche Evolution. Dazu haben im Wesentlichen die beiden folgenden Paradigmenwechsel beigetragen:

- Die zunehmende Typenvielfalt im Angebot der Automobilhersteller, eine Ausweitung auf Nischenmodelle sowie Mehrmarkenstrategien führten dazu, dass mehr Lagerwagen vorgehalten werden mussten und zusätzliche Verkaufsfläche in den Handelsbetrieben benötigt wurde. Zudem bewirkte der verstärkte Einsatz von Elektronik rund um das Automobil sowie dessen stetige technologische Weiterentwicklung, dass die Werkstätten hochwertige Diagnosegeräte sowie spezialisierte Prüfstände und Werkzeuge samt entsprechendem qualifiziertem Personal vorhielten. Ein steigender Kapitalbedarf bei den Handelsbetrieben war die Folge. Die Hausbanken öffneten sich nur zögerlich diesem Trend. Konsequenterweise wuchs die Bedeutung der markengebundenen Autobanken in der Asset- und Lagerwagen-Finanzierung der Markenhändler.
- Bezogen auf die Akzeptanz von Finanzdienstleistungen lässt sich ein verändertes Kundenverhalten beobachten. Insbesondere im Privatkundengeschäft steigt die Bereitschaft zur Leasing- und Kreditfinanzierung. Die Devise „Erst konsumieren, dann nachsparen" gewinnt an Bedeutung und löst den alten Leitsatz „Erst ansparen, dann konsumieren" schrittweise ab. Neben der klassischen Finanzierungsfunktion treten neue Aspekte wie Bequemlichkeit (Convenience), One-Stop-Shopping, Schnelligkeit und sorgenfreie Nutzung des Fahrzeugs in den Vordergrund.

Von Beginn an waren die Absatzförderung der Konzernautomobile sowie der Erfolgsbeitrag für das Gesamtunternehmen die beiden maßgeblichen Zielsetzungen der Autobanken. Der „Abverkauf" von Neufahrzeugen war dabei stets das dominierende Element, um die Verlängerung des Produktionszyklus von Modellen zu bewirken: Economies of Scale in der Fahrzeugproduktion konnten durch absatzfördernde Finanzierungsangebote des assoziierten Finanzdienstleisters länger genutzt werden.

Kundenloyalisierung und Neukundenakquisition waren ursprünglich kein vordringliches Thema. Erst seit einigen Jahren wird das Finanzdienstleistungsangebot auch als Kundengewinnungs- und -loyalisierungsinstrument gesehen. Kundenloyalisierung wird in diesem Zusammenhang definiert als die Steigerung der Bereitschaft eines Wirtschaftssubjekts, dauerhaft die Leistungen einer Unternehmensgruppe in Anspruch zu nehmen (vgl. J. Süchting, 1972, S. 269). Beispielsweise wurden Leasing mit Optionen, Servicekonzepte aus einer Hand und Multimarken-Fuhrparkmanagement entwickelt sowie das Direktbankgeschäft aufgenommen, um diese Ziele zu erreichen.

BMW Financial Services ist einer der beiden Vorreiter im herstellerverbundenen Auto-Direktbankgeschäft und eine der wenigen Direktbanken, die nicht als Tochtergesellschaft eines namhaften Kreditinstitutes im Markt agiert.

2. Zielsetzung einer Auto-Direktbank als Ausgangspunkt für ihre zweckorientierte strategische Positionierung

Direktbanken verfügen nicht über ein eigenes Zweigstellennetz. Sofern es sich um Tochtergesellschaften von Kreditinstituten handelt, fokussieren sie zudem vorwiegend den Privatkunden. Es liegt in der Natur der Sache, dass Auto-Direktbanken kein eigenes kostspieliges Zweigstellennetz aufbauen, sondern sich auf die Handelsorganisation der Marke stützen. Per definitionem gehören sie damit zum Kreis der Direktbanken, die auch gewerblichen Kunden (Selbständigen wie Ärzten, Beratern, Handwerkern, Rechtsanwälten etc.) ihre Dienstleistungen anbieten.

Im Marktsegment Direktbanken dominieren zahlenmäßig Tochtergesellschaften großer Kreditinstitute. Diese wickeln für ihre Kunden u. a. den Zahlungsverkehr ab, geben ec-Karten aus und stellen die Geldautomaten der assoziierten Zweigstellennetze sowie weiterer verbundener Kreditinstitute (Kooperationspartner) für Transaktionen zur Verfügung. Der Kunde erhält von Beginn an eine komplette Erstbank-Funktionalität (d. h. zumindest der Zahlungsverkehr ist uneingeschränkt möglich). Die Bank-Dienstleistungen, die nicht selbst erbracht werden, werden als Provisionsgeschäfte über Kooperationspartner in das Leistungsspektrum eingebunden.

Beispielsweise stehen den Kunden der Deutsche Bank 24 die Geldautomaten der Cash Group (ungefähr 6 000 Geldautomaten deutscher

Privatbanken, im Wesentlichen die der Deutschen Bank, der Commerzbank, der Dresdner Bank und der Hypo-Vereinsbank) kostenlos zur Verfügung. Im Wertpapiergeschäft bestehen weitere Kooperationen. Unter anderem erhalten die Kunden der Deutsche Bank 24 über die Verbindung zur Ameritade Holding Corporation einen kostengünstigen Zugang zu den großen US-Börsen (NYSE, NASDAQ und AMEX). Im außerbörslichen Optionsscheinhandel gehören die Citibank und die Commerzbank zu den Kooperationspartnern der Deutsche Bank 24.

Auto-Direktbanken sind im Zahlungsverkehr nicht umfassend präsent. Sie übernehmen daher nur einen Teil der Erstbankfunktionalität und können folglich im Augenblick nur Zweitbankverbindung des Kunden sein. Bislang wurden weder Geldautomaten aufgestellt, noch ec-Karten ausgegeben. Zum Leistungsspektrum gehören die kurz-, mittel- und langfristige Geldanlage, Ansparprodukte mit Bonifizierung sowie die Kreditkartenausgabe (als Provider-Konzept).

Bei der Kreditkarte von BMW Financial Services handelt es sich wahlweise um eine Credit oder Charge Card, bei der kundenindividuelle Tilgungspläne möglich sind.

Während Direktbanken, die als Tochtergesellschaften deutscher Kreditinstitute am Markt agieren, den antizipierten Umsatzeinbruch aus dem erodierenden Geschäft über die Zweigstellen des Stammhauses abzufangen versuchen, verfolgen Auto-Direktbanken ein anderes Ziel. Sie arbeiten zunächst mit dem bestehenden Kundenportfolio aus dem Automobilfinanzierungsgeschäft. Dieses Portfolio bildet die Keimzelle für weitere Bankgeschäfte.

Die aus dem Leasing- und Kreditfinanzierungsgeschäft gewonnenen Kunden werden auf einer neuen Plattform an die Marke gebunden. Die Vermittlungstätigkeit des Automobilhandels ist heute unabdingbar, um Folgegeschäfte im beiderseitigen Interesse auszulösen. Das Leistungsangebot von BMW Financial Services wird jedoch die zukünftige Basis der Kundenbindung und Neukundenakquisition für die Konzernmarken sein.

Der Händler hat heute neben der Fahrzeugbeschaffung und Verwertung des Vorwagens vor allem durch Wartung und Reparatur Kontakt zum Endkunden. Mit steigenden Service-Intervallen bei den Fahrzeugen erfolgt eine Entfremdung des Händlers vom Endkunden (und damit zwangsläufig auch des Herstellers ohne eigene Autobank). Im gewerblichen Flottengeschäft zeichnet sich dieser Trend zur Entfremdung vom Hersteller und seiner Handelsorganisation bereits deutlicher ab. Unabhängige Leasing-Gesellschaften (sogenannte Non-Captives) und Fuhrparkmanagement-Anbieter schieben sich zwischen den gewerblichen Großkunden und den Automobilhersteller. Es besteht die Gefahr, dass dieser nur noch als austauschbarer Lieferant fungiert. Aufgabe des Finanzdienstleisters ist es, diesem Trend zu begegnen, regelmäßigen Kontakt zum Endkunden herzustellen und auf diesem Weg für die Leistungsangebote des Konzerns zu werben. Bei regelmäßiger Bedienung der Leasing- und Kreditfinanzierungskontrakte besteht zunächst Kontakt in Form eines regelmäßigen Zahlungsverkehrs sowie eine intensivere Kundenbeziehung zu Beginn und bei Beendigung des Vertragsverhältnisses. Durch ergänzende Dienstleistungsangebote gelingt es, den Kunden stärker in die Markenwelt der BMW Group zu integrieren. Kundenloyalisierung wird somit durch die Verkürzung der Kundenkontaktfrequenz (im klassischen Absatzfinanzierungsgeschäft) und die Inanspruchnahme weiterer (Finanz-) Dienstleistungen erreicht.

Durch den Einstieg in das Kreditkartengeschäft und die Vermögensbildung (diverse Anspar- und Investmentprodukte) wird die Zielgruppe der Leasing- und Kreditfinanzierungskunden zunächst auf die Fahrer der Konzernmarken ausgeweitet. Über attraktive Angebote im Segment Vermögensbildung werden darüber hinaus auch Kundensegmente erschlossen, die bislang (noch) keine Leistungen aus dem Produkt- und Dienstleistungsprogramm des Konzerns in Anspruch nahmen. Insofern gelingt den Auto-Direktbanken eine echte Expansion der Kundenbasis durch ihre Passivprodukte, wohingegen die übrigen Direktbanken zum Teil die Kundenbasis und das Geschäft ihrer Muttergesellschaften überlagern (in Veröffentlichungen werden regelmäßig zwischen 3 % und 10 % als ehemalige Kunden der Muttergesellschaften angegeben). Über ein virtuelles Auto-Direktbank-Center werden zukünftig neben den Bankdienstleistungen eine Vielzahl von Nonbank-Dienstleistungen offeriert, die diese Plattform zum Gateway für weitere Produkt- und Dienstleistungsangebote der BMW

Group und ihrer Kooperationspartner machen. Innovative Technologien werden dieses Vorhaben flankieren. BMW Financial Services plant, insbesondere das Kommunikations- und Transaktionsmedium Internet unter Berücksichtigung der Erfahrungen in den USA europaweit voranzutreiben. Das Telefon-Banking bildet den Zwischenschritt auf dem Weg zu dialogfähigen Internetlösungen für die Kundensegmente, die Best-service als Self-service definieren. Bereits im letzten Jahr wurde die deutsche Ländergesellschaft für ihren Auftritt im Internet mit dem BAK-Award (Banken, Automation und Kommunikation) des Institute for International Research ausgezeichnet (vgl. www.bmwbank.de).

Abbildung 1: Dreistufiger Expansionspfad einer Auto-Direktbank

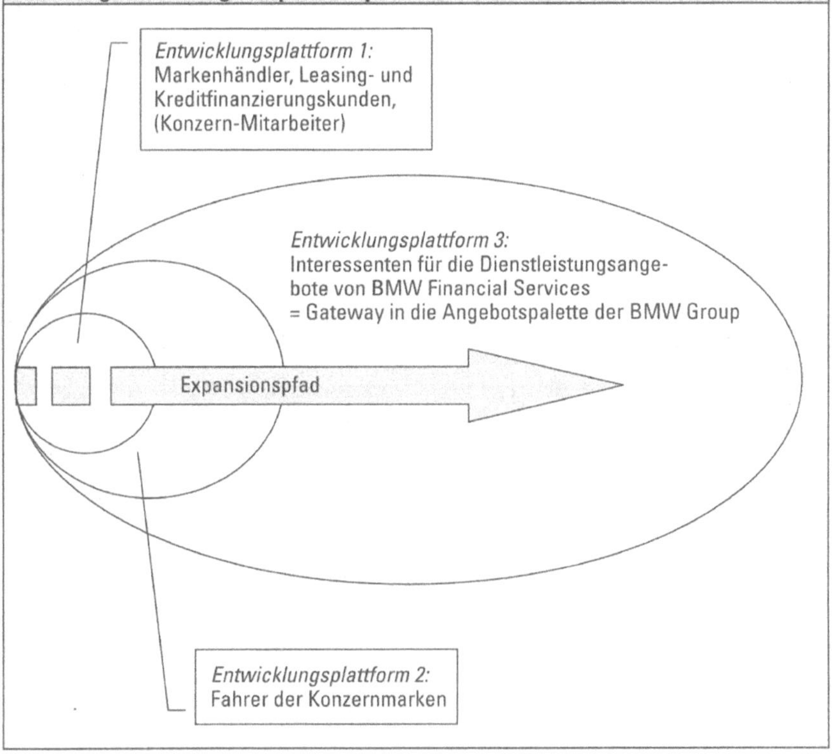

Der Umstand, dass Auto-Direktbanken keine auf der grünen Wiese errichteten Direktbanken sind, ist von enormer Tragweite. Sie verfügen durch ihr Finanzierungsportfolio bereits zu Beginn über einen bedeutenden potenziellen Kundenstamm, wohingegen die Mehrzahl der Direktbanken in Sachen Kundenstamm entweder bei Null beginnt oder ihr Geschäft ausgehend von einer von der Muttergesellschaft abgespaltenen Kundenbasis entwickelt. Das bedeutet, dass Auto-Direktbanken im Gegensatz zu ihren Wettbewerbern keine hohen Anlaufverluste in der Akquisition neuer Kunden zu verbuchen hatten, sondern ihr Geschäft sehr schnell profitabel gestalten konnten.

Durch die Direktbankaktivität gelingt es, eine zusätzliche Bindung zu bestehenden Kunden des Konzerns aufzubauen und einen Brückenkopf in neue Kundensegmente voranzutreiben. Neben den grundlegenden Zielen Absatzförderung und Erfolgsbeitrag erwachsen die Kundenbindung und Neukundenakquisition als weitere wichtige Zielgrößen. BMW Financial Services wird demzufolge die Loyalisierung bestehender Kunden und die aktive Akquisition neuer Kunden, d. h. die Expansion der Kundenbasis, für die Konzernmarken forcieren.

Im Vordergrund stehen nicht mehr ausschließlich das Fahrzeug und die Marke, sondern die mit diesem Produkt verbundene Gesamtleistung. Es hat sich gezeigt, dass Kunden, insbesondere die anspruchsvollen Kunden aus dem BMW-Segment, heute mehr erwarten als qualitativ hochwertige Fahrzeuge. Wettbewerbsvorteile erlangt der Anbieter, der ein möglichst individuelles Leistungspaket aus Produkt und Dienstleistungskomponenten offerieren kann. Zu einem wesentlichen Bestandteil dieses Pakets haben sich aus Sicht des Kunden Finanzdienstleistungen entwickelt.

Neben der unmittelbar absatzfördernden Wirkung bieten sie für den Hersteller vor allem die Chance, die Beziehung zum Kunden langfristig zu pflegen. Erwirbt der Kunde nicht nur ein Fahrzeug der BMW Group, sondern nimmt auch deren Finanzdienstleistungen in Anspruch, ist er mindestens für die Dauer der Verträge im Dialog-Marketing direkt erreichbar. Dadurch kann die BMW Group die Beziehung zum Kunden selbst steuern. Sie bleibt wichtigster Ansprechpartner in Sachen Automobil und behält die Souveränität über ihre Produkte.

Insbesondere das Leistungsprogramm schafft eine wichtige Grundlage für die strategische Positionierung, d. h. kommunizierbare Unterschiede, die dem Kunden einen Zusatznutzen gegenüber Vergleichsobjekten stiften, für den er schließlich auch bereit ist, einen Aufpreis zu entrichten. Die Erfahrung zeigt, dass Finanz- und Servicedienstleistungen den Kunden an die Marke binden. Innovative Gesamtpakete führen der Marke zudem neue Kunden zu.

3. Leistungsprogramm zur strategischen Positionierung im Auto-Direktbankgeschäft

Nachdem BMW Financial Services in Deutschland zunächst ausschließlich das Aktivgeschäft in Form von Händlerfinanzierung, Kundenfinanzierung, gewerblichem und privatem Leasing betrieb, wurde im Jahr 1994 die Bankplattform durch Passivgeschäfte ausgeweitet. Das Leistungsprogramm wurde schrittweise um kurz-, mittel- und erst kürzlich um langfristige Geldanlagen bereichert.

Ergänzend dazu werden Versicherungen mit unmittelbarem Bezug zum bestehenden Leistungsprogramm angeboten: Zum einen innovative Problemlösungen als Ergänzung zum Aktivgeschäft, zum anderen Leistungen, die den Themenkreis Mobilität ergänzen. Dazu zählt auch die BMW Card, die neben der Kreditkartenfunktionalität eine Kraftstoff-Bonifizierung, einen europäischen Schutzbrief, Reiseservice und weitere Bankdienstleistungen beinhaltet.

Am Leistungsprogramm ist besonders deutlich erkennbar, dass BMW Financial Services eine konsequente Expansion der Kundenbasis für die BMW Group verfolgt. Während die Versicherungsleistungen, die als Ergänzung des Aktivgeschäftes dienen, ausschließlich auf die Leasing- und Kreditfinanzierungskunden gerichtet sind, wird dieses Kundensegment durch das Kreditkartenangebot auf die Fahrer der Konzernprodukte ausgedehnt. Mit den Kapitalanlagen wird eine breite Zielgruppe angesprochen, die sich vom Leistungsangebot und dem Image der Konzernmarken angezogen fühlt. Als positiver Nebeneffekt verbreitert ein erfolgreiches Passivgeschäft die Refinanzierungsbasis. In der Abbildung2

Abbildung 2: Leistungsprogramm des BMW Financial Services

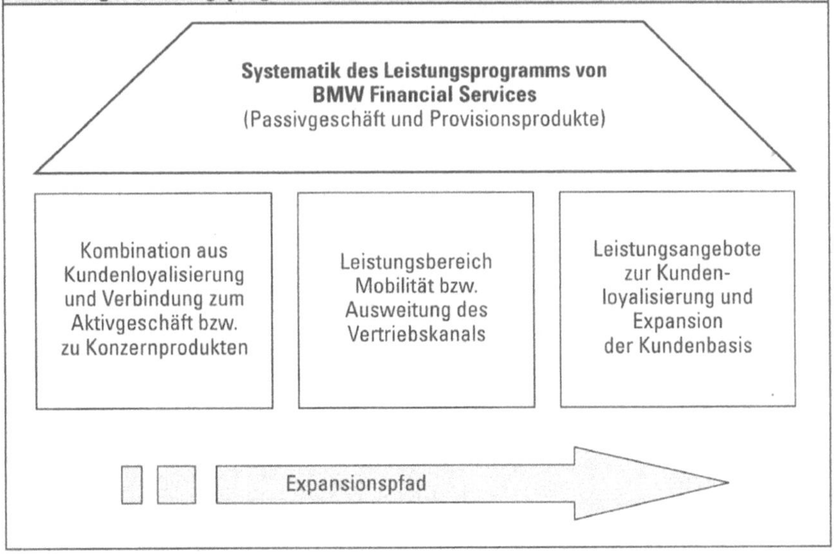

wird das Leistungsprogramm entsprechend der strategischen Zielsetzung systematisiert.

4. Kombination aus Kundenloyalisierung und Verbindung zum Aktivgeschäft bzw. zu Konzernprodukten

Im Mittelpunkt des Interesses des Kunden steht nach wie vor das Fahrzeug. Kaufentscheidend werden jedoch immer mehr die Zusatzleistungen, die dem Kunden ergänzend zum Fahrzeug offeriert werden.

BMW Financial Services bietet daher *Versicherungsleistungen* über Kooperationspartner zu günstigen Konditionen an. Dazu zählen Haftpflicht, Voll- und Teilkasko, Insassen-Unfall, Reparaturkosten, Restschuld, LeasingExtra und TopSelect. Die beiden letztgenannten

Versicherungsleistungen werden aufgrund ihres besonderen Nutzens für den Kunden detailliert dargestellt:

- *LeasingExtra:* LeasingExtra ist eine Ergänzung zum branchenüblichen Leasing-Vertrag. Sie befreit den Leasing-Nehmer vom Risiko einer Nachbelastung durch die Leasing-Gesellschaft. Diese Nachbelastung kann im Falle eines Diebstahls, Unfalls oder Totalschadens eintreten: Die Vollkasko-Versicherung erstattet i. d. R. nach einem Diebstahl, Unfall oder Totalschaden nicht den Ablösewert, sondern lediglich den Wiederbeschaffungswert des Leasing-Fahrzeuges zum Zeitpunkt des Schadens oder Diebstahls. Weicht die Auszahlung der Versicherung von der Restwertforderung (in Höhe des Ablösewertes) der Leasing-Gesellschaft ab, dann trägt diese Lücke zwischen Ablöse- und Marktwert des Fahrzeugs der Leasing-Nehmer. Die Absicherung dieser Deckungslücke ist bei BMW Financial Services in Deutschland bereits als Versicherungskomponente in der Leasing-Rate enthalten, d. h. dem Kunden entstehen keine zusätzlichen Kosten. Hier genießt der Leasing-Kunde bei BMW Financial Services einen Vorteil gegenüber einem Barkäufer, der diese Deckungslücke gleichermaßen realisieren würde, aber nicht automatisch versichert wäre.

Abbildung 3: Versicherungskomponente LeasingExtra

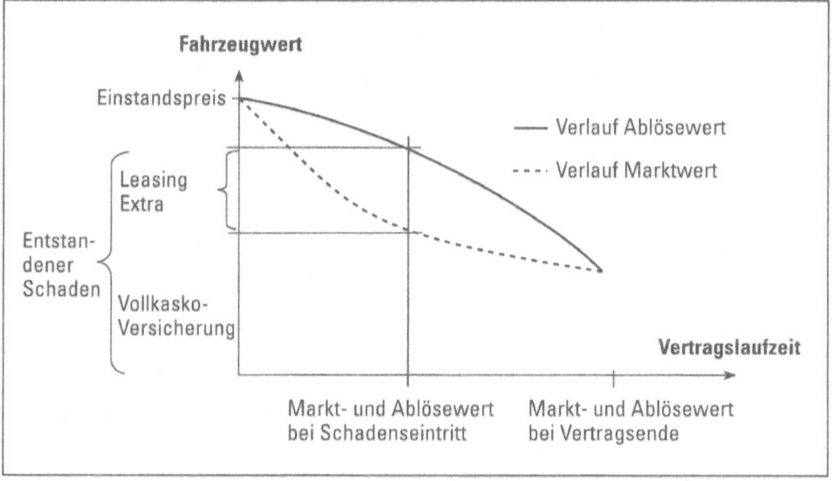

- *TopSelect:* Schließt der Kunde eine Vollkaskoversicherung über BMW Financial Services ab, ist automatisch der BMW TopSelect enthalten. Im Rahmen dieses Programms wird nicht nur der Wertverlust des Fahrzeugs während der ersten 24 Monate komplett übernommen, der Kunde erhält im Falle eines Totalschadens sogar umgehend ein Neufahrzeug.

Durch die Aufnahme dieser Versicherungsleistungen in die Angebotspalette soll der Kunde stärker an die Marke BMW gebunden werden. Er erhält alle Leistungen aus einer Hand (One Stop Shopping) sowie zusätzlichen Service bei einfacher Abwicklung. Über die gesamte Vertragslaufzeit wird der Kunde von BMW Financial Services betreut. Ein Telefondienst bietet Soforthilfe im Schadensfall und steht bei allen Fragen zur Versicherung zur Verfügung. Dadurch soll der Kunde vor allem eins erfahren: Freude am Fahren.

5. Leistungsbereich Mobilität bzw. Ausweitung des Vertriebskanals

Die *BMW Card* integriert eine Tankumsatz-Bonifizierung, einen europäischen Schutzbrief, einen umfassenden Reiseservice, den Zugang zu attraktiven Mobilfunk- und Handytarifen und ein bei BMW Financial Services geführtes Abrechnungskonto mit hoher Guthabenverzinsung bei täglicher Verfügbarkeit. Durch dieses Leistungsangebot gelingt eine erste Expansion der Kundenbasis. Es wird nicht nur für Finanzierungskunden, sondern für alle BMW-Fahrer eine weitere Dimension der Mobilität erschlossen. Dadurch, dass die BMW Card nur für BMW-Fahrer erhältlich ist, bleibt ihre Exklusivität gewährleistet.

Die BMW Card ersetzt die Service Card (Pannenhilfsleistungen) und erweitert ihr Leistungsspektrum wesentlich. Während die BMW Service Card nach wie vor den Ersthaltern von Neu- und Vorführwagen vorbehalten bleibt, kann jeder BMW-Fahrer die BMW Card erwerben. So haben auch Fahrer von Gebrauchtwagen durch die BMW

Card Zugang zum neuen, erweiterten Dienstleistungsprogramm der Marke.

Die BMW Card ist eine international gültige Kreditkarte, die entweder als Eurocard, als Visa Card oder Kartendoppel ausgestellt wird. Zum Leistungsumfang gehört unter anderem, dass die Kontoeinrichtung kostenlos ist und die Kontoführung dauerhaft gebührenfrei bleibt. Der Kunde erhält zudem eine attraktive Guthabenverzinsung. Mit steigenden Kartenumsätzen steigen die Guthaben- bzw. sinken die Dispositionskredit-Zinsen. Die BMW Card ist mehr als eine herkömmliche Kreditkarte.

Mit der Tankumsatz-Bonifizierung wird seit September 1999 europaweit ein Prozent sämtlicher im Tankstellenbereich getätigten Umsätze rückvergütet. Im Zuge der Kreditkartenabrechnung des Folgemonats wird der daraus resultierende Erstattungsbetrag dem Verrechnungskonto gutgeschrieben. Über ein 24-Stunden-Service-Telefon stehen umfangreiche Reise-Service-Leistungen zur Verfügung: Flug-, Hotel- und Mietfahrzeugbuchungen, Dolmetscher- und Lotsendienst sowie Fahr- und Flugpläne. Zudem bietet die BMW Card ihren Kunden ein hohes Maß an Sicherheit durch Pannenhilfs- und Schutzbriefleistungen.

Zielsetzung der BMW Card ist es, die Loyalität zur Marke zu erhöhen, das bestehende Leistungsspektrum zu erweitern sowie Service und Sicherheit rund um die Mobilität für den Kunden erlebbar zu machen. Die Karte ist ferner ein neuer Vertriebskanal für die Aktiv- und Passivprodukte von BMW Financial Services, der die Kundenkontaktfrequenz deutlich verkürzt. Dies gilt nicht nur für Finanzdienstleistungen, sondern auch für alle weiteren Produkte des Konzerns. Darüber hinaus werden durch die BMW Card wertvolle Informationen über das Kundenverhalten generiert. Database Management erlaubt ein Lifestyle-Marketing und somit die zielgruppengerechte Ansprache des Kunden (vgl. Fehr/Kerner/Kruse, 1998, S. 340 f.).

6. Leistungsangebote zur Kundenloyalisierung und Expansion der Kundenbasis

Die BMW Bank GmbH, die deutsche Ländergesellschaft von BMW Financial Services, ist Mitglied des Bundesverbands Deutscher Banken und des Einlagensicherungsfonds. Zum Leistungsangebot im Segment *Kapitalanlage* zählen die Finanzprodukte Sparkonto, Festgeld, MobilPlus, MobilPlan, MobilPlan onTop, MobilBrief und die qualifizierte Vermögensbildung. Das daraus generierte Einlagenvolumen beläuft sich inzwischen auf nahezu 2,5 Mrd. DM.

Zielsetzung der Kapitalanlageprodukte ist es, den Kunden an die Fahrzeugmarken zu binden und neue Kunden für BMW-Konzernprodukte zu gewinnen. Sämtliche aufgeführten Finanzprodukte dienen somit auch als Basis für eventuelle Anschlussgeschäfte in Form von fahrzeugbezogenen Leasing- oder Kreditfinanzierungen. Aufgrund ihres besonderen Nutzens für den Kunden werden im Folgenden MobilPlus, MobilPlan, MobilBrief und die qualifizierte Vermögensbildung detailliert dargestellt:

- *MobilPlus:* MobilPlus ist ein Anlagekonto für Tagesgelder mit überdurchschnittlich hoher Verzinsung. Die Verzinsung ist gestaffelt. Sie richtet sich nach der Höhe der Einlage. Der Kunde erhält maximale Flexibilität in Form täglicher Verfügbarkeit. Auch bei diesem Finanzprodukt entfallen Kontoführungs- und Bearbeitungsgebühren.

- *MobilPlan:* Mit dem BMW MobilPlan erhält der Kunde die Möglichkeit, ein Ansparprodukt mit einer Fahrzeugfinanzierung oder einem Leasingvertrag zu kombinieren.

  In der ersten Phase kann der Kunde die Anzahlung für das gewünschte Fahrzeug auf einem gebührenfreien Sparkonto ansparen, auf das er individuell und flexibel Beträge überweisen kann. Der MobilPlan kennt keine Mindesteinlagepflicht, keine festen regelmäßigen Einzahlungen oder festgelegte Laufzeiten. Die Verzinsung des Kapitals ist variabel und liegt allgemein deutlich über der Verzinsung herkömmlicher Sparkonten.

Besonders attraktive Konditionen verschafft das MobilPlan-Konto dem Kunden, wenn er darüber hinaus einen neuen BMW finanzieren oder leasen möchte. Bereits nach einer Ansparphase von nur einem Jahr und einem Guthaben von 20 % des Fahrzeugpreises finanziert BMW Financial Services die restlichen 80 % zu einem äußerst günstigen effektiven Jahreszins. Natürlich ist der Kunde am Ende der Ansparphase nicht gezwungen, einen Leasing- oder Kreditfinanzierungsvertrag abzuschließen. Er kann das Geld selbstverständlich auch für andere private oder gewerbliche Zwecke verwenden.

Der wesentliche Vorteil des MobilPlans basiert auf der Kombination des Ansparplans mit einem Leasing- oder Kreditfinanzierungsvertrag. Der Guthabenzins liegt deutlich über der üblichen Verzinsung von Sparkonten und der Zinssatz der Finanzierung unter den bei BMW üblichen Konditionen für die Basis-Finanzierung.

Der MobilPlan gleicht einem flexiblen Bauspardarlehen. Der Kunde spart mit flexiblen Einzahlungen bei guter Verzinsung Kapital an und sichert sich gleichzeitig die Option, einen eventuellen Differenzbetrag zum Kaufpreis eines BMW-Fahrzeugs zu im Marktvergleich hervorragenden Konditionen zu finanzieren. Ob er sich tatsächlich für den Kauf eines BMW-Fahrzeugs entscheidet oder nicht, bleibt dem Kunden überlassen. BMW Financial Services

Abbildung 4: Vorteilhaftigkeit des BMW MobilPlans

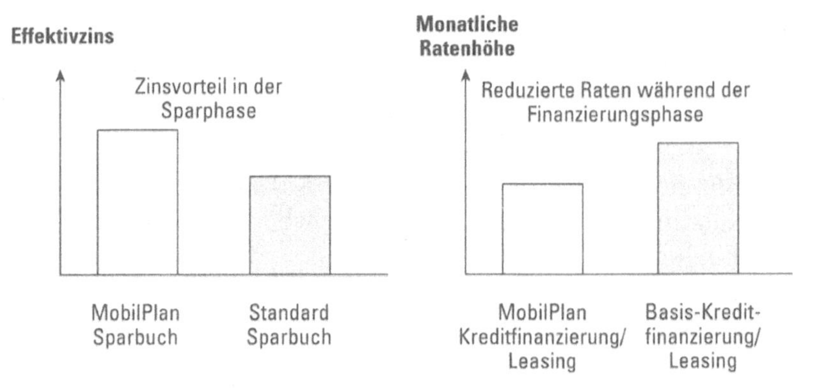

schafft mit der optionalen zinsreduzierten Anschlussfinanzierung jedoch gezielte Anreize zum Erwerb eines Konzernproduktes und setzt mit diesem Finanzdienstleistungsangebot ein eindeutiges Signal in Richtung Absatz von Konzernprodukten.

Seit September 1999 wird der MobilPlan in einer neuen Variante als *MobilPlan on Top* offeriert. Der Kunde profitiert zunächst von einer attraktiven Basisverzinsung seiner Spareinlage. Wie beim ursprünglichen Modell sind Laufzeit und Höhe der Einzahlungen flexibel. Eine nachträgliche Zinsbonifizierung des angesparten Kapitals erfolgt in dem Fall, dass dieses als Anzahlung für eine Finanzierung von BMW-Konzernprodukten eingesetzt wird. Der „onTop“-Bonus wird für die letzten 60 Monate rückwirkend gewährt. Er beträgt zusätzlich 1,5 Prozentpunkte auf das zur Anzahlung verwendete Kapital. Im Gegenzug entfällt die Absenkung des Finanzierungszinssatzes.

Zielsetzung beider Varianten des BMW MobilPlans ist es, durch die attraktiven Konditionen des Sparplans bestehende Kunden stärker an den BMW-Konzern zu binden und neue Kunden für die Marke BMW zu gewinnen.

- *MobilBrief:* Der MobilBrief verbindet eine Laufzeit von 4 bis 10 Jahren mit außergewöhnlichen Renditen und einem „onTop“-Bonus entsprechend dem MobilPlan, wenn das angesparte Kapital am Laufzeitende zur Finanzierung eines BMW-Konzernproduktes verwendet wird.

  Mit Blick auf die vergleichsweise lange Laufzeit leistet der MobilBrief einen wichtigen Beitrag zur langfristigen Kundenbindung. Darüber hinaus führen die attraktiven Konditionen und der „onTop“-Bonus nicht nur BMW Financial Services, sondern zusätzlich auch den BMW-Konzernmarken neue Kunden zu.

- *Qualifizierte Vermögensbildung:* Der Auftakt für den Einstieg in die qualifizierte langfristige Vermögensbildung wurde durch die Einbindung von Mobilienfonds in das Finanzdienstleistungsportfolio markiert. Langfristige Zielsetzung ist der Ausbau des direkten Private-Banking auf Basis des exklusiven Kundenportfolios der BMW-Konzernmarken. Hier kann die Vermittlung qualifizierter Anlageprodukte ein weiteres Standbein werden. Durch die Neutralität und Unabhängigkeit von BMW Financial Services in Bezug auf die vermittelten Finanzdienstleistungen wird sichergestellt, dass nur die bestmöglichen Finanzprodukte integriert werden. Es bestehen keine Präferenzen für das Leistungsangebot eines bestimmten Kooperationspartners.

Die Abwicklung sämtlicher oben genannter Geldgeschäfte erfolgt über das „Telebank Center", einem bei BMW Financial Services eingerichteten Call Center für die Direktansprache des Kunden per Telefon. Im Telebank Center stehen dem Kunden auch außerhalb der üblichen Öffnungszeiten kompetente Anlage- und Finanzberater zur Verfügung.

Ein wichtiger strategischer Aspekt des Kapitalanlagengeschäfts ist die Loyalisierung und Bindung bestehender Kunden an die Marke BMW. Zudem kann zu den Kunden, die noch kein BMW-Konzernprodukt fahren, eine erste Beziehung aufgebaut werden. Die Eroberung eines Neukunden für das Fahrzeuggeschäft wird damit wesentlich erleichtert. Potenzielle Kunden werden über nicht automobilgebundene Dienstleistungen akquiriert und idealerweise zu einem Finanzierungskunden inklusive BMW-Konzernautomobil „weiterentwickelt".

7. Kundenloyalisierung und Neukunden-Akquisition im europäischen Markt

Um einen größeren Anteil aus der automobilen Wertschöpfungskette für den BMW-Konzern zu erlangen, sind weitere (Finanz-)Dienstleistungsprodukte erforderlich. Diese zielen darauf ab, bestehende Kunden zu loyalisieren bzw. Neukunden über eine attraktive Produkt- und Dienstleistungsplattform den Eintritt in die BMW-Markenwelt zu eröffnen.

Kundenloyalität wird dadurch verstärkt, dass der Kunde alle Leistungen, die sich mit seiner automobilen Mobilität beschäftigen, aus einer Hand erhält. Das Ideal des „One-Stop-Shopping" an einem definierten Point of Sale, wo unter anderem der Neuwagenkauf, die Gebrauchtwagenvermarktung, die Inanspruchnahme von Versicherungs-

und Finanzierungslösungen sowie vielfältige andere Problemlösungen in einem Zug erledigt werden können, ist schon heute durch BMW Financial Services in der BMW-Handelsorganisation verwirklicht.

Zeitersparnis für den Kunden, kompetente Beratung ohne lange Wege, hohe Qualitätsstandards sowie definierte Ansprechpartner sind die Dreh- und Angelpunkte der Kundenloyalität. Neben den Kernprodukten Leasing- und Kreditfinanzierung werden dem Kunden bereits heute Service-Pakete mit individuell zugeschnittenen Leistungsinhalten offeriert. In das Aktivgeschäft werden zunehmend Dienstleistungen wie Wartung und Reparatur, Reifenservice, Unfallmanagement, Tankkarten-, Zahlungs- und Abrechnungssysteme integriert. Damit verzahnt ist das Passiv- und Provisionsgeschäft von BMW Financial Services. Das Konzept des „One-Stop-Shopping" wird weiter vorangetrieben, d. h. der Kunde erhält neben dem Fahrzeug ein auf seine Lebensumstände zugeschnittenes Finanz- und Servicepaket aus einer Hand. Dadurch wird größtmögliche Bequemlichkeit (Convenience) gewährleistet.

Wesentliches Element einer Strategie der Neukunden-Akquisition ist die Direktbank-Plattform. Durch hervorragende Konditionen bei flexiblen Anlage- und Ansparprodukten werden auch konzernfremde Kunden angesprochen. Diese werden durch Veröffentlichungen in der Fachpresse auf BMW Financial Services aufmerksam. Der interessierte Kunde wird sukzessiv an die innovativen Finanzdienstleistungsofferten herangeführt. Zunächst stehen die Passivprodukte im Mittelpunkt des Interesses. Im nächsten Schritt wird man versuchen, den Kunden für weitere Dienstleistungsangebote der BMW Group zu gewinnen. Im Hinblick darauf, dass zu diesem Zeitpunkt bereits eine Kundenbeziehung zu BMW Financial Services besteht, ist es sehr wahrscheinlich, dass im Bedarfsfall auch die Finanzierung im Haus übernommen wird. Das Ziel ist eine für den Kunden und Berater gleichermaßen überschaubare Auswahl an (Finanz-)Dienstleistungsmodulen, die sich an den Problemen des Kunden orientiert. Eine eindeutige strategische Positionierung und ein klares, am Kundennutzen orientiertes Leistungskonzept werden zur unverzichtbaren Grundlage für einen dauerhaft erfolgreichen Marktauftritt innerhalb der BMW Group (vgl. M. Krick, 1998, S. 1085 f.). Die Direktbankaktivität gewährleistet die Direktanbindung des Kunden an den Konzern. Sie bildet vor diesem Hintergrund einen wichtigen Baustein auf dem Weg zu einem integrierten, kunden- und problemlösungsorientierten Mobilitätskonzern.

Der Vertrauens- und Imagevorschuss einer etablierten Marke wird BMW Financial Services bei der Weiterentwicklung des Finanzdienstleistungsgeschäfts in Europa unterstützen. Dies gilt umso mehr, als mit der europäischen Währungsunion und der Internet-Evolution die dominierende Rolle des europäischen Bankensystems in der Finanzierung von Unternehmen und privaten Haushalten weiter aufgebrochen wird. Neben den traditionellen Finanzierungsmöglichkeiten über herkömmliche Kreditinstitute werden sich den Unternehmen und privaten Verbrauchern eine Fülle anderer Finanzierungsmöglichkeiten über den Markt eröffnen. BMW Financial Services sieht darin eine nachhaltige Chance und entwickelt ausgehend vom Automobil weitere kundenindividuelle Problemlösungen unter dem Dach der BMW-Konzernmarken.

Den Finanzdienstleistern, die die Kundenwünsche erkennen und kundenbezogene Finanzierungslösungen paneuropäisch anbieten, eröffnet der gesamteuropäische Markt hervorragende Expansions- und Gewinnmöglichkeiten. Dies gilt im Besonderen für die Dienstleister, die hochwertige Investitions- und Konsumgüter mit einem auf dieses Produkt zugeschnittenen (Finanz-)Dienstleistungspaket versehen und damit ein aus Kundensicht zu präferierendes Leistungsbündel schnüren (vgl. E. Klein, 1999, S. 14). BMW Financial Services hat sich im Vergleich zu traditionellen Kreditinstituten schon seit langem europäisch organisiert und wird Zug um Zug europäische Finanzprodukte mit konkretem Bezug zum Automobil einführen. Impulsgeber für das europäische Flottenmanagement ist BMW Financial Services in Großbritannien. Unter dem Markenzeichen Alphabet entsteht sukzessiv ein paneuropäischer Flottendienstleister. Im Direktbankgeschäft kommt diese Rolle der deutschen Ländergesellschaft zu. Ergänzend dazu werden sich die Customer Service Center, die direkten Kontaktstellen zwischen Finanzdienstleister und Kunde, zukünftig nicht mehr an Ländergrenzen, sondern vielmehr an Sprachräumen orientieren.

8. Fazit und Ausblick

Die Evolution der Zielsetzungen von BMW Financial Services erfordert eine kontinuierliche Anpassung der strategischen Positionierung. Zu Beginn standen allein die Absatzförderung der Konzernautomobile und der Erfolgsbeitrag für das Gesamtunternehmen im Vordergrund. Im weiteren Verlauf wurden diese beiden Eckpfeiler um die Zielsetzungen Kundenloyalisierung und Neukundenakquisition ergänzt.

Im Zuge dieser Neuausrichtung hat BMW Financial Services sein Leistungsprogramm in der Weise weiterentwickelt, dass bestehende Kunden der BMW Group loyalisiert bzw. neue Kunden über BMW Financial Services für den Konzern gewonnen werden. BMW Financial Services schlägt mit einem erweiterten Leistungsangebot einen Brückenkopf in neue Kundensegmente und wird zum Gateway für die Leistungsangebote der BMW Group.

Im Gegensatz zu anderen Direktbanken verfügt eine Auto-Direktbank von Beginn an über einen bedeutenden Kundenstamm aus dem Leasing- und Kreditfinanzierungsgeschäft. Ausgehend von dieser Plattform können neue Kundensegmente sukzessiv entwickelt werden. BMW Financial Services betrachtet diese Expansion der Kundenbasis neben der Kundenloyalisierung als zentrale strategische Zielsetzung. Sie vollzieht sich ausgehend vom Leasing- und Kreditfinanzierungsportfolio über die Fahrer der Konzernmarken bis hin zu den Interessenten für die Dienstleistungsangebote des Automobilkonzerns.

Die strategischen Zielsetzungen: „Kundenloyalisierung" und „Expansion der Kundenbasis" spiegeln sich im Leistungsprogramm von BMW Financial Services wider. Die Versicherungsleistungen dienen der Kundenloyalisierung. Sie sind eine Ergänzung zum Aktivgeschäft und sind ausschließlich auf die Leasing- und Kreditfinanzierungskunden gerichtet. Dieses Kundensegment wird durch das Kreditkartenangebot auf die Fahrer der BMW-Konzernprodukte ausgedehnt. Die Kapitalanlagen sprechen ein noch größeres Marktsegment an. Zu Kunden, die noch kein Konzernprodukt besitzen, wird eine erste Beziehung aufgebaut. Die Eroberung eines Neukunden für das Fahrzeuggeschäft wird vorbereitet; potenzielle Kunden werden über nicht automobilgebundene Dienstleistungen akquiriert und idealerweise zu einem Finanzierungskunden inklusive BMW-Automobil „weiterentwickelt".

Freude am Fahren ist das gemeinsame Motiv aller Aktivitäten der BMW Group. BMW Financial Services hat seine internationale Corporate Identity in diese Systematik eingepasst. Der Kunde wird – in welchem Teil der Erde er sich auch aufhält – BMW Financial Services als den Dienstleistungsspezialisten der BMW Group und führenden Finanzdienstleister rund um die weltweite Mobilität unverkennbar wiederentdecken. BMW Financial Services positioniert sich als internationaler Mobilitätsdienstleister. Auf dieser Basis werden einerseits bestehende Kunden loyalisiert, andererseits Neukunden für die Leistungsangebote der BMW Group begeistert und sukzessiv in die BMW-Markenwelt integriert.

Literaturhinweise

Fehr, P./Kerner, S./Kruse, O.: Bankloyalität und Database Marketing – Kundenbindung auf Knopfdruck?, in: Zeitschrift für das gesamte Kreditwesen, 51. Jg., 1998, Heft 7, S. 337-344.

Förtsch, R.: Ford Bank: „Service und Leasing werden immer wichtiger", in: bank und markt, Mai 1998, Heft 5, S. 27-30.

Franzen, O./Vocke-Schöhl, K.: Die Faszination von Porsche fehlt den Banken noch, in: Bank Magazin, Februar 1999, Heft 2, S. 21-23.

Klein, E.: Megatrends im Retail Banking, in: Bank Magazin, Februar 1999, Heft 2, S. 10-13.

Kotler, Ph./Bliemel, F.: Marketing-Management, 9. Aufl., Stuttgart 1999.

Krick, M.: Entwicklungsmöglichkeiten im Retail Banking – Die Indifferenz der Profile, in: Zeitschrift für das gesamte Kreditwesen, 51. Jg., 1998, Heft 19, S. 1085-1087.

Meffert, H.: Marketing, 8. Auflage, Wiesbaden 1998.

Süchting, J.: Die Theorie der Bankloyalität – (immer noch) eine Basis zum Verständnis der Absatzbeziehungen in Kreditinstituten?, in: Kredit und Kapital, 5. Jg., 1972, S. 269-300.

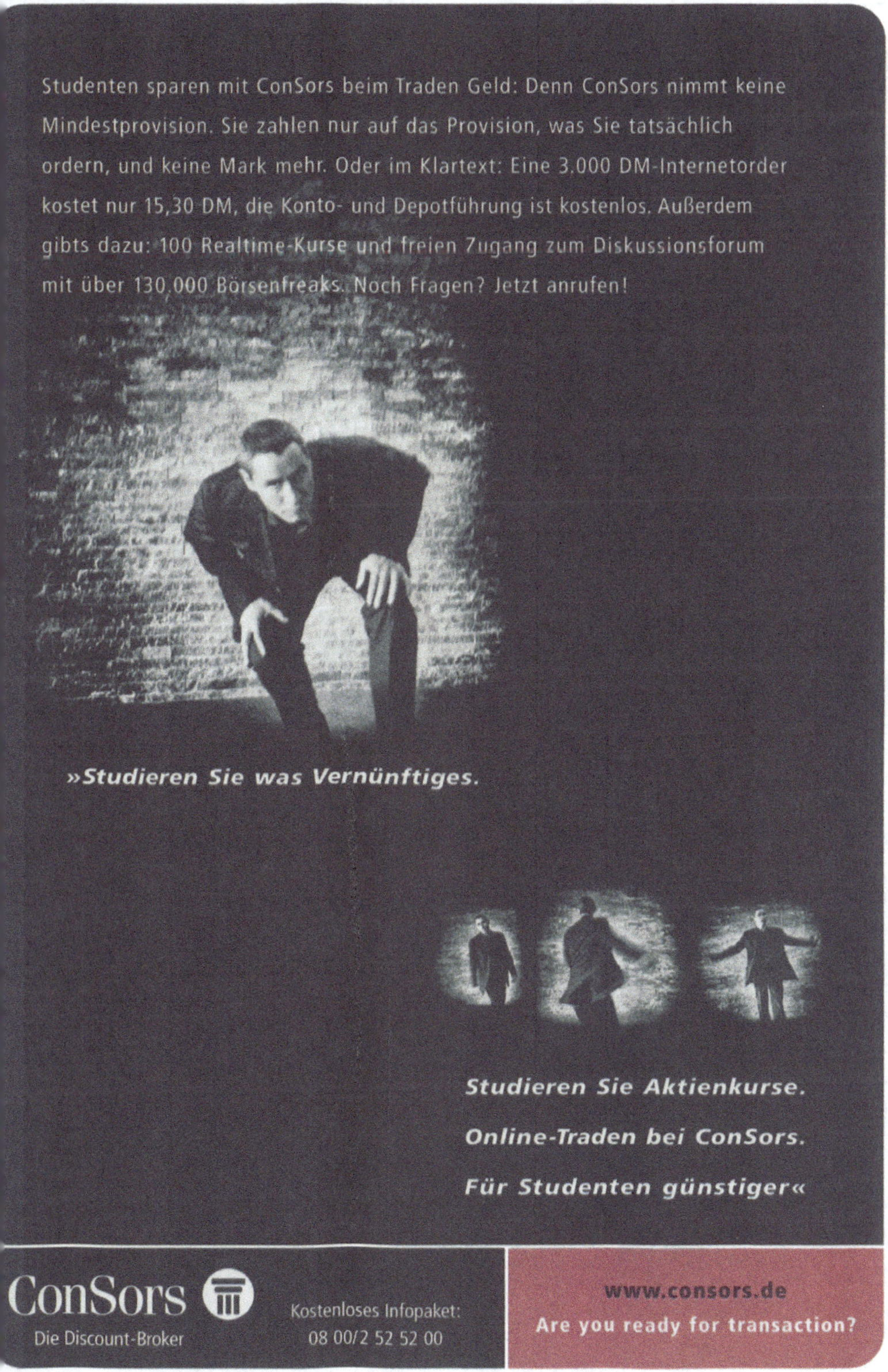
Studenten sparen mit ConSors beim Traden Geld: Denn ConSors nimmt keine Mindestprovision. Sie zahlen nur auf das Provision, was Sie tatsächlich ordern, und keine Mark mehr. Oder im Klartext: Eine 3.000 DM-Internetorder kostet nur 15,30 DM, die Konto- und Depotführung ist kostenlos. Außerdem gibts dazu: 100 Realtime-Kurse und freien Zugang zum Diskussionsforum mit über 130.000 Börsenfreaks. Noch Fragen? Jetzt anrufen!
»Studieren Sie was Vernünftiges.
Studieren Sie Aktienkurse.
Online-Traden bei ConSors.
Für Studenten günstiger«
ConSors
Die Discount-Broker
Kostenloses Infopaket:
08 00/2 52 52 00
www.consors.de
Are you ready for transaction?

Teil 5
Leistungsprogrammpolitik

Brand Status – Evaluation und Diagnose des Markenerfolgs einer Direktbank aus Verbrauchersicht

Rüdiger Szallies

1. Markenbildung und Markenerfolg

Markenführung war im Finanzdienstleistungsmarkt lange Zeit ein Fremdwort. Da sich die Einlagenproblematik und der damit verbundene Margendruck für die Kreditinstitute in den letzten Jahren zunehmend verschärft hat, wächst aber auch in diesem Markt das Bewusstsein für die Bedeutung der Marke. Im Vergleich zu Konsumgütermärkten besteht im Finanzdienstleistungsmarkt jedoch noch deutlicher Nachholbedarf. Die bisher eher vernachlässigte Markenführung in diesem Segment wird dementsprechend zuweilen mit provokativen Aussagen wie „der Einheitsbrei deutscher Kreditinstitute" oder „banking is essential but banks are not" (A. Meyer) kommentiert.

Nur über eine am Verbraucher orientierte Markenführung ist die Differenzierung vom Wettbewerb und der Erhalt bzw. die Steigerung von Kundenbindung möglich. Die Erfordernis, ein attraktives, uniques Bild in den Köpfen der Verbraucher zu etablieren, gilt in einem weitgehend verteilten Markt für neue Unternehmen in besonderem Maße.

Direktbanken unterscheiden sich von ihren Mitbewerbern im Finanzdienstleistungsmarkt im Wesentlichen durch den völligen Verzicht auf Filialen. Der Kontakt zum Kunden wird ausschließlich auf direktem Wege, also schriftlich oder über Telekommunikationsmedien (Telefon, Telefax oder Computer) hergestellt.

Die Markenbildung ist hier aufgrund des fehlenden persönlichen Kontaktes enorm erschwert. Im Prinzip handelt es sich um virtuelle

Unternehmen, die der Verbraucher nur über die Werbung wahrnimmt. Direktbanken können sich damit nur über die Kommunikation als differenzierbare Marke positionieren.

Bei der Bewertung des Markenerfolgs sind in neuen/jungen Märkten mit spezifischen Eigenschaften (immaterielle Produkte, virtuelle Unternehmen) jedoch die Kriterien der klassischen Marketingtheorie zur Definition einer Marke kaum geeignet: Gleichbleibende Qualität, gleichbleibender Preis, Ubiquität etc. sind Aspekte, die hier nur bedingt hilfreich sind. Vertrauen, Bekanntheitsgrad, Sympathie und Loyalität spielen im Bereich der Direktbanken bei der Analyse des Markenerfolgs eine deutlich größere Rolle. Marken dürfen deshalb nicht über rein rationale Elemente beschrieben werden, sondern definieren sich hier vielmehr über emotionale Komponenten.

Vor der „Marken-Analyse" sollte jedoch zunächst die „Markt-Frage" geklärt werden. Angesichts der Tatsache, dass es vor fünf Jahren praktisch noch keine Direktbanken gab, ist fraglich, inwieweit hier – aus Sicht der Verbraucher – überhaupt ein eigenständiger Markt existiert. 1965 wurde die Allgemeine Deutsche Direktbank (damals noch: BSV – Bank für Sparanlagen und Vermögensbildung) zur Anlage vermögenswirksamer Leistungen als filiallose Briefbank gegründet. Erst 1990 folgte die Gründung der Quelle Bank, vier Jahre später setzte dann die „Gründungswelle" weiterer Institute wie Bank 24, Advance Bank, Comdirect, ConSors etc. ein.

In Anbetracht dieser noch sehr jungen Entwicklung erstaunt es fast, dass bereits 3/4 der Bevölkerung mit dem Begriff Direktbank etwas anfangen kann:

74 % der Befragten haben von Direktbanken bereits etwas gehört, bezogen auf einzelne Institute nennen 18 % spontan die Bank 24 (die nach der Re-Integration ja keine Direktbank im klassischen Sinn mehr darstellt), die hier mit Abstand den höchsten Bekanntheitswert erreicht.

Neben der Bekanntheit des Marktes ist auch das Potenzial des Marktes von Bedeutung. Fast täglich werden neue Studien veröffentlicht, die gigantische Steigerungsraten in Aussicht stellen: So werden aktuell über 10 Millionen direktbankaffine Kunden ausgewiesen. Noch vor

Abbildung 1: Spontane Bekanntheit von Direktbanken (1999)

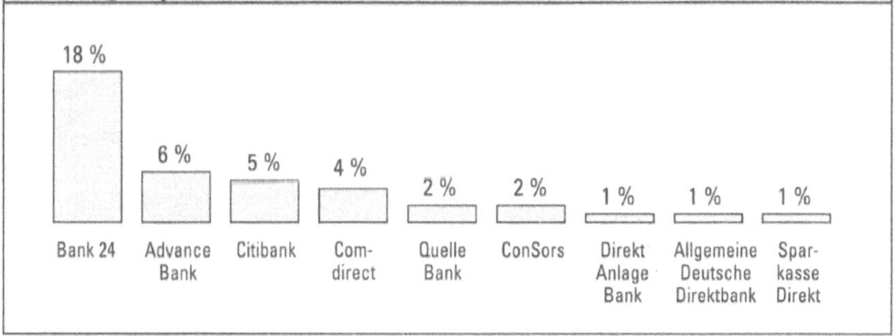

wenigen Jahren gingen besonders optimistische Prognosen davon aus, dass bereits im Jahr 2000 jeder fünfte Bundesbürger Kunde einer Direktbank sein würde. Wie im Folgenden zu sehen sein wird, bleibt die aktuelle Entwicklung deutlich hinter diesen Einschätzungen zurück. Der Markt ist aktuell deutlich kleiner und entwickelt sich auch deutlich langsamer als vielerorts erwartet.

Ein Aspekt, der bei der Einschätzung des Marktpotenzials eine Rolle spielt, ist die Tatsache, dass die Technologien sich offenbar wesentlich schneller ändern als die Gewohnheiten der Verbraucher. Kunden, die es über Jahre hinweg gewöhnt waren, Bankangelegenheiten in der Filiale zu erledigen, werden – ohne Technikfeindlichkeit unterstellen zu können – nicht von heute auf morgen ihr Verhalten ändern:

Die schriftliche Befragung von 10 000 repräsentativ ausgewählten, deutschen Haushalten ergab im November 1998 beispielsweise, dass für 2/3 der Haushalte Direktbanking aktuell nicht in Frage kommt. Lediglich 2 % geben an, dass sie die persönliche Betreuung in der Filiale nicht benötigen und sich die ausschließliche Nutzung von Direktbanken vorstellen können. Etwas mehr als ein Viertel der befragten Personen bevorzugt das „Sowohl als auch“, was im Prinzip auf die Nutzung der integrierten Vertriebskonzepte der klassischen Geldinstitute und weniger auf die Nutzung der Direktbanken hinausläuft. Überspitzt formuliert lautet das Fazit an dieser Stelle also: *Direktbanking: ja – Nutzung von Direktbanken: eher nein.* Diese Konstellation hat sich im Übrigen binnen Jahresfrist praktisch nicht geändert. Der Finanzdienstleistungsmarkt ist ein sehr stabiler Markt, der sich

Abbildung 2: Präferenzen bez. der Abwicklung von Bankangelegenheiten

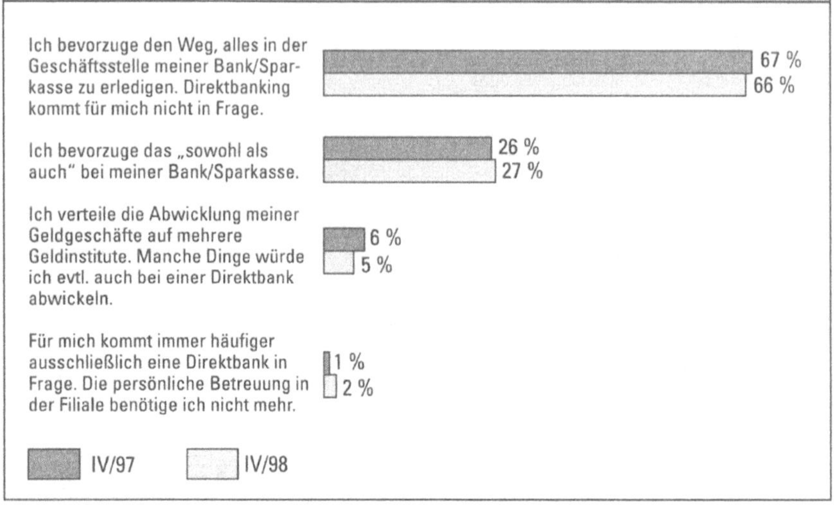

Quelle: icon

längst nicht so schnell umverteilt wie die klassischen Konsumgütermärkte.

Grundidee bei der Gründung der Direktbanken war sicherlich unter anderem die Annahme, das sich ändernde Kundenverhalten offensiv nutzen zu können: Die Kunden werden immer emanzipierter, nehmen immer häufiger neben der Hauptbank weitere Bankverbindungen auf, sind immer häufiger bereit, günstige Angebote in Anspruch zu nehmen. Inwieweit dieses zunehmende Vagabundentum und Rosinenpicken jedoch über eine veränderte Inanspruchnahme der Vertriebswege auch zu einer verstärkten Nutzung von Direktbanken führen, bleibt abzuwarten. Ein direkter Zusammenhang ist hier bisher nicht feststellbar.

Auch die zunehmende Internet-Euphorie wird daran wenig ändern: Die Ausstattung der Haushalte mit (internetfähigen) Computern steigt rasant, die Zahl der Internet-Nutzer hat sich in den vergangenen Jahren vervielfacht. Es handelt sich hier längst nicht mehr um „einen Trampelpfad, in dem sich ein paar elektronisch Gebildete nahezu verlieren“ (H.W.Opaschowski). Dementsprechend hat sich auch die Zahl der Online-Konten in letzter Zeit sehr schwunghaft entwickelt. Die Entwicklung der Kundenzahlen auf Seiten der Direktbanken konnte hier jedoch bisher nicht Schritt halten.

Trotz dieser schnell wachsenden Affinität zugunsten neuer Kommunikationstechniken entwickelt sich die Nutzung von Direktbanken nach wie vor nur sehr schleppend:

1999 lag der Anteil der Direktbanknutzer bei etwa 5 %. Rechnet man diesen Anteil auf die Zahl der deutschen Haushalte hoch, so liegt die Zahl der Nutzer aktuell in etwa zwischen 1,5 und 2 Millionen. Dieser „Kuchen“ verteilt sich auf eine Vielzahl von Anbietern und bedeutet damit ein sehr kleines Volumen pro Institut. Die Zuwachsraten liegen bisher bei etwa 1 % p. a. und verdeutlichen, dass von einer schwunghaften Marktentwicklung keine Rede sein kann. Die Bedeutung dieses Marktsegmentes ist somit nach wie vor außerordentlich gering.

Auch die geplante Nutzung (Anteil derjenigen, die die Absicht äußern, in den nächsten 6-12 Monaten bei einer Direktbank Kunde zu werden) liegt aktuell nur knapp über 1 %. Bei allen Vorbehalten gegenüber projektiven Fragestellungen wird erkennbar, dass sich die bisherige Entwicklung auch in der näheren Zukunft nicht maßgeblich beschleunigen wird.

Das wachsende generelle Interesse an Telebanking, Teleshopping etc. (gemessen an der Zahl der Internet-Surfer, der Online-Konten

Abbildung 3: Nutzung von Direktbanken

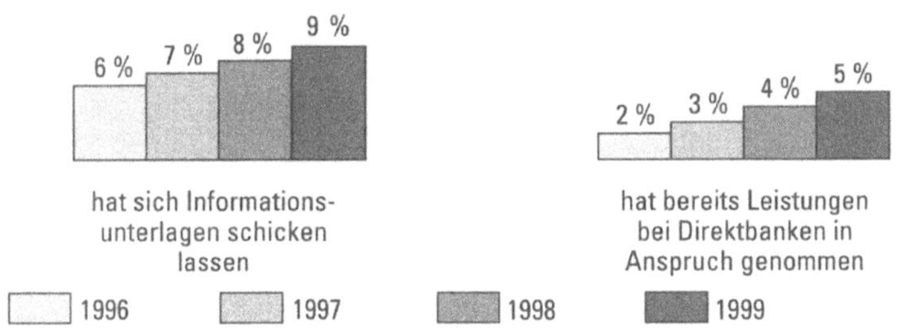

etc.) reduziert das Bedürfnis nach persönlichen Kontakten, nach „Sehen und gesehen werden“ bisher also offenbar nicht. Diese Erkenntnis bestätigt sich eindrucksvoll, wenn man untersucht, wie häufig eine Direktbank bereits den Status einer Hauptbankverbindung erreicht:

Die meisten Direktbanken wiesen zunächst ein relativ flaches Portfolio mit nicht bzw. wenig erklärungsbedürftigen Finanzdienstleistungsprodukten auf, entwickelten sich in der Folgezeit jedoch immer mehr zu universellen Anbietern mit Vollbank-Service. Dem Anspruch, über das komplette Leistungsangebot die klassische Filialbank zu ersetzen („Mehr Bank braucht kein Mensch“) konnten sie bisher jedoch nicht gerecht werden:

1999 lag der Anteil derjenigen Personen, die eine Direktbank als ihre wichtigste Bankverbindung angeben, bei 0,6 %. Auch hier verteilt sich das Volumen wieder auf verschiedene Anbieter. Die Zahlenreihe lässt zwar eine Aufwärtsentwicklung vermuten, im vorliegenden Fall ist es jedoch wohl angebrachter, eher von Stagnation zu sprechen.

Dass sich diese Entwicklung so schleppend vollzieht, ist letztlich auch aus finanzieller Sicht problematisch. Die Etablierung eines virtuellen Anbieters als Marke erfordert enorme Kommunikationsbemühungen, die offenbar von vielen deutlich unterschätzt wurden.

Abbildung 4: Nutzung von Direktbanken

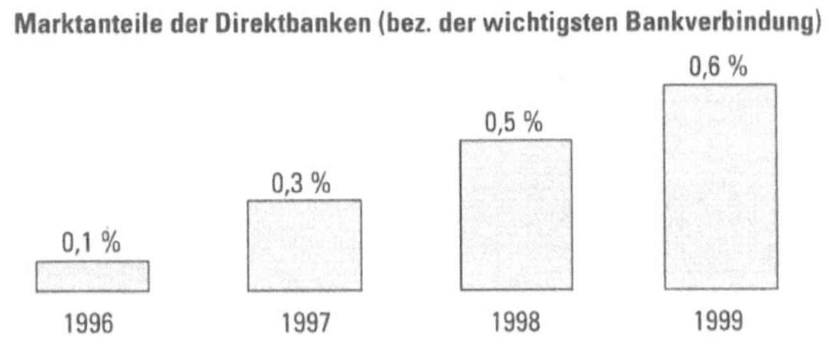

2. Kommunikation und Werbaufwand

Die Entwicklung der Werbeaufwendungen lässt vermuten, dass hier einigen Instituten (bzw. den Muttergesellschaften) bereits „die Puste ausgeht" bzw. die ursprünglich formulierten Ziele zwischenzeitlich erkennbar revidiert wurden:

Die drei ausgewählten Direktbanken – Bank 24, Advance Bank, Comdirect – haben 1996 die jeweils höchsten Etats eingesetzt und seitdem ihre Werbeausgaben drastisch reduziert. In der Summe haben sich hier die Investitionen innerhalb von zwei Jahren mehr als halbiert. Die Comdirect hat 1999 die Werbeausgaben wieder erkennbar erhöht, was sicher auch mit dem aktuell bevorstehenden Börsengang zusammenhängt.

Da Direktbanken jedoch nur über die Kommunikation wahrnehmbar sind, ist Werbung beim Aufbau einer Marke gerade im Anfangsstadium quasi eine conditio sine qua non.

Grundlagenstudien haben ergeben, dass aus Sicht der Verbraucher für den Erfolg einer Marke insbesondere die Aspekte *Qualität, guter Ruf des Herstellers* sowie *gute Werbung* maßgeblich sind. Während die beiden erstgenannten Aspekte in allen Altersgruppen in etwa gleich

Abbildung 5: Werbeaufwand ausgewählter Direktbanken (in Mio. DM)

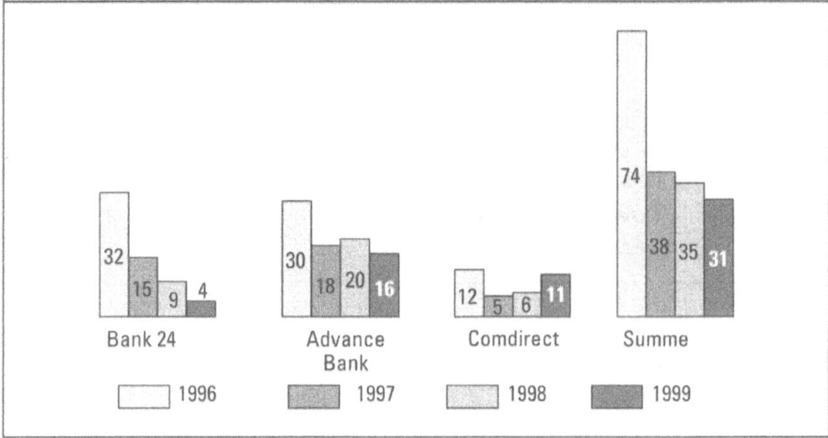

Quelle: Nielsen Werbeforschung S + P

häufig genannt werden, wird der guten Werbung insbesondere in der Gruppe der bis Dreißigjährigen (also einer der Kernzielgruppen der Direktbanken) eine überdurchschnittlich hohe Bedeutung beigemessen. Insofern stellt sich die beschriebene Entwicklung für den weiteren Markenaufbau der Direktbanken äußerst problematisch dar.

Da sich ferner die Rahmenbedingungen für effiziente Kommunikation in den letzten Jahren deutlich verschlechtert haben, wirkt hier eine Reduzierung der Ausgaben kontraproduktiv. So hat sich z. B. das Angebot an Werbung allein in den elektronischen Medien im Zeitraum von 1988 bis 1997 mehr als verdreifacht, das in den Printmedien verdoppelt. D. h. die Kommunikation muss sich immer mehr in dem durch sie selbst induzierten Verdrängungswettbewerb bewähren.

Werbeausgaben der Geldinstitute

Der drastischen Erhöhung der Werbeausgaben steht jedoch eine gleichbleibende Aufnahmekapazität (vielleicht sogar eine sinkende Aufnahmebereitschaft?) der Konsumenten gegenüber. Beispielhaft für die Entwicklungen im Werbemarkt die folgenden Zahlen:

	Zahl der genannten Geldinstitute (Basis: Werbeerinnerer)	Werbeetat der Geldinstitute* in Mio. DM p. a.
1994	1,8	392
1996	1,8	552
1997	1,8	638
1999	1,8	693

* Sparkassen, Volks- und Raiffeisenbanken, Deutsche Bank, Dredner Bank, Commerzbank, HypoVereinsbank, BfG, Citibank, Postbank, Bank 24, Advance Bank, Comdirect

Die Werbeetats der wichtigsten (werbeaktivisten) Geldinstitute haben sich in den vergangenen fünf Jahren fast verdoppelt.

Gleichzeitig bleibt jedoch die Aufnahmefähigkeit auf Seiten der Kunden konstant: Diejenigen Befragten, die sich an Werbung von Geldinstituten erinnern können, nennen spontan durchschnittlich 1,8 Geldinstitute. Dieser Wert ist in den letzten Jahren unverändert geblieben. Der „Kampf um den Kunden“ wird somit auch im Bereich Werbung immer härter. Erfolgreich wird nur der sein, dem es gelingt, mit optisch und inhaltlich aufmerksamkeitsstarker Kommunikation permanent präsent zu sein. Diesem Erfordernis werden die Direktbanken aktuell nur unzureichend gerecht.

Gestützte Bekanntheit von Direktbanken

Die Etatentwicklung im Bereich der Direktbanken spiegelt sich deshalb auch direkt in den Bekanntheitswerten wider (siehe Abbildung 6). Das Ergebnis ist jedoch nur eingeschränkt zu bewerten, da hier sicher zu großen Teilen die Bekanntheit des Quelle-Konzerns durchscheint.

Orientiert man sich bei der Markendefinition an der Bekanntheit des Unternehmens, so erreichen bisher nur die Bank 24 und die Advance Bank ausreichend hohe Werte.

Abbildung 6: Gestützte Bekanntheit von Direktbanken (in %)

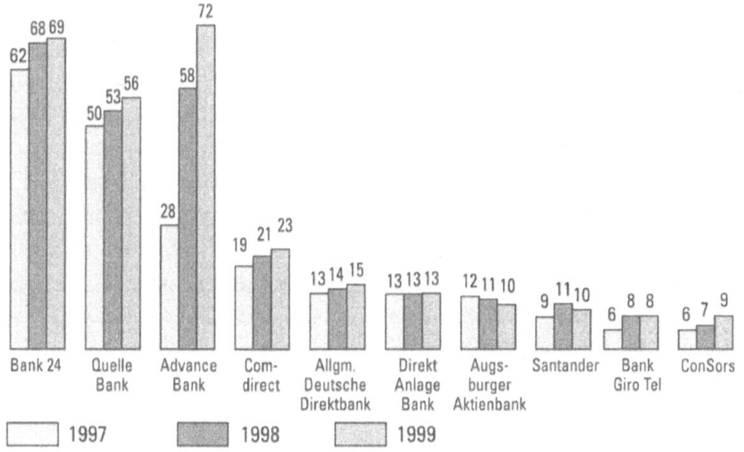

Die Marke als Differenzierungselement

Ein weiterer Markenerfolgsfaktor ist die Fähigkeit eines Unternehmens, sich mit seiner Marke von anderen Unternehmen/Marken abzuheben, sich zu differenzieren, unique zu sein. Hierzu die folgenden Erkenntnisse:

Abbildung 7: Unterschiede zwischen Geldinstituten

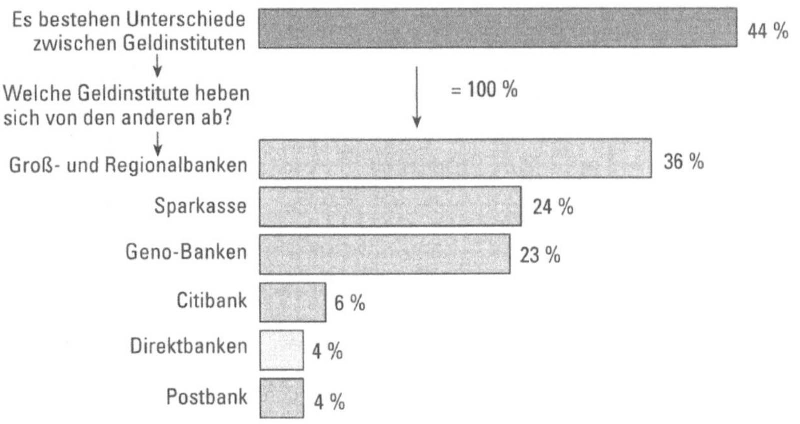

Die Mehrheit der Verbraucher sieht aktuell keine Unterschiede zwischen den Geldinstituten: Auf die Frage, ob im Hinblick auf Leistungsangebot und Marktauftritt Unterschiede zwischen den Geldinstituten bestehen, antworten „lediglich" 44 % mit *Ja*. Diese Teilgruppe wurde weiter gefragt, welche Geldinstitute sich von den anderen deutlich abheben. 4 % nennen hier eine Direktbank. Gemessen an der Marktbedeutung ist dieser Wert zwar überdurchschnittlich, dennoch wird erkennbar, dass es den Direktbanken – trotz differenzierender Leistungsmerkmale – bisher nur unzureichend gelungen ist, sich ein eigenständiges Profil zu erarbeiten. In der gestützten Abfrage zeigt sich bereits ein etwas anderes Bild:

Abbildung 8: Erkennbare Unterscheidung von Geldinstituten

Frage: Ich lese Ihnen jetzt eine Reihe von Geldinstituten vor und Sie sagen bitte, welches Geldinstitut etwas Besonderes darstellt bzw. sich von anderen erkennbar unterscheidet

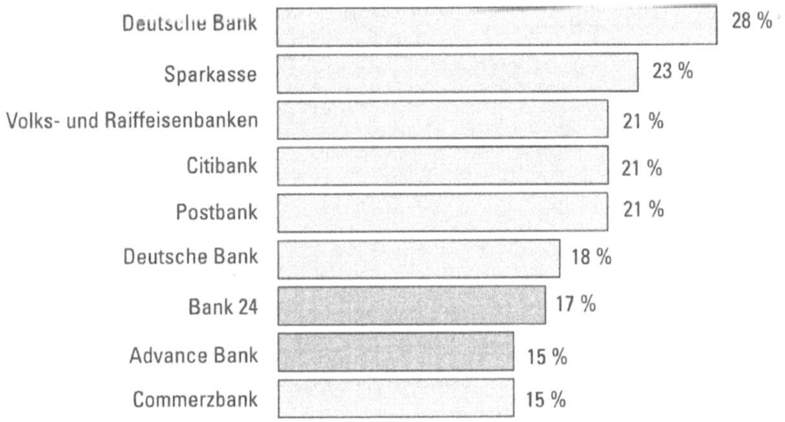

Auch hier liegen die Werte insgesamt betrachtet auf eher niedrigem Niveau. Im Konkurrenzvergleich liegen die Direktbanken (insbesondere Bank 24 und Advance Bank) jedoch durchaus im Bereich der „Etablierten". Eine Basis für den Markenaufbau ist somit durchaus vorhanden.

Und auch inhaltlich sind die Voraussetzungen für eine Differenzierung bereits zu erkennen (siehe Abbildung 9).

Untersucht man die Faktoren, die aus Sicht der Verbraucher einzelne Geldinstitute von der Konkurrenz abheben, so wird erkennbar, dass sich Grundlagen für eine Profilierung der Direktbanken bereits herausgebildet haben: Direktbanken sind *modern* und *innovativ*, sind *für junge Leute geeignet*, sind *immer erreichbar* und *bieten moderne Kommunikationstechniken* an.

Im Unterschied dazu sprechen für die Großbanken Stichworte wie *Beratungskompetenz, Größe, Internationalität* und *hohes Ansehen.*

Abbildung 9: Die Unterschiede zwischen Geldinstituten

Basis	Advance Bank	Bank 24	Citibank	Deutsche Bank	Dresdner Bank	Postbank	Sparkasse	V+R Banken
ist eine Direktbank, hat keine GS	15	22	3	–	–	–	–	–
ist 24 Stdn. erreichbar	15	41	10	1	–	1	–	–
bietet Home-/Telefon-Banking	13	24	16	–	–	4	–	–
ist modern, für junge Leute geeignet	11	6	3	–	–	–	2	1
bietet günstige Zinsen, Gebühren	12	4	25	1	3	17	3	5
bietet gute Beratung	3	–	2	8	9	–	7	5
macht sehr viel Werbung	10	–	6	3	–	3	3	2
kundenfreundlich, Kundennähe	3	–	3	3	8	3	17	12
viele Filialen, gute Erreichbarkeit	–	–	–	1	3	16	22	14
Größe, Internationalität	–	–	1	29	22	4	3	1
hohes Ansehen, guter Ruf	–	–	–	11	7	–	1	2
für den „kleinen Mann"	–	–	–	–	–	1	6	4

Sparkassen und Genossenschaftsbanken zeichnen sich aus Kundensicht hingegen überwiegend durch ein *dichtes Filialnetz*, also *gute Erreichbarkeit* sowie durch *Kundenfreundlichkeit* und *persönlich geführte Kundenbeziehungen* aus.

Ein weiterer Aspekt, der die Markenbildung für die Direktbanken erschwert, ist die Tatsache, dass die Institute bisher nicht über einen „Supplier-Status" hinausgekommen sind. Zwar wird das Vollbank-Prinzip auch nicht von allen angestrebt (insbesondere die Discount Broker wie ConSors, Direkt Anlage Bank o. ä. positionieren sich ganz bewusst als Spezialist und konzentrieren sich damit auf eine relativ enge Zielgruppe, die plakativ umschrieben werden kann mit: männlich, mittleres Alter, überdurchschnittliche Schulbildung, überdurchschnittliches Einkommen → „Banking für Fortgeschrittene"), doch auch diejenigen Banken, die den Trend von der Spezialbank zur Universalbank bereits vollzogen haben, sind für ihre Kunden bisher meist die Nebenbankverbindung in Ergänzung zur klassischen Filialbank. Wie bereits angedeutet, löst sich der Kunde (auch der direktbankaffine) nur langsam vom Altbewährten, sodass (zumindest aktuell) das integrierte Vertriebskonzept („alles zu jeder Zeit") am ehesten auf Akzeptanz stößt. Die Re-Integration der Bank 24 und die Gründung der Retailbank Deutsche Bank 24 verdeutlichen, dass das ausschließliche Angebot der direkten Vertriebswege insgesamt betrachtet bisher nicht erfolgreich war.

Kunden, die bisher nur 1-2 Produkte bei einem Geldinstitut nutzen, sind im Prinzip auch eher Käufer, als dass sie sich durch eine hohe Kundenbindung, durch Treue und Loyalität zum Geldinstitut auszeichnen. Letztlich lässt sich nur über eine breit angelegte Produktnutzung eine intensive Kundenbeziehung erreichen. Insofern stellt sich die Frage, inwiefern spezialisierte Anbieter (also hier insbesondere die Discount Broker) aus Sicht der Kunden überhaupt zu Marken werden können. Sind Discount Broker aus Sicht der Kunden überhaupt Banken oder vielleicht doch nur ausführende Organe, Erfüllungsgehilfen?

Neben der mangelnden Bereitschaft, auf den persönlichen Kontakt zu verzichten, erschwert die Preissensibilität eine hohe Kundenbindung. Eines der Hauptargumente für eine Verbindung zu einer Direktbank sind die günstigen Provisionen/Gebühren bzw. die attraktiven Zinsangebote. Regelmäßige Veröffentlichungen in Testberichten erhöhen die Bereitschaft, die jeweils preisgünstigste Direktbank zu nutzen. Das vagabundierende Finanzverhalten nimmt dadurch zu, die Kundenbindung reduziert sich. Eine Profilierung über den Preis führt letztlich jedoch zu austauschbaren Anbietern, die Supplier-Funktion der Direktbanken verstärkt sich weiter. Der Kunde wird immer mehr – ohne jegliche persönliche Bindung – von Angebot zu Angebot „springen“. Der Kunde kann sich im Selektieren üben, und er wird das auf eine immer souveränere und selbstverständlichere Art tun. Vertrauen und Loyalität lassen sich auf dieser Basis kaum aufbauen.

3. Zusammenfassung und Ausblick

Die Frage *Sind Direktbanken Marken?* lässt sich sicher nicht pauschal mit ja oder nein beantworten. In der Zusammenfassung aller wesentlichen Aspekte lässt sich im Direktbankenmarkt bisher sicher nicht von klassischen Marken auf Nike-, Mc Donald's- oder Coca-Cola-Niveau sprechen. Und auch wenn man die Maßstäbe bez. Bekanntheit, Marktbedeutung, Werbepräsenz etc. niedriger anlegt, fällt es schwer, in diesem Marktsegment Markenpersönlichkeiten zu erkennen. Dies ist sicher nur eine Momentaufnahme. Ansätze für die Etablierung erfolgreicher Marken (insbesondere bei der Bank 24 und der Advance

Bank) sind durchaus vorhanden, der Aufbau wird jedoch durch verschiedene Faktoren erschwert. Abzuwarten bleibt die Entwicklung der neuen „Börsianer" ConSors, Direkt Anlage Bank, Entrium und Comdirect. In der mittel- bis langfristigen Betrachtung wird sich durch die wachsende Bedeutung der jungen, technikfreundlichen und technikerfahrenen Generation einiges ändern. Nicht nur die Akzeptanz von direkten Vertriebswegen wird sich weiter erhöhen, auch die Einstellung zu Geld, Geldausgeben, Sparverhalten etc. wird sich nachhaltig ändern. Inwieweit die Direktbanken jedoch in der Lage sein werden, diese sich ändernden Bedingungen für sich zu nutzen und besonders den bisher (vielleicht) unterschätzten Zeitfaktor zu bewältigen (also letztlich ausreichend lange durchzuhalten), bleibt abzuwarten. Den souveränen Vagabunden zum Kunden zu machen und die Basis für eine stabile Kundenbeziehung zu schaffen, wird dabei nur über eine individuelle Kundenbetreuung und hohe Investitionen im Bereich Kommunikation zu realisieren sein. Zumindest die Entwicklungen im Bereich Kommunikation sprechen aktuell nicht für eine Verstärkung des Markenaufbaus.

„Überleben" bzw. sich positiv entwickeln wird jedoch nur die Direktbank, die Markenführung ernst nimmt und die Brandmanagement als geschäftspolitische Notwendigkeit begreift, da nur so eine eigenständige Positionierung im Wettbewerb und hohe Glaubwürdigkeit beim Kunden erreicht werden können.

Es muss eine Art Selbstidentität entwickelt und kommuniziert werden, die es dem Verbraucher ermöglicht, auf gelernte Grundmuster der Marke zurückzugreifen und die Marke im „Kommunikationswirrwarr" zu identifizieren und zu finden.

Die Definition dieser Selbstidentität setzt Kenntnisse über den Markenkern voraus, d. h. das Unternehmen muss die Fragen *Wer bin ich?, Wie bin ich?, Was biete ich?* und *Wie trete ich auf?* aus Sicht des Verbrauchers in differenzierbarer Weise beantworten. Wie sieht der Verbraucher ein Geldinstitut, wie nimmt er es wahr, welche Eigenschaften, Stärken und Schwächen verbindet er mit einem Geldinstitut? Die Penetrierung eines spezifischen Markenkerns wird immer mehr zur Bedingung für den Markterfolg.

Um die Theorie der Markenerfolgsforschung auf ein anschauliches Beispiel zu übertragen, bedient sich icon (Wirtschafts- und Marktforschung GmbH) der „Eisberg-Analogie“:

Abbildung 10: Markenbild/Markenguthaben

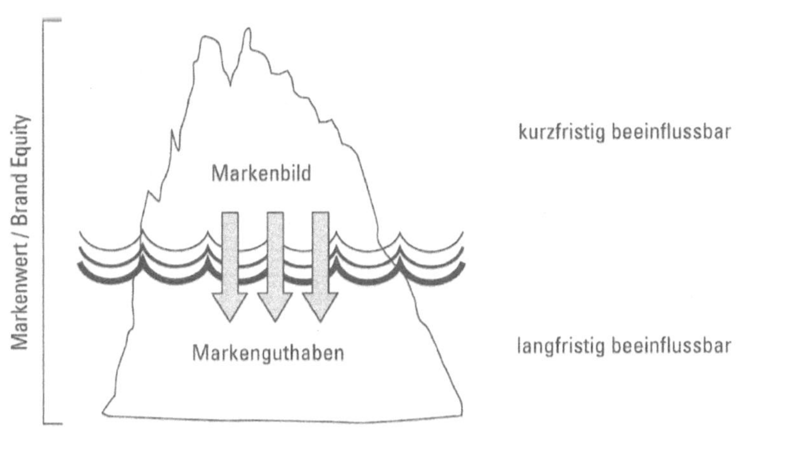

Der Eisberg stellt die gesamte Marke dar. Der Markenwert setzt sich aus den beiden Komponenten Markenbild und Markenguthaben zusammen: Der obere Teil des Eisbergs steht für das Markenbild, das durch die äußeren (sichtbaren) Einflussfaktoren (Werbung, PR, Direkt-Marketing-Aktionen, Eindrücke im Telefon-Kontakt etc.) bestimmt wird. Der nicht sichtbare Teil des Eisbergs unterhalb der Wasseroberfläche stellt das (nur langfristig beeinflussbare) Markenguthaben dar. Hier sind die Faktoren Markensympathie, Markenvertrauen und Markenloyalität von Bedeutung.

Der relative Beitrag der beiden Komponenten ist stark abhängig von der Lebensdauer der Marke. Besteht sie schon sehr lange, so ist das Markenguthaben der dominierende Faktor (in diesem Fall können kurzfristige Aktionen weniger Einfluss nehmen). Ist die bisherige Lebensdauer der Marke kurz, so ist das Markenguthaben aufgrund fehlender Erfahrungen meist noch schwach ausgeprägt, der Markenwert wird primär durch die aktuellen Determinanten des inneren Markenbildes bestimmt.

Das Markenguthaben der Direktbanken ist dementsprechend bisher nur in geringem Umfang entwickelt und kann nur über intensive und kontinuierliche Kommunikationsbemühungen langfristig aufgebaut werden. Die Voraussetzung für die Etablierung von Markenpersönlichkeiten im Direktbankenmarkt ist vorhanden, die Realisierung ist jedoch nicht leicht und erfordert vor allem Ausdauer und eine konsequente Orientierung an den Bedürfnissen und Wünschen der Verbraucher, denn die wichtigste Messlatte für erfolgreiche Markenführung ist der Verbraucher.

Abbildung 11: Marken mit den Augen des Verbrauchers gesehen

Vom Pionier zum Player unter den Direktbanken: Der Aufbau der Marke Volkswagen Bank direct

Norbert M. Massfeller

1. Einführung

Der Markt für Direct Banking hat sich in Deutschland seit Anfang der 90er Jahre sprunghaft entwickelt. Interessierten sich 1990 noch wenige Kunden für eine Direktbank, so ist ihre Zahl bundesweit mittlerweile auf rund 4 Millionen angewachsen. Der weiterhin boomende Markt wird sowohl für eine junge und flexible Kundschaft mit neuem Anforderungsprofil als auch für klassische Anleger und Sparer ständig attraktiver. Die derzeit besonders erfolgreichen Anbieter sind aus unterschiedlichen Richtungen in das Direktbankgeschäft eingestiegen. Oft handelt es sich um Direktbanktöchter etablierter Vollbanken, für die das Direct Banking nur ein zusätzlicher Vertriebsweg ist. Doch auch die sogenannten Nonbanks wie beispielsweise Entrium Direct Bankers (ehemals Quelle Bank) und die Volkswagen Bank direct erkannten den Direktbanken-Trend frühzeitig und nutzten ihn für sich. Der strukturelle Vorteil dieser Banken lag darin, dass sie von Anfang an auf Filialen verzichteten. Aus ihrer jeweiligen Konzernzugehörigkeit ergaben sich zusätzliche Vorteile für das Direktbankgeschäft.

Der folgende Beitrag zeichnet den eigenständigen Weg der Volkswagen Bank direct in diesem hochkompetitiven Markt nach und stellt schlaglichtartig ihre Geschäftsstrategie vor. Nach einem kurzen historischen Abriss wird zunächst erläutert, warum die Volkswagen Bank 1990 ins Direct Banking eingestiegen ist und wie die gegenwärtige Positionierung in diesem Segment erreicht wurde. Anschließend wird der Aufbau der Marke Volkswagen Bank direct anhand von zwei bundesweit durchgeführten Image- und Werbekampagnen im Detail geschildert.

1.1 Historische Entwicklung

Als Volkswagen 1949 mit Gründung der damaligen Volkswagen Finanzierungsgesellschaft mbH in das Finanzdienstleistungsgeschäft einstieg, war vom deutschen Wirtschaftswunder der Folgejahre nur wenig zu spüren. Konsumentenkredite wurden zu diesem Zeitpunkt noch von keiner Bank vergeben. Da der Wunsch nach einem eigenen Automobil in der Bevölkerung wuchs, die finanziellen Rahmenbedingungen eine Realisierung dieses Wunsches jedoch in den meisten Fällen nicht zuließen, trat die Volkswagen Bank damals als Absatzförderer auf. So trug die Volkswagen Bank wesentlich zum Erfolg des VW Käfers bei, indem sie ihn für ein Massenpublikum erschwinglich machte.

Erst zehn Jahre später folgten die Banken einer Aufforderung des damaligen Wirtschaftsministers Ludwig Erhard, der 1958 auf dem ersten Nachkriegs-Bankierstag in Köln die Vergabe von Konsumentenkrediten forderte: „Es möge den deutschen Bankiers möglich sein, sich künftig neben der Finanzierung des Wirtschaftsablaufes in seinen vielfältigen Formen auch wieder stärker dem Einzelnen als ihrem Kunden zu widmen. Sicher ist der Personalkredit mühevoll und kostspielig und in die fortschreitende Mechanisierung des Bankbetriebs schlecht einzufügen. Aber es gehört nach meiner Vorstellung nun mal zu den Aufgaben des Bankiers, dass man bei ihm auch als Privater ein paar hundert Mark leihen kann, ohne dafür Haus und Hof verpfänden zu müssen“ (vgl. O. Betsch, 1999, S. 25).

Bei Volkswagen hatte man die absatzfördernde Funktion solcher Darlehen schon sehr früh erkannt und die „Bank zum Auto“ gegründet. Der „mühevolle Kleinkredit“ ist zu einem Erfolg für Volkswagen bzw. die Volkswagen Bank geworden, die mittlerweile zu den führenden Autobanken in Europa zählt.

1994 wurden die Finanzdienstleistungsaktivitäten des Volkswagen-Konzerns unter dem Dach der Holding Volkswagen Financial Services AG gebündelt, zu der neben Volkswagen Bank und Volkswagen Leasing als weitere operative Töchter in Deutschland die international fleet management GmbH (ifm) und der Volkswagen Versicherungsdienst (VVD) gehören.

Die Einführung des Volkswagen/Audi Card Systems und die Aufnahme des Einlagengeschäftes 1990 waren der Einstieg in das Direktbankgeschäft. Seit 1997 präsentiert sich die Volkswagen Bank mit eigenem Direktbank-Profil im Markt und zählt nach Kundenzahl unter den deutschen Direktbanken zu den Großen der Branche.

1.2 Konzernauftrag

Die Basis aller Aktivitäten der Volkswagen Bank ist die Absatzförderung der Produkte des Volkswagen-Konzerns. Volkswagen bietet seinen Kunden automobile Mobilität. Auch innerhalb des Finanzdienstleistungsgeschäftes von Volkswagen spielt Mobilität – neben der Automobilfinanzierung und dem Leasing als Basisaktivitäten der Absatzförderung – eine zentrale Rolle: Durch Direct Banking, flexible Anlagemöglichkeiten und ein vielseitiges Card System ergänzt die Volkswagen Bank die automobile Mobilität um die finanzielle. Dadurch können über Finanzdienstleistungen auch solche Kunden dauerhaft an den Konzern gebunden werden, die zunächst nicht nur Zielgruppe für dessen primäre Produkte gehörten. Finanzdienstleistungen sind somit als sinnvolle Ergänzung der Mobilitätsdienstleistung Teil der Konzernstrategie. Ihre Ausweitung stellt eine konsequente Umsetzung des Konzernauftrags dar.

2. Ausweitung des Produktportfolios

2.1 Gründe zur Erweiterung des Geschäftsfeldes

Sozialstruktur und Kundenverhalten haben sich in Deutschland in den letzten zwanzig Jahren entscheidend gewandelt. Die fortschreitende Segmentierung der Gesellschaft hat neue Kundengruppen mit einem schwerer kalkulierbaren Kaufverhalten hervorgebracht. Die individuellen Lebensläufe dieser Kunden verlangen nach ebenso individuellen und flexiblen Bank- und Finanzierungsprodukten. Die Volkswagen Bank bedient diese Zielgruppen mit Produkten wie zum Beispiel dem Card System, das aus zwei Kreditkarten besteht und damit weltweit ein Höchstmaß an finanzieller Flexibilität garantiert.

Der Einstieg in das Direktbankgeschäft war die logische Fortsetzung der Orientierung am Kundenwunsch. Dieter Ullsperger, damaliges Vorstandsmitglied der Volkswagen AG für Controlling und Finanz, beschieb die Möglichkeiten und Vorteile der Diversifikation in seiner Rede anlässlich der Pressekonferenz zur Einführung des Card Systems am 17. Oktober 1990 in Frankfurt a.M. folgendermaßen: „Für die Bank ist dies ein wichtiger Schritt in eine vielversprechende Zukunft. Sie hat mit der Vollbanklizenz die Berechtigung zur Aufnahme des Einlagengeschäftes erworben und ist in den Einlagensicherungsfonds des privaten Bankgewerbes aufgenommen worden... Die Ziele, die Volkswagen mit diesen Maßnahmen verfolgt, sind klar. Mit der Verstärkung unserer Angebote im Finanzdienstleistungsbereich erleichtern bzw. fördern wir den Kauf unserer Produkte und Automobile. Zudem wird unser automobiles Angebot unter den bekannten Marken VW, Audi und Seat um spürbare, verbraucherfreundliche Nutzen erweitert. Wir sind zuversichtlich, dass sich dies positiv auswirkt auf die Präferenzen und die Kundentreue gegenüber unseren Marken... Schließlich wird die V.A.G Bank GmbH über das neue Card System und marktgerechte, attraktive Konditionen Kundeneinlagen generieren. Dies wird die Refinanzierungsbasis der Bank auf eine breitere und zinsgünstigere Basis stellen.“

Es wurden also nicht nur die Wachstums- und Ertragschancen in einem prosperierenden Markt jenseits des Automobilmarktes genutzt. Ein wesentlicher Aspekt war und ist die Absicherung der Kerngeschäftsfelder der Bank, denn das Einlagengeschäft bietet zugleich die Möglichkeit, auch in einer Hochzinsphase günstige Finanzierungskonditionen anzubieten.

Die strategische Bedeutung der Finanzdienstleistungsaktivitäten im Konzern nimmt somit weiter zu. Ergänzend zur originären Aufgabe der Absatzförderung wurde für das Finanzdienstleistungsgeschäft eine neue Idee entwickelt und mit Leben erfüllt: die automobile Wertschöpfungskette (vgl. Abbildung 1). Sie ist die Basis für den Auf- und Ausbau der Geschäftsfelder der Volkswagen Bank.

Während Finanzierungs- und Leasing-Produkte unmittelbar bei Erwerb eines Fahrzeuges nachgefragt werden, können Kunden mit Direktbank-Produkten über die Laufzeit von Leasing- und Finanzie-

Abbildung 1: Finanzdienstleistungen entlang der automobilen Wertschöpfungskette

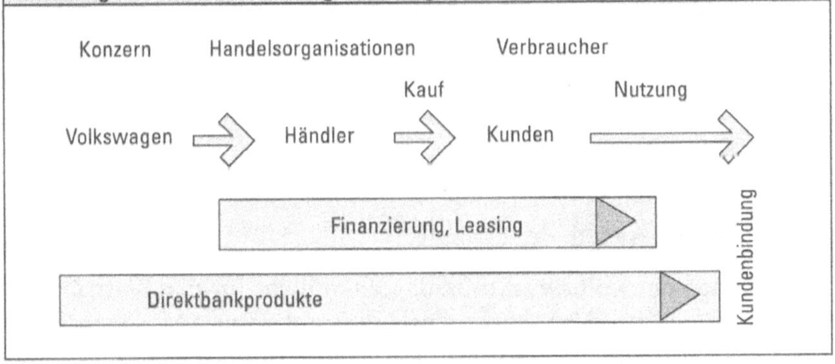

rungsverträgen hinaus an den Volkswagen-Konzern gebunden werden. Mit speziellen Produkten wie beispielsweise dem Auto-Ansparplan ist es sogar möglich, diese schon vor der eigentlichen Kaufentscheidung an den Konzern zu binden.

2.2 Innovation Card System

Die Idee klingt zunächst simpel: Zwei Karten (EUROCARD/MasterCard und Visa) werden mit all ihren Umsätzen über ein Konto abgerechnet, über das per Telefon, Brief oder Fax disponiert werden kann. Mit dem Paket aus EUROCARD/MasterCard und Visa verfügt der Kunde über zwei der bedeutendsten Kreditkarten weltweit und kann sicher sein, immer eine entsprechende Akzeptanzstelle zu finden. Die praktische Ausführung dieser Idee war allerdings weitaus schwieriger. 1990 gelang es der Volkswagen Bank als erster in Deutschland, die Kreditkarten dieser zwei völlig getrennt voneinander operierenden Organisationen in einem Card System zu vereinen. Die Besonderheit und eigentliche Innovation des Card Systems war das Kartendoppel, deren Erfinder die Volkswagen Bank ist.

Die Kreditkarten sind für Volkswagen ideales Kundenbindungsinstrument. Der Volkswagen-Handel konnte schnell als Akzeptanzstelle und Vertriebspartner gewonnen werden. Damit gelang es, Wettbewerber vom Händlernetz fernzuhalten. Durch ihre Multifunktionalität und die vielfältigen Gestaltungsmöglichkeiten sind die Kreditkarten noch immer eine ideale Basis für weitere Services und Produkte rund um die Mobilität. So wurde das Card System im Sommer 1998 um sogenannte „Reise-Services“ erweitert. Diese beinhalten nicht nur klassische Dienstleistungen wie das Beschaffen von Sorten und das Ausstellen von Reiseschecks, sondern auch die Planung der Reiseroute sowie die Möglichkeit, Reisen zu buchen.

2.3 Vertriebswege

Die Kunden der Volkswagen Bank sollten nicht für den Aufbau eines Filialnetzes zahlen. Von der Zentrale in Braunschweig aus werden daher direktbankfähige Dienstleistungen und Produkte vertrieben. Vertriebswege sind Direct Mailing, Telefon, Fax und Online-Medien wie das Internet.

Direkter Vertrieb

1990 war die Vermarktung von Finanzdienstleistungsprodukten per Direktvertrieb in Deutschland noch nicht weit verbreitet. Mittlerweile zählen Direktmarketing und der Betrieb eines Call-Centers zu den wichtigsten Direktvertriebsinstrumenten von Direktbanken. Grundlage der Direktmarketingmaßnahmen ist das Direct Mailing, ohne das Direct Banking nicht funktioniert. Dabei haben die Direktbanken im sprunghaft angestiegenen Direct-Mailing-Geschäft eine Vorreiterrolle übernommen (vgl. H. Pischulti, 1997, S. 139).

Ergänzend zum Direktmarketing und Telefonvertrieb kommt den neuen Medien steigende Bedeutung zu. Im ersten Schritt bietet die Volkswagen Bank direct über Internet aktuelle Informationen und Serviceleistungen wie Rechenbeispiele für individuelles Sparen an.

Indirekter Vertrieb

Beim indirekten Vertrieb ist der Absatz von Finanzdienstleistungen – etwa Leasing- und Finanzierungsverträge – eng mit den Handelsorganisationen von Volkswagen, Audi, Seat und Skoda verknüpft. Als Autobank hat die Volkswagen Bank direct den Vorteil, das Händlernetz des Konzerns als zusätzlichen, bereits vorhandenen und funktionierenden Vertriebskanal nutzen zu können. Der Händler fungiert als Vermittler von Finanzdienstleistungsprodukten an die Käufer der Konzernmarken. Über diese Vertriebsschiene können beispielsweise Kreditkarten und komplementäre Anlageprodukte wie der Auto-Ansparplan angeboten werden, die gleichzeitig ein interessantes Kundenbindungsinstrument für den Handel darstellen.

3. Vom Pionier zum „Player" unter den Direktbanken

3.1 Produktpalette

„Im Regelfall besteht die Angebotspalette im Direct Banking aus einer relativ überschaubaren Anzahl von Basisprodukten, die hochstandardisiert, transparent und gut via Direktmarketing kommunizierbar sind. Darüber hinaus weisen Direktbankleistungen ein vom Kunden erkennbares Nutzenprofil auf" (H. Pischulti, 1997, S. 156).

Grundsätzlich versteht sich die Volkswagen Bank direct als Ergänzung zur Hausbank. Dem mobilen und kritischen Kunden wird eine Produktpalette mit dem Schwerpunkt auf Spar- und Geldanlage offeriert, die seit 1994 kontinuierlich erweitert wird (vgl. Abbildung 2).

Für Privatkunden bietet die Bank Tages- und Festgeldkonten sowie Sparpläne und Sparbriefe an. Für Geschäftskunden kommt ein Tagesgeldprodukt namens „Plus Konto Business" hinzu. Aufgrund seiner Nähe zum Kerngeschäft des Konzerns ist der Auto-Ansparplan ein charakteristisches Produktbeispiel: Er kann für einen Zeitraum von ein bis sechs Jahren abgeschlossen werden, wobei das Sparguthaben jährlich verzinst wird. Hinzu kommt am Ende ein laufzeitabhängiger Zinsbonus. Wenn der Kunde das angesparte Guthaben als Anzahlung für eine Finanzierung mit der Volkswagen Bank oder als Sonderzahlung für einen Leasing-Vertrag mit der Volkswagen Leasing verwendet, wird noch einmal ein Top-Bonus auf die Zinserträge vergütet. Durch die Verknüpfung mit konzerneigenen Leasing- und Finanzierungsangeboten ist der Auto-Ansparplan ein Produkt, das so nur von einer Automobilbank angeboten werden kann. Hier liegt das spezifi-

Abbildung 2: Innovative Produkte der Volkswagen Bank direct

Kreditkarten Card System (EUROCARD und Visa, Reise-Services
Tagesgeld für Privat- und Geschäftskunden Plus Konto, Plus Konto Business
Festgeld
Sparpläne Direkt-Sparplan, Sparplan F, Auto-Ansparplan
Sparbriefe Plus Sparbrief, Vario Sparbriefe
Kredite Direkt-Kredit, Abruf-Kredit
Baufinanzierung Hypotheken-Service
Investmentfonds Vertrieb von ADIG-Fonds

sche Potenzial einer zielgruppengerechten und markenspezifischen Direktansprache.

Das schnelle Wachstum der Direktbank wurde dadurch möglich, dass der Geschäftsbereich Direktbank vor dem Hintergrund des florierenden Leasing- und Finanzierungsgeschäftes einer renommierten Autobank genügend Zeit hatte, sich zu entwickeln und – anders als viele Konkurrenten – nicht von Anfang an unter enormem Erfolgsdruck stand. Im Wachstumsmarkt Direct Banking ist die Volkswagen Bank direct mittlerweile aus ihrer Nische herausgewachsen und gehört zu den Großen der Branche.

Dazu hat die Originalität der Produkte ebenso beigetragen wie – ähnlich der Plattformstrategie des Volkswagen-Konzerns – deren geschickte Variationen. Ein gutes Beispiel dafür ist der New Beetle-Sparplan. Der nachhaltige Erfolg der Volkswagen Bank direct lässt sich damit zurückführen auf eine gute Mischung aus innovativem Service und cleverer Vermarktung.

3.2 Erfolgsfaktor Service

Für die Volkswagen Bank direct sind Service- und Beratungsqualität neben der Entwicklung innovativer Produkte und der Preisgestaltung wichtige Strategie-Elemente. Der Telefon-Service in Braunschweig ist das Herzstück der Direktbankaktivitäten des Unternehmens. Der Kundenzufriedenheit wird höchste Priorität eingeräumt. Das Kundenzufriedenheitsmanagement der Volkswagen Bank direct verfolgt dabei die Ziele

- Kundenwünsche besser zu erkennen,
- die Kundenzufriedenheit zu steigern,
- interne Arbeitsabläufe zu verbessern und
- das Leistungsangebot auf die Nachfrage abzustimmen.

Fragen, Reklamationen und Wünsche der Kunden fließen kontinuierlich in das laufende Beratungsgeschäft der Bank ein und führen zu spürbaren Leistungsverbesserungen. Der Dialog mit dem Kunden wird also nicht nur statistisch erfasst, sondern aktiv und systematisch als Grundlage für die Gestaltung und Verbesserung von Produkten und Services genutzt.

Mit mehr als 300 000 Kunden und einem Einlagevolumen von über 6 Mrd. DM (Stand Mai 2000) zählt die Volkswagen Bank direct mittlerweile zu den Großen der Branche. Mit einer deutlichen Vergrößerung des Kundenstamms verändern sich allerdings auch die Kommunikationsaufgaben.

4. Aufbau der Marke Volkswagen Bank direct

4.1. Ausgangssituation: Kundenverhalten und Wettbewerb

Abnehmende Markenloyalität, eine steigende Bereitschaft auf andere Produkte umzusteigen und emotionale Preissensibilität bestimmen das gegenwärtige Konsumverhalten. Der Konsument ist aufgeschlossen gegenüber modernen Technologien und einer deutlich spürbaren Orientierung hin zu *convenience goods*. Das sind Güter, die der Konsument mühelos, häufig und ohne übermäßigen Vergleichs- und Einkaufsaufwand ersteht, wie z. B. Tabakwaren, Zeitungen, Treibstoff (vgl. Kotler/Bliemel, 1999, S. 674 und W. Kroeber-Riel, 1990, S. 118 ff.). Zusätzlich spielen Faktoren wie Zeitknappheit und Informationsüberlastung eine wichtige Rolle.

Bei näherer Betrachtung des Bankenmarkts wird deutlich, dass die große Produktvielfalt für eine fortschreitende Standardisierung der Produkte sorgt. Je geringer der Unterschied zwischen den Produkten wird, umso mehr mangelt es dem Konsumenten an Orientierung und Transparenz. Zugleich erwarten die Kunden heute mehr Effizienz und mehr Service von einem Dienstleister. In dieser Situation kommt es Anfang bis Mitte der 90er Jahre zu einer Gründungswelle von Direktbanken. Dazu zählen insbesondere die Direktbank-Töchter der großen Geschäftsbanken und die Direktbankabteilungen von Sparkassen und Genossenschaftsbanken.

Zum Zeitpunkt der Geschäftsaufnahme stand die Volkswagen Bank vor dem Problem, dass sie primär als „Autobank" bekannt ist. Um dieses Defizit in der Wahrnehmung zu beseitigen, wurde die Entscheidung getroffen, als Volkswagen Bank direct am Markt aufzutreten. Nach der Definition eines eigenständigen Direktbankprofils wurde der kommunikative Auftritt vor Kunden entwickelt und in einer bundesweiten Werbekampagne umgesetzt. Die dabei verfolgten Kommunikationsziele waren:

- Steigerung des Bekanntheitsgrades im Markt,
- Ansprache einer erweiterten Zielgruppe und
- Positionierung eines eigenständigen Direktbankprofils.

Steigerung des Bekanntheitsgrades im Markt

Um einen erhöhten Bekanntheitsgrad zu erreichen, muss vorab im Rahmen von Testläufen die Erwartungshaltung potenzieller Kunden erhoben werden, die ein Werbeauftritt der Volkswagen Bank direct hervorrufen kann. So konnte in Erfahrung gebracht werden, dass Direct Banking noch 1997 mit Anonymität und fehlender Beratung assoziiert wurde. Gleichzeitig bestand Skepsis hinsichtlich Zuverlässigkeit und Seriosität. Diese Vorurteile werden von allen Direktbanken in ihrer Werbung aufgegriffen. Ziel ist es, dieses Image durch Argumente zu zerstreuen und so das immer noch recht vage Vorstellungsbild von „Direct Banking" zu schärfen.

Die spezifische Aufklärungsleistung besteht darin, dem Verbraucher zu verdeutlichen, dass eine Volkswagen Bank direct ihren Fokus nicht ausschließlich auf Finanzangebote rund ums Auto legt. Dem widerspricht es nicht, *positive images* wie Qualität, Zuverlässigkeit, Wertbeständigkeit, Sicherheit, Vertrauen und Sympathie, die mit der Marke Volkswagen verbunden sind, auch für den Markenauftritt der Volkswagen Bank direct zu nutzen. Gleichzeitig muss sie aber das Terrain mit eigenem Profil und mit eigener Kompetenz ausfüllen, das sie als Direktbank im spezifischen Markt zu gewinnen sucht. „Die am längsten andauernde Positionierung einer Marke beruht auf den Werten der Kultur und Persönlichkeit, die sie projiziert. Diese bestimmen das innere Wesen der Marke. Aber auch diese Assoziationen müssen laufend gepflegt, gefestigt und nach dem Trend zeitgemäß ‚verjüngt' werden, wenn die Marke nicht langfristig veralten und ihre Bedeutung verlieren will" (vgl. Kotler/Bliemel, 1999, S. 691).

Auch die Kommunikation der Bankprodukte ist wesentlich für die Steigerung des Bekanntheitsgrades. Das Produktangebot muss klar gegliedert und leicht zu unterscheiden sein. Sonst besteht die Gefahr, dass die Kommunikation dem erklärten Ziel einer Produkt-Transparenz zuwiderläuft. Damit der Kunde sicher sein kann, dass er sich für die richtige Bank und Anlageform entschieden hat, sollte er stets darüber informiert sein, dass die Volkswagen Bank direct sich mit ihren Konditionen im Direktbankenvergleich im oberen Drittel bewegt.

Ansprache einer erweiterten Zielgruppe

Das Marktpotenzial für direktbankaffine Kunden in Deutschland beläuft sich auf rund 15 Millionen (vgl. F. Schneider, 1998, S. 27). Allerdings sind erst 1,5 Millionen Kunden tatsächlich zu einer Direktbank gewechselt, 4 Millionen zählen zum „engeren" und 10 Millionen zum „erweiterten" Interessentenkreis.

Neben den Konzernangehörigen, den Fahrern der Konzernmarken sowie den Handelspartnern des Konzerns steht der Privatkunde (auch der Fremdmarkenfahrer) im Fokus der Volkswagen Bank direct. Beim klassischen Direktbankkunden finden sich die folgenden sozio-demographischen Merkmale besonders häufig. Er ist

- Privatperson (vornehmlich männlich),
- 25-40 Jahre alt,
- berufstätig,
- mit höherem Bildungsniveau und
- höherem Einkommen.

Die erweiterte Zielgruppe wird mit folgenden psychographischen Merkmalen differenziert. Sie ist

- modern,
- konsumorientiert,
- serviceorientiert,
- konditionenbewusst,
- hat ein pragmatisches Verhältnis zum Geld,
- ist *innovation follower* und aufgeschlossen gegenüber neuen Kommunikationstechnologien.

Der potenzielle Direktbankkunde sucht aber *nicht* nach einer Vollbank als Erstbank oder nach einem Ersatz für seine derzeitige Hausbank. Vielmehr sollte der Zielkunde ein Interesse an unkomplizierten, sicheren Finanzdienstleistungen haben – mit Schwerpunkt auf Geldanlage – und bislang noch keine Zweitbank-Beziehung eingegangen sein.

Positionierung eines eigenständigen Direktbankprofils 1997

Als Vorteile der Volkswagen Bank direct werden „Schnelligkeit" und „Einfachheit" kommuniziert. „Beratungsqualität" und „Vertrauenswürdigkeit" sollen als spezifische Markenstärken aufgebaut werden. Der Kunde ist mehr an der Marke interessiert als an der Ausprägung verschiedener Produkteigenschaften oder Ausstattungselemente (vgl. Kotler/Bliemel, 1999, S. 691). Diese unterliegen stark dem jeweils herrschenden Zeitgeist und können leicht von Mitbewerbern kopiert werden. Die Direktbank tritt als selbstbewusster, kompetenter Bankpartner auf und stellt Transparenz und relevante *lead products* in den Mittelpunkt.

Um einen langfristig erfolgreichen Marken- und Imageaufbau zu erreichen, präsentiert sich die Volkswagen Bank direct dem Verbraucher als

- modern und dynamisch im Auftritt,
- individuell und persönlich in der Ansprache sowie
- einfach und unkompliziert in der Argumentation.

Als erste Autobank in Deutschland lancierte sie einen Image- und mehrere Werbespots im TV. Als weitere Kommunikationsinstrumente kommen Anzeigen in Printmedien und Direktmarketing-Maßnahmen zum Einsatz. Durch den neuen Namen und ein offensiveres Auftreten sollte deutlich werden, dass die Volkswagen Bank direct mehr ist als eine Autobank. Und schon 1997 war die Volkswagen Bank direct mit mehr als 170 000 Kunden eine der größten Direktbanken in Deutschland.

4.2 Marktforschung

Ein unabhängiges Marktforschungsinstitut führte die Erfolgskontrolle der Imagekampagne anhand zentraler Werbewirkungsindikatoren (Direktbankaffinität, Bekanntheit, Werbeerinnerung, Image, Relevant Set – das Relevant Set beinhaltet die Wahrscheinlichkeit, dass der Kunde bei dieser Bank ein Konto eröffnet –) durch (vgl. Emnid, 1997). Um die grundlegenden Eckdaten zum Werbeerfolg und eine Einstellungsbeeinflussung feststellen zu können, wurde das Image vor und nach der Werbekampagne gemessen (klassischer Tracking-Ansatz).

Aus dem Ergebnis der Marktforschung lassen sich zur Werbewirkung folgende Aussagen herleiten (vgl. Abbildungen 3 und 4). Die *Direktbankaffinität,* d. h. das Interesse der Befragten, Kunde bei einer Direktbank zu werden, ist in den alten Bundesländern stärker ausgeprägt als in den neuen Bundesländern und Männer sind daran mehr interessiert als Frauen. Die Kernzielgruppe ist jünger als 49 Jahre und berufstätig. Das stärkste Interesse an Direktbanken haben Befragte mit höherem Schulabschluss und einem Haushaltsnettoeinkommen zwischen 3 000 DM bis 6 000 DM. Beamte und Angestellte interessieren sich mehr für Angebote von Direktbanken als Selbständige und Arbeiter.

Ende 1997 ist die Bank 24 die bekannteste Direktbank, gefolgt von der Quelle Bank (heute Entrium Direct Bankers). Die Volkswagen Bank direct steht bei der gestützten Abfrage an dritter, bei der ungestützten Abfrage an fünfter Stelle. Volkswagen Bank direct und Advance Bank haben im Vergleich zur Nullmessung am stärksten zugelegt. Die gestützte Werbeerinnerung der Volkswagen Bank direct lag vor der Kampagne bei 5,4 Prozent und hat sich bis zur Wiederholungsmessung mehr als verdoppelt (12,9 Prozent). Sie hat dadurch Banken wie die Comdirect Bank und die Allgemeine Deutsche Direktbank in der Werbeerinnerung überholt. Hinsichtlich der Werbeinhalte erinnerten sich 64 Prozent der Befragten an konkrete Elemente aus der Volkswagen Bank direct-Werbung.

Die Volkswagen Bank direct ist die einzige Direktbank mit einer Steigerung von drei Prozent beim *Relevant Set,* den unmittelbar die Kaufentscheidung beeinflussenden Faktor. Insgesamt liegt die Volkswagen Bank direct zusammen mit der Advance Bank beim Relevant Set an zweiter Stelle. An erster Stelle steht die Bank GiroTel.

In der Gruppe der Direktbankaffinen liegt die Bank 24 vorn, gefolgt von der Volkswagen Bank direct.

Im Rahmen einer Imageanalyse wurden folgende Einstellungen gegenüber Direktbanken abgefragt:

- Bietet die Bank attraktive Zinsen?
- Bietet sie persönliche, qualifizierte Beratung per Telefon?
- Handelt sie service- und bedürfnisorientiert?
- Bietet sie eine große Vielfalt an Finanzdienstleistungen?
- Ist sie innovativ und modern?

Im Vergleich zu den anderen Direktbanken liegt die Volkswagen Bank direct bei fast allen Einschätzungen im Mittelfeld. Bei allen Imageeigenschaften legt die Volkswagen Bank direct zwischen sechs und zehn Prozentpunkten zu. Die Eigenschaft „bietet attraktive Zinsen“ wird der Volkswagen Bank direct im Vergleich zu den Wettbewerbern noch am ehesten zugesprochen. Hier ist im Vergleich zur Nullmessung auch die größte Steigerung erkennbar. Erstaunlich ist allerdings, dass gerade die Eigenschaft „bietet attraktive Zinsen“, die das Direktbankgeschäft allgemein kennzeichnet, gemäß Marktforschung von den Kunden für keine Direktbank signifikant wahrgenommen wird. In ihrer zweiten Imagekampagne, die 1998 angelaufen ist, stellt die Volkswagen Bank direct daher das Imageattribut „attraktive Zinsen“ in den Mittelpunkt.

Abbildung 3: Ungestützte Bekannheit* von Direktbanken

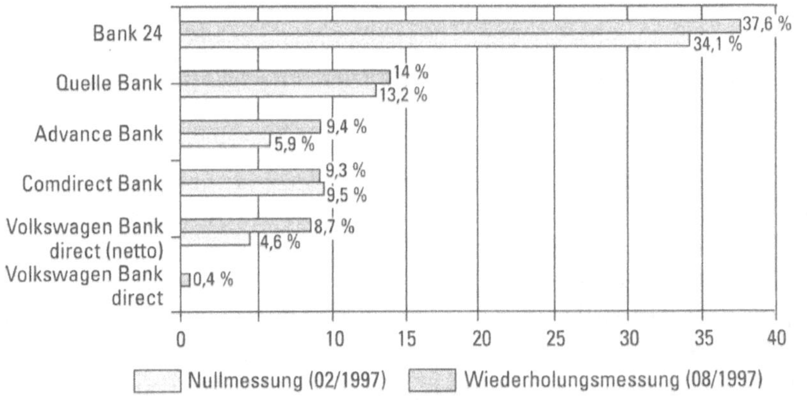

* ungestützte Bekanntheit = den Probanten werden a priori keine Namen von Direktbanken mitgeteilt

Quelle Emnid 9/97

Abbildung4: Gestützte Bekanntheit* von Direktbanken

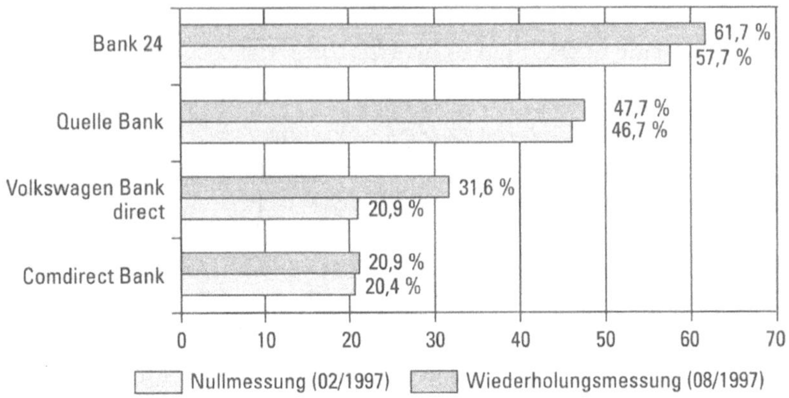

* gestützte Bekanntheit = den Probanten werden a priori die Namen von Direktbanken mitgeteilt

Quelle Emnid 9/97

Als Fazit ergibt sich, dass die erste Imagekampagne der Volkswagen Bank direct auch unter Berücksichtigung der Relation von Werbeaufwand zu Werbeeffizienz erfolgreich verlaufen ist.

4.3 Die Kommunikationskompetenzder Volkswagen Bank direct

Imagekampagne 1998/99

Die erste Imagekampagne legte den Grundstein zum Aufbau der Marke Volkswagen Bank direct. Die erreichte Marktposition wird durch konsequente Kommunikation des eigenständigen, markenübergreifenden Direktbankprofils gesichert und ausgebaut. Bekanntheitsgrad und Imagewert sollen verbessert werden. Der Kunde soll eine Markenpersönlichkeit mit den Eigenschaften sympathisch, menschlich, charmant, humorvoll, kompetent und unkompliziert wahrnehmen.

Direktbanken werden allgemein vier Kompetenzfelder zugesprochen:

- Konditionen,
- Service/Beratung,

- Produkt und
- Innovation.

Die Volkswagen Bank direct bündelt ihre Stärken eindeutig im Service und der Beratung sowie im Konditionenbereich. Die kommunikative Positionierung lautet daher: „Volkswagen Bank direct, die sympathische Direktbank, die mir attraktive Konditionen zu einem hervorragenden Service bietet".

Kommunikationsmix

Anknüpfend an die erste Kampagne lauten die modifizierten Kommunikationsziele der zweiten Imagekampagne, die 1998 aufgelegt wurde, daher:

- weitere Steigerung des Bekanntheitsgrades,
- Schärfung des Imageprofils,
- Konzentration auf ein Produktangebot und
- Generierung von Response.

Diese Ziele sollen über Maßnahmen in TV und Printmedien, per Direktmarketing, Internet und PR-Aktivitäten erreicht werden. Die Direktmarketing-Maßnahmen und der Einsatz von Print- und Neuen Medien konzentrieren sich auf die konkreten Produkte. Public Relations-Aktivitäten dienen dem Aufbau von Vertrauen und Verständnis sowie dem Informationstransfer.

Kommunikationsstrategie

Im Mittelpunkt der Kommunikationsstrategie der Volkswagen Bank direct steht die Weiterentwicklung bestehender Kompetenzfelder, Vertrauensbildung und Seriosität sowie eine produktnahe Nutzenargumentation. Strategische Markenführung, Stil und Ton der Ansprache sowie Advertising Design werden derzeit nicht variiert. Der Fokus liegt dabei klar auf der Verstärkung einer einheitlichen Marken- und Kampagnenidentität mit dem Ziel einer medienübergreifenden Integration.

5. Ausblick

Seitdem die Volkswagen Bank direct erkannt hat, dass ihr Bekanntheitsgrad einer der Schlüssel zum Erfolg ist, verfolgt sie einen gezielten Markenaufbau und eine offensive Kommunikationspolitik. Die beiden bislang durchgeführten Werbekampagnen sind in diesem Zusammenhang als notwendige, aber nicht hinreichende Schritte zu werten. Der Markenaufbau bedarf kontinuierlich imagestärkender Maßnahmen. Neben einer adäquaten Kommunikationsstrategie müssen besonders die Inhalte und Werte dessen, was gegenüber dem Verbraucher kommuniziert werden soll, ständig optimiert und angepasst werden. Im Mittelpunkt steht bei allen Maßnahmen der definitive Kundennutzen, dessen Indikatoren gute Konditionen und exzellente Beratungsleistungen sind.

Jeder Service, den die Volkswagen Bank direct bietet, muss für den Kunden einen wirklichen und nachprüfbaren Nutzen beinhalten. Die Produkte müssen bedarfsorientiert konzipiert sein und neben dem Bereich Sparen und Geldanlage die Bereiche Altersvorsorge und automobilungebundene Finanzierung abdecken. Dieser bedarfsorientierte Ansatz erfordert individuelle Problemlösungspakete. So werden klassische Bankprodukte zukünftig auch zunehmend um Versicherungsleistungen erweitert.

Die Marktentwicklung bei den deutschen Direktbanken lässt für die nächsten Jahre einen Bereinigungsprozess erwarten, in dem Unternehmensgröße, Marktanteil und Markenprofil ausschlaggebend sein werden (vgl. O. Betsch, 1999, S. 25). Die Volkswagen Bank direct rüstet sich für diesen Wettbewerb, in dem sie nicht zuletzt aufgrund ihrer Zugehörigkeit zum Volkswagen-Konzern eine günstige Ausgangssituation hat. Die Bindung an Volkswagen stellt ein wichtiges Unterscheidungsmerkmal zu anderen deutschen Direktbanken dar. Sie hat einen klaren Konzernauftrag und kann zu dessen Erfüllung in Deutschland, aber auch international auf ein beachtliches Markt- und Kundenpotenzial zurückgreifen.

Literaturhinweise

Betsch, Oskar: Eine Neuausrichtung des Privatkundengeschäfts ist unabdingbar, in: Frankfurter Allgemeine Zeitung, 11. Januar 1999, Nr. 8, S. 25.

Emnid, Werbetracking Dircktbanken, 9/1997.

Huth, Rupert/Pflaum, Dieter: Einführung in die Werbelehre, Stuttgart 1991.

Kotler, Philip/Bliemel, Friedhelm: Marketing-Management, 9. überarbeitete und aktualisierte Auflage, Stuttgart 1999.

Kroeber-Riel, Werner: Strategie und Technik der Werbung, 2. Aufl., Stuttgart 1990.

Pischulti, Helmut: Direktbank-Geschäft, Frankfurt 1997.

Schneider, Frank: Großes Wachstumspotenzial für Direktbanken, in: bank und markt, Jg. 27, Heft 9, September 1998, S. 27.

Innovative Finanzprodukte zur Schaffung von Wettbewerbsvorteilen

Ulf Geismar und Claudia Dillenberger

1. Vorbemerkung

Der Bankenmarkt ist anhaltend in Bewegung geraten: Im Zuge des europäischen Liberalisierungsprozesses drängen ausländische Anbieter auf den deutschen Markt, Konzentrations- und Reorganisationsprozesse sind in vollem Gang. Bankgeschäfte werden immer häufiger per Telefon, Fax oder Internet getätigt. Zudem sehen sich die Kreditinstitute vermehrt anspruchsvolleren, rendite- und kostenbewussten Kunden gegenüber. In diesem kompetitiven Umfeld wird es für Banken zunehmend wichtiger, ein klares Profil im Markt zu entwickeln.

Bei der Etablierung einer Direktbank kommt es in erster Linie darauf an, funktionierende, effiziente Systeme und Prozesse sowie ein überzeugendes Leistungsangebot zu etablieren. Die Systeme und Prozesse stellen die Basis für die Abwicklung des Geschäftes dar. Das Leistungsangebot ist eine Basis für die Profilierung am Markt.

Bei der Ausgestaltung und Kommunikation des Leistungsangebotes lassen sich im Direktbankenmarkt verschiedene Ansätze erkennen. Während einige Wettbewerber Vollbankleistungen herausstellen, andere mit Preiswürdigkeit werben, verdient der Ansatz der Profilierung über ein ausgewähltes Produktangebot eine besondere Würdigung. Die Etablierung der bedürfnisorientierten Produktentwicklung begann im Bankenmarkt im Vergleich zu anderen Branchen vergleichsweise spät und ist bis heute noch nicht abgeschlossen. Hierbei handelt es sich jedoch um einen wesentlichen strategischen Erfolgsfaktor – insbesondere vor dem Hintergrund der teilweise unüberschaubaren Produktvielfalt, z. B. im Bereich der Investmentfonds.

Dieser Beitrag gibt einen kurzen Überblick über die Notwendigkeit und Vorgehensweise moderner Produktentwicklungsprozesse. Beispielhaft wird der strategische Ansatz der Santander Direkt Bank AG erläutert.

2. Produktentwicklung im Finanzmarkt

Wenn es um Produkteinführungen im Finanzmarkt geht, wird häufig von Innovationen gesprochen. Bei den meisten neuen Produkten handelt es sich jedoch nicht um Innovationen, sondern um Produktvarianten oder Produktmodifikationen. Ein neues Produkt kann durchaus Neuheitscharakter haben, ohne eine Innovation im ursprünglichen Sinn darzustellen. Wichtig ist es, bei der Produkteinführung darauf zu achten, dass das Produkt/die Leistung zielgruppenadäquat gestaltet ist und die Produkteigenschaften in der Ausprägung vorhanden sind, die einen hohen Nutzen für den potenziellen Kunden generieren.

Neue Produkte können auf folgenden Wegen entstehen:

- Innovation,
- Modifikation,
  - Veränderung/Weiterentwicklung von Teileigenschaften,
  - Ergänzung um weitere Leistungen,
  - Bündelung.

Unter Innovation versteht man landläufig Marktneuheiten, die durch völlig neue Ideen ohne Vorbilder entwickelt werden. Innovationen können sich auch auf Produktteileigenschaften beziehen.

Neue oder neuartige Produkte können jedoch auch durch Produktmodifikationen bzw. -weiterentwicklungen entstehen. In der heutigen Praxis kommt es weitaus häufiger zu Modifikationen, z. B. durch kontinuierliche Verbesserungsprozesse (KVP/ Kaizen) oder durch Produktbündelungen.

Ein Erfolgsfaktor für die (Weiter-)Entwicklungen von Leistungen liegt in einer Kombination der Suche nach wirklich neuen Ideen und der

Philosophie des japanischen Kaizen, also der ständigen Verbesserung, an der Führungskräfte und Mitarbeiter gleichermaßen arbeiten. „Kaizen bedeutet Verbesserung des Status quo in kleinen Schritten als Ergebnis laufender Bemühungen. Innovation dagegen ist die drastische Verbesserung des Status quo als Ergebnis einer großen Investition in Technologie oder Ausstattung. Beide, Kaizen und Innovation, werden gebraucht und müssen sich sinnvoll ergänzen. Innovationen... können nur dann nachhaltig wirken, wenn sich anschließend alle Betroffenen um ständige Verbesserung kümmern – wenn also Kaizen betrieben wird“ (vgl. Kaizen Institute of Europe, 1994, S. 1).

Innovationen und Modifikationen bzw. der kontinuierliche Verbesserungsprozess können sich auf das eigentliche Kernprodukt beziehen. Häufig stehen aber auch Prozesse und Services im Mittelpunkt des Innovations-/Modifikationsprozesses. Die Abbildung 1 veranschaulicht den Zusammenhang von Produkt-, Prozess- und Service-Innovationen.

Prozess- bzw. Verfahrensänderungen müssen nicht zwangsläufig das Produkt verändern, häufig kann ein Produkt effizienter und damit schneller und/oder günstiger entwickelt werden. Hierdurch können u. U. Preisvorteile für den Kunden weitergegeben werden. Neben der preislichen Aufwertung kann das Produkt durch die Prozess-Innova-

Abbildung 1: Zusammenspiel von Produkt-, Prozess- und Service-Innovationen

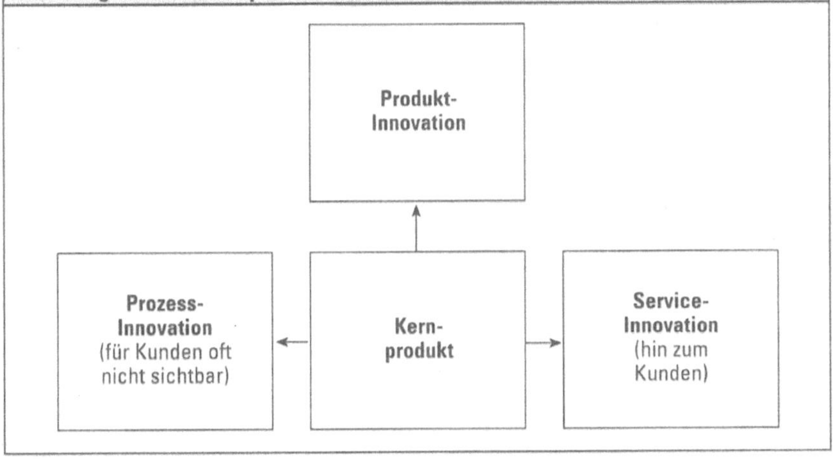

Quelle: A. Gerybadze, Strategische Auswahl von Innovationstypen, 1999

tion auch qualitativ und logistisch aufgewertet werden. Die Prozess-Innovation kann, muss aber nicht für den Kunden sichtbar sein.

Anders sieht es aus bei der Service-Innovation. Die Service-Innovation sollte für den Kunden sichtbar sein, in dem sie die für den Kunden relevanten Qualitätsmerkmale der Leistung verbessert.

Im Bankenmarkt wird der Kunde die Kombination aus Produkt-, Prozess- und Service-Innovation bzw. -Modifikation wahrnehmen, indem er sich z. B. für einen Investmentfonds entscheidet, der neuartige Sicherungsmechanismen hat (neue Produkt-Kernleistung), schnell entwickelt und eingeführt wurde (Modifikation des Entwicklungsprozesses) und dessen Wertentwicklung permanent und zeitnah reportet wird (Service).

3. Bedeutung effizienter Produktentwicklung zur Schaffung von Wettbewerbsvorteilen

Die Produktentwicklung als wesentlicher Erfolgsfaktor zur Differenzierung im Wettbewerbsumfeld muss sich in das gesamte Leistungs-

Abbildung 2: Grundsätzlicher Rahmen für die Produktentwicklung

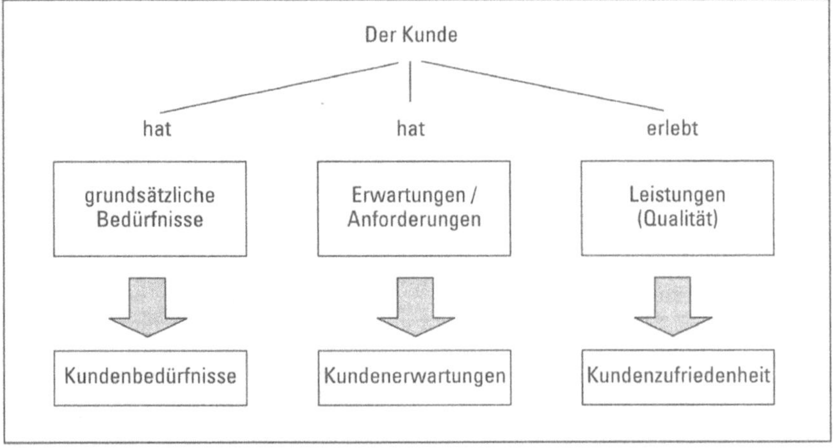

Quelle: SCG St. Gallen Consulting Group AG, 1997

spektrum des Unternehmens einfügen und auf die Kundenbedürfnisse ausgerichtet sein.

Bei Erhebung der Kundenbedürfnisse und Kundenerwartungen sind zielgruppenspezifische Belange zu berücksichtigen:

- Die Kundenbedürfnisse sind von der finanziellen, familiären, persönlichen Situation des Kunden abhängig sowie stark geprägt von persönlichen Einstellungen, von der Anlagementalität, von Risikoeinschätzungen etc.
- Kundenerwartungen sind wiederrum stark geprägt von den Bedürfnissen des Kunden, aber auch von positiven wie negativen Erfahrungen aus der Vergangenheit, von marktüblichen Angeboten und nicht zuletzt von der Werbung.

Kundenbedürfnisse und Kundenerwartungen stellen die Messlatte zur Beurteilung von Leistungen dar. Die Ausprägung der Teileigenschaften der Leistung bezeichnet man als Qualität. Eine hohe Zufriedenheit mit der Leistung eines Unternehmens entsteht, wenn die Qualität die Anforderungen des Kunden genau erfüllt oder in relevanten Dimensionen übererfüllt.

Bei der Ausprägung der angebotenen Leistung kann ein Unternehmen verschiedene Akzente setzen. Grundlegende strategische Entscheidung ist es zunächst, ob man den Fokus auf den Preis oder hohe Qualitätsstandards legt. Diese beiden Strategien können im deutschen Direktbankenmarkt deutlich beobachtet werden. Ein Teil der Direktbanken profiliert sich eindeutig unter Verzicht auf Beratung über die Konditionen, andere Direktbanken profilieren sich über ausgefeiltere Dienstleistungen.

Interessant für potenzielle Kunden wird es, wenn hohe Qualitätsstandards mit günstiger Preisgestaltung einhergehen.

Eine weitere angebotspolitische Fragestellung betrifft die Breite bzw. Tiefe der Angebotspalette. Im deutschen Privatkundenmarkt kann der Kunde aus einem vielfältigen Angebot und unter vielfältigen Anbietern auswählen. Hierdurch und durch gestiegene Ansprüche der Kunden wird es für die Banken immer wichtiger, sich mit ihrem Angebot im Wettbewerb zu differenzieren. Hierbei ist ein ganzheitlicher Ansatz, allerdings mit spezifischer Akzentuierung einzelner Bestandteile u. E. unverzichtbar. Der Kunde nimmt die Gesamtheit der Leistungen war.

Die Weiterentwicklung bzw. Optimierung der Servicequalität ist im Finanzmarkt, insbesondere auch im Direktbankenmarkt unerlässlich. Hierbei muss vor allem auf

- Erreichbarkeit,
- Schnelligkeit,
- Verständlichkeit,
- Zuverlässigkeit,
- Sicherheit,
- Freundlichkeit,
- Beratungsqualität,
- Kompetenz etc.

Wert gelegt werden. Bei der Ausgestaltung dieser Dienstleistungskomponenten kann jedes Unternehmen einen eigenen Stil in der Kommunikation entwickeln. Das allein reicht aber heute nicht mehr aus, um sich mit einem wiedererkennbaren Image zu differenzieren, selbst dann nicht, wenn die dienstleistungsbezogene Kommunikation durch Imagewerbung unterstützt wird. Erst durch das Angebot spezifischer Problemlösungen werden (potenzielle) Kunden zu überzeugten Kunden. Dabei sollte man noch einen Schritt weiter gehen: Nicht nur das Angebot stellt das differenzierende Merkmal dar, sondern die überzeugte Nutzung des Angebotes durch überzeugte Kunden sowie das Interesse der potenziellen Kunden an der spezifischen Problemlösung.

Die Kundenbeziehung von Bankkunden zu ihrer Hausbank ist häufig geprägt von Bequemlichkeit. Ein Bankkunde wechselt in der Regel seine Bankverbindung, weil er umzieht und in wesentlich geringerem Maße aus Gründen der Unzufriedenheit oder weil er glaubt, bei einem Wettbewerber bessere/günstigere Konditionen zu erhalten. In jedem Fall muss ein relativ starker Impuls vorhanden sein. Der Anteil der Kunden, die wegen besserer, günstigerer oder anderer Leistung (zu einer Direktbank) wechselt oder eine zusätzliche Bankverbindung eingeht, will durch das ausschlaggebende Angebot wirklich überzeugt sein. Dies wird umso einleuchtender, wenn man sich als direktbankaffinen Kunden den eher jüngeren und kritischen Kunden vergegenwärtigt. Schon allein deshalb und weil heute die meisten größeren Banken an der Verbesserung der Servicequalität arbeiten, sollte sich eine Direktbank auch über ihr Angebot differenzieren.

Aus diesen Gründen kommt u. E. dem Produktangebot und damit der Produktentwicklung eine besondere Bedeutung zu. Die Abbildung 3 verdeutlicht die veränderten Marktzusammenhänge, die die Produktentwicklung zum strategischen Erfolgsfaktor werden ließen.

Abbildung 3: Die Produktentwicklung wird in sich verändernden Märkten zu einem entscheidenden Erfolgsfaktor

Marktstruktur	**Verhalten der Anbieter**	**Verhalten der Nachfrager**	
• Fusionen • neue Anbieter • Verwischung der Grenzen zwischen ehemals getrennten Branchen • teilweise unüberschaubare Produktvielfalt bzw. Marktvielfalt	• Fokussierung von Anbietern auf attraktive Segmente • alternative Vertriebskanäle • Anwendung ausgefeilter Methoden • zunehmende Bedeutung von Kundenzufriedenheit und Qualitätsmanagement	• Differenziertes Nachfrageverhalten „Rosinen picken" • gestiegenes Preisbewusstsein, aber auch gestiegene Anforderungen an die Produkt- und Dienstleistungsqualität	→ Produktentwicklung als strategischer Erfolgsfaktor

Quelle Modifiziert nach SCG St. Gallen Consulting Group AG, 1997

4. Produktentwicklungsprozesse

Die Antworten auf die Frage, wie moderne Produktentwicklungsprozesse gestaltet sein sollten, haben sich im Zeitverlauf immer weiterentwickelt. Noch immer haben klassische Ablaufszenarien nicht an Gültigkeit verloren, sie reichen aber bei weitem nicht mehr aus, um in Zeiten schnellen Wettbewerbs eine Profilierung über das Produktangebot zu erreichen. Methoden wie Quality Function Deployment wurden aus der Industrie auf den Dienstleistungssektor übertragen, um die systematische und effiziente Erstellung qualitativ hochwertiger Leistungen in kurzer Zeit zu ermöglichen.

Als klassisches Szenario sei zunächst folgender, von Lynn, Morone, Paulson als herkömmlich bezeichneter Ansatz genannt (vgl. Lynn/Morone/Paulson, 1996):

Phasen der Produktentwicklung:

1) Suche nach Produktideen und -konzepten
2) Überprüfen und Beurteilen
3) Auswählen und Entwickeln
4) Testen
5) Am Markt einführen

Die Anzahl der Produkte oder Produktideen wird in jeder Phase weiter reduziert. Während man in der Phase 1) noch eine Vielzahl von Ideen generiert, werden nur noch wenige, in der Regel zwei bis maximal drei Konzepte für den Test ausgewählt.

Auch heute noch lässt sich jede Produktentwicklung in vergleichbare Phasen einteilen. Echte Wettbewerbsfähigkeit entsteht jedoch bei der weitergehenden Nutzung ausgefeilterer Methoden. Während früher das Produkt an sich im Mittelpunkt der Betrachtungen stand und man Kundengruppen und Anwendungsgebiete für den Absatz des Produk-

Abbildung 4: Von der Produktorientierung zur Kundenorientierung

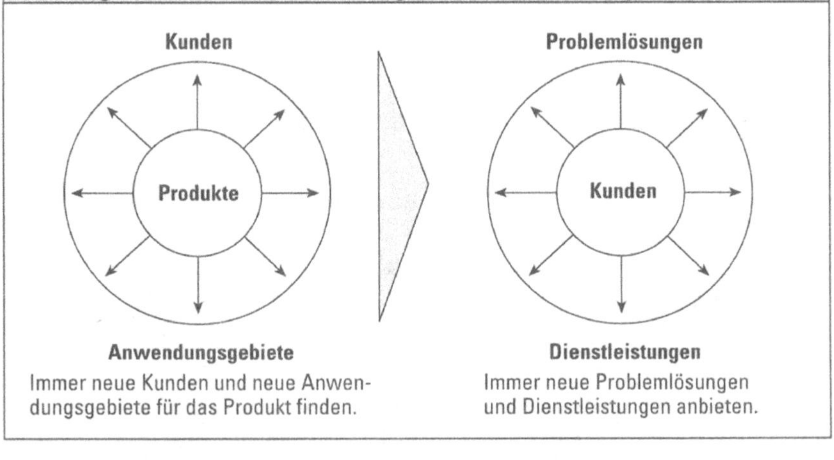

Quelle: Modifiziert nach SCG St. Gallen Consulting Group, 1997

tes gesucht hat, steht heute die (Dienst-)Leistung als Problemlösung für den Kunden im Mittelpunkt.

Diese Entwicklung spiegelt sich im modernen Beziehungsmarketing wider, das sich vom transaktionsorientierten Marketing u. a. dadurch abgrenzt, dass die Schaffung und Festigung einer Kundenbeziehung im Mittelpunkt stehen und nicht mehr nur die Transaktion. Hierbei ist die Entwicklung eines gegenseitigen Vertrauensverhältnisses notwendig (vgl. J. Süchting, 1998, S. 10). Im Folgenden wird als Denkansatz die Methode der Quality Function Deployment (QFD) erläutert.

Die Erfüllung der Kundenbedürfnisse – und damit der Wert der Dienstleistung für den Kunden – ist abhängig vom Nutzen, den die Problemlösung für den Kunden hat. Die Identifikation der Anforderungen und Wünsche des Kunden/der Zielgruppe ist die Ausgangsbasis des Service-Quality-Function-Deployment-Prozesses als Planungswerkzeug für die Produktentwicklung.

Im Kano-Modell wird in Basisanforderungen, Leistungsanforderungen und Begeisterungsanforderungen der Kunden unterschieden (vgl. A. Gogoll, 1995, S. 2 f.). Basisanforderungen sind erwartete, aber unausgesprochene Selbstverständlichkeiten. Leistungsanforderungen sind vom Kunden formulierte Anforderungen an die Leistung. Begeisterungsanforderungen sind unerwartete angenehme Überraschungen. Die Erfüllung von Begeisterungsanforderungen erhöht die Kundenzufriedenheit deutlich. Die Erfüllung von Leistungsanforderungen ist die Voraussetzung für Kundenzufriedenheit. Bei der Nichterfüllung von Basisanforderungen entsteht Unmut bzw. ausgesprochene Unzufriedenheit.

Ganz wichtig für eine permanent bedürfnisorientierte Produktentwicklung ist die Kenntnis des Tatbestandes, dass ehemals begeisternde Qualitätsmerkmale im Zeitverlauf zu erwarteten und später dann zu stillschweigend vorausgesetzten Anforderungen werden. Ein gutes Reporting gegenüber dem Kunden, z. B. zur Wertentwicklung von Investmentfonds, was vielleicht nicht zur Kundenbegeisterung, aber doch zur Kundenüberzeugung führte, wird so im Laufe der Zeit zur normalen, erwarteten Leistung. Aus diesem Grund müssen Unternehmen immer wieder neue, überzeugende Leistungen bieten.

Nach Erkennen der Kundenbedürfnisse, vielfach auch der nichtartikulierten Kundenbedürfnisse und der Marktchancen, die sich durch Entwicklungen im Finanzmarkt ergeben, müssen diese in Produktentwicklungen umgesetzt werden. Hierbei kommt es darauf an, nicht vermeintlich maßgeschneiderte Leistungen bzw. Produkte anzubieten, sondern das Angebot tatsächlich auf die wirklichen Kundenbedürfnisse auszurichten. Dabei liegt der Fokus auf der systematischen und vollständigen sowie effizienten Erfassung und Umsetzung der Anforderungen.

Gogoll übersetzt QFD sinngemäß als „Planung und Entwicklung der Qualitätsfunktionen eines Produktes entsprechend den von den Kunden gewünschten Produkteigenschaften" (A. Gogoll, 1995, S. 3 f.).

U. E. kommt es bei der Erfassung der Anforderungen insbesondere auch auf systematische und effiziente Prozesse mit Minimierung von internen Kommunikationsproblemen und Schnittstellenverlusten an, die im Service-QFD-Prozess ebenfalls eine hohe Bedeutung haben.

Service-QFD kann nach Gogoll in einer von der TU Berlin entwickelten Methode in folgende Schritte eingeteilt werden (vgl. A. Gogoll, 1995, S. 1):

Phase 1:

- Ziele setzen
- Kunden identifizieren
- Anforderungen ermitteln (Auf den umfangreich vorhandenen Pool von Methoden der Marktforschung soll an dieser Stelle nicht eingegangen werden.)
- Kundenanforderungen gewichten
- Zielbeziehungen bewerten
- Wettbewerbsvergleich durchführen

Phase 2:

- Kernleistungen analysieren
- Prozesse visualisieren
- Leistungen analysieren
- Wettbewerbsvergleich durchführen
- Optimierungsrichtungen festlegen
- Zielkonflikte ansprechen

Phase 3:

- Leistungen optimieren
- Anforderungen und Leistungen gegenüberstellen
- Prioritäten ermitteln
- Zielgrößen festlegen
- Detailplanung der Leistungen

Die Analyse der Kernleistungen in Phase 2 des QFD-Prozesses kann durch das Blueprinting-Verfahren unterstützt werden. Blueprinting bedeutet Blaupause und wurde zur Visualisierung von Dienstleistungsprozessen aus der Netzplantechnik entliehen. Mit dem Blueprinting-Verfahren kann der Erstellungsprozess einer Dienstleistung in einzelne Schritte aufgegliedert und dann visualisiert werden. Hierbei kann man in für Kunden sichtbare und nicht-sichtbare Abläufe unterscheiden.

Durch diese Feingliederung wird Optimierungspotenzial sichtbar. Auf dieser Basis können nun Modifikations- bzw. Veränderungsprozesse eingeleitet werden. Modifizierte Prozesse können dann ebenfalls durch ihre Darstellung im Blueprinting-Verfahren auf ihre Eignung zur bedürfnisorientierten Produktentwicklung überprüft und mit dem Vorgängerprozess verglichen werden.

Ergebnis sollte ein Gerüst zur Produktentwicklung sein, was ein Unternehmen in die Lage versetzt, schnell Produkte nach o.g. Anforderungen zu entwicklen.

Um die Umsetzung zu erleichtern, muss der Prozess für alle Beteiligten transparent definiert und festgeschrieben sein. Im Folgenden werden beispielhaft einige Elemente eines pragmatischen Prozesses zur Entwicklung von Dienstleistungen im Finanzsektor geschildert:

- Ausgangssituation: z. B. Kundenbedarfsanalysen, Marktanalysen, vorhandene Produkte
- Beginn des Prozesses: Auftragserteilung zur Entwicklung des neuen Produktes
- Aufgaben:
  - Produktkonzeption
  - ggf. Entwicklung und Test eines Prototyps

- Entwicklung eines kommunikativen Konzeptes
- Festlegung Budget
- Festlegung Zeitplanung
- Produktrealisierung
  - Informationstechnologie
  - Organisation
  - Anträge
  - Abstimmung mit Partnern
- Definition Arbeitsabläufe
- Produktkommunikation
  - Information
  - Schulung
- Produkteinführung

- Ende des Prozesses
- Ergebnis: Rentables und marktattraktives Produkt

Diese Definition und Festschreibung von vielfach logischen Schritten erleichtert und beschleunigt die Produktentwicklung und macht sie messbar bzw. überprüfbar.

Zur Beurteilung von Prozessen zur Produktentwicklung sowie der Produktentwicklung an sich ist es notwendig, objektive Messkriterien heranzuziehen, die aus den Erfolgsfaktoren der Produktentwicklung abgeleitet werden. Erfolgsfaktoren der Produktentwicklung im Finanzdienstleistungsbereich sind

- Akzeptanz des Produkt- bzw. Leistungsangebotes bei Kunden und potenziellen Kunden sowie bei den Mitarbeitern,
- effizienter, straffer Produktentwicklungsprozess,
- Erfolg der internen Kommunikation,
- Erfolg bei der externen Vermittlung der produktbezogenen Kommunikationsinhalte,
- geringer Nachbesserungsbedarf aufgrund mangelhafter Qualität.

Messkriterien für den Erfolg des Prozesses sind z. B. die Einhaltung der Termin- und Budgetplanung, die Kaufbereitschaft bei Kunden und potenziellen Kunden sowie die Kosten für die nachträgliche Optimierung der Arbeitsabläufe. Die Messkriterien sollten in einer überschaubaren Anzahl unternehmens- bzw. prozessspezifisch aus den Erfolgsfaktoren abgeleitet werden und die gesamte Bandbreite der Erfolgsfaktoren abdecken. Wichtig hierbei ist die Sicherstellung der tatsächlichen Messbarkeit der Kriterien und das Vorhandensein einer adäquaten, von allen Beteiligten akzeptierten Messmethode.

A. Gogoll bringt die entscheidenden, bei der Produktentwicklung zu berücksichtigenden Aspekte zusammenfassend in Form von Fragen auf den Punkt: „Wer ist der Kunde? Was ist sein spezielles Problem? Was ist ihm dabei im Einzelnen wichtig? Warum ist es ihm wichtig? Welche besondere Lösung erwartet er? Worüber freut er sich? Welche alternative Lösung könnte angeboten werden? Was könnte dabei schiefgehen?"

Wichtig ist, dass jedes Unternehmen bei der Anwendung einer Methode zur Definition von Produktentwicklungsprozessen bei jedem Schritt die Relevanz für das eigene Unternehmen bzw. die eigene Leistungspalette hinterfragt und die Prozessschritte akzentuiert, die entscheidende Relevanz haben. Die Strukturierung eines Produktentwicklungsprozesses soll nicht durch starre Entwicklungsvorschriften Kreativität beschneiden, sie soll gerade durch die zur Verfügung stehenden Methoden Kreativität erleichtern und Freiräume für Verbesserungsprozesse schaffen.

Hierbei ist die Anwendung von ausgefeilter und fortschrittlicher Methodik, allerdings unter Verfolgung pragmatischer Ansätze, erfolgversprechend. Marktgespür kann durch derartige Prozesse nicht ersetzt, sondern optimiert genutzt und kanalisiert werden.

5. Die Santander Direkt Bank AG

5.1 Der strategische Ansatz

Die Santander Direkt Bank, eine Direktbank der ersten Generation und mit rund 600 000 Kundenbeziehungen auch eine der größten Direktbanken in Deutschland, profiliert sich über ein ausgewähltes Produktangebot, flankiert durch „mehrwerthaltige" Service- und Informationsleistungen.

Die Fokussierung auf ausgewählte Produkte, die dem Kunden spezifischen Nutzen bieten, unterscheidet sich signifikant von dem Ansatz anderer Direktbanken oder Discount Broker, die mehrheitlich entweder Vollbankleistungen, zum Teil mit Beratung, oder standardisierte, erklärungsarme Produkte ohne Beratungsleistung anbieten.

Die Strategie der Santander Direkt Bank sowie auch der Erfolg – die Santander Direkt Bank ist eine der wenigen deutschen Direktbanken mit dauerhaft schwarzen Zahlen – erklären sich aus der Historie sowie aus der Fähigkeit zu schnellem, marktgerichtetem Handeln. Diese Möglichkeit zu schneller Aktion und Reaktion wird durch die potente spanische Muttergesellschaft, mit der auf dem deutschen Privatkundenmarkt keinerlei Konfliktpotenziale durch z. B. Kannibalisierungseffekte bestehen, in keiner Weise blockiert.

Die Santander Direkt Bank AG wurde offiziell zum 1.12.1994 gegründet und konnte bereits zu diesem Zeitpunkt mit vorhandenen Direktbankkunden an den Start gehen. Bereits bei der Vorläufergesellschaft mit Historie im Visa-Karten-Geschäft wurden seit 1989 Direct-Banking-Leistungen für Karteninhaber angeboten. Unter dem Namen „tbs" (Telefon Banking Service) wurden Transaktionen am Telefon ermöglicht, was zu diesem frühen Zeitpunkt äußerst fortschrittlich, wenn nicht gar innovativ war. Dieser Tradition der mehrwerthaltigen Nutzengenerierung fühlt sich die Bank bis heute verpflichtet. Die Unternehmenskultur ist als serviceorientiert, pragmatisch und insbesondere innovationsfreundlich zu bezeichnen, was sich z. B. auch darin äußert, dass Mitarbeiterdruck von unten entsteht, wenn eine längere Zeit ohne neue Produkteinführung vergeht. Das setzt sich im Kundenbestand fort: Sowohl Mitarbeiter als auch Kunden fragen nach neuen Produkten für die Geldanlage. Auch hieran kann man erkennen, dass die im Folgenden erläuterte Strategie der Produktbank erfolgreich im Markt verankert ist.

Die Santander Direkt Bank sieht sich als innovativer Finanzdienstleister für spezialisierte Karten- und Bankprodukte. Das Unternehmen versteht sich dabei als Zweitbank, ohne die Hausbank ihrer Kunden zu ersetzen. Der Verzicht auf eine Fülle von austauschbaren Angeboten ermöglicht die Konzentration auf besonders attraktive und marktgerechte Produkte. Dieses Konzept bildet die Grundlage für die Entwicklung der einzelnen Geschäftsbereiche.

Abbildung 5: Geschäftsbereiche der Santander Direkt Bank

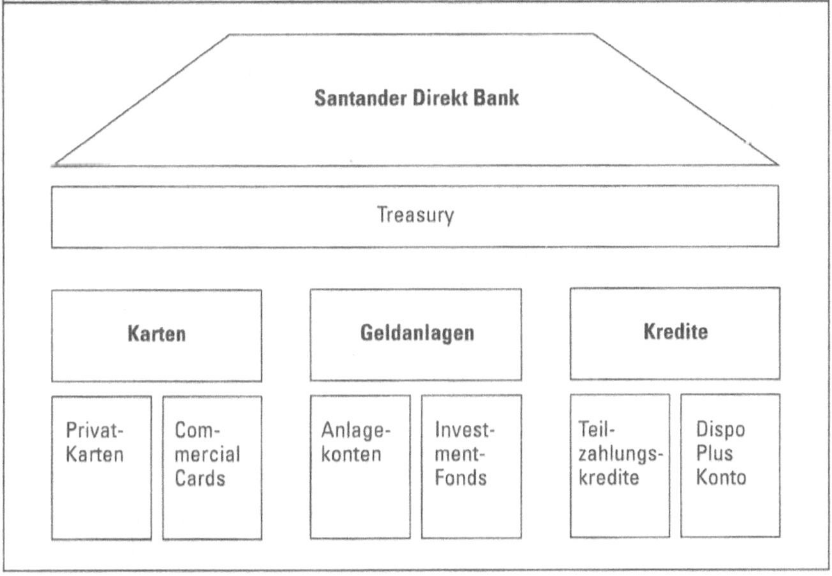

Im Bereich der Geldanlagen, die u. a. die innovativen Fremdwährungskonten und ausgewählten Investmentfonds beinhalten, will die Bank transparente Produkte mit überdurchschnittlichem Preis/Leistungsverhältnis anbieten.

Mit Ratenkrediten will man den Kunden schnell einen einfachen und flexiblen finanziellen Spielraum bieten. Im historisch starken Kreditkartenbereich ist die Bank ein Vollanbieter von Karten mit Zahlungsfunktionen. Die Handlungen der Bank orientieren sich an folgenden strategischen Vorgaben:

- Die Bank agiert in Märkten, in denen sie
  - hohes Wachstum generieren kann und
  - innerhalb von drei Jahren eine kritische Masse erreichen und halten kann.
- Die Bank bietet einen kundenrelevanten Mehrwert mit einem überzeugenden Preis/Leistungsverhältnis. Leistung bezieht sich ausdrücklich auf die gesamte Dienstleistung inklusive Kernprodukt, Service- und Beratungsleistung etc.

- Die durch den kundenrelevanten Mehrwert erzeugte Kundenbindung ist gleichzeitig Voraussetzung für und wird weiterhin verstärkt durch Cross-Selling-Aktivitäten.
- Die Bank nutzt Effizienzen und Synergien in Bereichen ihrer Kernkompetenzen.

Die Nutzung und Weiterentwicklung der Kernkompetenzen stellt einen wesentlichen Erfolgsfaktor für die Bank dar. Die Abbildung 6 zeigt die vier Felder, auf denen die Santander Direkt Bank Kernkompetenzen für strategisch wichtig für den weiteren Ausbau ihres Geschäftes hält.

Die Produktgestaltung wird ausdrücklich als Kernkompetenz bezeichnet. Die Produktentwicklungsprozesse sowie die Produkteinführungen werden einem kontinuierlichen Verbesserungsprozess unterzogen.

5.2 Produkte mit differenzierendem Potenzial

Beispielhaft soll das differenzierende Potenzial der Produktentwicklungen der Santander Direkt Bank an drei Produkten/Produktgruppen erläutert werden:

Abbildung 6: Kernkompetenzen der Santander Direkt Bank

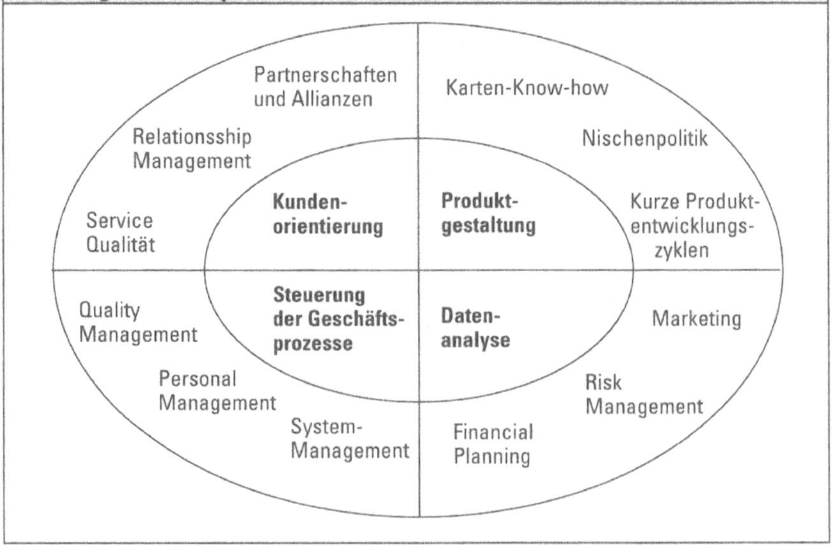

- Fremdwährungskonten,
- Investmentfonds,
- Pleasure Plan.

Die Fremdwährungskonten mit marktabhängiger Verzinsung von zeitweise bis zu 18 % p. a., z. B. für den Mexikanischen Peso, sind Produkte, die sich sehr stark vom sonst üblichen Angebot an Finanzanlagen unterscheiden. Die Konstruktion der Produkte ist bestechend einfach, es handelt sich um Tagesgeldkonten in fremder Währung mit monatlicher Zinsgutschrift. Das Markt-Know-how zur Beurteilung dieser Währungsengagements und der Handel einzelner Fremdwährungen stellt jedoch größere Anforderungen an die Verantwortlichen.

Währungskonten werden in der Vielfalt und zu den Konditionen der Santander Direkt Bank auf dem deutschen Privatkundenmarkt von sehr wenigen Wettbewerbern angeboten, sodass die Santander Direkt Bank in der entsprechenden Zielgruppe einen echten Alleinstellungsvorteil realisieren konnte. Monatliche Berichte informieren die Kunden über die Entwicklung ihrer Währungsengagements. Ein Großteil der Neukunden der Bank wurde über eine geraume Zeit über das Währungsangebot gewonnen.

Die Investmentfonds der Santander Direkt Bank unterscheiden sich von den von Wettbewerbern angebotenen Fonds durch verschiedene Leistungsmerkmale. Es handelt sich um No-Load-Private-Label-Fonds, die alle den Namen Santander tragen und von renommierten Partnern ausschließlich für die Santander Direkt Bank aufgelegt werden. Die Bank bietet ihren Kunden eine abgerundete Palette von renditestarken Fonds an, die weiter ausgebaut wird. Die Leistungen aller Fonds werden permanent an Benchmarks gemessen. Hierbei bringt sich die Bank in Anlageausschusssitzungen aktiv in die Steuerung des Fondsmanagements ein. Ziel ist es, den Kunden eine im Vergleich überdurchschnittliche Rendite zu bieten und zusätzliche Benefits durch ausgewogene und regelmäßige Informationen zur entsprechenden Anlage zu bieten. Diese Qualitätsstrategie wird durch eine für den Kunden äußerst günstige Preisstrategie flankiert: Statt erheblicher Ausgabeaufschläge werden lediglich günstige und fixe Transaktionsgebühren berechnet. Im Fondsbereich fährt die Bank eine Outpacing-

Strategy, indem Leistungen mit hoher Qualität zu äußerst günstigen Preisen angeboten werden.

Das Fondsangebot der Santander Direkt Bank ist für den potenziellen Anleger transparent und überschaubar. Die Bank bietet durch das gezielte Angebot Hilfe bei der Auswahl von Fonds, die umso wichtiger ist, wenn man die unüberschaubare Anzahl von über 4 000 Investmentfonds am deutschen Markt betrachtet. Obwohl einzelne Fonds durchaus innovative Aspekte haben, z. B. der von Oppenheim Investment Management International S. A. verwaltete Santander EuroAktien Protect I mit permanenter, dynamischer Absicherung, zeichnet sich das Fondsangebot weniger durch Innovation als durch Transparenz und überdurchschnittliches Preis/Leistungsverhältnis aus. Das Fondsangebot differenziert sich von der Vielzahl der am Markt angebotenen Fonds durch Problemlösungscharakter.

Der Pleasure Plan stellt eine Produktbündelung mit Neuheitscharakter dar, die mit hohem Aufmerksamkeitswert im Markt eingeführt wurde, bez. der Anzahl der gewonnenen Kunden aber in seiner heutigen Form als suboptimal bezeichnet werden muss. Ausgangsbasis für die Entwicklung einer Produktvariante (Variante B.) war der Gedanke des Bausparens. Der Pleasure Plan dient der Finanzierung einer Reise zu den olympischen Spielen in Australien im Jahre 2000 und wurde in drei Varianten angeboten:

A. Ansparplan mit einem über die Laufzeit garantierten Zins,
B. Ansparplan mit Auffüllung der fehlenden Summe durch Kreditvergabe,
C. einmalige Einzahlung.

Die Verknüpfung des Spar- bzw. Kreditproduktes mit dem Reiseziel Olympiade in Australien stellte zum Zeitpunkt der Produkteinführung eine Marktneuheit dar und wurde von einem Wettbewerber kopiert. Bei den Pleasure-Plan-Kunden stieß das Produkt auf Begeisterung. Das Produkt leidet jedoch aus heutiger Sicht unter zwei Defiziten:

- Suboptimale Kundenzahl durch Koppelung an ein ganz spezielles Event.
- Hoher organisatorischer Aufwand bei der Produktbetreuung sowie bei der Erstellung der ausgelosten Reiseangebote.

Der Pleasure Plan eignet sich gut dazu, die Frage zu diskutieren, wie Produkte nach ihrer Einführung betreut und optimiert werden sollten. U. E. sollte der Prozess nicht mit der Fertigstellung der Systemtechnik abgeschlossen sein und auch nicht mit der ersten geschalteten Anzeige. Die Akzente verlagern sich nach der eigentlichen Einführung zwar stärker hin zur Frage, wie das Produkt abgesetzt werden kann, die Analyse, warum Absatzerwartungen nicht erfüllt werden können, sollte sich jedoch nicht nur auf die Analyse der Effizienzen des Absatzes an sich beziehen. Auch die Produkteigenschaften selbst sowie deren Gewichtung in der Kommunikation sollten permanent in Frage gestellt werden. Hierbei ist natürlich nicht nur der differenzierende Charakter des Produktes relevant, sondern insbesondere ein tragfähiges Potenzial an Interessenten für den Absatz des Produktes.

Am Beispiel der Fremdwährungskonten wird dieser Zusammenhang deutlich: Die Produktmerkmale der Fremdwährungskonten sind so deutlich und differenzierend, dass die Santander Direkt Bank in ausgewählter Zielgruppe über das Währungsangebot bekannt wurde. Das Absatzpotenzial in dieser Zielgruppe ist so groß, dass die Währungskonten zu einer tragfähigen Säule im Direct-Banking-Angebot der Bank wurden. Hierbei ist die Santander Direkt Bank nicht eine der Direktbanken am Markt, die sich über direktbankgenerische Imagefaktoren wie „günstig" und „schnell" differenzieren. Die Santander Direkt Bank hat es geschafft, sich mit ausgewählten Produkten ein unverwechselbares Angebotsprofil zu geben und trotzdem als günstig und schnell bewertet zu werden.

Die Organisationsstruktur der Santander Direkt Bank begünstigt durch Mehrfachvernetzung eine bereichsübergreifende Zusammenarbeit bei der Produktentwicklung. Parallel zur klassischen, funktionsorientierten Linienorganisation wurden quasi überlappend Projekt- und Geschäftsbereichsstrukturen eingeführt. Hierdurch konnte eine stärkere prozess- und produktorientierte Vernetzung einzelner Funktionsbereiche etabliert werden.

Fazit

Bei der Gestaltung moderner Produktentwicklungsprozesse steht der Kunde, nicht das Produkt im Mittelpunkt. Klassische Ablaufszenarien der Produktgestaltung reichen heute nicht mehr aus, bei dem herrschenden Wettbewerbsdruck eine Profilierung über das Angebot zu erzielen. Hierbei ist ein methodisches Gerüst unabdingbar, um die notwendigen Prozesse sinnvoll und effizient zu strukturieren und zu steuern. Eine so unterstützte bedürfnisorientierte Produktentwicklung stellt eine wesentliche Voraussetzung dar, Kundenbeziehungen zu generieren, zu festigen und profitabel zu gestalten.

Literaturhinweise

Gerybadze, Alexander: Strategische Auswahl von Innovationstypen, in: Das innovative Unternehmen, Wiesbaden 1999.

Gogoll, Alexander: Service-QFD: Quality Function Deployment für den Dienstleistungsbereich, in: W. Hansen/H.H. Jansen/G.F. Kamiske (Hrsg.): Qualitätsmanagement im Unternehmen, 1995, Kapitel 09.04.

Kaizen Institute of Europe: Kaizen, der Prozess der ständigen Verbesserung (KVP), Frankfurt a.M. 1994.

Lynn/Morone/Paulson: Wie echte Produktinnovationen entstehen, in: Harvard Business Manager 4/1996.

Süchting, Joachim: Die Theorie der Bankloyalität – (immer noch) eine Basis zum Verständnis der Absatzbeziehungen von Kreditinstituten?, in: J. Süchting/H.-M. Heitmüller (Hrsg.): Handbuch des Bankmarketing, 3. Auflage, Wiesbaden 1998.

Teil 6
Preispolitik und Servicepolitik

Preisstrategien der modernen Direktbanken

Thomas Schempf

1. Der Aufbruch in einen deregulierten Bankenmarkt

Nicht nur in der ehemaligen DDR, sondern auch in den ersten Jahrzehnten der Bundesrepublik Deutschland war der Bankenmarkt weitgehend reguliert. Auch wenn das Ausmaß der Staatseingriffe nicht vergleichbar ist, so ist doch in der Rückschau auf die fünf Jahrzehnte seit Beendigung des Zweiten Weltkrieges festzustellen, dass auch in Westdeutschland die Bedürfnisprüfung bei der Eröffnung von Geschäftsstellen sowie die staatliche Genehmigung von Zinsanpassungen zunächst an der Tagesordnung waren.

Der Zeitspanne staatlicher Regulierung hat sich in Westdeutschland eine Phase angeschlossen, in der die am Markt tätigen Anbieter von Bankleistungen weitgehend unter sich geblieben sind – mit anderen Worten: der Wettbewerbsdruck war sehr gering, sodass die im Markt befindlichen Akteure auf der Anbieterseite ihre Konditionen relativ autonom von den Interessen der Nachfrager festlegen konnten. Nur so kann im Nachhinein ergründet werden, warum sich Standardkonditionen wie die Guthabenverzinsung von 0,5 % auf laufende Konten von Privatkunden und Wertpapierspesen in Höhe von 0,5 % bzw. 1,0 % bei Renten- bzw. Aktienumsätzen dieser Kundengruppe über Jahrzehnte gehalten haben. Die Ära praktisch gleicher Konditionen aller Anbieter von Bankleistungen ist jedoch mit der zunehmenden Öffnung des bundesdeutschen Bankenmarktes seit Mitte der achtziger Jahre unwiderruflich zu Ende gegangen. Den Schlusspunkt dieser Entwicklung setzten die Vollendung des europäischen Binnenmarktes zum Jahreswechsel 1992/93 und damit einhergehend das Aufkommen der modernen Direktbanken seit Beginn der neunziger Jahre.

2. Der Erfolg der modernen Direktbanken in den neunziger Jahren

Direktbanken als filiallose Banken, die mit ihren Kunden ausschließlich per Brief, Fax, Telefon oder (und) Online per PC verkehren, gibt es in Deutschland vereinzelt bereits seit den sechziger Jahren. Der große Durchbruch gelang dieser Anbietergruppe jedoch erst mit der Marktöffnung und einer Veränderung des Kundenverhaltens (vgl. R. Köcher, 1998, S. 249 ff.). Eine gestiegene Preisempfindlichkeit breiter Bevölkerungsschichten und die zunehmende Flexibilität – gerade der jüngeren Generation – bei der Wahl der Bankverbindung bzw. der Inanspruchnahme von Bankleistungen sichern den Erfolg dieser Anbietergruppe. Die Kostenführerschaft, d. h. die im Konkurrenzvergleich günstigen Transaktions- und Dienstleistungspreise, bedingt sowohl eine hohe Effizienz der Ablauforganisation als auch die konsequente Ausschöpfung von Kostensenkungspotenzialen bei der Leistungserstellung. Daneben sind für Direktbanken die bevorzugte bzw. ausschließliche Nutzung neuer Kommunikationsmedien ein entscheidender Wettbewerbsfaktor.

Eine breite Öffentlichkeitswirkung finden Direktbanken seit dem Zeitpunkt, da die führenden Anbieter von Bankleistungen sich entschlossen haben, ihre Kundenakquisition um Formen des direkten Vertriebs unter Verzicht auf die stationäre Bankfiliale zu ergänzen. Eine Zäsur stellte im Jahr 1994 die Gründung der Direkt Anlage Bank (DAB) durch die damalige Bayerische Hypotheken- und Wechselbank dar. Dem folgten bis zum heutigen Tag alle führenden Bankengruppen und Institute. Die Elemente des direkten Vertriebs werden entweder in rechtlich eigenständige Direktbanken ausgelagert (z. B. Comdirect Bank, Advance Bank) oder – insbesondere im Genossenschaftsbankensektor – innerhalb der bestehenden Banken durch eine Erweiterung der bankbezogenen Angebote von Telefon-Banking und Online-Banking berücksichtigt (vgl. G. Krupp, 1998, S. 53 ff.; L. Schuster,

1998, S. 65 ff.; J.M.W. Verbunt, 1998, S. 505 ff.; die NetBank als Direktbank der Sparda-Banken ist die einzige Neugründung im Sektor der Genossenschaftsbanken. Eine Darstellung des Konzepts der Stadtsparkasse München findet sich bei W. Brunner, 1998, S. 667 ff.). Die neue Freiheit im Wettbewerb führt somit zur unmittelbaren Konkurrenz der Filialbank mit der Direktbank.

Da die Entwicklung von einer ungebremsten Dynamik geprägt ist, kann eine vergleichende Betrachtung des Marktsegments der Direktbanken nur die wichtigsten Institute und die aktuellen Rahmenbedingungen berücksichtigen. Wie schnell sich fundamentale Aspekte im Direktbankenmarkt ändern, belegen die zahllosen erfolgreichen Neugründungen der vergangenen Jahre (z. B. ConSors Discount Broker, 1822 direkt), der nicht nur gelegentliche Wechsel von Anteilseignern (Advance Bank), die ebenfalls nicht seltene Umfirmierung (Deutsche Bank 24, Entrium Direct Bankers, Allianz Vermögens-Bank) und die Veränderungen im Sortiment der angebotenen Bankleistungen (vgl. U.C. Swoboda, 1998, S. 23 ff.).

3. Die preispolitischen Strategien im Überblick

Unter Preispolitik der Banken werden alle geschäftspolitischen Festlegungen über Zinsen, Provisionen und sonstige Dienstleistungspreise verstanden. Während sich der Preis im Individual- und Firmenkundengeschäft ab einer gewissen Größenordnung zum Teil als Ergebnis von Verhandlungen zwischen den Kunden und der Bank ergibt, prägen im sogenannten Mengengeschäft („normales" Privatkundengeschäft sowie Standardgeschäfte mit kleinen und mittelständischen Unternehmen) die vorgegebenen Listenpreise der Banken als Anbieter maßgeblich die Preisbildung (vgl. U.C. Swoboda, 1998, S. 131 ff.). Die Ziele, die aus Sicht der Banken mit der Preisgestaltung einhergehen, sind vornehmlich

- die Sicherstellung der Rentabilitätserwartungen – mit anderen Worten: die Gewährleistung der vorgegebenen Renditen,
- die Verbesserung der Marktposition – d. h. die Sicherung des bestehenden Kundenstammes und die Gewinnung von Neukunden – sowie

- die Akzeptanz der Preise durch die Kundschaft, indem diese bereit ist, die Leistung der Bank als Preishöhe adäquat anzuerkennen.

Die Rentabilität der Leistungserstellung kann nur dann gewährleistet werden, wenn die Preise für erbrachte Leistungen die Kosten für deren Erstellung vollständig decken. Eine kostenbezogene Preispolitik verlangt somit die Bemessung und Durchsetzung einer Preisuntergrenze, bei der die volle Kostendeckung gesichert ist. Darüber hinaus ist zur Sicherstellung der Rentabilität eine (Netto-)Marge (es handelt sich nicht um die Gesamtmarge – also auch um Preisbestandteile aus der Überwälzung entstehender Kosten –, sondern nur um den Teil des Preises, der der Durchsetzung des Rentabilitätsstrebens dient) zu erwirtschaften. In den Preis muss eine Komponente einbezogen werden, die sowohl die geplante Rücklagendotierung als auch die Ausschüttungserwartungen der Anteilseigner bedienen kann.

Die Konzeption der Marktzinsmethode ist inzwischen im Bankenbereich als Standard für die Ermittlung der Vorteilhaftigkeit von Zinsgeschäften anerkannt. Dabei wird dem Kundengeschäft immer ein alternativ mögliches Interbanken- oder Kapitalmarktgeschäft gegenübergestellt, um den Nutzen des Geschäftes zu quantifizieren (vgl. H. Schierenbeck, 1998, S. 531 ff.; Paul/Siewert, 1998). Gemäß der Marktzinsmethode wird die Kalkulation von Preisen (wie in Übersicht 1 entwickelt) aufgebaut:

Die Marktzinsmethode erlaubt eine Aufschlüsselung des Zinserfolges in die Komponenten

- Zinskonditionenbeitrag des Aktivgeschäfts,
- Zinskonditionenbeitrag des Passivgeschäfts und
- Ergebnis aus Fristentransformation (Strukturbeitrag).

Dadurch kann die Herkunft des Zinserfolges lokalisiert werden. Es kann festgestellt werden, ob beispielsweise sämtliche Kosten aus dem Kreditgeschäft durch die Preisbildung abgebildet werden oder ob Preiszugeständnisse eingegangen werden, um Neugeschäft zu akquirieren. Solche Preiszugeständnisse sollten allerdings nur in Form eines Verzichts auf die Erzielung einer Nettomarge (für die Ausschüttungserwartungen der Eigenkapitalgeber und die geplante Rücklagendotie-

Übersicht 1: Kalkulation im Aktiv-/Passivgeschäft

= Zinssatz im Aktivgeschäft / langfristige Preisuntergrenze (Kundensatz für Kredite)

∧ + Kosten der strategisch erforderlichen Rücklagendotierung (zu thesaurierender Teil des Jahresüberschusses)

|| + Eigenkapitalkosten (Dividendenerwartung der Anteilseigner; auszuschüttender Teil des Jahresüberschusses)

|| [Grenze für Preiszugeständnisse / kurzfristige Preisuntergrenze]

|| + Risikokosten

|| + Bearbeitungskosten

Marktzins*

|| – Bearbeitungskosten

|| [Grenze für Preiszugeständnisse / kurzfristige Preisobergrenze]

|| – (Netto-)Marge

∨

= Zinssatz im Passivgeschäft / langfristige Preisobergrenze (Kundensatz für Einlagen und Bankschuldverschreibungen)

* Basis der Kalkulation ist der jeweilige Marktzins als Einstandssatz bzw. Opportunitätssatz (d. h. der Zinssatz bei einem alternativ möglichen Aktivgeschäft/Passivgeschäft mit 1. Adressen)

rung) erfolgen; die Nichtberechnung von Bearbeitungs- oder Risikokosten gefährdet die Rentabilität, da sie einen operativen Verlust aus diesem Geschäft erbringt (negativer Zinserfolg / negativer Deckungsbeitrag).

Problematisch ist bei der Marktzinsmethode der zinsvariable Bereich, da es keinen absolut richtigen – im Sinne von unangreifbar zu bestimmenden – Opportunitätssatz für diese Geschäfte gibt. Durch eine eventuell nicht sachgerechte Festlegung eines Opportunitätszinses besteht die Gefahr von Fehlentscheidungen durch eine unsachgemäße Aufteilung des Zinserfolges auf die Einzelkomponenten.

Bei der Kalkulation von Preisen für Dienstleistungen der Banken hat sich die Standard-Einzelkostenmethode durchgesetzt, bei der auf Basis von Deckungsbeiträgen operiert wird. Die erzielten Erlöse (Preise) einer Bankleistung müssen die zurechenbaren Kosten komplett decken und darüber hinaus einen Deckungsbeitrag erwirtschaften, der zur Abdeckung der gesamten fixen Kosten (im Sinne von Kosten, die dem einzelnen Produkt nicht zugeordnet werden können) sowie zur Bedienung des Gesellschafterkapitals und der Gewinnrücklagen benötigt wird.

In Zeiten eines Anbietermarktes kann die Preisbildung relativ autonom auf Basis der bestehenden Kostenstrukturen erfolgen. Der zunehmende Wettbewerb im Bankenmarkt hat in den vergangenen Jahren den Übergang zu einem Käufermarkt gebracht und zu einer verursachergerechten – aber auch komplizierteren und weniger transparenteren – Preisbildung beigetragen. Der scheinbare Widerspruch löst sich auf, wenn die Preisbildung unter dem Primat der Marktorientierung betrachtet wird. Nicht die früher übliche Überlegung, die bestehenden – und als relativ unabänderlich betrachteten – Kosten durch die berechneten Preise zu decken, dominiert bei der Preisfestsetzung, sondern die Erwartung auf Seiten der Kunden, dass das für eine einzelne, in Anspruch genommene Leistung zu entrichtende Entgeld angemessen ist (verursachungsgerechte Preisstellung). Anders ausgedrückt heißt das, dass die Preise von den Kunden akzeptiert werden, weil sie die konkrete Gegenleistung für den zu zahlenden Preis als adäquat erachten. Die früher übliche Ausgleichspreisstellung, bei der defizitäre und profitable Geschäftsfelder miteinander verrechnet wurden, konnte von den Banken nicht beibehalten werden. Ein Schlaglicht auf diese jahrzehntelange Praxis wirft das angeblich unabwendbare Defizit im Zahlungsverkehr – die modernen Direktbanken haben aufgezeigt, wie durch eine radikale Kostenkontrolle vermeintlich unrentable Geschäftsfelder im Wettbewerb bestehen können. (Die Ablösung der Ausgleichspreisstellung durch eine verursachungsgerechte Preisbildung ist charakteristisch für alle Bereiche, in denen Märkte dereguliert werden und intensiver Wettbewerb aufkommt. In Deutschland hat sich das in den vergangenen Jahren im Bereich Telekommunikation gezeigt; jüngstes Beispiel sind die Märkte für Strom und Gas.)

Am besten lässt sich der Trend zu „nachvollziehbaren“, weil (aus Kundensicht) verursachungsgerechten Preisen am Beispiel zweier Wertpapierorders erläutern:

Order 1: 1000 Stück Siemens-Aktien zum Kurs von 150 Euro
Order 2: 100 Stück Siemens-Aktien zum Kurs von 150 Euro

Nach der traditionellen Preisberechnung galt: 1 % Umsatzprovision – dadurch wird bei Order 1 der zehnfache Preis berechnet, obwohl der mit der Orderausführung verbundene Aufwand nicht von dem bei Order 2 abweicht. Der Kunde mit einem höheren Ordervolumen trägt somit stärker zur Kostendeckung bei. Er muss somit die geringeren Provisionseinnahmen der Bank bei Klein- und Kleinstorders abfangen. Hierbei liegt ein Fall der klassischen Ausgleichspreisstellung vor.

Im Zuge einer marktorientierten Preisfestlegung wird die Ausgleichspreisstellung weitgehend aufgehoben: die relative Preishöhe sinkt mit zunehmendem Ordervolumen, dadurch wird der Kostenverlauf auf Seiten der Bank besser – und für den Kunden nachvollziehbar – im Preistableau sichtbar. Das kann im vorliegenden Fall bedeuten, dass Order 2 zu einem Basispreis zuzüglich 0,5 % Umsatzprovision ausgeführt wird, während bei Order 1 auf den Basispreis nur 0,25 % Umsatzprovision berechnet werden. Die Preisgestaltung berücksichtigt damit in erheblich stärkerem Maße die Kosten der Leistungserstellung.

Im Zuge der marktorientierten und stärker verursachergerechten Preisbildung steht die Preisspaltung bei der Festlegung von Bankpreisen im Mittelpunkt. Die Bankleistung wird dabei in mehrere Einzelleistungen zerlegt, für die spezielle Teilpreise gebildet werden. Bei Preisverhandlungen werden dann Zugeständnisse gegenüber Kunden nur für Teilleistungen gewährt und fallen nicht so stark ins Gewicht wie ein Nachlass auf den Gesamtpreis.

Hinzu kommt als weiteres Element die Preisdifferenzierung, bei der dieselbe Leistung gegenüber verschiedenen Kunden zu einem unterschiedlichen Preis erbracht wird. Ziel ist, das vorhandene Kundenpotenzial mittels einer flexiblen Anpassung an die spezifische Marktlage möglichst effektiv auszuschöpfen. Die Preisdifferenzierung kann systematisiert werden

- hinsichtlich der Leistungen,
- hinsichtlich der Kundengruppen,
- nach der räumlichen Dimension und
- nach dem Vertriebsweg (vgl. Kuß/Tomczak, 1998, S. 162 ff.; D. Hummel, 1998, S. 451 ff.; M. Stojan, 1998, S. 439 ff.; U.C. Swoboda, 1998, S. 135 ff.).

Als Erfolgsfaktor für den Markteintritt der Direktbanken ist vor allem die in der Vergangenheit ungenügende Preisdifferenzierung der Banken hinsichtlich der Art der erbrachten Leistungen und des Vertriebsweges zu nennen. Direktbanken bieten Leistungen, die sie durch Standardisierung und entsprechende Mengengerüste günstig erbringen können, erheblich attraktiver an, als das die bisherigen Anbieter getan haben. Ferner offerieren sie nur bestimmte kostengünstig zu betreibende Vertriebswege.

4. Die Preispolitik der modernen Direktbanken im aktuellen Vergleich

Zum Leistungsbündel der Direktbanken gehören im Wesentlichen die folgenden Schlüsselprodukte:

- das laufende Konto mit einer am Geldmarktniveau orientierten Verzinsung,
- grundlegende Zahlungsverkehrsdienstleistungen,
- Geldmarktkonten bzw. Sparkonten mit kurz- und mittelfristigen Anlagefristen,
- Sparbriefe mit mittel- und langfristigen Laufzeiten,
- Wertpapierdienstleistungen (insbesondere Kauf und Verkauf auf Kommissionsbasis, Angebot eigener Produkte – vornehmlich Investmentfonds) sowie
- standardisierte Formen von Privatkundenkrediten.

Übersicht 2: Leistungsbündel der Direktbanken und Vergleich ihrer preispolitischen Strategien (Stand: Juli 2000)				
Leistungsart **Name der Direktbank**	**Laufendes Konto und Zahlungsverkehrsleistungen**	**Geldmarkt- und Sparkonten sowie Sparbriefe**	**Wertpapierdienstleistungen**	**Standardisierte Privatkundenkredite**
Advance Bank	X	Angebote nur im Geldmarktbereich	X	kein Angebot
Allgemeine Deutsche Direktbank	X	X	X	X
Allianz Vermögens-Bank (früher: Augsburger Aktienbank)	X	X	X	X
Comdirect Bank	X	Angebote nur im Geldmarktbereich	X	kein Angebot
ConSors Discount-Broker	X	Angebote nur im Geldmarktbereich	X	kein Angebot
Deutsche Bank 24	X	X	X	X
Direkt Anlage Bank	X	nur Festgeld im Angebot	X	kein Angebot
Entrium Direct Bankers	X	X	X	kein Angebot
Netbank	X	Angebote nur im Geldmarktbereich	X	kein Angebot
Santander Direkt Bank	X	X	Eingeschränktes Angebot	X

Die telefonische Erreichbarkeit der Direktbanken schlägt sich gemäß der angebotenen Service-Nummern in unterschiedlichem Maße in den Ausgaben nieder.

Übersicht 3: Service-Telefonnummern der Direktbanken	
Name der Direktbank	**Service-Telefonnummer**
Advance Bank	01803
Allgemeine Deutsche Direktbank	01802
Allianz Vermögens-Bank	0821 (Augsburg) bzw. 0130 (bei Kontoeröffnung)
Comdirect Bank	01803
ConSors Discount-Broker	01803
Deutsche Bank 24	01803
Direkt Anlage Bank	01802
Entrium Direct Bankers	0800 (mehrere Nummern)
Netbank	01805 (nur für den Störungsfall)
Santander Direkt Bank	069 (Frankfurt) für Interessenten sowie für Kunden 0800 bzw. 01803

Auf Basis des derzeit gültigen Preisniveaus gilt für die Kommunikationskosten auf Kundenseite:

Übersicht 4: Telefongebühren		
Service-Nummer	**1-Minuten-Gespräch**	**5-Minuten-Gespräch**
0130	kostenlos	kostenlos
01802	0,12 DM	0,12 DM
01803	0,24 DM	0,96 DM
01805	0,24 DM	1,20 DM
0800	kostenlos	kostenlos
Ortsnetzkennzahl, z. B. 069 oder 0821	als Ferngespräch mindestens 0,07 DM (Deutsche Telekom 0,12 DM bzw. 0,24 DM)	als Ferngespräch mindestens 0,33 DM (Deutsche Telekom 0,60 DM bzw. 1,20 DM)

Übersicht 5: Preisvergleich verschiedener Schlüsselprodukte und Konditionen für laufende Konten (Stand: Juli 2000)	
Name der Direktbank	**Konditionen für laufende Konten ohne Zusatzvereinbarung**
Advance Bank	**Cash-Management-Konto** • Preis der Kontoführung im 1. Jahr: 10,00 DM / Monat; anschließend in Abhängigkeit vom Umsatz mit der Kreditkarte (maximal 14,50 DM / Monat, im günstigsten Fall kostenlos) • für Kontoinhaber kostenlose ec-Karte und Kreditkarten • Bis 30000 DM Guthabensaldo 3,2 % Habenzinsen, darüber 3,75 %
Allgemeine Deutsche Direktbank	**Direktkonto** • Preis der Kontoführung: 4,00 Euro / Monat; hierin sind sämtliche Buchungen im Zahlungsverkehr, ec-Karte und Kreditkarte enthalten • Guthabenzinsen 2,5 %, ab 25000 DM 3,0 %)
Allianz Vermögens-Bank	**Privatgirokonto** • Kostenlose Online-Kontoführung inklusive sämtlicher Buchungen • Guthabenzinsen 2,25 % (unabhängig vom Betrag)
Comdirect Bank	**Combi Konto** • Preis der Kontoführung: 5,00 DM / Monat; hierin sind sämtliche Buchungen im Zahlungsverkehr, ec-Karte und Kreditkarte enthalten • Reduktion bzw. kompletter Wegfall der Kontoführungspauschale bei PC-Banking (in Abhängigkeit von der Zahl der Online-Transaktionen) • Guthabenzinsen gestaffelt von 2,4 % (bis 10000 DM) bis 2,7 % (ab 50000 DM)
ConSors - Discount-Broker	**ConSors Cash** • Kontoführung 1,00 DM / Monat • Zusatzkosten bei bestimmten Zahlungsverkehrsleistungen (Daueraufträge, Überweisungsaufträge per Telefon und Fax) • Guthabenzins 70 % (bzw. ab Durchschnittsguthaben von 50000 DM 80 %) des 3-Monats-Euribor
Deutsche Bank 24	**Persönliches Konto (Online-Konto 24)** • Kontoführung 6,00 DM / Monat • Zusatzkosten bei bestimmten Zahlungsverkehrsleistungen (Daueraufträge, Scheckeinreichungen, beleghafte Überweisungsaufträge) und für Kreditkarten

	• Guthabenverzinsung nur für bestimmte Personengruppen (Schüler, Auszubildende, Studenten) in Höhe der 3-Monats-Sparkonten
Direkt Anlage Bank	**Laufendes Konto** • Kontoführung kostenlos • Zusatzkosten bei bestimmten Zahlungsverkehrsleistungen (Daueraufträge, Überweisungsaufträge, Scheckeinreichungen Ausland) und für Kreditkarten • Guthabenzins = Basiszinssatz EZB abzüglich 2,5 % (bzw. abzüglich 1,5 % des 15 000 Euro übersteigenden Teils des Guthabens)
Entrium Direct Bankers	**Geldkonto** • kostenlose Kontoführung und Buchungen • Guthabenzinsen gestaffelt von 3,0 % bis 3,5 % (beim Online-Konto von 3,3 % bis 4,0 %)
Netbank	**Laufendes Konto** • kostenlose Kontoführung und Buchungen • ec-Karte und Kreditkarte bei intensiver Kontonutzung kostenlos • Guthabenzinsen 3,99 %
Santander Direkt Bank	**Dispo Plus Konto** • kostenlose Kontoführung • Kreditkarte kostenlos (regulär 75,00 DM)

Übersicht 6: Zinssätze für Anlagen (Stand: Juli 2000)		
Name der Direktbank	**Sparkonten mit dreimonatiger Kündigungsfrist**	**Sparbriefe / Sparformen mit fünfjähriger Festschreibung**
Advance Bank	–	–
Allgemeine Deutsche Direktbank	–	5,35 %
Allianz Vermögens-Bank	2,75 %	5,00 %
Comdirect Bank	–	–
ConSors Discount-Broker	–	–
Deutsche Bank 24	1,375 % (höhere Sätze ab 10 000 DM)	5,10 %
Direkt Anlage Bank	–	–
Entrium Direct Bankers	–	5,40 %
Netbank		4,50 %
Santander Direkt Bank	3,00 %	5,20 %

Übersicht 7: Zinssätze für Dispositionskredite (Stand: Juli 2000)		
Name der Direktbank	**Dispositionskredit auf dem Kontokorrentkonto**	**Preise für 5-jährige Kreditkonten (außer Baufinanzierungen)**
Advance Bank	9,50 % (bei geduldeter Überziehung 14,00 %)	–
Allgemeine Deutsche Direktbank	7,95 %	Effektivzins 8,50 %
Allianz Vermögens-Bank	8,20 %	Effektivzins 9,89 %
Comdirect Bank	9,00 % (nur Wertpapierkredite)	–
ConSors Discount-Broker	Basiszinssatz EZB zuzüglich 7 %	–
Deutsche Bank 24	10,94 % (bei geduldeter Überziehung 14,94 %)	Effektivzins 10,05 %
Direkt Anlage Bank	Basiszinssatz EZB zuzüglich 4,75 % (mindestens 7,25 %)	–
Entrium Direct Bankers	–	Effektivzins 9,90 %
Netbank	7,50 % (bei geduldeter Überziehung 10,50 %)	Effektivzins 7,78 %
Santander Direkt Bank	7,90 %	Effektivzins 11,90 %

Für Wertpapieraufträge (inländische Wertpapiere) und die Führung von Wertpapierdepots gelten aktuell die Konditionen gemäß der folgenden Übersicht 8:

Übersicht 8: Konditionen für inländische Wertpapiere und die Führung von Wertpapierdepots* (Stand: Juli 2000)			
Name der Direktbank	**Aktienkauf Inland (5 000 bzw. 50 000 Euro Kurswert)**	**Rentenkauf Inland (5 000 bzw. 50 000 Euro Kurswert)**	**Kosten eines Wertpapierdepots pro Jahr (100 000 Euro)**
Advance Bank	25 bzw. 250 Euro (einheitlich 0,5 % des Kurswertes – Minimum 40,00 DM)	20,45 bzw. 125 Euro (einheitlich 0,25 % des Kurswertes – Minimum 40,00 DM	40,39 Euro (79,00 DM) je Depot – Festpreis pro Jahr
Allgemeine Deutsche Direktbank	18,86 bzw. 80,11 Euro (Grundpreis und gestaffelte Provision – bei Online-Aufträgen reduzierter Grundpreis; Minimum 20,00 Euro)	17,61 bzw. 55,11 Euro (Grundpreis und gestaffelte Provision – bei Online-Aufträgen reduzierter Grundpreis; Minimum 12,50 Euro)	100 Euro (pro Quartal 0,25‰ vom jeweiligen Kurswert zum Quartalsende)
Allianz Vermögens-Bank	25 bzw. 170 Euro (gemäß Provisionsstaffel)	12,50 bzw. 85 Euro (gemäß Provisionsstaffel)	33,75 Euro (= 66 DM) je Depot (Festpreis)
Comdirect Bank	24,50 bzw. 120 Euro (Provisionsstaffel von 0,49 bis 0,10 % – Minimum 20 DM, Nachlass 10 % bei Online-Broking)	14,50 bzw. 75 Euro (Provisionsstaffel von 0,29 bis 0,09 % – Minimum 20 DM, Nachlass 10 % bei Online-Broking)	50 Euro (Preisstaffel von 0,75‰ bis 0,25‰ – in Abhängigkeit vom Depotvolumen)
ConSors Discount-Broker	15,10 bzw. 109,60 Euro (0,21 % des Kurswertes zuzüglich 4,60 Euro Grundgebühr; reduzierter Preis gemäß Provisionsstaffel bei Großorders)	15,10 bzw. 109,60 Euro (gleiches Preisschema wie bei Aktien)	75 Euro (0,75‰ vom Depotwert; mindestens 25,00 DM)
Deutsche Bank 24	31 bzw. 110 Euro (Preisstaffel zuzüglich Grundpreis; bei Online-Orders 30 % Nachlass auf Preisstaffel)	15,50 bzw. 55 Euro (Preisstaffel zuzüglich Grundpreis; bei Online-Orders 30 % Nachlass auf Preisstaffel)	35 Euro Grundpreis des Depots zuzüglich 2,00 Euro pro Gattung

Direkt Anlage Bank	32,10 bzw. 182,10 Euro / Online 15,85 bzw. 90,84 (Preisstaffel zuzüglich Grundpreis; bei Online-Orders etwas mehr als 50 % Nachlass)	15,85 bzw. 90,84 Euro (Preisstaffel zuzüglich Grundpreis; keine Ermäßigung für Online-Orders)	kostenlos
Entrium Direct Bankers	29,50 bzw. 195 Euro (Preisstaffel von 0,59 % bis 0,19 %; 20 % Nachlass bei Online-Orders – Minimum 11,76 Euro)	14,50 bzw. 95 Euro (Preisstaffel von 0,29 % bis 0,10 %; 20 % Nachlass bei Online-Orders – Minimum 11,76 Euro)	mindestens 75 Euro (0,75 ‰ vom Wert je Gattung; mindestens 10,00 DM je Gattung)
Netbank	7,50 bzw. 30 Euro (Festpreise) – ohne Gehaltseingang 5 Euro teurer	7,50 bzw. 30 Euro (Festpreise) – ohne Gehaltseingang 5 Euro teurer	6,50 Euro pro Posten
Santander Direkt Bank	nur der Kauf hauseigener Aktienfonds ist möglich; einheitlicher Transaktionspreis 35,00 DM	nur der Kauf hauseigener Rentenfonds ist möglich; einheitlicher Transaktionspreis 35,00 DM	50 DM (nur für hauseigene Investmentfondsanteile möglich)

* Die Mehrwertsteuer bei der Depotführung bleibt unberücksichtigt. Die genannten Preise verstehen sich netto.

Die in Übersicht 8 auszugsweise erwähnten Konditionen belegen, welche Möglichkeiten sich bei der Preisgestaltung eröffnen; sie geben auch einen ersten Eindruck, wie weit die Preise von den einzelnen Banken differenziert werden. Eine vergleichende Betrachtung ist somit immer mit erheblichem Aufwand verbunden. Durch das sehr komplexe Preisbildungssystem kann insbesondere eine Aussage nicht getroffen werden, die besagt, welche Direktbank die günstigsten Konditionen offeriert. Das hängt – salomonisch gesprochen – vom Bedarf an Bankleistungen und vom Umfang, mit dem diese genutzt werden, ab.

Literaturhinweise

Brunner, Werner: Call-Center – Direktbank in der Bank; in: Betsch/van Hooven/Krupp: Handbuch Privatkundengeschäft – Entwicklung, State of the art, Zukunftsperspektiven; Frankfurt a.M. 1998, S. 667 ff.

Hummel, Detlev: Preisgestaltung von Produktbündeln; in: Betsch/van Hooven/Krupp: Handbuch Privatkundengeschäft – Entwicklung, State of the art, Zukunftsperspektiven; Frankfurt a.M., 1998, S. 451 ff.

Köcher, Renate: Veränderungen der Kundenstruktur und Kundenbedürfnisse; in: Betsch/van Hooven/Krupp: Handbuch Privatkundengeschäft – Entwicklung, State of the art, Zukunftsperspektiven; Frankfurt a.M. 1998.

Krupp, Georg: Künftige Positionierung des Privatkundengeschäfts aus Sicht der Geschäftsbanken; in: Betsch/van Hooven/Krupp: Handbuch Privatkundengeschäft – Entwicklung, State of the art, Zukunftsperspektiven; Frankfurt a.M. 1998, S. 53 ff.

Kuß, Alfred/Tomczak, Torsten: Marketingplanung – Einführung in die marktorientierte Unternehmens- und Geschäftsfeldplanung; Wiesbaden (Gabler) 1998.

Paul, Stephan/Siewert, Klaus-Jürgen: Bank-Controlling I – Ertragsmanagement in Kreditinstituten; 3. Auflage, Frankfurt am Main (Bankakademie) 1998.

Schierenbeck, Henner: Ertragsorientiertes Bankmanagement; 6. Auflage, Wiesbaden (Gabler) 1998.

– „State of the Art" in der Kalkulation von Privatkunden; in: Betsch/van Hooven/Krupp: Handbuch Privatkundengeschäft – Entwicklung, State of the art, Zukunftsperspektiven; Frankfurt a.M., 1998, S. 531 ff.

Schuster, Leo: Newcomer im Privatkundengeschäft – Ziele, Entwicklungen und Zukunftschancen; in: Betsch/van Hooven/Krupp: Handbuch Privatkundengeschäft – Entwicklung, State of the art, Zukunftsperspektiven; Frankfurt a.M. 1998, S. 65 ff.

Stojan, Michael: Die neuen Preismodelle – Einheitspreise oder Baukastenprinzip?; in: Betsch/van Hooven/Krupp: Handbuch Privatkundengeschäft – Entwicklung, State of the art, Zukunftsperspektiven; Frankfurt a.M., 1998, S. 439 ff.

Swoboda, Uwe C.: Privatkundengeschäft der Kreditinstitute – Marketingstrategien und Managementprozesse; 3. Auflage, Frankfurt am Main 1998.

Verbunt, Joannes M.W.: Direktbanken – eine Zeitbombe für das klassische Privatkundengeschäft; in: Betsch/van Hooven/Krupp: Handbuch Privatkundengeschäft – Entwicklung, State of the art, Zukunftsperspektiven; Frankfurt a.M. 1998, S. 505 ff.

Zeitschriften:

Bank und Markt – diverse Ausgaben der Jahre 1997 bis 1999

Die Bank – diverse Ausgaben der Jahre 1998 und 1999

Methoden zur Messung der Kundenzufriedenheit

Anton Meyer und Robert Ertl

1. Kundenzufriedenheit – populäres Leitmotiv der Unternehmensführung

Unternehmensverantwortliche sind sensibilisiert, Unternehmensberater freuen sich über zum Teil umfangreiche Projekte, die Wissenschaft arbeitet auf Hochtouren und immer mehr Kunden fordern sie ein: Kundenzufriedenheit ist eines der beherrschenden Themen der Unternehmens-/Managementpraxis und -forschung der letzten Jahre.

Wichtige Gründe dafür sind nicht zuletzt die Wirkungen der Kundenzufriedenheit. So belegen zahlreiche Studien (vgl. Reichheld/Sasser, 1990, S. 105 ff.) deutliche Zusammenhänge zwischen der Kundenzufriedenheit und der Kundenbindung, operationalisiert über Wiederkauf(-Absicht), Cross-Buying(-Absicht) und Weiterempfehlung(s-Absicht)en. Kundenzufriedenheit ist damit ein Indikator für den zukünftigen Erfolg eines Anbieters.

Darüber hinaus liefern Kundenzufriedenheitsuntersuchungen auch deutliche Hinweise für eine Überprüfung, Überarbeitung und u. U. Neukonzeption von Leistungsprogrammen und von einzelnen Leistungen. So können z. B. Erwartungen und Wünsche der Kunden erhoben und in die Leistungen quasi „eingebaut“ werden.

Diese so häufig geforderte Hinwendung zum Kunden kann also nicht als Modeerscheinung der neunziger Jahre abgetan werden, sondern ist im Gegenteil eine maßgebliche Leitlinie für ein erfolgreiches Marketing und Management. Kundenzufriedenheit ist die populäre Zielgröße eines solchen Konzeptes und Verständnisses. Wie dies nun erreicht werden kann, wird im Folgenden aufgezeigt.

2. Der Prozess „Messung der Kundenzufriedenheit"

Wie schon kurz angedeutet, können mittels Kundenzufriedenheitserhebungen ganz unterschiedliche Fragen beantwortet und damit verschiedene Zielsetzungen verfolgt werden:

- „Soll die Qualität der Leistung verbessert werden und sind konkrete Verbesserungsmaßnahmen zu ermitteln?"
- „Soll der Stand der Kundenzufriedenheit im Unternehmen gemessen werden, um einen Vergleich zum Vorjahr oder zwischen verschiedenen Abteilungen des Unternehmens zu ermöglichen?"
- „Sollen vielleicht verschiedene Servicealternativen auf ihre Möglichkeiten zur Erhöhung der Kundenzufriedenheit getestet werden?"

Zur Lösung solch typischer Marktforschungsprobleme existieren – in Abhängigkeit von der jeweiligen Problemstellung – alternative Forschungsdesigns, Quellen und Methoden der Informationsbeschaffung sowie Möglichkeiten zur Datenauswertung, die im Folgenden nun ausführlich dargestellt werden.

Idealerweise lässt sich ein Projekt „Kundenzufriedenheitsmessung" als Prozess darstellen, der die zeitliche Aufeinanderfolge der vielfältigen Methoden, die im Rahmen einer Kundenzufriedenheitsbefragung zum Einsatz kommen, abbildet (vgl. Abbildung 1).

3. Formulierung der Problemstellung

Eine erste und wichtige Aufgabe stellt die *Formulierung der Problemstellung* dar, denn „... a problem well defined, is half solved" (G.A. Churchill, 1995). Nur auf Basis einer genau definierten Problemstellung können Informationsdefizite identifiziert und damit die Ziele der Untersuchung definiert werden. Grundsätzlich können wir drei Zieltypen für Kundenzufriedenheitsmessungen, welche die Anwendung von Erhebungsmethoden und Informationsquellen entscheidend beeinflussen, unterscheiden (vgl. auch Abbildung 2):

Abbildung 1: Die Phasen des Kundenzufriedenheitsprojektes

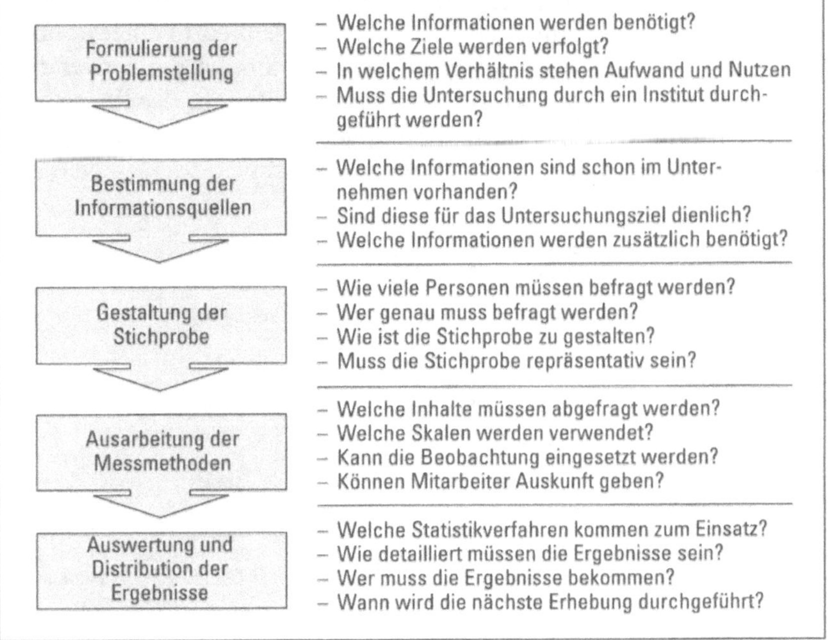

(1) *Explorative Forschungsziele:* Explorative Forschungsziele erscheinen insbesondere bei geringem Kenntnisstand zur Erhebung von Basisinformationen sinnvoll. Ihr Ziel liegt in der Gewinnung tieferer Einsichten in das Verhalten von Kunden, das Entstehen von (Un-) Zufriedenheit und das Entwickeln von Maßnahmen zur Steigerung der Kundenzufriedenheit. Ein weiteres Ziel besteht in der Entwicklung von Ideen für die weitere Durchführung des Projektes, da häufig am Anfang von Kundenzufriedenheitsprojekten die konkrete Problemstellung überhaupt noch nicht formuliert werden kann.

(2) *Deskriptive Forschungsziele:* Deskriptive Forschungsansätze generieren Verteilungs- und Vergleichswerte, welche die Durchführung von Abweichungsanalysen (Vergleich zum Wettbewerber, zum Vorjahr, innerhalb verschiedener Abteilungen) und die Erklärung von Zusammenhängen zwischen Variablen (z. B. Zusammenhang zwischen Kundenzufriedenheit und Kundenbindung) ermöglichen.

(3) *Experimentelle Forschungsziele:* Sind bereits Erkenntnisse über die Entstehung von (Un-)Zufriedenheit vorhanden und sollen z. B. Alternativen zur Beeinflussung der Kundenzufriedenheit in einer kontrollierten Untersuchungssituation getestet werden, ist die Anwendung experimenteller Versuchsanordnungen vonnöten. In der Praxis werden jedoch die strengen Anforderungen an Experimente meist nicht erfüllt und interessante Fragestellungen im Rahmen deskriptiver Analysen überprüft.

Abbildung 2: Forschungsziele und ausgewählte Fragestellungen

Forschungsziele von Kundenzufriedenheitsbefragungen

Exploration	Beschreibung	Experiment
– Was genau sind die Ursachen der Kunden-(Un-)Zufriedenheit? – Wie kann die Kundenzufriedenheit gesteigert werden? – Warum wechseln Kunden? – Wie können unzufriedene Kunden vom Wechsel abgehalten werden? – Welche Merkmale müssen in der Hauptbefragung erhoben werden?	– Wieviel % aller Kunden sind sehr zufrieden? – Welche Personengruppe ist unzufrieden? – Wie stark ist der Zusammenhang zwischen Kundenzufriedenheit und Kundenbindung? – Welches Merkmal beeinflusst die Kundenzufriedenheit am stärksten? – Welche Qualitätsmerkmale beeinflussen sich gegenseitig?	– Welche Servicealternative bringt den größten Zufriedenheitszuwachs? – Wieviel zahlen Kunden für mehr Service? – Welches Serviceniveau bringt den meisten Gewinn/Umsatz? – Ab welchem Preisniveau beginnen Kunden abzuwandern? – Wie können Serviceschwächen kompensiert werden?

Darüber hinaus muss in dieser Prozessphase auch die Frage gestellt werden, ob eine Durchführung der Untersuchung aus ökonomischen Gesichtspunkten gerechtfertigt ist. Zur Beantwortung werden in der Praxis Indikatoren wie *Bedeutung des Problems* oder *Zeitdauer* und *Kosten* des Projektes vorgeschlagen.

4. Datenbeschaffung und Erhebungseinheiten

Im Anschluss an die Formulierung der Problemstellung (und der Entscheidung für oder gegen die Selbstdurchführung) muss eine Entscheidung über die *Beschaffung von Daten* getroffen werden. Damit werden in einem ersten Schritt die Quellen der Informationsbeschaffung bestimmt.

Als mögliche *Quellen der Informationsbeschaffung* unterscheidet man grundsätzlich Sekundär- und Primärforschung. Während eine Primärforschung (field research) die erstmalige und damit originäre Erhebung von Informationen bedeutet, versteht man unter *Sekundäranalyse* (desk research) die Sammlung von Daten, die zu einem früheren Zeitpunkt für einen ähnlichen oder zumindest brauchbaren Untersuchungszweck gesammelt wurden und nun einer erneuten Analyse unterzogen werden (vgl. Abbildung 3). Dazu müssen die Daten entsprechend der Fragestellung evtl. neu aufbereitet werden. Neben internen Datenquellen (Kundenfluktuation, Provisionsüberschüsse, Abschlusszahlen usw.) können auch Daten von Marktforschungsinstituten (z. B. Kundenmonitor Deutschland – Qualität und Kundenorientierung) effektiv zu Vergleichszwecken eingesetzt werden. Insbesondere der Vergleich mit Wettbewerbern aus anderen, jedoch vergleichbaren Branchen (z. B. Direktbanken mit dem Versandhandel) birgt große Potenziale bei der Generierung von Wettbewerbsvorteilen. Zentrale Anforderungen an das Datenmaterial sind die *Vergleichbarkeit* der Daten und die *Angabe zentraler Informationen* zur Erhebung (Erhebungszeitpunkt, Stichprobengröße, Erhebungsmethode), um die Qualität der Daten einschätzen zu können. Für die Durchführung von Kundenzufriedenheitsbefragungen hat es sich als sehr hilfreich erwiesen, erst nach eingehender Sekundäranalyse den verbleibenden restlichen Informationsbedarf mittels Primärforschung zu decken. In den nächsten Punkten werden insbesondere Probleme, Fragestellungen und Methoden einer Primärerhebung behandelt.

Der Großteil von Zufriedenheitsstudien wird von beauftragten Marktforschungsinstituten durchgeführt, was sich aufgrund der meist größeren Feldorganisation, Ausstattung und Routine insbesondere dann anbietet, wenn wenig Erfahrung mit dem Themengebiet bzw. eine gewisse methodische Rückständigkeit vorhanden ist, die Stichprobe sehr groß und breit gestreut sein soll, eine mangelnde Objektivität der „internen Lösung" zu erwarten ist und das „buy" günstiger als das „make" ist. Im Falle der Institutsmarktforschung,

Abbildung 3: Informationsquellen bei Kundenzufriedenheitsbefragungen

	Sekundärdaten	Primärdaten
Externe Daten	– Benchmarks der Kundenzufriedenheit (Kundenmonitor Deutschland) – Vergleichswerte früherer Kundenzufriedenheitsmessungen – Bekanntheitsgrade – Umsatzrankings – Marktanteile etc.	– Kundenfluktuation – Kundenzufriedenheitsbefragung – Wechselanalysen – Imageanalysen – Präferenzanalysen etc.
Interne Daten	– Fehlerkostenanalyse – Inanspruchnahme von Garantien – Beschwerderaten – Neukundenzuwachs – Umsatzentwicklung – Auftragsentwicklung etc.	– Befragung von Mitarbeitern – Silent shopping – Mystery calls – Eigenimageanalyse etc.

wie auch im Falle der betrieblichen Marktforschung, die als Stelle/Abteilung organisiert ist, sind die Erhebungen der Zufriedenheitswerte oder Ereignisse mit Hilfe schriftlicher Befragungen, Online-, Fax- und Telefoninterviews durch einen hohen Anonymitätsgrad gekennzeichnet.

Gerade das Direct Banking ist aber durch zahlreiche Interaktionen und Kontakte geprägt. Vielfältige Interaktionsbeziehungen und eine hohe Kontaktintensität führen zwangsläufig zu vielfältigen Zufriedenheitsankern und – daraus abgeleitet – zu einer Vielzahl von möglichen Erhebungssituationen. Jeder einzelne Kontakt innerhalb einzelner Episoden, Transaktionen oder Geschäftsbeziehungen kann zur Erhebung von Zufriedenheitswerten, Erwartungen oder Erlebnissen genutzt werden. Das heißt: Jedes interne Kontaktsubjekt – also beispielsweise der Mitarbeiter im Call-Center – wird als „Part-time-Marktforscher“ eingesetzt und ist damit mitverantwortlich für die Zufriedenheitserhebung.

Organisatorisch schwierig erscheint hier weniger die eigentliche Erhebung als vielmehr die Dokumentation und Weitergabe der erhobenen Urteile. Der Einsatz von Mitarbeitern als „Part-time-Marktforscher" erfordert sensible und bez. der Bedeutung der Messung und innerbetrieblichen Weitergabe der Daten auch sensibilisierte Mitarbeiter. Über Trainings- und Schulungsmaßnahmen sind die notwendigen fachlichen und sozialen Kompetenzen zu vermitteln; insbesondere sind die Anlässe der Erhebung zu klären.

Ein Einsatz von „Part-time-Marktforschern" kann bei aller Sensibilisierung und Kompetenz an – nur auf den ersten Blick trivialen – Problemen wie beispielsweise fehlenden Fremdsprachenkenntnissen oder an Mentalitätsbarrieren scheitern.

Schwerwiegend ist auch die Problematik der Beeinflussung der Ergebnisse, wenn der Erheber selbst Verursacher und Betroffener der Ergebnisse ist und diese nun weitergeben soll.

Häufig – insbesondere im Business-to-Business-Bereich, aber auch beispielsweise in der Familie – werden Finanzentscheidungen nicht von einzelnen Personen allein getroffen und umgesetzt, sondern von Gruppen unterschiedlichster Rollen, Kompetenzen und Entscheidungsrechten. Dazu kommt: Diese Koalition bzw. Gruppe ist in ihrer Zusammensetzung weder über die Zeit noch hinsichtlich einzelner Entscheidungen stabil. „Wer soll nun befragt werden?" oder: „Welche Person füllt welche Rolle in einem solchen Buying-Center aus?" und: „Wie aggregiert man die Einzelmeinungen unter Umständen zu einer Gruppenmeinung?". Diese wenigen Fragen zeigen die großen Schwierigkeiten, die mit der Auswahl der Auskunftspersonen und der Aggregation der Urteile verbunden sein können, auf. Pauschal, das heißt, ohne auf die konkrete Situation einzugehen, können hier nur sehr unbefriedigende Antworten geliefert werden. Generell gilt sicherlich, dass der Heterogenität der Entscheidungsrechte, Rollen und Aufgaben Rechnung getragen werden muss; dass also die unterschiedlichen, am Entscheidungsprozess direkt oder indirekt Beteiligten auch befragt werden sollten.

In einigen Situationen erscheint dieser Vorschlag leicht umsetzbar: Nämlich insbesondere dann, wenn die Anonymität der Gruppenmitglieder aufgehoben werden kann, sie also direkte Kontaktfaktoren oder gar externe Faktoren in einzelnen Interaktionsbeziehungen sind. Eine umsetzbare und interessante Möglichkeit sind hier auch Gruppenbefragungen des „gesamten“ Buying-Centers.

In den meisten Fällen ist im Direct Banking diese Transparenz aber nicht gegeben. Dann bleibt meist nur der Ausweg, sich mit einem gesunden Pragmatismus an die Zufriedenheitsmessung zu machen, die Probleme im Erhebungsdesign in Kauf zu nehmen und bei der Interpretation der Ergebnisse zu berücksichtigen.

Das „Zusammentreffen“ bzw. die Interaktion unterschiedlicher Erhebungseinheiten kennzeichnet die verschiedenen Erhebungssituationen. Bleiben wir beim Fall persönlich bekannter Erhebungseinheiten und greifen einige beispielhafte Situationen überblicksartig heraus:

- Der Kreditsachbearbeiter befragt seinen Kollegen auf der anderen Seite im Rahmen der Vertragsunterzeichnungen bezüglich des Beziehungsklimas auf der „Topebene“.
- Den Anruf eines Kunden bez. einer Überweisung nutzt der Mitarbeiter und „Part-time-Marktforscher“ zur Erhebung von Beschwerden und positiven Erlebnissen des Gegenüber.
- Ein Mitarbeiter der Service-Hotline erforscht bei der Anfrage eines Kunden bez. einer Wertpapier-Transaktion die Zufriedenheit des Kunden sowie dessen Verbesserungsvorschläge zur kundengerichteten Kommunikation.

5. Methoden der Kundenzufriedenheitsmessung

Welche *Erhebungs- und Auswertungsmethoden der Primärforschung* (falls diese noch nötig sein sollte) kommen nun konkret zum Einsatz? Je nach Art des Forschungsziels erscheinen unterschiedliche Quellen und Methoden der Informationsbeschaffung sowie Auswertungsverfahren sinnvoll. Abbildung 4 gibt einen Überblick über diesen Zusammenhang.

Abbildung 4: Erhebungsmethoden, Stichprobendesigns und Auswertungsverfahren bei unterschiedlichen Forschungszielen

	Forschungsziel: Exploration	Forschungsziel: Beschreibung und Experiment
Erhebungsmethoden der Primärforschung:	– Beschwerdeanalyse – Critical Incident Technique – Sequentielles Ereignisverfahren	– Zufriedenheitsbefragung – Imageanalysen – Beobachtung
Stichprobenverfahren:	– Konzentrationsverfahren – Typische Auswahl – Willkürliche Auswahl	– (reine) Zufallsauswahl – Quotaverfahren
Auswertungsverfahren:	– Inhaltsanalyse – Univariate Analyse (Häufigkeiten und Verteilungen, Mittelwerte, Modus, Median) – Bivariate Verfahren (Kreuztabellierung und Kontingenzanalyse)	– Uni- und bivariate Verfahren als Vorauswertung – Multivariate Verfahren (z.B. Verfahren der Dependenzanalyse)

Generell wird zwischen merkmals- und ereignisorientierten Verfahren unterschieden.

5.1 Merkmalsorientierte Messverfahren

Die Gruppe der merkmalsorientierten Messverfahren ist wohl die populärste Möglichkeit zur Qualitätsmessung in der Praxis, was mit der scheinbar einfachen Gestaltung und Auswertung begründet werden kann. Gemeinsamkeit der einzelnen Verfahrensalternativen ist, dass es sich um standardisierte, geschlossene Fragestellungen handelt. Ziel ist es, durch die Erhebung von Urteilen zu einzelnen *Qualitätsmerkmalen* (z. B. Freundlichkeit, Preis-Leistungsverhältnis, Erreichbarkeit) einen Eindruck über die vom Nachfrager wahrgenommene Qualität zu erhalten. Damit wird vorausgesetzt, dass Nachfrager in der Lage sind, ihr Qualitätsempfinden auf Grundlage einer semantischen Informationsverarbeitung auszudrücken, d. h. einen Anbieter durch unterschiedliche Merkmale beschreiben und bewerten zu können.

Um zu entscheiden, welche Qualitätsdimensionen (Mitarbeiterverhalten, „Produktpalette") und -merkmale (Freundlichkeit, Erreichbarkeit, Fachkompetenz) wichtig sind und damit auch Gegenstand der Befragung sein sollen, wurden vielerlei Methoden entwickelt. Die einfachste Möglichkeit besteht sicherlich darin, sich an bereits existierenden Qualitätsmodellen – wie etwa SERVQUAL (siehe unten) – zu orientieren. Als Vorteil eines solchen Vorgehens kann aufgeführt werden, dass Vergleiche, die für die Einschätzung der Umfrageergebnisse von zentraler Bedeutung sind, vereinfacht werden.

Grundsätzlich sollte die Befragung jedoch für das eigene Unternehmen spezifiziert werden. Zu diesem Zweck können zusätzliche Experten- und Kundengespräche bzw. ereignisorientierte Verfahren zum Einsatz kommen, mittels derer ein Gefühl für die Relevanz bestimmter Problemstellungen abgeschätzt werden kann. Auf alle Fälle ist es jedoch unabdingbar, den Kunden in die Entwicklung des Fragebogens miteinzubeziehen. Nur dadurch kann sichergestellt werden, dass diejenigen Qualitätsdimensionen und -merkmale bestimmt werden, die für den Kunden maßgeblich sind. Nachdem Dimensionen und Merkmale definiert wurden, kann dann über die konkrete Ausgestaltung der Fragetypen entschieden werden.

Exkurs: SERVQUAL

SERVQUAL (ein Kunstwort, bestehend aus den Bestandteilen SERVice und QUALity), ist das bekannteste Verfahren zur Qualitätsmessung aus Kundensicht. Es handelt sich um ein standardisiertes Befragungsinstrument und basiert auf dem GAP-Modell von Parasuraman, Zeithaml und Berry. SERVQUAL misst die Differenz zwischen der erwarteten und der erhaltenen Leistung von fünf branchenübergreifenden Qualitätsdimensionen, die von den Entwicklern des Instruments in mehreren Studien identifiziert wurden. Es handelt sich hierbei um die Annehmlichkeit des tangiblen Umfelds („tangibles"), die Verlässlichkeit („reliability"), die Reagibilität („responsiveness"), die Leistungskompetenz („assurance/competence") und das Einfühlungsvermögen („empathy/courtesy"). Die einzelnen Dimensionen werden anhand von insgesamt 22 Items näher spezifiziert, wie die folgende Übersicht zeigt:

Übersicht: Die 22 SERVQUAL-Statements zur Messung erwarteter Leistungsaspekte

Tangibles

E1 Die technische Ausrüstung von ... sollte dem neuesten Stand entsprechen.

E2 Die Geschäftsräume von ... sollten ansprechend gestaltet sein.

E3 Die Angestellten sollten ordentlich angezogen sein und einen sympathischen Eindruck machen.

E4 Die Gestaltung der Geschäftsräume von ... sollte der Art der Dienstleistung angemessen sein.

Reliability

E5 Wenn ... die Fertigstellung eines Auftrags bis zu einem bestimmten Zeitpunkt versprechen, sollte ... diesen auch einhalten.

E6 Kundenprobleme sollten ernstgenommen und mitfühlend und beruhigend behandelt werden.

E7 Man sollte sich auf ... verlassen können.

E8 Die Dienstleistung sollte zu dem Zeitpunkt ausgeführt sein/werden, zu dem sie versprochen wurde.

E9 ... sollte eine ordentliche Auftragsbuchführung besitzen.

Responsiveness

E10 Man sollte von ... nicht erwarten, dass ... dem Kunden genau darüber Auskunft geben, wann die Leistung ausgeführt sein wird.

E11 Es ist unrealistisch, als Kunde prompten Service von den Angestellten in ... zu erwarten.

E12 Die Angestellten müssen nicht permanent gewillt sein, den Kunden zu helfen.

E13 Es ist in Ordnung, wenn die Angestellten zu beschäftigt sind, um Kundenwünsche unmittelbar zu erfüllen.

Assurance / Competence

E14 Kunden sollten den Angestellten von ... vertrauen können.

E15 Kunden sollten sich während des Kontaktes zu den Angestellten wohl fühlen können.

E16 Die Angestellten von ... sollten höflich sein.

E17 Die Angestellten sollten angemessene Unterstützung im Unternehmen erhalten, um ihre Tätigkeit gut ausführen zu können.

Empathy / Courtesy

E18 Von ... sollte nicht erwartet werden, dass ... jedem Kunden individuelle Aufmerksamkeit widmen.

E19 Von Angestellten dieser Firmen kann nicht erwartet werden, dass sie sich persönlich um den Kunden kümmern.

E20 Es ist unrealistisch, von den Angestellten zu erwarten, dass sie Bedürfnisse ihrer Kunden kennen.

E21 Es ist unrealistisch zu erwarten, dass ... nur das Interesse ihrer Kunden im Auge haben.

E22 Man sollte von ... nicht erwarten, dass die Öffnungszeiten angenehm für alle Kunden sind.

Zu jedem dieser Items werden zwei Statements der Art „So sollte es sein“ (E1-E22) abgefragt, um generelle *Erwartungen* der Konsumenten hinsichtlich der qualitätsrelevanten Aspekte zu erfragen. Die Aussage der Form „so ist es“ dient dazu, die *erlebte Leistung* zu erheben.

Die Auskunftspersonen werden zu diesem Zweck aufgefordert, die vorgegebenen Aussagen auf einer *7-Punkte-Skala* zu bewerten, von „stimme völlig zu“ bis „lehne entschieden ab“:

Übersicht: Die SERVQUAL-Doppelskala

	Diese(r) Meinung ...						
	stimme ich völlig zu						lehne ich entschieden ab
Die Geschäftsräume der Bank XYZ sollten ansprechend gestaltet sein	7	6	5	4	3	2	1
Die Geschäftsräume der Bank XYZ sind ansprechend gestaltet	7	6	5	4	3	2	1

Quelle: Parasuraman/Zeithaml/Berry, 1988, S. 38 f.

Darauf basierend wird ein *Differenzwert* (Erwartungswert ./. Leistungswert) pro Merkmal errechnet. Der Differenzwert bewegt sich im Intervall zwischen – 6 und + 6, wobei ein hoher Wert ein hohes Qualitätsniveau bedeutet. Durch Aufsummieren der Differenzwerte können die Qualitätswerte pro Dimension sowie ein Gesamtwert berechnet werden. Die Bedeutungsgewichte können über standardisierte Regressionskoeffizienten im Rahmen einer Regression mit einem separat zu erhebenden Gesamtqualitätsurteil errechnet werden.

Obwohl die Vorgehensweise bei SERVQUAL sehr plausibel anmutet, wurden in der Literatur mehrere Punkte kritisch beleuchtet. So wurde z. B. der Anspruch, ein branchenübergreifendes Instrument zur Messung der Dienstleistungsqualität darzustellen, aufgrund der Heterogenität der Dienstleistungsbranche als überzogener Anspruch gewertet. Gleichwohl bietet SERVQUAL mit seinen Dimensionen einen ersten Orientierungsrahmen bei der Entwicklung eines unternehmens- oder branchenspezifischen Instrumentes. Ein weiterer Kritikpunkt betrifft die Differenzbildung zwischen Erwartung und erlebter Leistung, da dies durchaus zu absurden Ergebnissen führen kann (so führt ein hervorragender Leistungswert von 7 bei einem „Erwartungswert“ von 1 zu einem sehr guten und bei einem „Erwartungswert“ von 7 zu einem wenig guten Ergebnis). Diese Kritik an der Doppelskala führte dazu, dass in später entwickelten Modellen die wahrgenommene Leistung als Indikator für die Qualität der Dienstleistung verwendet wurde.

Die Hauptvarianten der bekannten Verfahren unterscheiden sich zum einen durch die Notwendigkeit einer konkret erlebten Konsumsituation in *einstellungsorientierte* und *zufriedenheitsorientierte* Verfahren. Während Einstellungen als „die gefühlsmäßige Wertung oder Einschätzung eines Objektes verstanden werden kann“ und damit nicht notwendigerweise auf einem selbst erlebten Konsumerlebnis beruhen, setzt die Zufriedenheit „als das Ergebnis eines psychischen Soll-Ist-Vergleichs über Konsumerlebnisse“ gerade an der Erfahrung an, die mit dem Unternehmen gemacht wurde. Einstellungsorientierte Messverfahren können somit auch bei Nicht-Kunden angewendet werden. Dies hat den Vorteil, dass ein differenzierteres Bild vom Unternehmen erhoben wird, da nicht nur Kunden befragt werden, die tendenziell ein positiveres Bild vom Unternehmen haben müssten. Allerdings weisen Urteile, welche nicht auf Erfahrungen beruhen, eine geringere Verhaltensrelevanz auf, wie schon mehrfach in empirischen Studien nachgewiesen werden konnte.

Weiterhin können die unterschiedlichen Typen danach klassifiziert werden, ob zusätzlich zur Messung der Ausprägung auch die Bedeutung des jeweiligen Merkmals abgefragt wird. Für die Aufnahme der *Bedeutungsmessung* (Zweikomponentenansatz) spricht hierbei die Tatsache, dass unterschiedliche Kunden unterschiedlichen Merkmalen verschiedene Wichtigkeiten zuordnen (z. B. sollten preisunsensible Kunden den Gebühren eine geringere Bedeutung beimessen als preissensible Kunden) und die Möglichkeiten zur Optimierung der Qualität erweitert werden (Verbesserung wichtiger Merkmale, Vermeidung von übertriebener Qualität bei unwichtigen Merkmalen). Allerdings erhöht sich durch die *Abfrage von Bedeutungsgewichten* der Befragungsaufwand; zudem ist es fraglich, ob Kunden überhaupt den für sie zutreffenden Bedeutungswert angeben können: empirische Studien weisen darauf hin, dass Kunden den meisten Merkmalen pauschal hohe Bedeutungswerte zuordnen (Gefahr der „Bedeutungsinflation“).

Schließlich unterscheiden sich die einzelnen Verfahren dahingehend, ob die Messung des Eindruckswertes *direkt* (gut/schlecht; zufrieden/unzufrieden) oder *indirekt* über die zusätzliche Erhebung eines Vergleichswerts erfolgt. Bei der indirekten Variante findet die eigentliche Ermittlung des Qualitätswertes durch eine mathematische Operation, meist eine Differenzbildung zwischen dem Wert des Vergleichsstandards und dem Wert statt, der das Leistungsniveau des Unternehmens widerspiegelt. Im Fall der einstellungsorientierten Messung wird häufig der ideale Anbieter als Vergleichsstandard herangezogen. Im Rahmen der zufriedenheitsorientierten Messung werden eine Vielzahl von Vergleichstandards (vorgegebene Erwartungen, Erfahrungswerte, Ideale, Minimalanforderungen) vorgeschlagen. Da jedoch anzunehmen ist, dass Kunden mehrere Vergleichsstandards bzw. unterschiedliche Standards in unterschiedlichen Situationen zugrunde legen, und sie häufig nicht in der Lage sind, ihr tatsächliches Anspruchsniveau zu quantifizieren, sollte die Messung direkt erfolgen und die Erhebung der Anforderungen in den qualitativen Forschungsbereich (siehe Abschnitt 5.2) verlegt werden. So wurde auch das bekannteste der merkmalsorientierten Verfahren – SERVQUAL – wegen seiner Doppelskala und der darauf aufbauenden Differenzbildung stark kritisiert (vgl. B. Hentschel, 1990, S. 230 ff.). Abbildung 5 gibt einen Überblick über beispielhafte Anwendungen der wichtigsten Verfahrenstypen.

Generell gilt: ein „bester“ Skalentyp existiert nicht. Die Entscheidung für oder gegen einen Skalentyp muss unter Berücksichtigung mehrerer Faktoren, wie z. B. der Kommunikationsform der Befragung und des angestrebten Skalenniveaus, erfolgen. In der Praxis hat sich allerdings eine direkte Zufriedenheitsmessung mittels 5-poliger Skalen (vollkommen zufrieden, sehr zufrieden, zufrieden, weniger zufrieden, unzufrieden) über einen Einkomponentenansatz bewährt. Die Wichtigkeit einzelner Leistungsmerkmale kann dann implizit über statistische Verfahren (Korrelations-, Regressions-, Faktoren- oder Kovarianzstrukturanalysen) ermittelt werden.

Abbildung 5: Beispielhafte Anwendung der wesentlichen Verfahrenstypen

5.2 Ereignisorientierte Qualitätsmessverfahren

Das Interesse an ereignisorientierten Verfahren zur Qualitätsmessung hat sich in den letzten Jahren stark intensiviert. Aufgrund ihres explorativen, qualitativen Charakters gewähren sie einen tieferen Einblick in die Entstehung von Qualitätsurteilen und sind damit zur Ableitung von konkreten Maßnahmen für die Verbesserung bzw. Optimierung von Leistungen oft besser geeignet. Ereignisorientierte Verfahren basieren auf der Annahme, dass Kunden ihr Qualitätsempfinden auf Grundlage einer episodischen Informationsverarbeitung ausdrücken;

d. h. ihr Urteil entsteht auf dem Weg der *Verarbeitung konkreter Ereignisse*, die sich während des Serviceprozesses aus Kundensicht zugetragen haben (vgl. Stauss/Hentschel, 1992, S. 115 ff.).

Generell sind drei Verfahrenstypen von besonderer Relevanz: Die Beschwerdeanalyse, die Methode der kritischen Ereignisse (MKE) – auch Critical Incident Technique (CIT) genannt – und die Sequentielle Ereignismethode.

Die *Beschwerdeanalyse* stellt einen systematischen Prozess dar, in dem Kundenbeschwerden untersucht und ausgewertet werden. Die Zielsetzung ist hierbei, den Kunden durch die Lösung seines Problems an das Unternehmen zu binden und die geäußerten Kritikpunkte zur Verbesserung der Qualität zu nutzen. Bei Beschwerden handelt es sich um kundeninitiierte Berichte, die äußerst relevante, aktuelle und darüber hinaus kostengünstige Informationen enthalten. Da sich jedoch nur ein geringer Anteil der unzufriedenen Kunden beschwert, sollte die Artikulation von Beschwerden z. B. durch die Einrichtung von „Online-Meckerkästen", Beschwerdetelefonen u. Ä. erleichtert werden, wodurch auch dem Problem der mangelnden Repräsentativität von Beschwerden ein wenig beigekommen werden kann. Die Erweiterung um Lobinformationen hebt einen weiteren Nachteil der Beschwerdeanalyse auf – die einseitige Fokussierung auf negative Aspekte.

Als *Methode der kritischen Ereignisse* (siehe Übersicht S. 322) wird ein von Flanagan in den 50er Jahren entwickeltes Verfahren zur Erhebung einzelner kritischer Ereignisse bezeichnet (vgl. J.C. Flanagan, 1954, S. 327 ff.). Bei kritischen Ereignissen handelt es sich um Vorfälle, die vom Kunden als außergewöhnlich positiv oder negativ empfunden werden. Die aus Critical-Incident-Studien gewonnenen Informationen können im Unternehmen vielfältig eingesetzt werden. Neben der Vermeidung von Mängeln und der Inszenierung positiver Überraschungen, sowie dem Einsatz positiver kritischer Ereignisse in der Werbung über Testimonials (Kunden berichten über positive Erlebnisse mit dem Dienstleistungsunternehmen), werden die Ergebnisse häufig zur Motivation und Schulung des Personals eingesetzt (vgl. B. Stauss, 1994, S. 235 ff.).

Exkurs: Critical Incident Technique

Bei der *„Critical Incident Technique“ (CIT)* oder *„Methode der kritischen Ereignisse“ (MKE)* handelt es sich um ein primär qualitatives Befagungsverfahren. Mittels standardisierter, offener Fragen werden Auskunftspersonen zu außergewöhnlich negativen oder positiven Erlebnissen mit dem Dienstleistungsunternehmen befragt. Die Interviews sollten hierzu entweder mit Video oder Tonband aufgezeichnet und anschließend niedergeschrieben bzw. sofort durch einen Protokollführer festgehalten werden. Als Alternative hierzu besteht die Möglichkeit, die Geschichten von der Auskunftsperson selbst aufschreiben zu lassen. Die CIT zeichnet sich durch folgende Elemente aus:

In einer ersten Stufe werden die Auskunftspersonen gebeten, sich an ein kritisches Ereignis im Zusammenhang mit dem Dienstleistungsanbieter zu erinnern und dies möglichst detailliert in eigenen Worten zu beschreiben: „Hatten Sie schon einmal ein außergewöhnlich positives oder negatives Erlebnis mit dem Unternehmen ABC? Wenn ja, beschreiben Sie dieses Erlebnis bitte so detailliert wie möglich mit Ihren eigenen Worten.“

In einer zweiten Stufe kann der Detaillierungsgrad der Geschichte weiter erhöht werden, indem Zusatzfragen gestellt werden können, wie beispielsweise u. a.:

- Was passierte genau?
- Wer genau machte was?
- Wo fand der Vorfall statt?
- Haben Sie sich beschwert?
- Welche Konsequezen haben Sie daraus gezogen bzw. werden Sie ziehen?

Die *Zahl der zu befragenden Personen* kann a priori nicht festgelegt werden, da sie sehr stark von der Anzahl der Ereignisse abhängt, die durch die Befragung ermittelt werden. Als Faustregel dient das sog. Flanagan-Kriterium, nach dem die Befragung abgebrochen werden kann, wenn 100 zusätzliche Ereignisse nicht mehr als zwei oder drei neue Ereignisse hervorbringen.

Bei der Vorbereitung der Auswertung ist zu beachten, dass nur detailliert beschriebene Ereignisse in die Analyse miteinbezogen werden, die sich auf eine Kunde-Anbieter-Kontaktsituation beziehen und ein starkes Gefühl der (Un-)Zufriedenheit erzeugten.

Schließlich sind die erhobenen Ereignisse zu kodieren und zu *klassifizieren*. Hierbei bietet es sich an, die Ereignisse den Dimensionen bewährter Modelle der Service-Qualität (z. B. SERVQUAL) zu klassifizieren und zuzuordnen. Zur Sicherstellung der Qualität der Ergebnisse sollten die Klassifizierungen simultan von mehreren Personen vorgenommen werden. Weiterhin ist es sinnvoll, einen Teil der Ereignisse zur Klassifizierung, einen anderen Teil zur Überprüfung der Vollständigkeit der Kategorien zu verwenden.

Bei der Dokumentation der Ergebnisse ist darauf zu achten, dass neben Häufigkeiten und Kreuztabellen auch einzelne Geschichten aufgeführt werden, die sehr detailliert geschildert wurden oder exemplarisch für eine Mehrheit der Ereignisse stehen, um sie für Schulungszwecke oder dergleichen nutzen zu können. Das folgende Protokoll einer Befragung im Rahmen einer Critical Incident-Studie im Großraum München stellt sehr deutlich heraus, wie es aus Kundensicht zu dem Vorfall kam, und wie leicht das Personal den Vorfall für beide Seiten annehmbar hätte regeln können:

Übersicht: Protokoll im Rahmen einer Critical Incident-Studie zur Untersuchung von Wechselgründen an der Ludwig-Maximilians-Universität 1996

Zwei Tage vorher: Routinemäßiger Besuch der SB-Zone bei einer Filiale meiner Hausbank zum Geldabheben. Der Geldautomat verschluckt meine EC-Karte mit der Bemerkung: „Ihre Karte wurde eingezogen, melden Sie sich am Schalter". Leider ist dies nicht möglich, denn es ist gerade Mittagszeit, die Filiale ist geschlossen und eine Telefonnummer zur Kontaktaufnahme wird mir nicht angeboten.

Nach dreißig Minuten Wartezeit öffnet die Filiale wieder und eine nette Bankangestellte, die auch nicht weiß, warum die Karte eingezogen wurde, versucht bei verschiedenen Anlaufstellen in der Zentrale die Gründe für den Einzug der Karte herauszufinden. Zwischenzeitlich erklären sich einige besorgte Kunden, die mein Problem am Schalter mitbekommen haben, bereit, mir einen Überbrückungskredit zu geben.

Die Bankangestellte kommt zurück: Eine Abteilung in der Zentrale hatte vor sechs Wochen einen EDV-Befehl geschrieben, meine Karte beim nächsten Automatenkontakt einzuziehen, weil sie fehlerhaft sei. Ich wurde in der Zwischenzeit aber davon nicht unterrichtet und es würde jetzt noch einige Wochen dauern, bis ich eine neue Karte erhalten würde .... Nicht auszudenken, wie ich mich gefühlt hätte, wenn diese Abteilung mir vor sechs Wochen dies alles mitgeteilt hätte, und meine neue Karte schon da wäre.

Bei der *Sequentiellen Ereignismethode* durchläuft der Kunde gedanklich-emotional noch einmal den visualisierten Serviceprozess auf Basis eines vorliegenden Blueprints, wobei die übliche Prozessabfolge aus Kundenperspektive verbal (oder auch visuell über Fotos oder Symbole) dargestellt wird. Die Qualitätsbewertung der einzelnen Kontakte kann sowohl über geschlossene (merkmalsorientierte) als auch offene (ereignisorientierte) Fragestellungen erfolgen. Im Falle der offenen Fragestellung werden die Antworten ähnlich der Methode der kritischen Ereignisse aufgezeichnet.

Aufgrund ihrer explorativen Forschungsziele und der daraus resultierenden *Stichprobenkonstruktion* sind ereignisorientierte Verfahren im Gegensatz zu den merkmalsorientierten Verfahren nicht unbedingt dazu ausgerichtet, repräsentative Ergebnisse zu erheben. Auch würde der zu erwartende Nutzen einer repräsentativen Stichprobenanlage die entstehenden Kosten bei weitem nicht rechtfertigen. Vielmehr liegt der Fokus auf dem Konkretisierungsgrad und der Authentizität der Ausführungen. Für die Stichproben sollte man daher schwerpunktmäßig solche Personen auswählen, die einzelne Geschichten sehr detailliert wiedergeben können und sich durch ein hohes Maß an Auskunftsbereitschaft auszeichnen (z. B. Beschwerdeführer).

5.3 Möglichkeiten der Qualitätsbewertung durch das Unternehmen

Zur Bewertung der Qualität der Dienstleistung durch das Unternehmen selbst bietet es sich in einem ersten Schritt an, Methoden der Sekundärforschung anzuwenden. Damit können Daten erhoben werden, die einen ersten Eindruck über das Qualitätsniveau vermitteln. So kann z. B. die Beurteilung einzelner Prozesse im Rahmen der *Fehlerkostenanalyse* über Fehlerfolgekosten (z. B. Kosten der Richtigstellung fehlgeleiteter Überweisungen) erfolgen. Als weitere Indikatoren sind exemplarisch Umsatz- und Marktanteilsveränderungen sowie Neukundengewinnungs- und Abwanderungsraten zu nennen. Diese Daten werden hauptsächlich deswegen herangezogen, weil man davon ausgehen kann, dass sie in engem Zusammenhang mit der Zufriedenheit des Kunden stehen. Jedoch wird die somit gemessene Kundenbindung durch eine Vielzahl weiterer Faktoren beeinflusst, sodass diese ersten Anhaltspunkte durch Verfahren der Primärforschung ergänzt werden sollten. Dazu kommen auf Unternehmensseite die Befragung des Personals im Kundenkontakt oder „Beobachtungen“ der Kundenkontaktsituation in Betracht.

Als Methoden zur *Beurteilung der Leistungsqualität* aus Unternehmenssicht im Rahmen der Primärforschung erscheinen vor allem die Fehlermöglichkeits- und -einflussanalyse (FMEA) sowie Scoring-Verfahren als Methoden relevant. Im Rahmen der Fehlermöglichkeits- und -einflussanalyse (FMEA) werden auf Basis einer möglichst umfassenden Fehlerliste durch Mitarbeiter des Unternehmens für jeden Fehler, die Wahrscheinlichkeit seines Auftretens, die Bedeutung des Fehlers für den Kunden und die Wahrscheinlichkeit seiner Entdeckung vor dem Übergang in den „Sphärenbereich“ des Kunden auf einer Skala von 1 bis 10 bewertet. Durch die Multiplikation der Werte ergeben sich die Prioritäten für die einzelnen Problemarten. Die *Scoring-Verfahren* schließlich zeichnen sich dadurch aus, dass Unternehmensmitarbeiter die in einer Liste aufgeführten Qualitätsmerkmale in Teamarbeit gewichten und die eigene Leistung im Verhältnis zum besten Wettbewerber bewerten.

Aufgrund der Nähe des Kontakt- und Verkaufspersonals zum Kunden kann dieses im Rahmen der Qualitätsmessung wichtige Aufgaben übernehmen. So sollten Mitarbeiter im Kundenkontakt in der Lage sein, die direkt wahrgenommene Kundenzufriedenheit (positiv oder negativ) gut einschätzen zu können. Diese Daten können als Frühwarnsignale für die Unternehmensleitung fungieren oder beispielsweise Schwächen bei der Leistungserstellung aufdecken. Wie bereits erwähnt wurde, ist es dazu allerdings nötig, dass die Mitarbeiter diese Informationen weitergeben und sie anderen Abteilungen zugänglich machen.

Gerade bei kritischen Kontakten zwischen Personal und Kunde (critical service encounters) spielen Wahrnehmung und Bewertung der (Un-)Zufriedenheit durch das Kontaktpersonal eine wesentliche Rolle. Nur auf Basis von verlässlichen Daten über das Zufriedenheitsniveau des Kunden können geeignete Maßnahmen eruiert und eine evtl. entstandene Unzufriedenheit des Kunden unmittelbar verringert werden. Dadurch ist es u. U. möglich, ein negatives Kontakterlebnis in ein positives umzuwandeln.

Auch der Einsatz von Beobachtungen erlaubt es, Rückschlüsse auf die Qualität der Leistungen zu ziehen. So können beispielsweise im Call-Center mittels der nicht-teilnehmenden „Beobachtung" die Anzahl der Anrufe quantifiziert, Wartezeiten erhoben oder Lost-Call-Analysen durchgeführt werden um daraus Aussagen über die einzelnen Qualitätsdimensionen ableiten zu können. Dies erfordert allerdings den Einsatz spezifischer Software sowie eine genaue Kenntnis darüber, welche Anforderungen der Kunde an die einzelnen Dimensionen stellt bzw. welche Standards er erwartet. Die Wartezeiten am Telefon bei einem Servicelevel von 80:20 kann für einen Kunden bei einer Überweisung problemlos, bei einer dringenden Wertpapiertransaktion jedoch fatal sein. Diese Anforderungen müssen in separaten Befragungen erhoben werden; die Beurteilung der Qualität mittels Beobachtung erfolgt somit auch indirekt über den Kunden. Analog zur Sequentiellen Ereignismethode bietet es sich bei der Durchführung der Beobachtung an, sich an einem Blueprint zu orientieren. Dadurch kann eine systematische Vorgehensweise gesichert und die Vergleichbarkeit einzelner Beobachtungen ermöglicht werden.

Großer Beliebtheit erfreut sich die Variante der nicht-teilnehmenden, verdeckten (maskierten) Beobachtung, bei der speziell authorisierte Mitarbeiter (Checker) einzelne Mitarbeiter oder das ganze Team bei der Aufgabenerfüllung beobachten und nach standardisierten Kriterien bewerten. Der Gegenstand der Beobachtung bezieht sich hierbei nicht nur auf die vom Kunden wahrgenommenen Prozesse, sondern bezieht Unternehmensprozesse hinter der „visible line" mit ein. In der Praxis hat es sich bewährt, bei der Bewertung von Unternehmensprozessen durch die Beobachtung sehr komplexe Prozesse in Teilprozesse zu zerlegen. Diese Teil- oder Subprozesse können nun bewertet und verglichen werden. Durch die Bildung von Indices können die Teilbewertungen zu einem Gesamturteil zusammengefügt werden.

Exkurs: Silent Shopping (Mystery Shopping, Testkäufe)

Silent Shopping bezeichnet eine Variante der teilnehmenden Beobachtung, bei der die Beobachter – selbstverständlich anonym – als Dienstleistungsnachfrager auftreten. Durch die Simulation einer realen Situation können vielfältige Informationen, beispielsweise zu Freundlichkeitsniveau, Kompetenz oder Engagement des Kundenkontaktpersonals, gewonnen werden. Daraus lassen sich Ansatzpunkte zur Verbesserung der Qualität und für Schulungsmaßnahmen entwickeln. Die erhobenen Werte machen einen Vergleich sowohl zwischen einzelnen Filialen als auch mit den Konkurrenten möglich.

Um die Verlässlicheit der Ergebnisse überprüfen zu können, sollten im Rahmen der Testkäufe mehrere Beobachter eingesetzt und die Ergebnisse der einzelnen Beobachter miteinander verglichen werden. Eine verbreitete Vorgehensweise, ein hohes Maß an Objektivität bei Datenbeschaffung und -auswertung sicherzustellen besteht in der Anwendung von Rollenprotokoll und Gedächtnisprotokoll.

Das *Rollenprotokoll* legt den Ablauf des Gespräches dahingehend fest, dass der Wunsch des „Kunden" genau spezifiziert wird (z. B. Kauf eines Neuwagens und Finanzierung über die Hausbank), welche Fragen er stellen und worauf er achten muss. Das sorgfältige Einstudieren der Rolle stellt eine wesentliche Voraussetzung für den Erfolg des Testskaufs dar. Somit sollte vor dem ersten Testkauf ein idealer Ablauf des Gespräches stattfinden.

Das *Gedächtnisprotokoll* stellt das eigentliche Herzstück des Testkaufs dar. Dabei handelt es sich um einen standardisierten Fragebogen, den der Beobachter unmittelbar nach dem Testkauf ausfüllen muss. Hierbei ist der Kontakt vom Anfang bis zum Ende chronologisch aufgeführt, wobei sich der Inhalt je nach Untersuchungszweck bestimmt.

Die beiden folgenden Übersichten zeigen Auszüge aus einem Rollen- und einem Gedächtnisprotokoll, die im Rahmen einer empirischen Studie zum Vergleich unterschiedlicher Kreditinstitute an der Ludwig-Maximilians-Universität München eingesetzt wurden.

Übersicht: Rollenprotokoll

Die Testperson möchte ein Girokonto eröffnen, da sie mit ihrer alten Bank unzufrieden oder umgezogen ist.

Sie benötigt eine Scheck-, wenn möglich auch eine Kreditkarte, da sie häufig im Ausland ist. (Auskunft über Gebühren, Soll- und Habenzinsen, Modalitäten für EUROCARD, EC-Card usw.)

Testperson ist auch an einer Anlageberatung interessiert (fragt aber zunächst nicht aktiv danach).

Sie verfügt über ein Sparbuch mit ca. 10000 DM. Testperson ist risikoneutral.

Die Anlagedauer soll nicht langfristig sein.

Testperson ist außerdem an einer monatl. Ansparung interessiert (keine aktive Fragestellung!).

Rollen:

① (20 Jahre) hat Abitur, macht anschließend Ausbildung zum Werbekaufmann/-frau (Auszubildende(r))

② (23 Jahre) studiert BWL (Student(in))

③ (26 Jahre) hat abgeschlossenes BWL-Studium und fängt jetzt an zu arbeiten (Angestellte(r))

Monatlich verfügbares Nettoeinkommen

zu: ① ca. 620,- DM vom Arbeitgeber (zum Sparen monatl. 100,- DM)

zu: ② 300,- DM von Eltern und Aushilfsjob 560,- DM (zum Sparen monatl. ca. 50,- DM)

zu: ③ 3200,- DM netto vom Arbeitgeber (zum Sparen monatl. ca. 500,- DM)

Übersicht: Gedächtnisprotokoll

Rolle: ① ② ③

Name: ______________________________

Datum: ______________________________

Uhrzeit beim Betreten: ______________________________

Uhrzeit beim Verlassen: ______________________________

Bank: ______________________________

Filiale: ______________________________

____

Begrüßung: ______________________________:

Mit Namen angesprochen? ja ❍ nein ❍

Hat sich der Berater vorgestellt? ja ❍ nein ❍

Bewertung des Beratungsgesprächs:	trifft überhaupt nicht zu 1	2	3	4	trifft voll zu 5
• eine angenehme räumliche Atmosphäre	❍	❍	❍	❍	❍
• Diskretion (z. B. separater Beratungsraum etc.)	❍	❍	❍	❍	❍
• ein ansprechendes Auftreten des Beraters (gepflegtes Äußeres etc.)	❍	❍	❍	❍	❍

• sonstige Auffälligkeiten: ______________________________

____

____

• Rollenbezogene Auffälligkeiten: ______________________________

____

____

____

• Was wurde angeboten? (z. B. Sparbrief; Versicherung etc.) ______________________________

____

____

____

____

____

____

In der Praxis findet Silent Shopping meist als persönliche Interaktion zwischen Scheinkunde und Mitarbeiter statt, allerdings sind z. B. bei Direktbanken, -versicherungen, Versandhandel usw. auch Testkäufe über das Telefon (sog. „Mystery Calls) denkbar.

Abschließend sei noch darauf hingewiesen, dass Testkäufe der Zustimmung des Betriebsrates bedürfen, sofern sie nicht von unternehmensexternen Personen durchgeführt werden und die Richtlinien der ESOMAR zur Durchführung von Scheinkäufen unbedingt beachtet werden sollten.

Die wohl bekannteste Variante der Beobachtung stellt die teilnehmende verdeckte Beobachtung dar, bei der Beobachter aus dem Unternehmen als „Silent Shopper" am Prozess der Dienstleistungserstellung teilnehmen, indem die Dienstleistung entweder einmalig oder über einen längeren Zeitraum hinweg (z. B. über ein Testkonto) nachgefragt wird. Eine Variante des Verfahrens besteht darin, dass Personen, die nicht zum Unternehmen gehören, die Beobachtung durchführen (Experten oder Laien). Aufgrund der nur schwer herzustellenden Objektivität – sowohl bei der Beschaffung als auch bei der Auswertung und Interpretation der Daten – sollte auch hier die Anwendung auf die Überprüfung der Einhaltung von Standards sowie der Effektivität von Schulungsmaßnahmen beschränkt bleiben.

6. Institutionalisierung der Zufriedenheitsmessung

In der bisherigen Darstellung wurden einzelne Maßnahmen und einzelne Gründe für eine Messung beschrieben und nebeneinandergestellt. Fortgeschrittene Controllingsysteme versuchen aber Zufriedenheitserhebungen zu *institutionalisieren.* Dies bedeutet: Kein sporadischer, sondern ein systematischer Einsatz der unterschiedlichen Methoden. Die „Auslöser" der Zufriedenheitsuntersuchungen sind also a priori fest definiert.

Herangezogen werden hierzu insbesondere zeitliche und sachliche Kriterien: Eine Institutionalisierung anhand *zeitlicher Kriterien* fordert Untersuchungen zu einem definierten Zeitpunkt oder in klar definierten zeitlichen Abständen. Beispiel:

- Jeden November wird eine große, übergreifende Zufriedenheitsuntersuchung durchgeführt.
- Jedes Quartal werden fünf Fokusgruppengespräche durchgeführt.

Die Ergebnisse dieser periodischen Erhebungen lassen sich – beim Einsatz merkmalsorientierter Verfahren – einer Fieberkurve vergleichbar darstellen und interpretieren (vgl. Abbildung 6). Solche „Barometer“ zeigen nicht nur den den aktuellen Stand, sondern insbesondere auch Veränderungen in der Kundenzufriedenheit auf. Ein niedriger bzw. sinkender Index drückt Qualitätsprobleme aus und deutet als Frühindikator auf wirtschaftliche Schwierigkeiten hin. Sinkt der Indexwert sogar dauerhaft unter eine – unter Berücksichtigung des Wettbewerbs – unternehmensindividuell zu bestimmende „kritische Linie“, so kann die langfristige Existenz des Anbieters gefährdet sein.

Aus Einzeldimensionen oder aus der Auswertung der erhobenen Ereignisse lassen sich neben der Dokumentation des Erreichten auch die Erwartungs- und Anspruchstruktur sowie konkrete Verbesserungsmaßnahmen ableiten.

Abbildung 6: „Fieberkurve“ der Kundenzufriedenheit

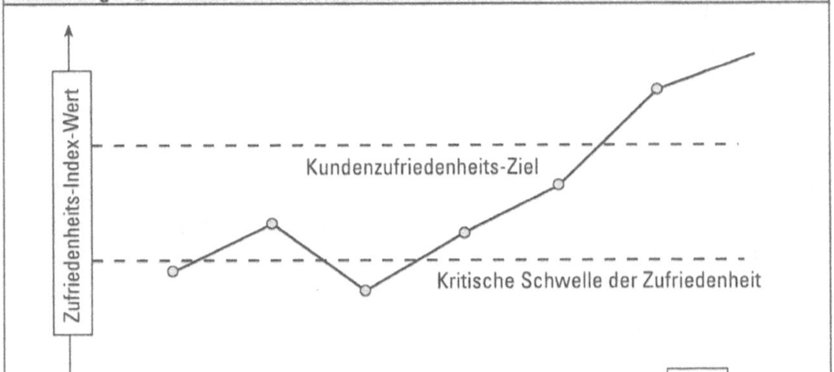

Bei einer nach *sachlichen Kriterien* institutionalisierten Messung lösen bestimmte Anlässe Kundenzufriedenheitserhebungen aus. Dahinter steckt letztlich die Forderung, Kundenzufriedenheit auch kontaktnah und damit stärker episoden- bzw. transaktionsbezogen zu erheben, um die Ergebnisse auch einzelnen Kontakten zurechnen zu können. Solche Auslöser könnten beispielsweise

- die Eröffnung eines Wertpapierkontos,
- die Neuentwicklung von Servicegarantien,
- Fachtagungen oder
- durchgeführte Schulungen sein.

Der geforderte hohe Institutionalisierungsgrad verlangt dabei, nach jeder Eröffnung eines Wertpapierkontos, vor jeder Neuentwicklung von Servicegarantien, bei jeder Fachtagung oder nach jeder durchgeführten Schulung die Zufriedenheitsurteile mit dem jeweils geeigneten Instrumentarium zu erheben. Damit werden Standards definiert, nach denen vorzugehen ist. Für jedes sachliche Kriterium ist unter Umständen ein spezifisches Erhebungsdesign (spezifischer Inhalt, spezifische Methodik, spezifische Erhebungssituation etc.) und eine spezifische Auswertung erforderlich.

7. Aggregation und Interpretation der Daten

Die angesprochenen und vorgeschlagenen Methoden, Ansatz- und Zeitpunkte der Messung führen zu vielen einzelnen, zunächst einmal voneinander unabhängigen Daten. Diese Daten können durchaus interessante Informationen liefern. In der Regel ist jedoch die Verbindung unterschiedlichster Messansätze und Untersuchungen erforderlich; Daten sind zu aussagekräftigen Ergebnissen (z. B. Indices) zu aggregieren.

Aggregation bedeutet zwar auf der einen Seite einen Informationsverlust; der wird jedoch meist andererseits dadurch aufgefangen, dass die Kombination und damit Verdichtung der Daten die hohe, meist nicht zu bewältigende Komplexität (oder genauer: Zahlenfülle) abbaut und so erst entscheidungsrelevante Informationen bereitgestellt werden können. Ziel und damit Aufgabe der Aggregation ist es, konkrete „Werte" für einzelne Zufriedenheitsaspekte zu erhalten.

Von besonderer Bedeutung ist in der Regel die Aggregation bezüglich einer Geschäftsbeziehung. Wie sollen die Daten der unterschiedlichen Befragungspersonen (Stichwort Buying-Center) gewichtet und aggregiert werden? Sollen – und wenn ja, wie? – die einzelnen Transaktions- und Episodeninformationen zusammengefasst werden? Empfehlungen, wie zum Beispiel den Entscheidungs- und Problemlösungsbeitrag als Kriterium und als Gewicht zu verwenden, klingen zwar logisch, werfen letztlich aber auch Fragen wie die nach der Operationalisierung von „Lösungsbeiträgen" auf.

Selbst wenn die Probleme des Erhebungsdesigns und der Erhebung gelöst werden, die Interpretation der Daten stellt den Forscher vor weitere Schwierigkeiten. Insbesondere, wenn aus den Ergebnissen Handlungsempfehlungen abgeleitet werden sollen oder Zufriedenheitsergebnisse z. B. die Grundlage eines Entlohnungssystems sein sollen, stellt sich die Frage der Validität. Beispielsweise sind die Zusammenhänge und gegenseitigen Ausstrahlungen einzelner (Teil- und Global-)Urteile auf andere oft ungeklärt. Die Antwort und das Urteil bezüglich eines Attributes oder Erlebnisses kann von der generellen Beurteilung des Untersuchungsgegenstands beeinflusst sein. Oder: die Bewertung eines (dominanten) Attributs/Erlebnisses beeinflusst die Bewertung anderer Attribute/Erlebnisse. Als Begründungen für diese Halo-Effekte wird die individuelle Tendenz, kognitive Konsistenz aufrechtzuerhalten und kognitive Dissonanzen zu vermeiden, aufgeführt.

Ergebnisse einer Multiattributerhebung können zusätzlich zum Problem der Interpretation eines „nackten" Wertes führen. Was sagt ein Zufriedenheitswert von 3,7 aus? Um diesen Wert aussagekräftig bewerten zu können, sind Vergleichswerte, z. B. aus vorhergehenden Untersuchungen oder aus Benchmarkingstudien – wie z. B. aus branchenübergreifenden, nationalen Barometern – erforderlich. Hinzu kommt, dass bestimmte Zufriedenheiten – entgegen der klassischen Annahme – eben nicht immer die gedachten Wirkungen entfalten. Trotz guter Zufriedenheitswerte können die positiven Effekte auf Kundenbindung ausbleiben.

8. Zu den Konsequenzen – oder: was passiert mit den Ergebnissen?

Selbst eine noch so gewissenhafte Erhebung, Analyse und Interpretation der „Daten“ bewirken noch keine Leistungsverbesserung. Und wenn diese angeblich so sensiblen Ergebnisse häufig in den Schubladen der Verantwortlichen oder in denen des Managements verschwinden, haben sie ihr Ziel erst recht verfehlt. Zufriedenheitsdaten, Erwartungen und Erlebnisse sind offen zu kommunizieren. Jeder direkt oder indirekt am Entstehen dieser Ergebnisse beteiligte bzw. davon betroffene Mitarbeiter muss die Ergebnisse kennen, um den Implikationen gemäß auch handeln zu können. Dazu kommt: Offenheit erzeugt Verbesserungsdruck. Je höher die Transparenz des Handelns und je höher die Transparenz der Ergebnisse, desto größer – so zumindest die plausible Hypothese – die Motivation des Unternehmens – das heißt in der Konsequenz die des einzelnen Mitarbeiters – auch umzusetzen, was die Ergebnisse – richtig interpretiert – fordern.

Einen Schritt weiter gehen Anreizsysteme, die an Zufriedenheiten gekoppelt sind. Die Zufriedenheit des Kunden bestimmt damit von der Unternehmung zu leistende Kompensationen. Beispielsweise können bestimmte variable Teile des Gehalts der Mitarbeiter nur bei Erreichung von vorgegebenen Zufriedenheitsquoten bezahlt werden. Solche Feedback-Mechanismen liefern den Mitarbeitern auch die notwendigen Orientierungshilfen, welchen Ziele und Kriterien im Rahmen ihrer Aufgaben entsprochen werden sollte. Offenheit als Prinzip beschränkt sich dabei nicht nur auf das eigene Unternehmen. Auch Kunden können (und sollen) über die Ergebnisse und Fortschritte informiert werden. Dies ist im Falle von Beschwerdeinformationen eine Selbstverständlichkeit. Auch wenn einzelne erhobene Daten (z. B. Ereignisse) einer Beziehung direkt zugeordnet werden können, ist ein Feedback an die Kunden wichtig. Selbst bei Befragungen, deren Ziele aggregierte Werte sind, sollten Daten bekanntgemacht werden. Das gegenseitige Vertrauen in den Partner kann so wachsen. Beide Partner können aus den Informationen und Interpretationen lernen. Und auf Basis der Informationen können Leistungen und Prozesse einem Redesign unterzogen werden.

Literaturhinweise

Churchill, G.A.: Marketing Research: Methodological Foundations, 6. Aufl., Fort Worth et al. 1995.

Flanagan, J. C.: The Critical Incident Technique, in: Psychological Bulletin, Vol. 51 (July 1954), S. 327-358.

Hentschel, B.: Die Messung wahrgenommener Dienstleistungsqualität mit SERVQUAL: Eine kritische Auseinandersetzung, in: Marketing ZFP, Heft 4, IV. Quartal 1990, S. 230-240.

Parasuraman, A. et al.: SERVQUAL: A Multiple-Item Scale for Measuring Consumer Perceptions of Service Quality, in: Journal of Retailing, Vol. 64, 1/1988, S. 12-40.

Reichheld, F.F./Sasser, W.E., Jr. (1990): Zero Defections: Quality comes to Services, in: Harvard Business Review, Sept.-Oct. 1990, S. 105-111.

Stauss, B.: Der Einsatz der Critical Incident Technique im Dienstleistungsmarketing, in: Kundennähe realisieren, hrsg. v. Tomczak, T./Belz, C., St. Gallen 1994, S. 235-250.

Stauss, B./Hentschel, B. (1992): Messung von Kundenzufriedenheit – Merkmals- oder ereignisorientierte Beurteilung von Dienstleistungsqualität, in: Marktforschung & Management, 3/1992, S. 115-122.

Teil 7
Distributionspolitik und Kommunikationspolitik

Bankdienstleistungen in der virtuellen Welt

Thomas Holtrop

1. Die virtuelle Revolution

E-Commerce und Internet revolutionieren unsere Welt. Wer morgen seinen Platz behaupten will, kommt heute an den virtuellen Medien nicht mehr vorbei. Die ungeheure Geschwindigkeit des digitalen Informationsaustausches beschleunigt einerseits unsere tägliche Kommunikation. Die Digitalisierung kreiert aber zugleich ein enormes Innovationstempo – sowohl bei Produkten als auch bei Prozessen. So umfasst im Zeitalter der Vernetzung ein Internetjahr den Innovationszyklus von sieben klassischen Entwicklungsjahren. Selbst das sogenannte Medienzeitalter der achtziger Jahre kann mit diesem Tempo nicht Schritt halten.

Zu den Gewinnern zählen jene Unternehmen, die mit einer bisher nicht dagewesenen Flexibilität und Kreativität ihre Ideen marktfähig machen und in wirtschaftlichen Erfolg ummünzen. Der Phantasie sind dabei keine Grenzen gesetzt. Die Kapitalmärkte reagieren mit mindestens ebenso viel Phantasie und honorieren allein schon potenziell erfolgreiche unternehmerische Konzepte. Spiegelbild und zugleich Spielwiese dieser vielversprechenden New Economy ist hierzulande der Neue Markt: Er macht die neuen Marktmacher zu Marktmächten, zeigt aber gleichzeitig auch durch seine Entwicklung die mit der Dynamik einhergehende Volatilität.

Das Beispiel Amazon.com verdeutlicht, wie schnell sich ein rein virtuell agierendes Unternehmen innerhalb weniger Jahre zu einem der weltweit größten Buchhändler entwickeln kann. Ein herkömmliches

Unternehmen wie Bertelsmann dagegen brauchte mehr als 100 Jahre, bevor es zu einem Medienunternehmen von Weltgeltung heranwachsen konnte. Das virtuelle Unternehmen Yahoo! kannte schon nach zwei oder drei Jahren jedes Kind – und das nicht nur in den USA. Coca-Cola dagegen hat im Laufe seiner langen Geschichte enorm hohe Summen in Werbung investiert, bevor die weltweite Markenbekanntheit erreicht wurde.

Traditionelle Wettbewerber geraten bei diesen unternehmerischen Geschwindigkeiten schnell unter enormen Druck und Zugzwang. Das Problem ist erkannt: Die meisten Unternehmen sind sich bewusst, dass die Verbindung der modernen Telekommunikations- und Informationstechnik weit mehr hervorgebracht hat als ein paar Leitungen zum blitzschnellen Austausch von Informationen. Die sogenannte New Old Economy investiert heute Milliardenbeträge in den gezielten Ausbau ihrer E-Commerce-Aktivitäten und der digitalen Transformation ihrer Strukturen und Prozesse. Mit ihren Angeboten bereits real in der globalen Welt verankert, wissen sie um die strategische Bedeutung des virtuellen Vertriebs. Die enormen Freiheitsgrade, die sich daraus erzielen lassen, machen das Internet im Grunde zu einem zusätzlichen Produktionsfaktor.

1.1 Die neue Technik als eigenständige Vertriebsform

Wo in Sekundenbruchteilen Informationen Kontinente überfliegen, haben nur jene Unternehmen eine wirkliche Zukunftschance, die alle mit der New Economy einhergehenden Determinanten in ihrem eigenen Sinne aktiv gestalten. Dies hat vor allem der Finanzdienstleistungssektor erkannt, der stärker als alle anderen Branchen vom Internet erfasst ist. Die virtuelle Welt verändert vollkommen die Bedingungen, unter denen Bankprodukte und Dienstleistungen vertrieben werden. Gefordert ist deswegen über die bloße Übertragung bestehender Strukturen und Angebote hinaus ein fundamentaler Wandel ganzer Organisationen, und dies mit grosser Geschwindigkeit und strategischer Bindungskraft.

Die aktive und flexible Gestaltung von Prozessen rückt gegenüber der blossen Produktentwicklung immer stärker in den Vordergrund. Neben den technologischen Anforderungen, die sich aus der Cyber-Welt ergeben, liegt der Grund hierfür vor allem auch in veränderten Kundenbedürfnissen: Für den Bankkunden von heute sind die Leistungen, also das Produkt, und die Zugangswege zu diesen Leistungen gleichbedeutend im Kaufentscheidungsprozess.

Die Gründung von Direktbanken und Discount Brokern war der erste deutlich sichtbare Schritt in die virtuelle Welt. Erstmals dienten hier moderne Informations- und Kommunikationstechniken nicht mehr nur als Hilfsmittel zur Abwicklung herkömmlicher Dienstleistungen. Sie waren auch die Basis für eine eigenständige Vertriebsform und letztlich sogar für ganz neuartige Unternehmen. Der Innovationsvorsprung, den sich diese Unternehmen erarbeitet haben, wirkt bis heute nach und bildet eine solide Grundlage für die von Markt- und Kundenseite stetig geforderte Fortentwicklung von Organisationen und Strukturen. Institute wie zum Beispiel die ehemalige Direktbank-Tochter der Deutschen Bank, die Bank 24, waren von Anfang an im Internet vertreten. Die Deutsche Bank 24, die im September 1999 als integrierte Filial- und Direktbank gestartet ist, profitiert auf der Online-Seite noch heute von den in den ersten Jahren gesammelten Erfahrungen.

Dieser Erfolg basiert allerdings nicht allein auf der intelligenten Nutzung der modernen Informations- und Kommunikationstechnik. Voraussetzung dafür ist gleichermassen die zunehmende Aufgeschlossenheit der Bankkunden gegenüber neuen Formen des Zugangs zu ihrer Bank. Immer mehr Kunden sind an einem zeitlich wie räumlich unbegrenzten, umfassenden modernen Banking interessiert. Sie wollen ihre täglichen Bankgeschäfte unabhängig von eingeschränkten Öffnungszeiten bequem, schnell und unkompliziert erledigen. Dies ist das Ergebnis eines langen Wandlungsprozesses, der sich am Finanzdienstleistungsmarkt in den vergangenen Jahren vollzogen hat.

Andererseits treibt hierzulande der Zwang zur Konsolidierung, vor allem im Retail Banking, die intelligente Vernetzung technologischer Innovationen und traditioneller Stärken mit grossem Druck voran. Ein für die gesamte Branche wegweisender Schritt dazu war die Integration des Geschäftsbereichs Privat- und Geschäftskunden der Deutschen Bank mit der ehemaligen Direktbank des Konzerns zur Deutschen

Bank 24. Die Erkenntnis, dass immer mehr Kunden eigenverantwortlich wählen wollen, wann und wo sie welche Bankgeschäfte wie erledigen, führt zu einer Diversifizierung aller möglichen Zugangswege unter einem gemeinsamen Dach.

Bestimmend für die Attraktivität und den Wettbewerbsvorteil eines Finanzdienstleistungsangebotes ist nicht mehr allein die Produktpalette. Diese ist – sieht man einmal von den Unterschieden in der Namensgebung ab – weitgehend austauschbar. Entscheidend ist der Vertrieb des Produktes: Der Kunde muss für sich Vorteile durch den Zugang zum Produkt generieren können – sei es durch eine attraktive Preisgestaltung, durch klassische Beratungsleistungen oder mittels technikbasierter Convenience.

1.2 Neue Wettbewerber

Die neue Technik bringt zusätzliche Wettbewerber in den Markt für Finanzdienstleistungen. Non- und Nearbanks dringen schon seit geraumer Zeit in die angestammten Geschäftsfelder der Kreditwirtschaft vor. Die modernen Informations- und Kommunikationstechniken haben weitere zusätzliche Wettbewerber hervorgebracht. Sie bieten ihren Kunden meist nur einen kleinen Ausschnitt aus der breiten Produktpalette herkömmlicher Banken und setzen ganz auf den technikbasierten Direktvertrieb, um dessen Kostenvorteile möglichst ungeschmälert nutzen zu können. Das Internet begünstigt ferner den grenzüberschreitenden Wettbewerb im Finanzsektor, da die Anbieter keine zusätzlichen Vertriebsnetze aufbauen müssen.

Vor diesem Hintergrund des sich verschärfenden Wettbewerbs kann es sich kein Finanzdienstleister erlauben, Möglichkeiten der Kostensenkung und Marktanteilssicherung durch den Einsatz der neuen Medien ausser Acht zu lassen. Ein Großteil der Kreditinstitute hat dieser Entwicklung Rechnung getragen – zunächst durch die Gründung von Direktbanken. Dies war unter intellektuellen Gesichtspunkten ein enormer Schritt. Waren Banken zuvor solide Gebäude mit dicken Mauern und vielfach gesicherten Stahlschränken, präsentierten sich die Institute nun plötzlich als Telefonstimme und Website. Diesen Wandel hat der Kunde mehr als mitgetragen – das belegt der Erfolg der Direktbanken sehr eindrucksvoll. Mittlerweile ist aber die Evolution am Finanzmarkt bereits wieder einen Schritt weiter.

1.3 Der neue Retail-Kunde

Bankdienstleistungen gehören heute zu den Selbstverständlichkeiten des Alltags. Die ehemals in Geldgeschäften wenig erfahrenen Sparer haben sich zu mündigen Bankkunden entwickelt, für die der Umgang mit Geld und Finanzprodukten zu einer alltäglichen Selbstverständlichkeit geworden ist.

Der große Erfolg der Direktbanken und die Möglichkeit der neuen Zugangswege zu Finanzdienstleistungen haben natürlich auch bei den Kunden klassischer Filialbanken das Bedürfnis geweckt, Bankgeschäfte schneller, bequemer und unkomplizierter abwickeln zu können.

Gut ausgebildete und erfahrene Bankkunden sind selbstbewusst, anspruchsvoll und kritisch. Und sie sind eher in der Lage, ihre Finanzgeschäfte selbständig zu regeln. Je eigenständiger die Kunden ihre Bankgeschäfte abwickeln können, umso mehr verlieren sie ihre Scheu vor den Anbietern dieser Leistungen – den Banken. Für sie hat der Umgang mit Geld, Kredit oder anderen Finanzservices nichts Geheimnisvolles mehr an sich. Das Bankgeschäft wurde entmystifiziert. Den Service ihrer Bank beurteilen inzwischen nicht nur die Kunden von Direktbanken in erster Linie über die Qualität der Zugangswege. Das bedeutet, dass sich inzwischen jeder Finanzdienstleister über Engagement, Erreichbarkeit, Kompetenz und technische Innovationen kundennah präsentieren muss.

Mit der Einführung moderner Techniken im Bankgeschäft und der Selbstbedienung – bargeldloser Zahlungsverkehr, Kreditkarten, Cash Cards, Geldautomaten, Kontoauszugsdrucker – haben sich auch die alten Kommunikationsmuster zwischen Kunde und Bank verändert. Viele Bankdienstleistungen wurden entpersonalisiert, die Bindungen zwischen Kunde und Bank haben sich gelockert.

Beim Internet-Banking wird die einst enge räumliche Bindung zwischen Bank und Kunde vollends aufgehoben. Über das Web kann der Kunde von überall her Bankgeschäfte bei seinem Institut bzw. bei irgendeiner Bank in der Welt abwickeln. Kontinente und Zeitzonen lassen sich somit per Mausklick überwinden. Das Ergebnis ist ein sehr gut informierter Bankkunde, der in der Lage ist, sich auf der Basis seiner Bedürfnisse bereits einen Überblick über das Angebot zu verschaffen. Transparenz und Vergleichbarkeit nehmen in überproportionalem Maße zu. Selbst in anspruchsvolleren Produktsegmenten wie etwa Investmentfonds und Baufinanzierungen wächst die Bedeutung des Internets rasant.

Aus Sicht der Bank bedeutet das: Die Fähigkeit zur Wertschöpfung ist nicht mehr an einen geographischen Ort in einer spezifischen Umgebung – die Filiale in der Fussgängerzone – gebunden. Ideen lassen sich jederzeit und mit Lichtgeschwindigkeit rund um den Erdball schicken.

Mit der enormen Angebotsvielfalt im Internet suchen zugleich aber auch immer mehr Verbraucher nach Orientierung und Reduzierung von Komplexität. So verwundert es kaum, dass Schätzungen zufolge in wenigen Jahren der Anteil der Bankkunden, der entweder nur Online Banking betreibt oder nur die Bankfiliale besuchen wird, eher stagniert. Im Gegenzug wird die überwiegende Mehrheit der Kunden – man schätzt heute 60 Prozent und mehr – alle verfügbaren Zugangswege ausnutzen. Sie werden die technologischen Möglichkeiten für ihre Standardtransaktionen ausschöpfen, die komplexe Beratung im stationären Vertrieb nachfragen und den mobilen Berater zu sich nach Hause bitten. Im Konzert der unterschiedlichen Zugangswege wird jedoch der Online-Kanal von wachsender Bedeutung sein.

Diesen Schluss lässt auch die zunehmend demokratische Nutzung des Internets quer durch sämtliche Bevölkerungsschichten zu. Aktuell tummeln sich rund 16 Millionen Bundesbürger im Internet. In den nächsten drei Jahren wird sich diese Zahl noch verdoppeln. Bemerkbar macht sich in diesen Statistiken die Online-Nutzung der sogenannten zweiten Welle, der „Etablierten". Im Gegensatz zur primär technikorientierten Nutzung der ersten Welle sind die „Etablierten" vor allem am tatsächlichen Nutzwert der angebotenen Dienstleistungen und Produkte interessiert. Pure Preisargumente weichen im Kaufentscheidungsprozess den klassischen Markeneigenschaften, die ein Angebot World Wide Web präsentiert. In Verbindung mit einer wesentlich höheren Kaufkraft wird durch diese zweite Welle der Online-

Nutzer im E-Commerce erst jetzt die Schallmauer richtig durchbrochen.

Traditionelle Kundensegmentierungen spielen im Zeitalter des Internet dabei keine Rolle mehr. Bedarfsgerechte Leistungsangebote wollen mit exzellentem Service zu einer Qualitätsberatung verknüpft werden, die die Beziehung zum Kunden in den Mittelpunkt des Handelns stellt und gleichzeitig profitabel ist. Das gilt in der virtuellen Welt genauso wie in der realen. Der Bequemlichkeit des Angebots für den jeweiligen Kunden kommt dabei jedoch über die einzelnen Segmente hinweg eine zentrale Stellung zu.

1.4 Wertschöpfungspotenziale für die Banken

Das Home Banking via PC und Internet hat sich in Deutschland als Schrittmacher für die Nutzung der neuen Medien erwiesen. Nach der Einführung des Home Banking schnellte die Teilnehmerzahl des Online-Dienstes der Deutschen Telekom von nur wenigen 100 000 innerhalb weniger Monate auf über eine Million. Heute zählt T-Online 5,3 Millionen Kunden (Stand: 31.03.2000, Quelle: Deutsche Telekom AG). Die Zahl der online-verwalteten Konten ist nach Angaben des Bundesverbands Deutscher Banken Ende 1999 auf über 10 Millionen in die Höhe geschnellt – mehr als zehnmal soviel wie noch 1995 (Quelle: Bundesverband Deutscher Banken). Banking ist schon heute die meistgenutzte kommerzielle Anwendung im Netz: Beinahe jeder zweite der rund 16 Millionen Internet-Nutzer hat bereits Geldgeschäfte in der virtuellen Welt getätigt.

Allein die Deutsche Bank 24 zählt über 800 000 Online-Kunden (Stand: Juli 2000). Mittlerweile führt jeder dritte Neukunde der Deutschen Bank 24 sein Konto online. Damit ist die Deutsche Bank 24 bereits die grösste private Online-Bank in Deutschland und die Nummer zwei in Europa.

Die Bereitstellung von Bankprodukten ist ohnehin eng mit informationstechnischen Abläufen verbunden. Dies ist ein Grund mehr, warum gerade Banken hervorragende Perspektiven in der Cyber-Welt haben. Ein anderer Grund ist aber auch in den Kostensenkungspotenzialen zu sehen, die durch virtuellen Vertrieb von Bankprodukten generiert werden können: Nach Kalkulationen der OECD kostet eine traditionell abgewickelte Banktransaktion 1,08 US-Dollar. Eine elektronische Transaktion schlägt dagegen mit 0,13 US-Dollar nur mit einem Bruchteil zu Buche.

Die traditionellen stationären Vertriebswege werden dadurch natürlich nicht gänzlich verdrängt. Sie müssen sich jedoch wandeln und sich vollkommen auf die Beratungs- und Betreuungsbedürfnisse der Kunden konzentrieren. Die Wertschöpfung im stationären Vertrieb wird hieraus erwirtschaftet. Nur dann wird dieser im Mix der Vertriebswege eine profitable Stellung einnehmen und dem dramatischen Margenverfall im Web ein ökonomisches Gegengewicht bieten können.

Gleichzeitig muss ein Teil des Beratungs-Know-hows in die virtuelle Welt transformiert werden, damit die Banken für den self-directed Kunden ein ebenso adäquates Beratungsangebot zur Verfügung stellen können. Durch die zahlreichen Informationsangebote emanzipiert sich ein für die Banken attraktiver Teil der Kunden. Immer mehr Anleger wollen einen direkten Zugriff auf die Kapitalmärkte, um jederzeit und selbstverständlich ihre eigenen finanziellen Entscheidungen treffen und Transaktionen nach Belieben durchführen zu können. Die Bereitstellung von Informationen bekommt damit – neben dem Produkt selbst – einen zentralen Stellenwert im Vertrieb.

Es versteht sich fast von selbst, dass der Verbraucher in einem solchen Marktgeschehen nicht mehr bereit ist, Gebühren für reine Vermittlungsleistungen zu entrichten. Aktuell ist diese Entwicklung bei den Discount Brokern zu beobachten. Dumping-Preise im Transaktionsbereich verschärfen die ohnehin angespannte Margensituation zusätzlich.

Die Banken stehen deshalb vor der Aufgabe, dem Verbraucher den Nutzen, den ihm die verschiedenen Vertriebsformen (Filiale, SB-Terminal, Bankingshop, E-Commerce bzw. Internet-Banking) bieten, klar erkennbar zu machen. Jedes Institut und jede Vertriebsform muss sich für den Kunden deutlich positionieren. So muss beispielsweise die Filialbank gegenüber den Verbrauchern den Vorzug der individuellen Beratung und ihrer sonstigen Dienstleistungen hervorheben, damit die

Kunden diesen Vorteil tatsächlich persönlich erleben und entsprechend honorieren.

2. Intensive Kunde-Bank-Beziehung mit System

Die starke Fixierung der Banken auf die Kundenbedürfnisse und die Nutzung der Möglichkeiten der modernen Technologien haben dazu beigetragen, neue Marketing-Instrumente zu entwickeln. Um die Bedürfnisse der Kunden optimal ermitteln zu können, setzt die Deutsche Bank 24 eine intelligente Datenbank-Architektur ein, mit deren Hilfe sich der gesamte Kunden-Lebenszyklus verfolgen lässt. Auch bei diesem Informationssystem steht der Kunde im Mittelpunkt und nicht einzelne Bankprodukte oder -prozesse. Mit seiner Hilfe lassen sich die Aktivitäten der Kunden verfolgen und die richtigen Zeitpunkte feststellen, um mit ihnen in Kontakt zu treten und die Kunde-Bank-Beziehung auszubauen. Zugleich werden dadurch Deckungsbeiträge der einzelnen Kunden gesteigert. Ausserdem ermöglicht dieses Informationssystem dem Bankmanagement, auf Veränderungen des Marktes, der Technik und des Kundenverhaltens schnell und flexibel zu reagieren.

Das ist umso notwendiger, als der moderne Bankkunde schneller bereit ist, zu anderen Anbietern zu wechseln oder eine komplementäre Bankverbindung aufzubauen. Mehrere Bankverbindungen parallel aufrecht zu erhalten, ist heute Normalität. Auch darauf müssen sich die Banken im Internet-Zeitalter einstellen. Die Attraktivität des eigenen Angebots deutlich zu machen, gelingt nur mit schnellen und kundenfokussierten Botschaften. Der Bereitstellung umfangreicher Informationsangebote über die elektronischen Zugangskanäle kommt hier eine Schlüsselstellung zu.

3. Die Marke als strategischer Entscheidungsfaktor

Kundengewinnung im Internet geschieht einerseits über markt- und kundengerechte Produkte, Dienstleistungen und Informationen. Andererseits ist die Positionierung im virtuellen Wettbewerbsumfeld inzwischen genauso entscheidend. Bankgeschäfte gehören zu den notwendigen Dingen des Alltags. Ihre Abwicklung löst keine Befriedigung aus wie der Kauf eines Konsumgutes oder das Buchen einer Urlaubsreise. Hinzu kommt, dass virtuelle Finanzdienstleistungsangebote nicht wirklich anschaulich oder greifbar sind. Das Angebot selbst erfolgt in Form eines Leistungsversprechens, da das Produkt zum Zeitpunkt der Kaufentscheidung noch nicht existiert. Das Bankgeschäft basiert mithin auf einem reinen Vertrauensvorschuss, den ein Kunde seiner Bank entgegen bringen muss.

Im Supermarkt hat es der Kunde leichter: Er steht vor dem Regal und sieht die Produkte greifbar vor sich; er kann sie vor Ort vergleichen und seine Kaufentscheidung treffen. Bankdienstleistungen – erst recht in der virtuellen Welt – haben dagegen bei den Kaufentscheidungen der Verbraucher nur dann eine Chance, wenn der Anbieter, das heisst die Bank, im Bewusstsein des Verbrauchers fest verankert ist. Bei der traditionellen Filialbank entsteht eine solche emotionale Bindung häufig durch den wiederholten persönlichen Kontakt zwischen Bankberater und Kunde. Diese auf persönlichen Beziehungen beruhende Bindung kann sich im Internet kaum entwickeln.

Gerade in einem Markt mit weitgehend austauschbaren Leistungen und entpersonalisiertem Service kann eine Bank auch im Internet nur bestehen, wenn sie dem Verbraucher ein klares Bild des Unternehmens und der Angebotspalette vermittelt und ihm damit eine klare Orientierung gibt. Eine eindeutige Abgrenzung zu anderen Anbietern im World Wide Web ist deshalb nur möglich durch den gezielten und konsequenten Aufbau einer Marke. Sobald diese Marke im Bewusstsein der Verbraucher fest verankert ist, kann sie zu einem echten Wertschöpfungsinstrument werden.

Der Wert einer Marke resultiert aus der Verbindung von praktischem und emotionalem Nutzen, also aus dem Zusammenspiel von Leistungen und Lebensgefühl. Modernes und innovatives Banking ist für die Deutsche Bank 24 mehr als das sichtbare Leistungsangebot, das sich aus Produkten, Service und Informationsangebot zusammensetzt. Modernes Banking ist eine durch Gefühl getragene Partnerschaft zu den Kunden. Mit einer spontanen Markenbekanntheit von etwa

50 Prozent in der Kernzielgruppe kann die Markenbildung als erfolgreich bezeichnet werden.

Die Markenbekanntheit hat maßgeblichen Einfluss auf die Abschlusspräferenz. Dem konsequenten Aufbau und der Pflege der Marke kommt daher strategische Bedeutung zu. In der Sprache der Marktforschung wird dieser Sachverhalt so ausgedrückt: Zwischen dem Akquisitionserfolg eines Unternehmens und seiner spontanen Bekanntheit – also den Inhalten, die der Verbraucher mit dem Unternehmen verbindet – besteht eine enge Korrelation.

Auch andere Unternehmen wie beispielsweise American Express, aber auch Konzerne, die in ganz anderen Bereichen tätig sind wie zum Beispiel Volkswagen oder BMW, nutzen die Bekanntheit ihrer Marke, um ihren Kunden Finanzdienstleistungen anzubieten. Schon hieraus wird deutlich, dass Marken im Bankgeschäft eine wachsende Bedeutung erhalten und weiter gewinnen werden. Insbesondere in Bereichen, in denen die Bekanntheit einer Marke ein Nonbank oder Nearbank-Unternehmen überhaupt erst zum Einstieg in das Geschäft mit Finanzdienstleistungen ermutigt, verschärft sich der Wettbewerb zusätzlich.

Auch die Namen der meisten deutschen Filialbanken haben inzwischen einen Markencharakter angenommen. In diesen Fällen ist dies aber eher ein Produkt des Zufalls als das Ergebnis eines von Anfang an bewussten und konsequenten Prozesses.

3.1 Konsequenter Markenaufbau

Die Deutsche Bank 24 hat den Weg der Markenbildung von Anfang an konsequent verfolgt. Ihr Name wurde mit Bedacht gewählt: Sie ist die Bank, die die traditionellen Stärken der Filialbank mit den innovativen Technologien und der 24-Stunden-Erreichbarkeit der Direktbank verbindet. Über ihre Produktpalette und die Zugangswege hat sie sich von Anfang an als Multikanalbank positioniert. Der Deutsche Bank 24-Kunde findet alle Zugangswege (Filiale, Finanz-Center, Mobiler Vertrieb, Kundenterminal, Call Center, Online- und Internet-Banking) unter einem Dach vor.

Die Deutsche Bank 24 richtet sich an alle Privat- und Geschäftskunden, die sowohl Wert auf persönliche Beratung und Betreuung legen als auch ihre Bankgeschäfte auf den modernen Wegen einer Multikanalbank erledigen wollen. Zu diesem modernen Segment gehören in Deutschland rund 16 Millionen Menschen im Alter zwischen 25 und 65 Jahren, die sich trotz aller Unterschiede durch bestimmte gemeinsame Merkmale in ihrer Lebenseinstellung auszeichnen: Es sind Menschen mit einer hohen geistigen Flexibilität, die offen sind für Neues und die etwas bewegen und erleben wollen. Sie sind neugierig, anspruchsvoll und fortschrittsorientiert und möchten alltägliche Arbeitsabläufe so schnell, einfach und reibungslos wie möglich gestalten. Sie sind gegenüber technischen Innovationen und neuen Dienstleistungen, die das Leben vereinfachen, extrem aufgeschlossen.

Auf neue Entwicklungspotenziale reagiert die Deutsche Bank 24 flexibel und innovativ: Über die klassischen Zugangswege hinaus ist sie als erste Bank in Europa eine Kooperation mit einem Internet-Unternehmen, Yahoo!, eingegangen, um ihren Kunden so den Zugang ins Web über ein Internet-Portal zu ermöglichen. Dem modernen Bankkunden von heute verschafft dies ein Maximum an Service, Wahlfreiheit und Bequemlichkeit.

Der Endverbraucher kann zudem über die Online Brokerage Services der Deutschen Bank 24 sogar bis zu Zulieferern und Modullieferanten vordringen: Self-directed Wertpapieranleger, die mit Hilfe von Broker-Programmen ihre Order direkt an die Wertpapierbörsen in Frankfurt, London, New York oder Tokio geben, werden selbst zum Broker. Die Rolle der Bank wandelt sich in dieser Umgebung leicht zu der eines Netz-Providers, ansonsten braucht der Kunde zum Banking die Bank nicht mehr. Das bedeutet: Die Wertschöpfungskette der Bank wird aufgebrochen und in ihre Elementarteile zerlegt.

Dieses Phänomen ist natürlich kein bankspezifisches Problem. Auch in anderen Branchen gewinnt der Direktvertrieb im Internet eine enorme Bedeutung und mit ähnlichen Konsequenzen. Jeder Urlauber kann sich heute im Internet die notwendigen Informationen beschaffen und die Elemente seines Reiseprogramms (Flug, Unterkunft, Mietwagen) in direktem Kontakt mit den Anbietern selbst zusammenstellen. Hier wird das Reisebüro bzw. der Pauschalreiseveranstalter überflüssig. Damit wird unser gesamtes Marketingbild der hierarchisch gestalteten Informations- und Transaktionswege nicht nur in Frage gestellt, sondern neu gestaltet.

In dieser Umgebung spielt die Marke eine noch grössere Rolle. Der direkte Kontakt zum Kunden bietet große und vielfältige Möglichkeiten zum Aufbau einer starken Marke. Der Anbieter hat auch in dieser Welt sehr gute Möglichkeiten, seine Marke zu steuern und zu gestalten, weil er selbst – und nicht mehr der Handel – aussucht, in welchem Regal, sprich: auf welcher Homepage sein Produkt steht. Darin liegt aber zugleich das Risiko: Schöne Bilder reichen im Internet nicht aus, um die Aufmerksamkeit der Online-Nutzer dauerhaft zu fesseln.

3.2 Marketing als Wertschöpfung

Umso dringlicher stellt sich die Frage, was der Marke einer Bank im Internet Inhalt und Wert verleiht. Klar ist, dass sich keine Bank mit bunten Web-Sites und ein paar Aktienkursen allein einen Markterfolg im Internet sichern kann. Vielmehr muss der Internet-Auftritt für die Kunden zusätzlichen Wert erzeugen. Die Kombination von Einzelleistungen zu einem neuen Gesamtbild muss für den Kunden wertschöpfend sein.

Die Deutsche Bank 24 bietet solche Kombinationen im Internet bereits an. Jeder Internet-Surfer kann sich im Online Brokerage ein Wertpapier-Musterdepot einrichten und anhand aktueller Kurse dessen Wertentwicklung verfolgen. Er kann auch einzelne Werte mit Preislimits auf eine Watchliste setzen. Erreicht der aktuelle Kurs einer Aktie auf der Watchliste das gesetzte Preislimit, so wird dies dem Musterdepot-Inhaber postwendend per Email oder per Handy mitgeteilt. Nun kann der Nutzer seine Kauf- und Verkaufsentscheidung treffen und der Bank im Internet oder telefonisch einen entsprechenden Auftrag erteilen – und zwar egal, wo er sich gerade befindet. So gewinnt das Leistungspaket der Marke Deutsche Bank 24 einen Mehrwert gegenüber der Addition von Teilkomponenten, die sich der Kunde im Internet selbst zusammenstellen möchte. Die Marke gewinnt an Netzintelligenz. Die Akquisition eines Neukunden kostet auf diese Weise nur noch rund 40 DM, auf klassischen Wegen wären dies rund 350 DM.

Mit solchen Services sind die Möglichkeiten der Individualisierung des Internet-Angebots, des „Customizing", noch keineswegs ausgeschöpft. Das Internet sprengt die alte Regel, nach der Informationsangebote entweder mit groben, einfachen Botschaften eine grosse Zahl von Menschen erreichen können oder mit gezielten, inhaltsreicheren Informationen nur eine kleine Zahl. Wer seine Kunden gut genug kennt, kann ihnen individuelle Produkt-Service-Verknüpfungen zusammenstellen. Mit Hilfe intelligenter Datenbanksysteme schliesslich kann eine individualisierte Kundenforschung die herkömmliche Marktforschung wirkungsvoll ergänzen.

3.3 Markenprägung durch klaren Internet-Auftritt

Der bisherige Internet-Auftritt der Deutschen Bank 24 hat vielfältige internationale Anerkennung gefunden. Unter anderem hat die renommierte Lafferty Information and Research Group die Deutsche Bank 24 als beste Internet-Bank in Deutschland ausgezeichnet. Was bei solchen Untersuchungen nie bewertet wird, aber ebenso wichtig ist, das sind die Struktur und die Organisation, die ein Unternehmen hinter seinen Internet-Auftritt stellt: Hinter einem benutzerfreundlichen Front-end mit innovativen Leistungen und einem genau auf die Kundenbedürfnisse abgestimmten Angebot muss ein leistungsstarkes Backend stehen. Dazu gehört ein kompetentes Entwicklungsteam, das innovativ und dem Markt immer einen Schritt voraus ist. Dazu gehört ferner ein Team, das den Kunden bei Problemen weiterhelfen kann, sei es per Email oder per Telefon.

Besondere Beachtung verdient dabei die enorme Geschwindigkeit der Entwicklung im Internet. Das betrifft nicht nur die Basistechnologie, sondern auch die Anwendungen. Deshalb kommt es hier in besonderem Maße auf die enge und innovationsfreudige Zusammenarbeit zwischen Bankfach und Technik an: Die Banken müssen sich über die technischen Möglichkeiten auf dem laufenden halten und den Technikexperten muss das Geschäft der Banken bekannt sein. Nur durch eine interdisziplinäre Verknüpfung von Know-how können Anwendungen mit grossem Kundennutzen entstehen.

Eine Bank, die im Internet agiert, bewegt sich in einem hochdynamischen Markt, der weder planbar noch steuerbar ist. Das bedeutet: Das

Unternehmen muss in ständiger Antizipation des Marktes tätig werden. Dabei sind Banken mit selbstregulatorischen Strukturen am erfolgreichsten. Dies setzt allerdings unternehmerisches Denken jedes einzelnen Mitarbeiters voraus. Strukturell muss die Bank deshalb das Empowerment ihrer Mitarbeiter fördern, damit die Organisation mit hoher Flexibilität und Entwicklungsgeschwindigkeit mit der Rasanz der Technikentwicklung Schritt halten kann.

Bei der Deutschen Bank 24 können mit Hilfe des Data Warehouse Informationen gewonnen werden, die Aufschluss über die exakte Nutzung der jeweiligen Internet-Seiten geben. Diese Erkenntnisse werden genutzt, um dem Kunden einerseits einen schnelleren Zugang zu diesen Seiten einzurichten; andererseits werden ihm gezielte Cross-Selling-Angebote zur Verfügung gestellt, die individuell auf sein Internet-Nutzungsprofil zugeschnitten sind.

Das bedeutet: Trotz der grossen Reichweite des Angebots im Internet kann die Deutsche Bank 24 dann mit dem einzelnen Kunden in Dialog treten. Die Marke erhält auf diese Weise für den Kunden einen individualisierten Wert und kann damit eine wesentlich höhere Kundenbindungskraft entfalten. Darüber hinaus bietet das Internet natürlich auch den einmaligen Vorteil der globalen Vernetzung. Auf dieser Grundlage ergeben sich mannigfaltige Möglichkeiten der Zusammenarbeit mit anderen Anbietern, und zwar völlig unabhängig von deren Standort.

Fazit

Die neuen Technologien haben das Bankgeschäft bereits deutlich verändert. Weitere Schritte werden folgen. Zunächst haben die Direktbanken die Möglichkeiten der neuen Technologien gezielt entwickelt und ihre Vorzüge den Verbrauchern bekannt gemacht. Jetzt ist es in einem nächsten Schritt nur konsequent, die neuen Medien über den Kreis der Technik-Pioniere hinaus einem breiten Publikum zugänglich zu machen, das wiederum zugleich auch traditionelle Zugangswege nutzen möchte. Multikanalbanken sind somit das Bankformat der Zukunft.

Der Bankkunde von morgen wünscht sich beim Banking das Beste aus beiden Welten: die gleichberechtigte Nutzung der Filialbank mit ihrer kompetenten Beratung und dem vertrauten Service einerseits und die bequemen Zugangswege des Direct Banking andererseits. In der Multikanalbank kann sich der Kunde seine Bankverbindung ganz nach seinen persönlichen Bedürfnissen schneidern und über den für ihn geeigneten Zugangsweg bequem selbst entscheiden.

Glaubt man dem IBM-Manager Lou Gerstner, dann stehen wir in dem Prozess der Veränderungen, die von den modernen Informations- und Kommunikationstechniken ausgelöst werden, erst ganz am Anfang: „Auf einer Skala von null bis hundert sind wir vielleicht bei eins oder zwei" („Neue E-konomie", manager magazin 1/1999). Dieser Prozess des Wandels wird sich noch über Jahrzehnte hinziehen. Sicher ist jedoch schon jetzt: Das Internet verändert unser Leben und Wirtschaften in einem Ausmass wie einst das Automobil oder die Elektrizität.

Der Online-Vertriebsweg und Wertpapiergeschäfte ohne Beratung

Karl Matthäus Schmidt

1. Von der Filialbank zum Discount-Broker mit Internet-Technologie

1.1 Wertpapiergeschäft im Wandel

Wie für jedes Unternehmen gilt auch für Banken: Wollen sie erfolgreich sein, müssen sie die Bedürfnisse ihrer Kunden kennen. Im Wertpapiergeschäft hat sich in dieser Hinsicht in den vergangenen Jahren ein geradezu atemberaubender Wandel vollzogen. Die Aktie ist in den Blickpunkt der privaten Investoren gerückt, nachdem sie in Deutschland jahrzehntelang ein Schattendasein geführt hat. Damit verändert sich auch das Verhalten der Anleger gegenüber ihrer Bank. Sie sind heute besser informiert als je zuvor und wissen um Risiken und Chancen des Aktieninvestments. Allein mit der Empfehlung eines Blue Chips aus den 30 großen Dax-Titeln und der Aussicht, dass dieser langfristig eine gute Rendite bringen wird, ist es nicht mehr getan. Der moderne Investor sucht ebenso Chancen bei den Zukunftswerten am Neuen Markt, an den internationalen Börsen, oder vielleicht sogar über geschicktes Taktieren mit Terminmarktinstrumenten. Er will bei neuen Perspektiven an den Märkten öfter sein Depot umschichten und das möglichst kostengünstig und schnell. Da gleichzeitig heute immer mehr Informationen frei zugänglich sind und sich eine wachsende Zahl von Kunden selbst informiert, verliert die herkömmliche Beratung in Verbindung mit dem Wertpapiergeschäft zunehmend an Bedeutung.

Neben die Basisaufklärung tritt der Bedarf an konkreten und schnellen Informationen zu den Märkten und bestimmten einzelnen Werten. Das gilt umso mehr, als sich auch das Geschehen an den Börsen in der jüngsten Zeit rasant verändert hat. Die Kurse ziehen schnell und kräftig an, die anschließenden Korrekturen fallen nicht selten ebenfalls recht drastisch aus. Gleichzeitig sind die internationalen Finanzmärkte enger denn je miteinander verflochten und die Favoritenwechsel vollziehen sich rund um den Globus. Die Räder an den Kapitalmärkten, daran gibt es keinen Zweifel, drehen sich heute um einiges schneller als noch vor einem Jahrzehnt und damit sind auch bei allen Beteiligten die Anforderungen an Know-how und Flexibilität drastisch gestiegen.

Vor diesem Hintergrund müssen die Geldhäuser ihr Dienstleistungsangebot heute komplett umstrukturieren. Um den Bedürfnissen einer neuen Generation von Wertpapierkunden entgegenzukommen, entdecken und nutzen sie neue Vertriebswege. Die Bank nach der Jahrtausendwende darf für eine immer größere Zielgruppe nicht mehr das langweilige Beratungsinstitut von gestern sein, sondern sie muss sich gerade im Investmentgeschäft als schneller Vermittler von Wertpapieren und Informationen, also als effizienter Broker profilieren. Sie entwickelt sich zu einem Dienstleister, der die schnelle Orderabwicklung organisiert und dem Kunden gleichzeitig ein hohes Maß an Komfort zu günstigen Preisen bietet. Nicht zuletzt werden neben dem Trading weitere Finanzdienstleistungen angeboten, die den Direkt-Broker mehr und mehr zum Finanzsupermarkt werden lassen.

Parallel zu den gewachsenen Ansprüchen der Anleger sind geradezu revolutionäre neue Technologien entstanden. Nicht zuletzt sie ermöglichen den Geldhäusern, schnell und überzeugend auf die aktuellen Herausforderungen zu reagieren. Die Bank wird zur Relaisstation zwischen Börse und Anleger. Moderne Kommunikationsmedien und digitale Übertragungsleitungen dienen als Plattform für völlig neue Vertriebswege. Sie machen für den Kunden bei vielen Geldangelegenheiten den Weg zum Bankschalter überflüssig, Order und Service können jetzt bequemer und kostengünstiger vonstatten gehen. Allen voran das Internet erfüllt in diesem Zusammenhang nahezu perfekt die Anforderungen. Es eignet sich ideal für den Transport umfangreicher Informationen, ermöglicht ein hohes Maß an Standardisierung und Automatisierung von Vorgängen und hält damit die Kosten für alle Beteiligten gering.

1.2 Die Marktlücke für Discount-Broker

Direktbanken und Discount-Broker haben diese Trendwende frühzeitig erkannt und ihren gesamten Geschäftsbetrieb, wenn auch mit unterschiedlichen Schwerpunkten und mehr oder weniger konsequent, auf die Telefon- oder Computerverbindung mit dem Kunden aufgebaut. Am Markt konkurrieren heute einerseits die schon länger etablierten Direktvertreiber, die vor einigen Jahren noch als Briefbanken gearbeitet haben. In die Offensive gegangen sind aber vor allem die erst Mitte der 90er Jahre gegründeten Ableger der großen Kreditinstitute und Privatbanken. In der Art der Strategie und Geschäftsausübung haben sich dabei bereits deutliche Unterschiede herausgebildet. Da gibt es jene Direktbanken, die mit einer breiten Produktpalette vom Sparkonto bis zum Kredit das Wertpapiergeschäft eher nebenbei betreiben oder dieses bei der Akquisition nicht unbedingt in den Vordergrund stellen. Qualitative Leistungsmerkmale eines modernen Brokers wie Schnelligkeit, Infoservice und ein breites Börsenspektrum sind dementsprechend bei diesen Anbietern nicht primär im Fokus.

Auf der anderen Seite steht die kleine Gruppe der reinen Discount-Broker, die ihr gesamtes Streben auf den Bedarf des anspruchsvollen und gut informierten Anlegers ausrichten. Sie sehen sich als Dienstleister, für die der effiziente Vertrieb von Wertpapieren samt dazu gehöriger Informationen oberste Priorität genießt. Das beinhaltet den schnellen und vielfältigen Zugang zu den unterschiedlichsten Börsengeschäften und Märkten ebenso wie ein Höchstmaß an Convenience und vor allem interessante Gebührenstrukturen.

Der 1994 gegründete Nürnberger Anbieter ConSors, eine Tochtergesellschaft der Schmidt Bank in Hof, hat als einer der ersten Discount-Broker in Deutschland überhaupt diese Entwicklung von der ersten Stunde an entscheidend mitgestaltet. Dabei wurden die eigenen Erwartungen von Beginn an immer wieder übertroffen. In der Gründungsphase beispielsweise wollte ConSors innerhalb von drei Jahren eine Zielgröße von 5 000 Kunden erreichen. Tatsächlich aber wurde diese Marke bereits nach sechs Monaten überschritten. Heute ist ConSors mit rund 450 000 Depots und bereits 6,3 Millionen Trades im ersten Halbjahr 2000 Markführer im Discount-Brokerage in Deutschland und Europa (nach Transaktionen).

Auf dem Weg dahin war das Unternehmen immer auf die Nutzung moderner Technologie bedacht und das gilt angesichts der gewaltigen Chancen in diesem Bereich auch künftig. ConSors hat sich stets als Pionier der Branche begriffen und von Beginn an stark auf die Online-Verbindung gesetzt. Heute spielt das Internet eine zentrale Rolle in der Online-Brokerage-Branche. Die vollelektronische Abwicklung eines Großteils der Transaktionen lässt sich nur mit einer ausgereiften, zukunftsorientierten Technik verwirklichen. Sie bietet die Basis, um für den Anleger eine konkurrenzlos günstige Konditionenpolitik im Verhältnis zum Gesamtmarkt zu realisieren. Das Internet bietet dem Kunden außerdem eine bislang in dieser Form nicht vorhandene Transparenz. Bei ConSors Discount-Broker beispielsweise kann er auf den Net-Seiten über einen Gebührenrechner seine Ersparnis gegenüber herkömmlichen Tarifen nachvollziehen. Prinzipiell erhöht die bessere Vergleichbarkeit den Druck auf die Branche, ihre Preise an einem sehr niedrigen Level zu orientieren. Die unausweichliche Folge dieser Entwicklung ist die Spezialisierung, da sich auch der Privatanleger in Zukunft bedeutend stärker als bislang für sein jeweiliges Anliegen den passenden Finanzdienstleister und das beste Angebot herausfiltern wird.

ConSors Discount-Broker hat bei all seinen Bemühungen deshalb stets den optimalen Nutzen für den Kunden im Auge. Oberstes Ziel ist die Bereitstellung eines regelrechten „Home Trading Desk“ für den Privatanleger. Er soll eine direkte Verbindung zwischen dessen Büro oder Wohnzimmer zur Börse ermöglichen und gleichzeitig größte Vielfalt bei der Erfüllung von Servicefunktionen bieten. Je besser der Home Trading Desk ausgestattet ist, desto geringer wird der Zeit- und Wissensvorsprung der Profis gegenüber dem Privatanleger. Und das dürfte letztendlich zusätzliches Interesse am Wertpapiergeschäft und damit auch am Dienstleistungsangebot der Broker wecken.

1.3 Live an die Börse

Im optimalen Fall fungiert der Discount-Broker bei der Orderabwicklung als Schnittstelle zwischen Börse und Anleger und stellt die Verbindung zwischen beiden ohne lange Umwege und Wartezeiten her. Das geht heute am schnellsten per Telefon oder PC. Ein auf optimalen

Service bedachter Broker nutzt die Geschwindigkeit dieser Medien konsequent. Doch noch ist das in der Branche durchaus nicht Standard, vielfach wird das Potenzial des Online-Brokerage nur halbherzig ausgeschöpft. So gibt es bei einigen Anbietern zwar die Möglichkeit, online zu ordern, die Auftragsbestätigung samt Wertstellung aber geht dem Kunden offline, und somit reichlich spät, auf dem Postweg zu.

Anders ist es bei ConSors Discount-Broker. Telefonkunden können hier den Ausführungskurs unmittelbar nach dem Geschäftsabschluss über das PhoneBroking System abhören, PC-Anleger finden ihn sofort auf ihrem Bildschirm. Gerade beim Online-Broking steht heute schon eine nahezu professionelle „Werkstatt" zur Verfügung. Der Investor schaltet sich praktisch live in den Börsensaal ein und holt kurz vor der Ordereingabe noch einmal die wichtigsten Daten zu einem Wertpapier und zum aktuellen Geschehen an den Märkten – Realtimekurse, Charts, neueste Nachrichten und Kursentwicklung – auf den Monitor. Durch das Öffnen verschiedener Fenster auf der Programmoberfläche ist das bei ConSors auf einen Blick zu haben. Der aktuelle Indexstand, der Kurs einer Aktie oder aktuelle Trends und News erscheinen nebeneinander auf dem Bildschirm. Hat sich der Homebanker mit den neuesten Informationen versorgt und dann für den Kauf oder Verkauf entschieden, ruft er das Orderformular auf. Nach Eingabe von Kontonummer, gewünschter Aktie samt Kurslimit und der geheimen Tan-Nummer leitet ein modernes Routing-System den Auftrag nach kurzem Datencheck direkt in den Börsensaal. Die Internetlösung von ConSors teilt dem Investor sogar live am Bildschirm mit, welcher Teil der Order zu welchem Preis gerade ausgeführt wurde. Der endgültige Ausführungskurs wird dann ebenfalls per PC sofort in ein chronologisch geordnetes elektronisches Orderarchiv übertragen. Der Investor weiß so exakt, was und wann er zu welchem Preis gekauft hat und kann auf dieser Basis dann wieder aufs Neue disponieren.

Doch der online organisierte Home Trading Desk ist nicht nur praktisch, er bringt auch Preisvorteile. Weil die Discount-Broker bei der computergesteuerten Auftragsabwicklung selbst Kosten sparen, gewähren einige ihren PC-Kunden zusätzliche Rabatte auf die Transaktionsgebühren. Bei ConSors wird diese Kombination aus High-Tech-Komfort und Gebührenvorteil in überdurchschnittlich hohem Ausmaß angenommen. Bereits mehr als 80 Prozent aller Kunden ordern ihre Wertpapiere bereits per Computer.

Das Internet wird diesen Trend weiter stärken. Denn beim Banking im World Wide Web werden die in der Vergangenheit teilweise zu recht beklagten Hindernisse zunehmend aus dem Weg geräumt. Eine Mehrheit der Discount-Kunden würde den Weg über das Internet schon jetzt bevorzugen, wenn der Kontakt zum Broker noch einen Tick schneller zustande kommen würde als bisher. Dass auf dem Daten-Highway immer wieder einmal Staus auftreten, liegt nicht zuletzt an den Sicherheitsvorkehrungen. Doch die heute mitunter noch immer möglichen Verzögerungen sind Geburtsfehler, die behoben werden können. Was die Flexibilität und Sicherheit angeht, bewegen sich einige deutsche Banken mit dem Einsatz der auf der Internet-Sprache Java basierenden Lösungen allerdings ohnehin schon auf einem sehr hohen Niveau. Der Kunde lädt dabei, sobald er mit seinem Broker in Kontakt tritt, automatisch Verschlüsselungsprogramme in seinen Browser, die mit ausgeklügelten Codierungs-Algorithmen arbeiten. So verwendet ConSors das von der Firma Brokat entwickelte Twister. Diese in Java geschriebene Software, die von mehreren Banken eingesetzt wird, verwendet die Verschlüsselungsalgorithmen IDEA-1024 Bit und RSA-128 Bit.

Elektronische Verriegelungen auf diesem Niveau werden beispielsweise auch vom US-Geheimdienst eingesetzt und wären nach dem heutigen Erkenntnisstand erst nach Millionen von Jahren zu knacken. Sie sind nach menschlichem Ermessen also absolut sicher. Ein weiteres Plus: Das Internet-Broking wird durch diese Lösung sogar absolut bedienerfreundlich und bietet im Vergleich zu der Ordereingabe via T-Online Vorteile. Denn durch das immer neue Herunterladen der Bankprogramme auf den Kunden-PC kann der Anleger stets auf die neueste Software seines Brokers zugreifen. Zudem ist die grafische Oberfläche im Internet wesentlich flexibler als bei T-Online und ermöglicht ein schnelles Weiterblättern auf andere Internet-Seiten.

2. Demokratisierung der Börse

2.1 Die Medien entdecken die Aktie

Schon heute ist abzusehen, dass sich das Internet zum Vorreiter für die weitere Zukunft des Online-Broking entwickeln wird. Doch auch andere Medien fördern den Trend zum aufgeklärten Wertpapieranleger. Bestes Beispiel dafür ist das rege Interesse an dem Fernsehprogramm von n-tv. Die halbstündig gesendete „Telebörse“ ist heute eine von Deutschlands beliebtesten Wirtschaftssendungen. Das ist in diesem hart umkämpften Markt ein beachtliches Ergebnis, zeugt aber auch vom wachsenden Interesse der deutschen Kleinanleger an den Ereignissen auf den Aktienmärkten. Der Erfolg von n-tv ist zu einem Großteil darauf zurückzuführen, dass der Sender seine Kundschaft laufend mit Informationen vom Börsengeschehen rund um den Globus versorgt. Umgekehrt trägt die lebendige Berichterstattung erheblich zur neuen Wertpapierbegeisterung der deutschen Anleger bei. Die Live-Schaltungen zum Frankfurter und New Yorker Parkett wirken mitunter wie spannende Reportagen über ein Fußballspiel. Darüber hinaus geben Experten und Börsengurus, manche davon mittlerweile fast schon so bekannt wie renommierte Filmstars, ihre Prognosen ab und stehen den Zuschauern in Telefonfragestunden Rede und Antwort.

Doch auch bei Berücksichtigung des gesamten Informationspotenzials finden Privatanleger heute zum Thema Börse ein größeres Angebot denn je. Eine stetig wachsende Zahl von Fachzeitschriften bringt Analysen, Empfehlungen und Kommentare. Zahlreiche Printmedien vermitteln darüber hinaus über Börsenspiele ein Gefühl für den Handel mit Wertpapieren. Und auch Zeitungen und Zeitschriften haben mittlerweile den schnellen Informationskanal Internet entdeckt. Sie stellen ihre Inhalte und Archive zum Thema Geld auf eigenen Websites bereit, deren Abruf allerdings nicht immer kostenfrei ist. Auf den Internet-Seiten vieler Geldhäuser, allen voran bei den Discount-Brokern, sind Nachrichten und Daten aus der Finanz- und Börsenwelt dagegen realtime und sogar gebührenfrei zu haben. Im Zuge dieser rasanten Entwicklung ist der Informationsaustausch per PC längst keine Einbahnstraße mehr. Nicht wenige Anbieter haben regelrechte virtuelle Börsencafes installiert, in denen Privatanleger auf elektronischem

Weg Erfahrungen, Tips und Informationen austauschen können. „Chatten" heißt das in der Fachsprache der Computerfans und dabei prallen Meinungen zu unterschiedlichen Wertpapieren ebenso aufeinander wie unterschiedliche Markt- und Strategieeinschätzungen.

2.2 Neue Chancen dank niedriger Gebühren

Ein besonders großes Interesse widmen die Besucher der Cybercafes ganz eindeutig dem lebhaften Geschehen am Neuen Markt. Denn dort winken aufgrund der vergleichsweise starken Kursbewegungen bei schnellem Handeln auch einmal kurzfristig ansehnliche Gewinne. Privatanleger können dabei, natürlich aber auch an den herkömmlichen großen Aktienmärkten, heute erfolgreicher handeln. Denn nicht jede Order wird ihnen – so wie in früheren Zeiten – mit happigen Bankprovisionen belastet, sofern sie ihre Anlageentscheidungen selbst treffen. Und schon bald könnte sich für die Discount-Broker eine zusätzliche Vertriebsschiene auftun, die etablierte Banken weiter ins Hintertreffen geraten lassen würde. So beabsichtigt der Düsseldorfer Wertpapierhändler Lang & Schwarz AG derzeit, die Transaktionen seiner Kunden über einen Discounter abzuwickeln. Begründung: Die Beratung beim Makler und die Transaktion über einen Online-Broker sind für den Anleger immer noch preiswerter als der Weg über seine Filialbank. Zudem sind nach Einschätzung des Wertpapierhauses informierte Anleger immer weniger bereit, die von den Banken angebotenen Standardprodukte zu erwerben. Statt dessen sei Rat zu individuellen, mitunter auch exotischen Anlagen gefragt.

Sicher jedenfalls ist: Wer heute seine Wertpapiere per Telefon oder Computer ordert, kann mit ansehnlichen Rabatten auf die Transaktionsspesen rechnen. Ein Beispiel: Beim Kauf deutscher Aktien im Wert von 20 000 DM stellt die herkömmliche Filialbank eine Provision von einem Prozent, also 200 DM in Rechnung. Wird das gleiche Aktienpaket telefonisch geordert, gewähren viele Banken heute einen Discount von circa 50 Prozent oder sogar mehr. Bei ConSors würde das genannte Wertpapiergeschäft nur 55 DM kosten. Das entspricht einer Ersparnis von 72,5 Prozent des Ausführungskurses und schon bei einem Dutzend solcher Transaktionen lassen sich insgesamt 1 740 DM sparen. Und je größer die Investmentsumme ist, umso günstiger kann geordert werden. Bei kleineren Anlagesummen fällt die Ersparnis zwar entsprechend geringer aus, der Geldvorteil aber bleibt auf jeden Fall erhalten. Er kann allerdings zusätzlich geschmälert werden, wenn, wie es bei einigen Banken üblich ist, der Discount für den Kleinanleger teilweise drastisch niedriger ausfällt. Kritiker weisen in diesem Zusammenhang, teilweise nicht zu unrecht, immer wieder auf die unübersichtliche Tarifgestaltung hin, die dem Kunden die Wahl des für ihn geeigneten Instituts erschwert.

Generell sind in Bezug auf die Gebühren folgende wichtige Kriterien vor einer Entscheidung zu berücksichtigen: Welche Grundgebühren fallen vor Berechnung der gestaffelten Prozentsätze für die Kauf- und Verkaufsprovision pro Order an? Ab welchen Anlagesummen gelten zusätzliche Ermäßigungen? Beziehen sich diese Sonderrabatte bei größeren Investmentbeträgen auf die gesamte Ordersumme oder gelten sie nur für den über ein bestimmtes Limit hinausgehenden Teilbetrag? Nicht zu vergessen schließlich ist, dass die laufenden Depotgebühren ebenfalls ins Gewicht fallen können. Investoren werden bei der Auswahl ihrer Online-Broker also genau auf die Konditionen achten. Denn gut informierte Kunden sind gleichzeitig meist auch preisbewusste Kunden.

Übersicht: Kundengründe für einen Wechsel zur Direktbank

Grund	Kunden in %	Interessenten in %
Konditionen/Zinsen	26	53
Umzug	28	12
Beratung	14	12
Beschränktes Angebot	8	11
Fachkompetenz	7	8
Freundliches Personal	13	5
Lage der Bank	9	4
Öffnungszeiten	3	2

Quelle: Euro-Wirtschaftsmagazin

Dies zwingt die Institute noch stärker als bislang, ihre Organisation so lean wie möglich zu halten und ständig nach Einsparungsmöglichkeiten zu suchen. Um dem Anleger auch bei der Einschätzung der Gebühren Zeit zu ersparen, setzt ConSors auf ein transparentes Konzept. Hier fallen neben einer Grundgebühr drei Staffeln mit Provisionen von 0,08 Prozent, 0,10 Prozent, 0,15 Prozent und 0,21 Prozent an. Andere Wettbewerber dagegen arbeiten mit einer tieferen und damit komplizierteren Staffelung. Die Zusatzrabatte treten jeweils bei den Anlagegrenzen von 100 000, 200 000 und 500 000 DM in Kraft. Bei Ordersummen unter 100 000 DM sind somit alle Kleinanleger gleichberechtigt. Allerdings fällt die Grundgebühr umso weniger ins Gewicht, je höher die Order ausfällt. Prinzipiell muss jedes Geldhaus bei der Preisgestaltung seine Zielgruppe exakt definieren, um die zur eigenen Geschäftsstrategie passende Tarifstaffelung herauszufinden. Wer also beispielsweise eher Großinvestoren im Visier hat, wird denen einen vergleichsweise hohen Discount einräumen. Andererseits kann sich aber gerade die Gleichbehandlung von Kleinanlegern schon deshalb lohnen, um das Potenzial des Online-Vertriebsweges voll auszuschöpfen. Das ConSors-Provisionsmodell trägt dieser Einschätzung besonders Rechnung. Der PC-Anleger profitiert von der Tarifpolitik sogar über weitere Sonderrabatte. Für ihn ermäßigt sich die Grundgebühr generell von 13 auf 9 DM und die Mindestprovision von 23 auf 19 DM. Dem Kleinanleger kommt dieser Nachlass besonders zugute, weil er bei ihm, relativ zum Gesamtbetrag, stärker ins Gewicht fällt. Eine 5 000-DM-Order via Internet beispielsweise kostet so nur 19,50 DM. Gegenüber den Gebühren der Filialbank ist das immerhin eine Ersparnis von 30,50 DM oder stattlichen 61 Prozent.

3. Die modernen Serviceleistungen

3.1 Mehr Service für eine neue Anlegergeneration

Je mehr Handlungsspielraum dem Investor aufgrund einer niedrigeren Kostenbelastung eröffnet wird, desto öfter kann er an der Börse agieren. Das verschafft nicht nur dem Anleger mehr Flexibilität, sondern auch seiner Bank aufgrund des höheren Ordervolumens mehr

Umsatz. Ganz abgesehen davon kann auch der kleinere Kunde im Laufe der Jahre in die Rolle eines größeren Investors hineinwachsen. Diese Überlegung ist insbesondere für die reinen Discount-Broker wichtig, die das Online-Geschäft nicht – wie es ja einige Filialbanken tun – nur nebenbei betreiben. Ihnen geht es ausschließlich darum, dem Wertpapieranleger eine optimale Dienstleistung zu bieten. Discount-Broker verzichten auf jegliche Beratung und haben zunächst den gut informierten und aufgeklärten Anleger im Visier. Jenen Investor also, der durchaus dazu neigt, durch häufigeres Umschichten schnell auf neue Entwicklungen, Chancen oder Risiken zu reagieren. Mittlerweile sind dem Privatanleger dabei auch aus technischer Sicht kaum mehr Grenzen gesetzt. Er kann heute sogar ganz wie die Profis ein Wertpapier am gleichen Tag kaufen und verkaufen und so an den kurzfristigen Kursänderungen, die sich binnen weniger Stunden abspielen, verdienen. ConSors hat zu diesem Zweck als erste Bank in Deutschland überhaupt das „Intra-Day-Trading“ für den Privatanleger eingeführt. Vom Home Trading Desk aus kann der private Marktteilnehmer wie ein Profi agieren und zum direkt am Handel teilnehmenden Akteur werden.

Doch auch wer in längeren Zeitabständen kauft und verkauft, weiß die Flexibilität eines modernen Online-Brokers zu schätzen. Dazu gehört, dass man Aufträge unabhängig von jeglichen Filialöffnungszeiten, also auch am Abend oder am Wochenende, online per Telefon oder PC weiterleiten kann. Und es ist unerheblich, ob sich der Anleger gerade im Urlaub oder in einer anderen Stadt auf Geschäftsreise befindet. Der Online-Broker ist von überall aus zu erreichen.

Die gut informierte Zielgruppe mit hohem Anspruch tendiert zunehmend dahin, auf Online-Anbieter zu setzen. Die Filialbank von einst gehört damit zumindest teilweise bereits der Vergangenheit an. Der Kunde sucht den für den jeweiligen Bedarf Besten aus und wickelt längst nicht mehr alle Geldgeschäfte über eine einzige Bank ab. Der Wechsel zu einem anderen Geldinstitut fällt heute umso leichter, weil er dies praktisch per Mausklick erledigen kann.

Diesen Trend haben letztendlich auch die Großbanken erkannt. Die einst schlafenden Riesen sind angesichts der geradezu revolutionären Veränderungen sehr schnell aufgewacht und haben im Gefolge der Pioniere eigene Discount-Ableger installiert. Dennoch bleiben gravierende Unterschiede. Die meisten Direktbanken verfügen über eine breite Produktpalette, weil in den großen Häusern mit ihren vielschichtigen Hierarchien der Mut fehlte, die Idee konsequent zu Ende zu denken und sich auf wesentliche Sparten zu konzentrieren. Viele der heute am Markt vertretenen „Allround-Direktbanken" wollen einfach das alte Universalgeschäft mit Girokonto, Sparplan, Kreditofferte und einem mehr oder weniger ausgefeilten Wertpapierservice auf die Online-Schiene übertragen. Doch aufgrund mangelnder Spezialisierung werden sie damit dem hohen Anspruch des aufgeklärten Kunden auf Dauer nicht gerecht werden können.

3.2 Spezialisierung auf ein professionelles Angebot

Dagegen hat der zunächst auf das Wertpapiergeschäft konzentrierte reine Discount-Broker noch enormes Potenzial. Denn er ist darauf bedacht, in seinem Bereich ein Höchstmaß an fachgerechter Dienstleistung und Convenience zu bieten. Unabdingbare Voraussetzung dafür ist, dass er die für diesen Bereich möglichst vollständige Produktpalette offeriert: Von Anleihen und Aktien über Investmentfonds bis hin zu Optionsscheinen sowie dem breitgefächerten Zugang zu den wichtigen internationalen Börsenplätzen. Immerhin blicken die bundesdeutschen Privatanleger nicht zuletzt infolge des Euro über die eigenen Landesgrenzen hinaus. Für den Kauf ausländischer Aktien und von Optionsscheinen gilt bei den Online Brokern in der Regel das oben geschilderte Prinzip der Preisstaffelung. Gerade den an Terminmarktgeschäften Interessierten werden diese Sonderkonditionen freuen, weil er ja seine Puts und Calls schneller und öfter handeln muss als beispielsweise der Aktionär. Betroffen ist davon eine immer stärker wachsende Zielgruppe. Die Bundesbürger sind mittlerweile die weltweit am stärksten am Optionsscheingeschäft interessierten Privatanleger. Sie tun das professionell zur Absicherung ihrer Depots. Noch häufiger aber engagieren sich Anleger, die mit Mut zu höherem Risiko auch überdurchschnittlich an den Börsenchancen partizipieren wollen. Das Angebot der in Deutschland gehandelten Optionsscheine belegt das in eindrucksvollen Zahlen. Waren 1990 in Frankfurt 530 Scheine notiert, so gab es 1994 bereits 3 106 verschiedene Papiere. Bis zum ersten Halbjahr 1998 hatte sich auch diese Zahl bereits wieder verdoppelt, heute werden in Frankfurt mehr als 12 000 Optionsscheine notiert.

Doch auch wer es vorsichtiger mag und lieber auf die Risikostreuung und das Profimanagement von Investmentfonds setzt, findet bei den Discountern eine Fülle an Auswahl, Informationen und vor allem Sonderkonditionen. ConSors offeriert rund 2 500 Fonds, etwa die Hälfte mit Rabatten zwischen 25 und 100 Prozent auf den Ausgabeaufschlag.

Zusammengefasst heißt das: kompetente und auf das Wertpapiergeschäft spezialisierte Discount-Broker bieten ihren Kunden eine breite Produktpalette in ihrem Geschäftssegment, den Zugang zu den wichtigsten Börsen und niedrige Gebühren. Sie ermöglichen dadurch auch dem kleineren Privatanleger einen bisher nicht gekannten Aktionsradius beim Wertpapierhandel. Dies wiederum unterstützt das wachsende Interesse am kurzfristigen Trading-Geschäft, weckt aber auch beim langfristig orientierten Sparer die Neigung, sich in Wertpapieren zu engagieren. Mit dem wachsenden Bedarf an privater Vorsorge für das Alter eröffnet sich weiteres Kundenpotenzial für den Wertpapierhändler. Und er kann bei optimaler Betreuung dieser Zielgruppe zu einer weiteren Demokratisierung der Börse beitragen.

Im Zuge dieses Prozesses müssen sich allerdings auch die Discounter immer weiterentwickeln, neue Lösungen für den gewachsenen Bedarf finden und Geburtsfehler beseitigen. So gehören zwar schnelle Erreichbarkeit und Orderabwicklung zu den ureigensten Stärken der Direktanbieter. Gerade aber die hauptsächlich auf den telefonischen Kundenkontakt bauenden Banken müssen bei starker und oft nicht rechtzeitig vorhersagbarer Nachfrage immer wieder Kapazitätsengpässe einräumen. Sie bürden dem Anleger dann ärgerliche, vor allem aber kostspielige Wartezeiten auf. Das liegt daran, dass die Call-Center für die auf das Telefongeschäft konzentrierten Anbieter in der Regel mit einem auf das durchschnittliche Ordervolumen abgestimmten Personalstand besetzt sind. In Stoßzeiten soll zwar ein gewisses Reservoir von Teilzeitkräften die Lücke füllen. Die Crux dabei ist nur, dass dieses Kontingent bei unerwartetem Andrang nicht schnell genug mobilisiert werden kann. So etwa, wenn die Anleger im Falle eines plötzlichen Kurseinbruchs an den Börsen ihre Papiere gleich scharenweise abstoßen wollen. Oder aber, wenn, um es positiv auszudrücken, angesichts verheißungsvoller Trends an den Märkten oder bei Neuemissionen plötzlich Kaufeuphorie ausbricht. ConSors-Anleger müssen solche personalbedingte Schwierigkeiten nicht fürchten. Über 99 Prozent der Kunden nutzen für ihre Orders die Online-Wege, das heißt die PC-Verbindung per T-Online oder Internet und das PhoneBroking und sind damit unabhängig vom Contact-Center. Das bestätigt die Rolle von ConSors als einem der führenden Online-Broker Europas und es ist ein überzeugender Beweis dafür, dass der aufgeklärte und überdurchschnittlich tradingorientierte Anleger auch besonders aufgeschlossen gegenüber neuen Medien ist. Die psychologischen und technischen Hürden, Bankgeschäfte online abzuwickeln, verschwinden mit der Häufigkeit der Nutzung zusehends.

Dennoch haben die Anleger es bei ConSors nicht mit einer anonymen Bank zu tun. Für persönliche Fragen sind per Telefon jederzeit kompetente Betreuer zu erreichen. Dem Neukunden steht in den ersten drei Monaten sogar ein extra für diese Aufgabe geschultes Team mit Rat und Tat zur Seite. Nach dieser Zeit, wenn die ersten Erfahrungen gesammelt sind, ist für den Kunden ein persönliches Betreuungsteam zuständig. Jeder Anrufer wählt sich direkt dorthin ein und hat es so immer mit den gleichen, kompetenten Ansprechpartnern zu tun. Internet-Support ist eine neue Aufgabe der Banken, die Kosten verursacht. Er bildet jedoch eine Voraussetzung für das Vertrauen des Kunden in das System und die Kompetenz seines Instituts. Selbst dann, wenn der Anleger Schwierigkeiten mit seinem System hat, die zwar nicht in direkter Verbindung mit dem Wertpapierhandel stehen, aber bei der Anwendung auftreten, soll er sich an den Discount-Broker wenden und wird kompetente Hilfestellung finden. Neben der reibungslosen Abwicklung der Bankgeschäfte bemisst sich die Zufriedenheit mit dem Service des Dienstleisters Bank auch nach der Unterstützung in solchen „kritischen Situationen“. Wer an diesem Punkt spart, wird verlorenes Vertrauen auch mit günstigsten Konditionen nicht mehr wettmachen können.

4. Ausblick: Die Zukunft hat bereits begonnen

4.1 Via Internet in ein neues Zeitalter

Aus heutiger Sicht ist das Kunden- und Geschäftspotenzial für den Discount-Broker noch längst nicht ausgeschöpft. Langfristig gesehen steht dieser Vertriebsweg vielmehr erst am Anfang seiner Entwicklung. Schon ein Blick auf die Marktverhältnisse in den USA gibt Grund genug zu der Annahme, dass gerade in den kommenden Jahren mit einer weiterhin starken Expansion zu rechnen ist. Die Discount-Broker haben in den Vereinigten Staaten mit insgesamt zehn Millionen Depots einen Anteil von 16 Prozent am gesamten Provisionsaufkommen. Das entspricht einem noch höheren Marktanteil bei den Transaktionen, weil bei deren Messung die gewährten Rabatte nicht ins Gewicht fallen.

Rund 1 Mio. Bundesbürger besitzen heute ein Wertpapierdepot bei einem Discount-Broker. Doch bei der Zielgruppe der unter 30-jährigen Wertpapierbesitzer sind nach einer Umfrage der Fachzeitschrift „Die Bank" bereits etwa 50 Prozent potenzielle Discount-Broker-Kunden. Dieses Potenzial wird weiter wachsen, weil insgesamt der Anteil der gut informierten, autonom entscheidenden Investoren kontinuierlich ansteigt. Von immenser Bedeutung außerdem: Infrastruktur und Equipment für Online-Medien breiten sich aus, das Wissen über die Handhabung wächst.

Darüber hinaus ist bekannt, dass Personen aus einkommensstarken Haushalten und mit hoher Schulbildung überdurchschnittlich häufig online gehen. Diese Zielgruppe deckt sich im Wesentlichen mit der von ConSors: Drei Viertel der Kunden haben Abitur, rund die Hälfte ein Studium abgeschlossen. Angestellte, Beamte, Selbständige und Freiberufler bilden das Gros der Kundschaft. Das heißt konkret: Die Zielgruppe wird größer, die Kundenzahl wächst, der Fixkostenanteil je Kunde wird geringer, die Preise sinken.

4.2 Trend zur Aktie

Auch bei der Zielgruppe des „normalen" Wertpapierkunden nimmt die Bedeutung der Aktie als Anlageform stetig zu. Vor allem haben

Emissionen wie die Deutsche Telekom oder Pro Sieben diese Anlageform bei sehr vielen gesellschaftlichen Gruppen populär gemacht. Die Aufsehen erregenden Kurssprünge von Neue-Markt-Rennern wie Mobilcom oder EM.TV wecken zusätzliches Interesse. Gleichzeitig gewinnen Dividendenpapiere als finanzielles Polster für den Ruhestand und damit als Ergänzung zur gesetzlichen Rentenversicherung stark an Bedeutung. Immer mehr Bundesbürger erkennen, dass die Aktie überdurchschnittliche Rendite bringt und langfristig sogar ein sicheres Investment sein kann. Der Berliner Wirtschaftsprofessor Richard Stehle hat die Wertentwicklung deutscher Aktien in der Nachkriegszeit unter die Lupe genommen und für den Zeitraum zwischen 1948 und 1998 eine durchschnittliche jährliche Rendite von 14,5 Prozent errechnet. Die Aktie ist damit die rentabelste Investmentart überhaupt, unter Berücksichtigung steuerlicher Wirkungen fällt der Vorsprung gegenüber anderen Anlageformen sogar noch deutlicher aus. Auf der anderen Seite belegen Analysen des Deutschen Aktien Instituts (DAI) in Frankfurt, dass das Risiko der Aktienanlage bei langfristigem Anlagehorizont fast schon zu vernachlässigen ist. Liegt die Standardabweichung als Maßstab für die Schwankungsbreite bei einem Zeitraum von fünf Jahren noch bei gut zwölf, so halbiert sich bereits bei 15 Jahren das Risiko und liegt bei einer Anlagedauer von 30 bis 40 Jahren nur noch bei Werten von ein bis zwei.

Dass sich diese Erkenntnis in zunehmendem Maß durchsetzt, beweist der rasante Aufschwung des Aktienfondssparens. Seitdem im Dritten Finanzmarktförderungsgesetz Richtlinien für die Auflage von Altersvorsorge-Sondervermögen festgelegt wurden, können die Kapitalanlagegesellschaften sogar in Konkurrenz zu den Lebensversicherungen mit einem Produkt werben, das sich zumindest in den Grundzügen am Vorbild amerikanischer Pensionsfonds orientiert.

Dies wird das Interesse an Aktien und Aktienfonds weiter fördern und davon werden letztendlich auch die Discount-Broker profitieren. Parallel dazu, und das ist für den Broker nicht weniger wichtig, wächst vor allem bei den oben angesprochenen Anlegertypen im mittleren und oberen Pyramidendrittel die Bereitschaft zu schnellem Handeln. Diese gut informierten und tradingorientierten Investoren haben auch Interesse an kurzfristigen Gewinnchancen an der Börse. Besonders gut zu beobachten ist das im Segment der Terminmarktgeschäfte, in dem überdurchschnittlich häufig umgeschichtet wird. Für den Broker ist das ein interessanter Geschäftsbereich, weil ihm viele Kauf- und Verkaufsorders ein hohes Volumen an Provisionen bringen.

4.3 Future-Broking an der Computerbörse

Gleichzeitig aber können Derivate in einem funktionierenden Markt ebenfalls wichtiger Bestandteil einer demokratischen Börse sein. Denn aufgrund ihrer Hebelwirkung eröffnen sie – neben ihrer Eigenschaft als Hedginginstrument zur Absicherung von Depotbeständen – auch dem Kleinanleger überproportionale Kurschancen, zu denen auf der anderen Seite natürlich entsprechende Risiken gehören. Hierbei kann auf die unterschiedlichsten Basiswerte spekuliert werden. Vom Kurs einer einzelnen Aktie bis hin zum Index, auf eine bestimmte Währung oder die Zinsentwicklung. Ein nicht zu unterschätzender Aspekt ist dabei die Tatsache, dass der Anleger mit seinen Investments am Terminmarkt auch auf fallende Kurse spekulieren kann. Aus Sicht des Brokers wiederum existiert damit ein Segment, das in schlechten Börsenzeiten zusätzliches Geschäft bringen kann.

Im Terminmarktgeschäft hat die Zukunft bereits begonnen. Denn als Alternative zu den Optionsscheinen steht jetzt auch dem Kleinanleger die Deutsche Terminbörse offen, an der Optionen und Futures in einem elektronischen System gehandelt werden. Die Computerbörse, die heute unter dem Namen „EUREX“ firmiert, war lange Zeit ausschließlich den Profis vorbehalten. Dies hat sich mit der Senkung der Mindestwerte für Kontrakte um ein Fünftel mittlerweile geändert. Bereits für Optionsprämien von einigen tausend DM findet der Privatanleger an der EUREX einen funktionierenden Markt. Angebot und Nachfrage werden dort automatisch in einer offenen Datenbank zusammengeführt. Als Kontraktpartner garantiert die Clearingstelle der Deutschen Börse AG die Ausführung zu fairen Preisen.

ConSors hat in diesem zukunftsträchtigen Markt wieder eine Führungsrolle übernommen. Das gilt zum einen für die Preisgestaltung, denn ein demokratischer Terminmarkt beginnt bei günstigen Konditionen. So kostet eine Transaktion mit einer Optionsprämie von

5 000 DM gerade einmal 49 DM. Gegenüber den Gebühren konventioneller Banken spart der Anleger 76 DM, also mehr als 60 Prozent. Gleichzeitig ist für schnelle Abwicklung gesorgt, denn die Orders werden – egal ob per Telefon, Fax oder PC abgegeben – wie bei den anderen Wertpapiergeschäften direkt an die Börse weitergeroutet.

Zusätzliche Vorteile können Internet-Anleger nutzen. Zum Preis von monatlich 40 DM bietet ConSors ein Realtime-Kursabo an. Das ermöglicht es dem Investor, sämtliche Kurse und Marktdaten ohne Zeitverzögerung auf den Bildschirm zu rufen. Wer Verzögerungen von 15 Minuten in Kauf nimmt, erhält diesen Service kostenlos. Eine Zusatzfunktion erlaubt die Zusammenstellung eines eigenen Portfolios. Und prinzipiell ist der Internet-Kunde während der Ausführung seines Auftrags auch an der EUREX direkt mit dem Markt verbunden. Er kann den aktuellen Status online am Monitor verfolgen und erhält sich bis zur endgültigen Ausführung Spielraum zum Reagieren. Denn bis dahin ist es möglich, Orders schnell wieder zu ändern oder ganz zu streichen. Gleichzeitig behält der aktive Trader stets die Übersicht. Gewinn- und Verlustaufstellungen mit Echtzeitdaten sind jederzeit abrufbar und schaffen so die Möglichkeit, Positionen direkt glattzustellen oder historische Umsätze noch einmal zu analysieren.

Mit dem Future-Broking werden abermals die enormen Möglichkeiten des Internet-Banking deutlich. Die rasante Entwicklung, die das weltumspannende Netz in den vergangenen Jahren genommen hat, lässt auch für die Zukunft einiges erwarten. Die einzelnen Elemente des Banking und spezielle individuelle Informationen werden noch besser kombiniert, die Handhabung immer einfacher, die Verbreitung immer flächendeckender werden. Discount-Broker haben den Privatkunden schon heute hautnah an die Möglichkeiten der Profi-Broker herangebracht. Der verbleibene Abstand wird dank der Möglichkeiten, die das Online-Broking bietet, bereits in absehbarer Zeit auf Null schrumpfen. Die Zukunft gehört dem mit allen Informationen versorgten, autonom entscheidenden Privatanleger, der die Bank nur noch als Vehikel für seine Transaktionen nutzt. Er verlangt einen guten Service zu attraktiven Konditionen. Discount-Broker sind dafür die beste Adresse, das Internet das Medium.

Baufinanzierung und Ethisches Marketing – das Unternehmen Hypotheken-Discount

Wolfgang J. Kuhn und Johannes W. Feuling

1. Einleitung

Der Umbruch in der Bankenszene ist gewaltig. Auch deutsche Banken müssen sich mit ihrem Inlandsgeschäft mit dem globalen Wettbewerb messen. Die genauere Betrachtung der Stückkostenrechnungen erweist sich dabei – soweit vorhanden – für viele Banken als fatal: Das Retail-Geschäft ist zu teuer und bringt zu wenig Rendite. Die Anzahl der Kunden ist jeweils zu niedrig, um eine brauchbare cost per customer-ratio zu zaubern. Vor dem Hintergrund der eigenen Börsennotierung kam der Mehrzahl der deutschen Banken und neuerdings auch der Hypothekenbanken der sogenannte Direkt-Bank-Gedanke sehr gelegen. Schufen diese neuen Institutionen doch wenigstens theoretisch Raum für beachtliche Kosteneinsparungspotenziale. Zudem ist ebenfalls bekannt, dass insbesondere große Direktbanken mit einem Kundenstamm von nahezu einer halben Million Kunden nicht kostendeckend arbeiten können.

Zum Glück hat das Gründen von Direktbanken wenigstens für die Analysten einen ausgesprochenen „Sex-Appeal". Eine Internet- oder Direktbank zu haben ist mega-in und hebt den Börsenwert. Zyniker sagen wohl zutreffend, allein dadurch könne man schon mehr Geld verdienen als mit der ehrlichen Arbeit am Kunden. Und ob das Versprechen, der Break-Even-Point werde dann im Jahre 2004 oder 2005 erreicht, eingelöst wird oder nicht, ist bilanzierte Hoffnung. Macht nichts, denn das Geld, das man im Direktgeschäft nicht verdient, wird ja bei weitem durch die Vorteile der Börsennotierung kompensiert.

Die Frage, die man vor diesem Hintergrund stellen könnte: Ginge es nicht auch anders? Können Banken im Direktgeschäft Geld verdienen? Welches sind die Konstituentien eines erfolgreichen und effizienten Direktgeschäfts? Das Unternehmen Hypotheken-Discount hat in einem der schwierigsten, weil arbeitsintensivsten, Bereiche des Retailgeschäfts gezeigt, dass es nicht nur effizient, sondern auch profitabel geht. Und hat damit schon vielen Banken geholfen und als Vorreiter vielen Nachahmern den Weg gezeigt. Die Zauberformel heißt kundenorientierte Baufinanzierung im telematischen Vertrieb.

2. Ethisches Marketing als Schlüssel zum Erfolg

Wie kann man sein Produkt als Ein-Produkt-Unternehmen innerhalb von kurzer Zeit am Markt platzieren, ohne eine einzige Mark für Werbung auszugeben? Was kann die gesamte deutsche Presse veranlassen, sich ausgiebig mit einem innovativen Unternehmen zu befassen? Warum empfehlen Verbraucherorganisationen ein Unternehmen, das naturgemäß eindeutig auf Profit ausgerichtet ist und auch Profite macht? Wie kann ein Vermittlungsunternehmen Konditionen bieten, die meist besser sind als die Konditionen der vermittelten Banken?

Die Antwort auf alle diese Fragen mag dem einen oder anderen ein wenig mager, auf jeden Fall aber unerwartet erscheinen: Ethisches Marketing!

Was ist Ethisches Marketing überhaupt? Es kann auf diese Frage natürlich schon auf den ersten Blick nur eine Antwort geben: Maximale Kundenorientierung. Dieser Begriff wird heute von jedem Unternehmen sehr schnell im Munde geführt. Sind deshalb alle Unternehmen ethisch orientiert? Wenigstens nicht nach der Definition, die wir hier ein für allemal installieren wollen:

Ethisches Marketing ist die konsequente innere und äußere, strategische und operative, technologische und mediale, wertschöpfungs- und prozessorientierte und allzeit ehrliche Durchsetzung des kategorischen Imperativs, der da sagt, man solle dem anderen auch im Business nichts antun, das man nicht selbst angetan bekommen möchte.

Was bedeutet das für den Unternehmer auf philosophischem, strategischem und taktischem Felde? Ethisches Marketing heißt nicht „Wir tun alles für den Kunden“, sondern „Wir tun alles zusammen mit dem Kunden!“. Ist das nur eine aufgesetzte sprachliche Unterscheidung? Nein, da eine andere Denkweise notwendig ist:

2.1 Das Unternehmenskonzept „Hypotheken-Discount"

Nahezu eine halbe Milliarde Umsatz im zweiten Geschäftsjahr, über 3 000 hochgradig zufriedene Kunden bei Hypotheken-Discount, dem Unternehmen, das innerhalb von zwei Jahren zum anerkannten Marktführer für beste Baufinanzierungsdarlehen wurde.

Kurzgeschichte des Erfolgs: Anfang 1997 tritt das Unternehmen Hypotheken-Discount als erster spezialisierter Direktanbieter von Baufinanzierungen im Bereich überwiegend privat genutzter Immobilien mit nur zwei Mitarbeitern an, um durch ein für den Kunden ebenso kostenloses wie effizientes Mix aus perfektem und professionellem telematischem Service und in der Folge außerordentlich günstigen Finanzierungskonditionen viel Bewegung in den Markt für private Eigenheimfinanzierungen zu bringen. Die Resonanz ist überaus groß. Die Presse nimmt die Nachricht von der Innovation des privaten Baufinanzierungsgeschäftes gerne an. Stiftung Warentest (Finanztest 6/98 und 7/99) kürt das Unternehmen in einem Langzeitzinsvergleich zweimal in Folge zum Sieger. Verbraucherberatungen (Bremen, Hamburg, Hessen, Niedersachsen u. a.) empfehlen das Unternehmen an die Verbraucher weiter. Führende Wirtschaftsmagazine (Capital, Business-Channel, WiWo-Online etc.) kooperieren erfolgreich mit dem jungen kundenorientierten Innovator.

Zum ersten Mal bot mit Hypotheken-Discount ein Unternehmen Baufinanzierungen ausschließlich auf dem Wege des sogenannten Direkt-Marketings – also einfach gesprochen per Telefon, Post, Fax und Internet – auf dem deutschen Markt an:

Mit einem durchschnittlichen Volumen von 250 TDM wurden bereits ab dem zweiten Jahr über 2000 Darlehensnehmer pro Jahr mit hervorragenden Konditionen zufrieden gestellt. Akquisitionskosten in Form von Werbebudgets gab es nicht. Das ist Effizienz. Dass es sich bei diesem Unternehmen nicht um eine Bank, sondern von der Nomenklatur her um einen Makler – heute würde man es Broker nennen – handelte, spielte in diesem Zusammenhang zunächst keine besondere Rolle.

2.2 Win/Win/Win-Situation für Bank, Kunden und Broker

Die Vorgabe, mit der bei Hypotheken-Discount gearbeitet werden musste, war eindeutig: Ein völlig neues Unternehmen innerhalb kurzer Zeit am Markt stabil und erfolgreich zu positionieren, ohne eine Mark für Werbung auszugeben.

Der Grund: Werbung für Baufinanzierung ist aus den heute erzielbaren Margen heraus nicht möglich. Die Frage lautet demnach: Wenn es auf traditionellem Wege nicht geht, muss es anders gehen. Aber wie?

Das Erfolgsrezept ist so einfach, dass bisher wohl niemand darauf kommen wollte: Man muss das Bankgeschäft nicht nur aus der Sicht des Kunden sehen, sondern es auch so organisieren. Das macht nicht mehr Arbeit, sondern tatsächlich weniger. Was im großvolumigen gewerblichen Bereich spielend zu gelingen scheint, funktioniert auch im Retail-Bereich: Das Planen und Herstellen von Win/Win-Situationen. Die Wahrnehmung des Kunden als einen ganz normalen Geschäftspartner, der ebenso wie man selbst ein Wertschöpfungsziel verfolgt und dafür bestimmte Prozesse und Teilprozesse mehr oder weniger planvoll durchläuft. Nur auf diesem Wege ist es möglich, Win/Win-Situationen herzustellen. Und dazu gehört zu allererst, dass man die Erlebenswelt des Kunden nicht wie üblich durch Werbung zu steuern versucht, sondern sich im Gegenteil in sie vertieft und die so gewonnene Kenntnis zum Bestandteil der eigenen Wertschöpfungskette macht: Wer sich bei einem 200-Mio.-Projekt Gedanken machen kann, was der andere braucht, der sollte es bei einem 250-TDM-Projekt ebenfalls können. Der gedankliche Aufwand ist im Grunde derselbe. Das Ergebnis ist aber erheblich besser, als wenn man es nicht täte. Es ist also wirklich effizienter, diesen Weg von Anfang an zu gehen.

Und genau das merken die Kunden von Hypotheken-Discount schon beim ersten Anruf am Telefon. Nicht zufällig senden ca. 70 % der Einsender ihre Unterlagen direkt nach dem ersten Anruf ein – sie sind also schon genügend informiert und auch sicher genug, um alle nötigen Informationen zusammenzutragen und den Vorgang zu beherrschen. Die zwischen dem Kunden und dem Anbieter gemeinsam installierte Prozesskette ist gut dokumentiert. Die Prozesse sind, wie man im Qualitätsmanagement gerne sagt, beherrscht und robust. 98 % der Abschluss-Kunden würden das Unternehmen laut einer von Hypotheken-Discount durchgeführten Kundenzufriedenheitsmessung ohne Wenn und Aber weiterempfehlen, jeder vierte Anrufer legt seine Besitzverhältnisse – intime persönliche Daten – offen und stellt einen Darlehens-Antrag per Post bei Hypotheken-Discount. Das tut der Kunde aus dem einfachen Grunde, weil ihm ein partnerschaftliches Konzept geboten wird.

2.3 Das Partnerschaftsprinzip

Viele kennen die aufwendigen Prozeduren, die man bei der Beantragung von Darlehen durchläuft. Bei genauerer Betrachtung beruht ein Großteil der einzelnen Schritte auf Verständnisfehlern, unzureichender Kommunikation, schlecht vorbereiteten Darlehensanfragen etc.

Bei der Planung der Abläufe für Hypotheken-Discount wurde deshalb schnell klar, dass hier noch beachtliche Entwicklungs- und Einsparpotenziale liegen, die man in verschiedener Form unmittelbar an den Kunden weitergeben kann. Je besser wir kommunizieren, desto mehr Arbeit kann der Kunde problemlos übernehmen, desto günstiger wird das Darlehen.

Offenbar war bis dahin noch niemand auf diese Idee gekommen. Warum eigentlich nicht? Vielleicht lag es ja daran, dass man den Baufinanzierungsvorgang niemals mit der Zapfpistole an einer SB-Tankstelle verglichen hat. (Wissen Sie es noch? Die ersten SB-Tankstellen waren revolutionär, weniger weil man nun den Sprit ein paar Pfennige günstiger bekam, sondern vielmehr deshalb, weil dem Kunden eine neue, geradezu abenteuerliche technische Kompetenz zugewiesen wurde: Die unausgesprochene Lizenz, den gefährlichen Brennstoff selbst in das Fahrzeug einzubringen, was bis dahin ohne ein prickelndes Gefühl des Wagnisses oder des Durchbrechens der existierenden Ordnung nicht möglich war.) Oder auch daran, dass die meisten Banken bis zu Beginn unserer Arbeit noch keine Stückkostenrechnungen aufweisen konnten und deshalb auch nicht in der Lage waren, die durch eine verstärkte Orientierung am partnerschaftlichen Dialog mit dem Kunden erzielbaren Vorteile zu erkennen.

Die grundsätzliche Frage für uns lautete: Wodurch definiert sich Qualität im kunden- und prozessorientierten Baufinanzierungsgeschäft? Es ist völlig klar, dass hier durchaus sehr verschiedene Maßstäbe angelegt werden können. Die Bank hat ein anderes Interesse als der Kunde. Oftmals liegt genau hier das Problem.

Wagen wir eine einfache Betrachtung der Anforderungen, die beide Parteien betreffen, so entwickeln wir bereits ein Gefühl für die Ausgangslage: Es zeigen sich verschiedene harte und weiche Faktoren. Die Abbildung 1 zeigt, dass zwei sehr unterschiedliche Erwartungshaltungen unsynchronisiert aufeinander prallen. Die Bedürfnisse von Bank und Kunden scheinen nicht kompatibel zu sein. Obwohl sie es ja eigentlich sind. Wer also die Synchronisation oder Kompatibilisierung dieser beiden Interessenlagen zuwege bringt, wird am Markt gewinnen.

Abbildung 1: Harte und weiche Faktoren

Harte Faktoren		Weiche Faktoren	
Bank	**Kunde**	**Bank**	**Kunde**
Stückkosten	Kondition	Einfache, „brave Kunden“	Einfachheit
Refinanzierung	Nebenkosten	Weniger Ärger	Sicheres Gefühl
Zeit und Aufwand	Schnelligkeit	Wenig unnötige Arbeit	Transparenz
Sicherheit	Erfüllung der technischen Anprüche an die Abwicklung		Kein Gefühl der Dummheit und Machtlosigkeit
Minimale Stornoquote			

Wie leicht wäre es hier, einfach zu schreiben: Alles was man braucht ist wirkliche Kundenorientierung bzw. das, was man unter diesem gern genutzten Begriff versteht. Bisher kam scheinbar noch niemand auf die Idee, ihn einfach wörtlich zu nehmen. Nicht nur Orientierung *am* Kunden, sondern viel konkreter: Orientierung *des* Kunden.

Nur ein Kunde, der weiß, was er tun muss, ist ein leicht zu behandelnder Kunde. Die Funktion und auch das Ziel des Kunden ist nach unserer Erfahrung – wider Erwarten – durchaus nicht, die Bedürfnisse der Bank zu erfüllen. Was der Kunde eigentlich will, ist ein schneller und einfacher Einkauf von Geld.

Wird es dem Kunden leicht gemacht? Nicht wirklich. Das Produkt Baufinanzierung ist aus der Sicht des Kunden kompliziert.

Der ideale Baufinanzierungsvorgang ist aus der Sicht des Kunden derjenige, bei dem der Einkauf von Geld nicht komplizierter ist als das Anlegen von Geld und der ihn in die Lage versetzt, das Ergebnis „seiner Arbeit" selbst zu beeinflussen.

Es liegt am Anbieter, diesen Zustand herzustellen. Es gibt ebenso viele Möglichkeiten, an der Herstellung dieses Zustandes zu arbeiten wie es Einflussfaktoren gibt.

Eine innovative prozessorientierte Marketing-Strategie ist für uns deshalb: Alles aus der Sicht des Kunden sehen – und kompetent genug sein, die eigenen Wertschöpfungsprozesse mit denen des Kunden zu verbinden.

In der Tat basierte das Baufinanzierungsgeschäft der letzten Jahrzehnte nach unserer Ansicht nicht auf dieser innovativen Marketing-Plattform. Steuerungs- und Einflussfaktoren für Funktionsweisen und Strukturen dieses Geschäfts waren vielmehr unmittelbar Renditeerwartungen und rechtliche Vorschriften. Die Frage, inwieweit diese Anforderungen mit denen des Kunden kompatibel sind oder zu kompatibilisieren wären, stellte sich praktisch nicht. Beziehungsweise wurde sie nicht sehr laut gestellt. Da es sich in diesem Geschäft um einen klassischen Verkäufermarkt handelte, lag die Frage, ob eine Kompatibilisierung der Bedürfnisse von Bank und Kunden überhaupt möglich sei, weitgehend ausserhalb des Blickfeldes der Bank und des Kunden. Dies war das Thema und die zu lösende Aufgabe.

Was die Bank für die innovative und erfolgreiche – d. h. auch weiterhin rentable – Ausgestaltung des eigenen Baufinanzierungs-Geschäfts wirklich braucht, ist zunächst eine individuelle Antwort auf die Frage, wie sie ihre eigenen Bedürfnisse definieren muss, damit sie mit denen des Kunden kompatibel werden. Die Antwort auf diese Frage stellt durchaus nicht nur einen geschickten Marketing-Trick dar, sondern tatsächlich den Ansatz einer wirklich grundlegenden Innovation des Baufinanzierungsgeschäftes.

2.4 Kompatibilisierung von Wertschöpfungsprozessen im telematischen Vertrieb

Aus der Definition und Kompatibilisierung der Bedürfnisse von Bank und Kunden sollte sich nicht nur eine veränderte Denkweise, sondern in der Konsequenz auch eine Veränderung von Standards in Prozessen und Abläufen entwickeln. Das ist das eigentliche Thema.

Die Bank braucht Kunden, die an der operativen Ausgestaltung ihres Darlehens konstruktiv mitarbeiten. Dazu gehören zwei Voraussetzungen: Die Bank muss die Bereitschaft des Kunden zur Mitarbeit erkennen und ihn dazu befähigen. Das Muster ist nicht völlig neu: Im Bereich der Geldautomaten funktioniert es seit Jahren. Die Standardisierung und Vereinfachung von Prozessen im Bereich der Baufinanzierung schien wohl lange Zeit zu komplex zu sein.

Exkurs: Direktbank, direct relationship, telematischer Vertrieb

Was ist eigentlich eine Direktbank? Der Begriff wird so inflationär gebraucht, dass man Schwierigkeiten bekommt, ihn wirklich zu füllen. Ist eine Direktbank ein Konzept, das wie „Direktwerbung“, „Direktmarketing“ oder „Direct Order“ auf einen geradlinigen telematischen Weg verweist? Oder aber auf ein „Direktgeschäft“ – also ein zwischenhandelsfreies Geschäftsverhältnis zwischen Hersteller und Endkunde? Dass Banken mit ihrem Filialsystem im Grunde schon immer Direktgeschäft betrieben, ist gewissermaßen eine Erkenntnis, die sich als Nebenprodukt der Betrachtung ergibt. Wer stellt das Produkt her, das Banken verkaufen? Sind Banken Hersteller von Geld? Oder Hersteller von Darlehen? Oder sind Banken Geldhändler? Sind sie alles zusammen? Oder nichts von alledem? Wie man es auch sehen mag – die Verbindung zwischen Bank und Kunden ist durch die sogenannte „direkte" Abwicklung nicht etwa direkter, sondern basiert eben nur auf Telematik. Der Rest sind kosten- und prozesstechnische Überlegungen.

Hypotheken-Discount ist eine Banktochter, aber keine Bank. Folglich muss auf einen anderen Begriff ausgewichen werden, der in amerikanischen Unternehmen schon seit langer Zeit existiert: „direct relationship". Beim direct relationship gibt es zwar keine direkte Verbindung zwischen Bank und Kunden, man profitiert aber dennoch von allen Vorteilen des sogenannten „Direktvertriebes", der im Grunde eigentlich

- telematischer Vertrieb,
- effizienter Vertrieb,
- Vetrieb per Post, Internet und Telefon

heißen müsste, weil ja in Wahrheit wie schon gesagt das Verhältnis Bank/Kunde auch im Schalterbetrieb nicht direkter sein könnte.

Zusammenfassend ist festzustellen, dass der Begriff Direktbank offenbar lediglich eine Konstruktion bezeichnet, deren Ziel es ist, durch den Wegfall von Vermittlungsstellen wie Filialen für die Bank Kosteneinsparungen zu erzielen.

Während der Begriff direct relationship die Qualität des tatsächlichen Verhältnisses zwischen eng zusammenarbeitenden Geschäftspartnern charakerisiert, erläutert der Terminus Telematik den Weg, der eine Zusammenarbeit des Kunden ohne physischen Kontakt ermöglicht.

2.5 Instrumente der optimierten und kundenkompatiblen Wertschöpfung

Bei dem Unternehmen Hypotheken-Discount handelt es sich in der Tat um ein telematisch arbeitendes Unternehmen, das sich der Philosophie des direct relationship – also in unserer Nomenklatur der kompatiblen bzw. kompatibilisierten Prozesse – verpflichtet hat. Die folgenden taktischen Instrumente sind für diese Kompatibilisierung notwendig:

- Einfachst auszuführende *Darlehensanfragen:* Der erste Schritt zum entschlackten Baufinanzierungsdarlehen ist die Vorbereitung von leicht auszufüllenden Darlehensanfragen. Die Anfragen von Hypotheken-Discount enthalten alle Angaben, die für den Kunden und für die Bank wichtig sind. Wie einfach das Ausfüllen der Anfrage sein kann, zeigt die Benchmark: 70 % der Kunden senden ihre Anfrage direkt nach dem ersten Telefonanruf ein. Die Anzahl der Kunden, die ihre Anfrage per Internet-Download (ca. 100/Monat – Stand Juli 1999) beziehen und völlig ohne Gespräch einreichen, wächst stetig.

- *Qualifizierte Antworten* schon beim ersten Call: Rund 300 telefonische Anfrager besuchen täglich das Call-Center des Unternehmens und finden dort – im Unterschied zu manch anderen Call-Centern – ausschließlich qualifizierte Bankkauffrauen und -männer, die ihnen einfache Antworten auf ihre komplizierten Fragen geben. Das Call-Center von Hypotheken-Discount ist keine „Adressgeneriermaschine“, sondern ein originäres Helpdesk. Und das ist der entscheidende Unterschied zu den Standard-Call-Centern bei Banken, wo Adressgenerierung stattfindet.

- *Konditions-Infos:* Soll der Kunde seinen Darlehensantrag selbst ausfüllen und seine Kreditentscheidung selbst – d. h. nicht durch verkäuferische Interessen gestützt – treffen können, muss er neben dem Gefühl der Sicherheit auch die nötigen Informationen haben. Dazu gehört auch die Bereitstellung der aktuellen Konditionen für den Kunden. Die Konditionsinformationen können über einen Konditionsansagedienst oder über das Internet gegeben werden.

- Wenige und schnelle *Reaktionen:* Der Kunde wird bei Hypotheken-Discount vom ersten Gespräch bis zur Auszahlung des Geldes im Schnitt nur drei- bis viermal telefonieren müssen.

Wer über seine Hausbank finanziert, wird – wenn er Glück hat – ebenso viele Steine aus dem Weg geräumt bekommen wie der telematisch bestellende Kunde. Dies ist sicherlich ebenso richtig wie selten. Denn die Organisationsstrukturen von Banken zwingen den Kunden auch beim Schaltergeschäft in der Regel, bei der Erlangung seines Darlehens mindestens einmal den Ansprechpartner zu wechseln. Er beginnt beim freundlichen Schalterberater und wird dann in die Kreditabteilung weitergereicht. (Gegebenenfalls wird er dann zwischen diesen beiden Ansprechpartnern Pingpong spielen.) So ist festzustellen, dass sich die Anzahl der benötigten Gespräche mit der im Prozessablauf des telematischen Anbieters mindestens decken dürfte. Wenn also der Vorgang bei der Hausbank erstens nicht einfacher und zweitens auch noch teurer ist als bei Direktbanken, warum sollte der Kunden dann bei der Hausbank bleiben? Da es die Bequemlichkeit am Ende nicht sein kann, bleibt für die Hausbank nur noch ein Punkt: Vertrauen! Und dieses Vertrauen wiederum schafft man, indem man den Kunden von Anfang an mit guter und qualifizierter Information bedient. Deshalb sollte der telematische Anbieter versuchen, eben dieses Vertrauen ins operative Geschäft mit dem Kunden zu implementieren und ihm bei jedem Schritt die Möglichkeit der Vertrauensbildung geben und nicht nur den Schein dieser Möglichkeit. Denn dann wäre man wieder bei der wenig versprechenden Gepflogenheit vieler Call-Center angelangt, die ersten inboundcalls von zwar freundlichen, aber aus Kostengründen meist nicht qualifizierten Menschen bedienen zu lassen.

- *Verzicht auf Original-Unterlagen:* Was macht dem Kunden Arbeit und erzeugt Kosten? Nicht zuletzt ist z. B. die Beglaubigung von Unterlagen (z. B. Grundbuchauszüge) zu nennen. In der Tat verschafft die Forderung nach Beglaubigungen der Bank im Grunde keine nennenswert grössere Sicherheit – statt dessen aber dem Kunden und der Bank mehr Arbeit. Einer der ersten Schritte von Hypotheken-Discount war deshalb die Abschaffung der Vorlage von beglaubigten Unterlagen. Der Kunde kann mit einfachen Kopien sein Ziel erreichen.

- *Vorprüfung der Anfragen:* Jede Anfrage wird – ehe sie an die zuständige Bank weitergeleitet wird – von qualifizierten Kräften vorgeprüft. Diese Vorgehensweise erleichtert der Bank die Arbeit und senkt die Stückkosten. Die Ablehnungsquote seitens der Banken liegt im Schnitt bei lediglich 1 % (kundenseitige Ablehnung ca. 30 %, Hypotheken-Discount-seitige Ablehnung: ca. 20 %).

3. Das Internet als Wertschöpfungsinstrument

Eines der meist diskutierten Instrumente für Direktbanken ist das Internet. Wenn auch eine volldigitale Baufinanzierungsabwicklung derzeit noch nicht möglich ist, so kann dieses Kommunikationsmedium dem Kunden eine große Hilfe sein. Der Internet-Auftritt deckt im Wesentlichen folgende Anforderungen ab:

- Informationen über Konditionen,
- interaktive Funktionen,
- Restschuldberechnung,
- Angebotsvergleich,
- Finanzkalkulator,
- vorbereitetes e-mail-Formular,
- Informationen zum Ablauf.

Jede einzelne dieser Funktionen ist nicht technologie-, sondern kundenorientiert konstruiert. Auf unnötigen grafischen und auch technologischen „Schnickschnack" wurde verzichtet. Das Konzept ist gegenläufig zur ansonsten im Internet vorherrschenden Hi-Tech-Hysterie. Der Grund ist, dass der Kunde nicht zum Instrument der Site-Entwickler werden soll, das Medium soll dem Kunden und dem Anbieter Instrument sein. Die wirklich kundenorientierte Site und die Verknüpfung der Wertschöpfungsprozesse von Bank und Kunde – und um nichts anderes handelt es sich ja, wenn ein Kunde im Internet nach Baufinanzierungsinformationen sucht – erfordern in erster Linie Schnelligkeit, nicht Schönheit; Funktion, nicht Form. Zuletzt bestätigte dies eine Umfrage im e-market (new: media update 5), in der 76 % der Nutzer die Schnelligkeit beim Laden der Website an erster Stelle sehen. Die Besucherzahlen für den Monat Juli 1999 zeigen die Richtigkeit der Überlegung:

- Anzahl der Seitenimpressionen 183,177
- Anzahl der Anwendersitzungen 32,275
- Mittlere Anzahl an Seitenimpressionen pro Tag 5,908
- Mittlere Anzahl an Anwendersitzungen pro Tag 1,041
- Mittlere Länge einer Anwendersitzung 00:06:30
- Anzahl der eindeutigen Besucher 8,936
- Anzahl der Besucher, die nur einmal kamen 7,279
- Anzahl der Besucher, die mehrmals kamen 1,657

Mit mehr als 30 000 Anwendersitzungen pro Monat – eine Sitzung hat eine durchschnittliche Dauer von ca. 6 Minuten – wird das Internet zu einem Wertschöpfungsmittel für beide Parteien. Geht man bei 180 000 Minuten – das sind 375 volle 8 Stunden-Tage – nur von einer Quote von 10 % aus, die vom Telefon aufs Medium Internet umgelenkt werden, bleiben immer noch knapp 38 Tage – also zwei volle Arbeitskräfte, die sich dem Kunden in anderen Phasen der Entwicklung intensiver widmen können. Die Entlastung des Call-Centers ist also beträchtlich.

3.1 Der Annuitätenrechner

Was heute zunehmend übliche Informationen sind, war vor zwei Jahren noch schwerer zu bekommen als das Darlehen selbst: die Information über die Auswirkung zum Beispiel von Tilgungssätzen oder Zinskonditionen auf die Restschuld beziehungsweise die monatliche Annuität (siehe Abbildung 2).

Nicht zuletzt deshalb ist der interaktive Annuitätenrechner eine der am meisten aufgerufenen Adressen. Hier hat der Kunde die Möglichkeit, kostenlos und völlig anonym verschiedene Szenarien durchzurechnen. Die Rechenmaschine funktioniert auch bei langsamen Modemverbindungen und unter Nutzung älterer Browser-Varianten einwandfrei.

Abbildung 2: Restschuldberechnung

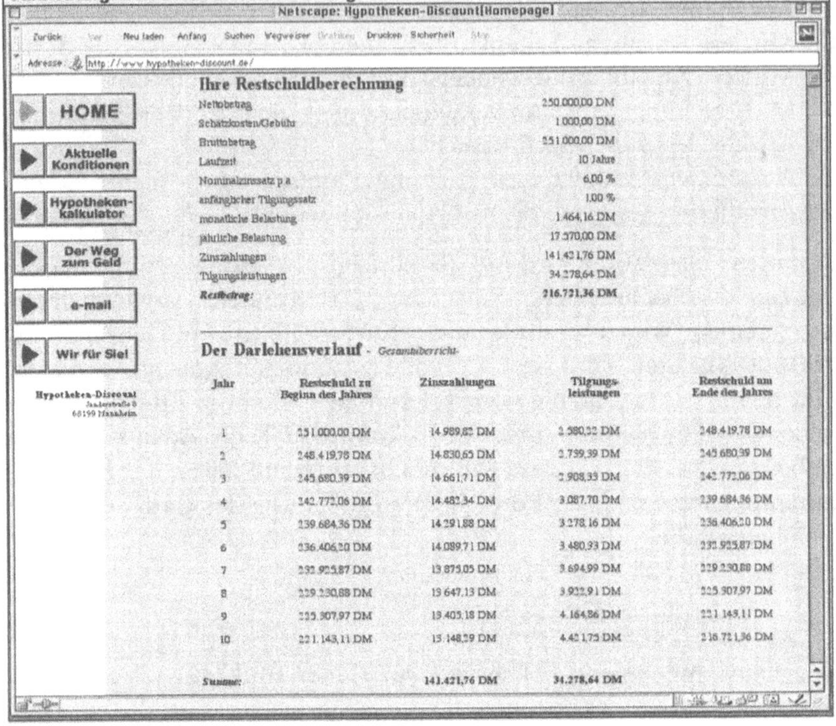

Ihre Restschuldberechnung

Nettobetrag	250.000,00 DM
Schätzkosten/Gebühr	1.000,00 DM
Bruttobetrag	251.000,00 DM
Laufzeit	10 Jahre
Nominalzinssatz p.a.	6,00 %
anfänglicher Tilgungssatz	1,00 %
monatliche Belastung	1.464,16 DM
jährliche Belastung	17.570,00 DM
Zinszahlungen	141.421,76 DM
Tilgungsleistungen	34.278,64 DM
Restbetrag:	**216.721,36 DM**

Der Darlehensverlauf - *Gesamtübersicht-*

Jahr	Restschuld zu Beginn des Jahres	Zinszahlungen	Tilgungsleistungen	Restschuld am Ende des Jahres
1	251.000,00 DM	14.989,82 DM	2.580,32 DM	248.419,78 DM
2	248.419,78 DM	14.830,65 DM	2.739,39 DM	245.680,39 DM
3	245.680,39 DM	14.661,71 DM	2.908,33 DM	242.772,06 DM
4	242.772,06 DM	14.482,34 DM	3.087,70 DM	239.684,36 DM
5	239.684,36 DM	14.291,88 DM	3.278,16 DM	236.406,20 DM
6	236.406,20 DM	14.089,71 DM	3.480,33 DM	232.925,87 DM
7	232.925,87 DM	13.875,05 DM	3.694,99 DM	229.230,88 DM
8	229.230,88 DM	13.647,13 DM	3.922,91 DM	225.307,97 DM
9	225.307,97 DM	13.405,18 DM	4.164,86 DM	221.143,11 DM
10	221.143,11 DM	13.148,29 DM	4.421,75 DM	216.721,36 DM
Summe:		**141.421,76 DM**	**34.278,64 DM**	

3.2 Der Angebotsvergleich

Eine der ebenso häufig genützten Conveniences ist der Angebotsvergleich. Hier hat der Kunde die Möglichkeit, das Angebot seiner Bank mit dem Angebot von Hypotheken-Discount unverbindlich gegenzurechnen. Diese kostenlose Serviceleistung dient durchaus nicht nur dem Unternehmen selbst, sondern vor allem auch vielen Kunden, die mit den Wettbewerbszahlen gerüstet das Angebot der Bank nachverhandeln. Dem Banker mag das missfallen – der Kunde freut sich. Und die Verbraucherverbände und -organisationen ebenso (siehe Abbildung 3).

Abbildung 3: Angebotsvergleich

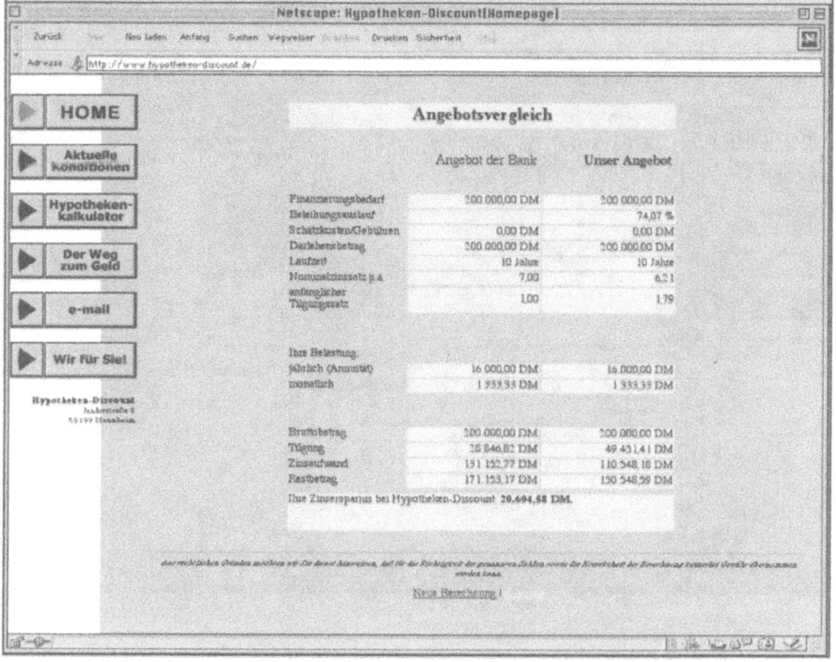

3.3 Der Finanzkalkulator

Zusätzlich zu den genannten Funktionalitäten findet der Kunde im Internet auch eine in Deutschland bisher einzigartige Antwort auf die Frage: Wie bewertet die Bank mein Finanzierungsvorhaben? Innerhalb weniger Minuten vergleicht ein Finanzierungskalkulator die anonymen Angaben des Kunden mit den Anforderungen der Bank – und gibt in Zweifelsfällen auch eindeutige Hinweise auf Schwachstellen. Dieselbe Leistung kann der Interessent natürlich auch per Telefon abrufen (siehe Abbildung 4).

Abbildung 4: Finanzkalkulator

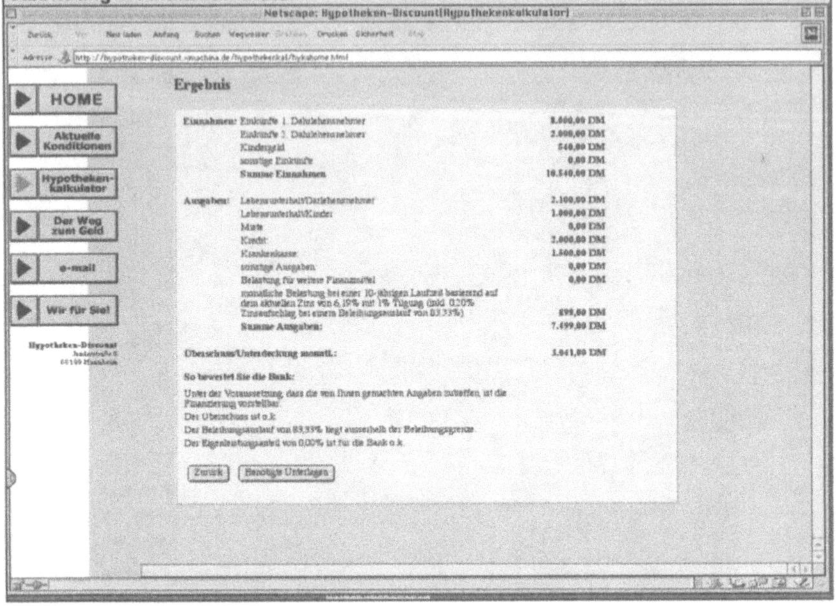

3.4 Die E-Mail-Funktion

Obwohl die Nutzung von E-Mail als Kommunikationsmittel heute zunehmende Verbreitung findet, stehen viele Unternehmen diesem Medium noch etwas fremd gegenüber. Wickelt die gesamte Deutsche Bank derzeit ca. 6000 inbound mails ab (Quelle: New Media Report 8/99), sind es beim kleinen Hypotheken-Discount immerhin ca. 350 pro Monat. Die E-Mail mündet in der Mehrzahl der Fälle in ein persönliches Gespräch. Der Dialog ist dabei insoweit technologisch entlastend konzipiert, dass dem Kunden die Möglichkeit zur Angabe seines Wunschtermins für den Rückruf gegeben wird. Eingehende Mails zeigen diesen Rückrufwunsch bereits im subject. Eine Verzögerung oder gar ein Liegenbleiben des schnellen Mails ist also ausgeschlossen.

3.5 Der Zins-Info-Service

Eine der mittlerweile häufig kopierten Conveniences für den Kunden ist der von Hypotheken Discount eingeführte Zins-Info-Service. Der Kunde trägt sich auf einfache Weise, nämlich wahlweise mit seiner Handy-Nummer oder nur mit seiner E-Mail-Adresse, in diese Mailing-List ein und erhält bei jeder Konditionenänderung eine digitale Nachricht. Die Nachfrage nach diesem ebenfalls kostenlosen Service ist groß: Mehr als 7 000 Teilnehmer nutzen den Zins-Info-Service. Dies alles wohlgemerkt ebenfalls, ohne eine Mark für Werbung auszugeben.

4. Schlussbetrachtung

Eindeutig: Anfang 97 gab es zwar schon Direktbanken für das normale Bankgeschäft. Auf die Idee, Baufinanzierungen im Direktgeschäft gewissermaßen als telematischer Discounter zu vertreiben, war vor uns noch niemand gekommen. Wir erlauben uns deshalb die Feststellung: Innovatives Marketing heisst: Alles aus der Sicht des Kunden sehen – und kompetent genug sein, die eigenen Wünsche mit denen des Kunden zu verbinden. Noch einfacher: Es gibt nur eine Methode, um im Wettbewerb ohne Werbeausgaben zu bestehen: Besser sein!

Natürlich: Ein kleines Unternehmen wie Hypotheken-Discount hat leicht reden. Bei der Entwicklung und Umsetzung neuer Ideen und Wege drücken den Unabhängigen erheblich weniger Zwänge als die Abteilung einer Großbank. Umso freier kann er atmen. Ebenso klar ist, dass die Vorreiterfunktion, die Hypotheken-Discount nicht nur aus Sicht von Kunden und Verbraucherorganisationen, sondern auch aus Sicht mancher innovativer Bank einnimmt, weniger eine Folge der institutionellen als der gedanklichen Freiheit ist. Wer als Entscheider in der großen Institution innovative Entwicklungen und Wettbewerbsvorteile am Retail-Markt forcieren will, sollte deshalb insbesondere die gedankliche Freiheit seiner Mitarbeiter pflegen.

Dazu gehört auch die stärkere Fokussierung des Bankgeschäfts auf die Bedürfnisse des Kunden. Das heißt nicht, dass man dem Kunden alles umsonst geben soll oder ihn mit einem Service-Overkill überfluten muss. Im Gegenteil: der Kunde ist bereit zu bezahlen. Und er ist nach unserer Erfahrung auch gerne bereit mitzuarbeiten, wenn man ihn dazu in die Lage versetzt. Das System muss eben stimmen.

„Ethisches Marketing" könnte man deshalb auch mit der einfachsten Grundregel erfolgreicher Geschäfte übersetzen mit: „Geld verdient man, wenn alle gewinnen. Vor allem die Kunden!" Es ist diese einfache Einsicht nicht nur die einfachste Grundregel erfolgreicher Geschäfte, sondern gleichzeitig auch die Zukunft, die sich am amerikanischen Horizont abzeichnet: Der Ersatz der ausschließlichen Orientierung am Shareholder Value durch den Wertbegriff, der da kommen wird – stakeholder value. Die messbare und gemessene Wertigkeit eines Unternehmens für alle Prozessbeteiligten. Es genügt bei der heutigen und der zukünftigen Wettbewerbssituation im Baufinanzierungsmarkt schon lange nicht mehr, die Vergabe von Krediten als „huldvolle Gewährung von besonderen Ehren" zu betrachten. Was heute zählt, sind Schnelligkeit, Einfachheit und die 100 %-Orientierung am Kunden. Dass es sich bei dieser Aussage um kein Lippenbekenntnis handelt, stellt Hypotheken-Discount täglich unter Beweis. Das Unternehmen ist seit drei Jahren anerkannter Marktführer bei der privaten Wohnungsfinanzierung. Solche Ergebnisse erzielt man nicht durch Floskeln, sondern schlicht dadurch, dass man kompetent, unabhängig von Banken und vor allem gemeinsam mit allen Beteiligten Prozesse strafft und bessere Wege findet, bei denen jeder einen Vorteil hat. Das ist nicht nur besser für die Mitarbeiter, sondern auch effizienter. Und das ist der Trick. Es funktioniert. Versuchen Sie es einmal.

Wie Banken lernen: Unternehmenserfolg im „Spiel ohne Grenzen" durch Wissensmanagement

Wolfgang Habelt

1. Einführung

Wie bereiten sich Banken auf die Herausforderungen der Internationalisierung vor? Heutzutage treten die Banken vor allem dann in den Mittelpunkt der Öffentlichkeit, wenn sie sich der beispiellosen Fusionswelle anschließen. Größere Kosteneinsparungen bringen diese Fusionen vor allem denjenigen Instituten, deren Filialnetze sich stark überlappen und die entsprechend viele Arbeitsplätze abbauen können. Doch Größe allein garantiert noch keine Vorteile. Für den Ökonomen John Kay von der Oxford University ist der Drang zur Größe schlicht Ausfluss eines „unstillbaren Herdentriebs der Banker" (vgl. Die Zeit, 18. März 1999, S. 38). Aus Angst, hinter der Konkurrenz zurückzubleiben, würden alle denselben Fehler machen. Denn im Bankgeschäft sei es „viel sicherer, in guter Gesellschaft falsch zu liegen, als allein das Richtige zu tun". Wettbewerbsfähigkeit zu sichern bedeutet, intellektuell kreatives Humankapital zu nutzen, um sowohl im Großhandel von Finanzprodukten als auch im Privatkundengeschäft „nichtkopierbare Finanzdienstleistungen" herzustellen. Eine solche Produktion von neuen Finanzdienstleistungen hängt somit von der unternehmerischen Fähigkeit ab, den Produktionsfaktor Wissen in wertschöpfungsorientierter Weise zu bewirtschaften: „Tomorrow's global marketplace will reward companies that value entrepreneurial risk-taking, invest heavily in developing their intellectual capital ..." (vgl. Zahra, 1999, S. 36). Wie hoch ist der Prozentsatz, den Banken schon heute in der Wertschöpfung auf den Produktionsfaktor Wissen zurückführen? Die Frage deutet bereits darauf hin, dass Banken die schwierigste Entwicklung noch bevorsteht: Global wettbewerbsfähige Wissenszentren zu entwickeln, die von Finanz-Entrepreneuren geführt werden und mit den besten Kundenstrategien (ohne Filialnetz) arbeiten.

1.1 Konsequenzen der Internationalisierung für Banken

Der global operierende Markt für Finanzdienstleistungen umfasst heutzutage ein Volumen von ca. 103 Billionen DM (52 Billionen Euro). Im Dezember 1997 unterzeichneten die 71 in der Welthandelsorganisation (WTO) vertretenen Staaten einen Vertrag, um den Wettbewerb im Bereich von Banken, Börsendiensten, Vermögensverwaltungen und Versicherungen umfassender als bisher zu internationalisieren und damit ausländischen Anbietern den Einstieg in Unternehmen der jeweiligen WTO-Staaten zu erleichtern. Damit tragen die Staaten der Entwicklung des Finanzsektors zu einer der führenden Wachstumsbranchen der Weltwirtschaft Rechnung. Die Wertschöpfung der Finanzdienstleister lag vor dreißig Jahren in den Industrieländern im Durchschnitt bei 2 bis 4 Prozent der gesamten Wirtschaftsleistung; Mitte der neunziger Jahre erreichte sie bereits einen Anteil von 7,3 Prozent, in Deutschland von 5,8 Prozent und in der Schweiz einen Anteil von über 13 Prozent. In der Branche arbeiten zwischen 3 und 5 Prozent aller weltweit Beschäftigten, die täglich Devisengeschäfte im Wert von 1,2 Billionen US-Dollar abwickeln. Von diesem Abkommen der WTO versprechen sich gerade europäische und amerikanische Ökonomen weltweit bessere Bedingungen für ihre Finanzinstitute. Im Jahr 1995 beispielsweise exportierten deutsche Anbieter Finanzdienstleistungen im Wert von 11,1 Milliarden US-Dollar; die Einfuhren betrugen 9,4 Milliarden US-Dollar. Gleichzeitig wird der heimische Markt durch eine zunehmende Anzahl von ausländischen Wettbewerbern internationalisiert. Mit Abstand breitet sich der größte Markt für Finanzdienstleistungen in den USA aus: Mehr als 400 ausländische Versicherungen und 1000 ausländische Banken konkurrieren um die Gunst der Amerikaner.

Die zunehmenden internationalen Transaktionen von Finanz- und Beratungsdienstleistungen zwingen die Banken dazu, ihre bestehenden – aus einer bestimmten staatlichen Tradition heraus entstandenen – Strategien zu überprüfen und über neue „transnationale Erfolgsstrategien“ nachzudenken. Bereits in den 80er Jahren erlangten die finanzpolitischen Strategien grenzüberschreitend agierender Banken die Aufmerksamkeit des United Nations Centre on Transnational Corporations in New York: A transnational bank has global operations which involve not only ordinary commercial banking but also merchant banking, leasing, factoring, and consulting. The uniqueness of a transnational corporation lies in its ability to mobilize resources located in many countries in full or partial independence of the policies of those countries (vgl. United Nations Centre, 1981, S. 21). Während diese Abteilung der Vereinten Nationen die Auswirkungen der Internationalisierung auf verschiedene Einzelstaaten näher untersuchte, wendet man heutzutage den Blick auch auf die Konsequenzen der Internationalisierung für das Management von grenzüberschreitend arbeitenden Unternehmen einschließlich der Banken. Wenn die Internationalisierung von Dienstleistungen im Bankenbereich weiter zunimmt und dadurch die bisherigen gewohnten – an einen staatlichen bzw. monokulturellen Kontext gebundenen – organisationalen Strukturen an Bedeutung verlieren, ist eine Transformation der eingeübten Management- und vor allem Führungskonzepte unausweichlich: Die historisch gewachsenen Standards lassen sich in einem globalen Umfeld nicht mehr aufrechterhalten. Das „Elend globalorientierter Banken“ besteht somit darin, dass sie, um bestehen zu können, ihre nationalspezifischen Management- und Führungsgewohnheiten „verlieren“ und transnational relevantes Handlungsvermögen generieren müssen. Für diesen Transformationsprozess müssen sie „altes Wissen verlernen“ und „neues Wissen erlernen“. Dies bedeutet für Führungskräfte, die im „Spiel ohne Grenzen“ erfolgreich sein wollen, dass sie neue Formen der Identifizierung und Beschaffung sowie Strukturierung und Verarbeitung von Informationen entwickeln, kurz: die Bewirtschaftung ihres Wissens erneuern müssen.

1.2 Wissen als Erfolgsfaktor transnationaler Dienstleistungsstrategien

Die klassische Informationsbeschaffung und -verarbeitung von Führungskräften ist darauf ausgerichtet, ihre gewohnten, habitualisierten Führungsrollen zu bewahren (die Führungskraft als Chef:

„Führung light"). Deshalb eröffnen Führungskräfte den Zugang zu ihrem bestehenden Wissenskapital vor allem solchen neuen Informationen, die das bereits erworbene Geschäfts- und Führungswissen stabilisieren, beispielsweise Wissen über das in einer Bank vorherrschende Instrumentarium zur Personalführung oder über das existierende (heutzutage sicherlich umfang- und abwechslungsreicher gewordene) Produktrepertoire und deren Produktelemente. Dieses Wissen ist transnational kaum transportierbar (Produkt„grenzen") und besitzt damit keine großen internationalen Wettbewerbschancen. Die Internationalisierung von Dienstleistungen (einschließlich des heimischen Dienstleistungsmarktes) bringt es hingegen mit sich, dass „financial actors" ihre Informationsbeschaffung und -verarbeitung nicht ausschließlich auf den effektiven und effizienten Vertrieb eines bestehenden Produkts, sondern vor allem auf die *originäre Herstellung einer kundenspezifischen Dienstleistung* ausrichten. Damit besteht die „Kunst eines Bankers" weniger in der Hinführung eines anlagewilligen Kunden auf ein bestehendes Produktangebot der Bank (reproduzierende Bankenwelt), sondern in der Fähigkeit, kundenrelevante Informationen so zu identifizieren und zu strukturieren, dass ein neues Produkt gemeinsam mit dem Kunden entsteht und dieses durch ein Controlling des „service providers" auch weiterhin am Markt gesichert wird (produzierende Bankenwelt). Das Ziel ist es, ein integriertes „Financial Planing & Controlling" zu entwickeln, das die vielfältigen Verpflichtungen und Wünsche eines Kunden langfristig aufeinander abstimmt. Regelmässige Anpassungen an veränderte familiäre, berufliche oder unterschiedliche gesetzliche Rahmenbedingungen sind eingeschlossen. Zudem wird eng mit anderen Experten, wie in- und ausländischen Steuerberatungs- und Anwaltskanzleien, zusammengearbeitet. Eine Vernetzung mit verschiedenen in- und ausländischen Partnern aus dem Versicherungs-, Immobilien- oder Börsenbereich wird möglich, da diese Interesse daran haben, dass ihre Produkte – über wen auch immer – wettbewerbsfähig am Markt abgenommen werden. Um „best financial opportunities" mit dem Kunden zu entwickeln, arbeiten die „financial players" als Unternehmer im Unternehmen (entrepreneurship). Dabei erfolgt die Beratung, die auf Analysen der Ist-Situation, alternative Produktoptionen und Entwicklungsprognosen abzielt, auf Honorarbasis. Die Bank wiederum, in der financial players ihren Sitz haben können, hat den Vorteil, dass sie lernt: „von und mit ihren Kunden sowie über ihre Konkurrenz". Lernen als unternehmerischer Wettbewerbsfaktor, um – im internationalen Spiel – die eigene Konkurrenzfähigkeit schneller als andere auszubauen und damit auch mehr internationale Marktanteile zu beherrschen.

1.3 Vom Personalmanager zum Wissensmanager

Der Wandel vom national zum international effektiven Dienstleistungsverständnis von Banken stellt hohe Anforderungen an die Führungskräfte. Ist der nationale Wettbewerb als Vertrieb und Anpassung eines bestehenden Produkts an einen Kunden zu verstehen, so bedeutet dies für Führungskräfte (Bank- und Investmentmanager), dass sie ihre eigenen Fähigkeiten und die Fähigkeiten ihrer Mitarbeiter auf die – intellektuell wenig anspruchsvollen – Vertriebs- bzw. Verkaufstechniken landesspezifisch entwickelter Produkte ausrichten. Diese Rolle eines „product administrators/sellers" ist auf viele Schultern zu multiplizieren. Personalführung findet vor allem statt, damit diese Verwaltungstätigkeit erfüllt werden kann. Ist der internationale Wettbewerb als originäre Produktion bzw. Erstellung einer kundenspezifischen Dienstleistung zu verstehen, so bedeutet dies für Führungskräfte, dass sie ihre Fähigkeiten auf die – intellektuell anspruchsvolle – Beschaffung und Verarbeitung von Informationen und die Entwicklung neuer Produkte konzentrieren. Diese Rolle eines „information brokers/product developers" ist nur in geringem Umfang delegierbar. Damit resultiert aus dem Wandel von einem nationalen zu einem internationalen Dienstleistungsverständnis, dass weniger die Führung von Personal als vielmehr die Führung von Wissen im Mittelpunkt steht (die Führungskraft als Wissensmanager: „Führung bright"). Um „Wissen zu führen", um die relevanten Informationen zu beschaffen und zu strukturieren (im Sinne von „best informations") und damit zu einer Entscheidung für die Gestaltung eines neuen Produkts zu gelangen (im Sinne von „best product"), verändern sich Strategie, Struktur und Kultur international agierender Banken: Sämtliche Unternehmens-, Führungs- und Personalkonzepte richten sich am Customer-Fokus (und an der gesellschaftlichen Verantwortung von Banken) aus.

Das Dilemma eines solchen Wandels ist, dass Führungskräfte zwar gerne „Globalität propagieren, aber Provinzialität leben“, sie aus Prestigegründen gerne die Internationalisierung von Dienstleistungen vorantreiben wollen, aber dies nur aus ihren klassischen Führungsrollen (vom heimischen Schreibtisch) heraus. Deshalb lässt sich ein „transnationales Führungsverständnis“ im Bankensystem nur schrittweise kultivieren – gegen manch herrschende Führungseliten, die ihre Besitzstände bewahren wollen (Spielmacher versus Entrepreneure: „Führung tight“).

2. Führung light: Die Führungskraft als Chef

Führungskräfte sind verantwortlich für das Management von Veränderungen. Sie haben sich für ein neues Dienstleistungsverständnis einzusetzen und dies bedeutet, nicht „rhetorischen Aktionismus“ zu betreiben, sondern in ihrem Führungsverhalten zeitgemässe Fähigkeiten zur unternehmerischen Wertschöpfung lebendig werden zu lassen. Da Führungskräfte in ihrem Führungsverhalten verschiedene Formen des Umgangs mit Informationen und damit der Bewirtschaftung von Wissen reflektieren, ist es anhand ihrer Führungsarbeit möglich, aufzuzeigen, ob sie einen konkurrenzorientierten (tradierten), mitarbeiterorientierten (humanbezogenen) oder wissensorientierten (wertschöpfungszentrierten) Umgang mit Informationen pflegen.

2.1 Informationsherrschaft als Kennzeichen konkurrenzorientierter Führungsarbeit

Bei autoritären Führungsstilen („kommandieren, kontrollieren, korrigieren“) hat das Prinzip der *Informationsherrschaft* Vorrang. Im Vordergrund stehen hier die Monopolisierung von Informationen und die selektive Informationsverteilung an Nutzbringer. Eine Führungskraft teilt ihre Informationen in der Regel nur dann mit Mitarbeitern, soweit dies für die Erfüllung einer Aufgabe notwendig ist. Hohe Formalisierung, Rollenspezialisierung und Standardisierung sind Messinstrumente, damit ein einzelner Mitarbeiter nicht unerlaubt aus dem Herrschaftsfeld des Vorgesetzten ausschert. Dieses Misstrauen wird gepflegt, um zu vermeiden, dass Mitarbeiter zu Mitkonkurrenten werden. Zu dem Feld, das eine autoritäre Führungskraft beherrscht, gehört auch das Lernen. Die überwiegende Zahl der Mitarbeiter erhält von ihrem Vorgesetzten nur dann eine Genehmigung zur Aus- und Fortbildung (in denen Informationen und Wissen identifiziert, strukturiert und öffentlich gemacht werden), wenn in diesen Seminaren spezifisches Fachwissen, aber kein Herrschaftswissen vermittelt wird. Der Erwerb von Herrschaftswissen (z. B. Strategie-/Marktwissen) wird nur solchen Personen zugänglich gemacht, die sich gegenüber dem Vorgesetzten durch Loyalität ausgezeichnet haben, also das mit seiner Hilfe schrittweise erworbene Wissen in seinem Sinne einsetzen.

2.2 Informationsdelegation als Kennzeichen mitarbeiterorientierter Führungsarbeit

Bei kooperativen Führungsstilen hat das Prinzip der *Informationsdelegation* Vorrang. Im Vordergrund stehen hier der gemeinsame Erwerb von Informationen und die Teilhabe aller am Informationsfluss. Diese Partizipation ist durchaus keine „großzügige" Geste der Führungskräfte im Sinne der Demokratisierung der Arbeitswelt. Die Führungskräfte machen sich die gesellschaftlichen Entwicklungen zunutze, die

a) auf eine Erweiterung der Fähigkeiten und Kompetenzen,
b) auf eine größer werdende Mitbestimmungs- und Mitwirkungsbereitschaft und
c) auf einen deutlich zunehmenden Abwechslungswillen der Menschen

abzielen. Für die Führungskraft steht der Mitarbeiter im Mittelpunkt, die Entlastung von Komplexität jedoch im Vordergrund. Führungskräfte sind immer weniger in der Lage, alle für ihre Aufgaben notwendigen Informationen zu identifizieren, zu strukturieren und kundengerecht weiterzugeben. Um Informationen produktiv zu nutzen, müssen sich Führungskräfte mit ihren Mitarbeitern arrangieren und damit deren Erwartungen berücksichtigen bzw. erfüllen. Man einigt sich deshalb auf den Einsatz bestimmter Instrumente des Miteinander-Arbeiten-Könnens, wie Ziele erläutern, feedback geben, regelmäßig Mitarbeitergespräche führen, sich an der Lösung von Konflikten beteiligen oder Freiräume definieren. Die karriereorientierten Mitarbeiter sichern sich hierdurch die erwünschten Partizipationsrechte sowie eine relative Handlungsautonomie. Dafür sind sie bereit, einen umfassenderen und produktiveren Informationsfluss zu entwickeln und aufrechtzuerhalten sowie Barrieren, die dem entgegenstehen, abzubauen. Aus Sicht der Führungskraft scheint damit die für sie erfolgreiche Bewältigung der heutigen Dynamik und Komplexität gewährleistet zu sein. In ihrem „informellen Kontrakt" versprechen sich Führungskräfte und Mitarbeiter nicht nur gegenseitige Unterstützung, sie symbolisieren dies auch durch gemeinsame Lernprojekte am Arbeitsplatz oder durch die Realisierung von Seminaren im Rahmen der Aus- und Fortbildung (Mutual Investment). Im Mittelpunkt stehen die Vermittlung von Fachwissen, aber vor allem auch von Informationen und Wissen, die das effektive Miteinander-Arbeiten-Können sowohl von Führungskräften und Mitarbeitern als auch von Mitarbeitern untereinander fördern. Gewinner scheinen alle Seiten zu sein: Die Mitarbeiter sehen ihr Verhältnis zu den Führungskräften zumindest auf der Ebene der Kommunikation und Kooperation als erwartungsgemäß „flexibilisiert"; die Führungskraft selbst verleiht sich durch die Teilnahme an Führungsseminaren und die Einarbeitung in die *richtigen (?)* „key concepts" der Führung das Image eines beweglichen und zeitgemässen „Chefs". Es gelten moderatere Töne sowie Ziel- bzw. ergebnisorientiertes „Beeinflussen, Bewerten, Besprechen", die in dem „Konzept des kooperativen, partizipativen Führungsstils" zum Ausdruck kommen; und für solche Chefs, die informieren und fördern, sollte man eigentlich gerne arbeiten. Auch die Seminarinstruktoren selbst profitieren von dieser Entwicklung, gewährleisten oder besser suggerieren in der Regel einfach abrufbare Techniken oder Rezepturen des Miteinander-Arbeiten-Könnens, die – oftmals „plakativ und einprägsam" sowie „witzig und doch auch kreativ" angeboten – man nur zu verinnerlichen brauche. Sie helfen beispielsweise dabei zu klären, wie Zielerreichungen eindeutig vereinbart, Rollenkompetenz festgelegt, Qualifikationen ermittelt, Learning-by-doing gefördert, Zukunftsperspektiven aufgezeigt und Arbeitsleistungen gewichtet werden. Da Seminarveranstalter, Führungskräfte und Mitarbeiter sich dieses Surrogat gemeinsam teilen, nämlich das Miteinander-Arbeiten-Können nach bestimmten Techniken und Regeln – standardisiert, logisch strukturiert, vorgestellt und gemeinsam angenommen – erfolgreich bewältigen zu können, erwarten alle Beteiligten eine sie belohnende Wertschöpfung oder Legitimation.

2.3 Informationsnetzwerke als Kennzeichen wertschöpfungsorientierter Führungsarbeit

Neuere Organisationskonzepte (Netzwerk- statt Hierarchiestrukturen oder Team- statt klassische Gruppenkulturen) bauen stärker auf postmaterialistischen Wertvorstellungen (Selbstorganisation; ressourcenorientierte Selbstbestimmung; Informationsautonomie) auf. Dies impliziert, dass die Mitarbeiterinnen und Mitarbeiter mehr „Selbstverantwortung" für die Prozessabläufe und die Prozessergebnisse übernehmen. Damit rücken die Mitarbeiter in ein klassisches Verantwortungs- und Kompetenzfeld der Führungskraft ein: Mitarbeiter können jetzt, so der diesen Zuschnitten immanente Gedanke, ihre Mitwirkungsbereitschaft zeigen, die Freiräume zur Neugestaltung ihrer Rollen nutzen, ihre Kompetenzen und Fähigkeiten im Umgang miteinander optimieren, die Wege der Zielerreichung weitgehend selbst definieren, sich gegenseitig Rückmeldung (feedback) geben, intensiver und direkt mit Kollegen aus anderen Bereichen kommunizieren und die Konflikte untereinander eigenständig lösen. Die bisherige Verantwortung einer Führungskraft für das Miteinander-Arbeiten-Können wird auf die Mitarbeiter selbst verlagert („dezentralisiert"). Somit stellen sie sich nun die Frage, wie sie ihr Miteinander-Arbeiten-Können effektiver gestalten können. Da diese neue Verantwortlichkeit eine hohe Reife voraussetzt, suchen die betroffenen Mitarbeiter nach professioneller Unterstützung. Wieder bieten sich Seminarveranstalter an: Sie entsprechen diesem Wandel, indem sie das Thema des Miteinander-Arbeiten-Könnens für mehr und mehr Personen in der Organisation öffnen, damit es nicht mehr wenigen ausgewählten Führungskräften (ihre bisherige Zielgruppe) vorbehalten bleibt. Die Personalentwickler ändern ihre Klientel, aber nicht ihre Ansätze. Karriereorientiert trainieren nun Mitarbeiter verstärkt Methoden der Gesprächsführung, der Zielvereinbarung, des

Zeitmanagements, der Visualisierung und Präsentation der Arbeitsergebnisse – immer unter dem Gesichtspunkt der Selbststeuerung. Und die Führungskräfte entlasten sich von einer Komplexität der Personalführung, die letztlich zu keiner höheren Wertschöpfung führt. Die Konsequenz: Führungskräfte verlieren ihren direkt(iv)en Einfluss auf die Mitarbeiter und mehr denn je gilt für sie sich darauf zu beschränken, die Talente bzw. Stärken der Mitarbeiter zu fördern, Freiräume für die Mitarbeiter zu ordnen und Prozesse zu moderieren; und das heißt vor allem, selbständig arbeitende Mitarbeiter über strategische Richtlinien „policy, missions and values" zu steuern (lead to corporativity). Führungskräfte selbst konzentrieren sich in ihrer neuen Rolle als aktive Finanz-Entrepreneurs auf das Management von Kunden.

3. Führung bright: Die Führungskraft als Wissensmanager

Um in diesem komplexen und dynamischen „Spiel ohne Grenzen" bestehen zu können, verfügen die Finanz-Entrepreneure über die Kernkompetenz, Informationen und Wissen wertschöpfungsorientiert zu bearbeiten. Vor allem heißt dies, Informationen und Wissen über verschiedenste Kundenstrategien zu identifizieren, zu strukturieren und hieraus neue marktstarke Kundenstrategien zu entwickeln. Kundenwissen somit als entscheidender Wettbewerbsvorteil im transnationalen Handeln. Die Finanz-Entrepreneure führen nun Wissen im Sinne eines Customer-Fokus-Managers.

3.1 Banken erschliessen die Ressource „Wissen" durch Customer-Fokus-Programme

Was wissen wir über unsere Kunden? Diejenigen Führungskräfte und Mitarbeiter, die Kundenstrategien bereits entwickelt haben, kennen die Situation: Im Mittelpunkt einer neuen Kundenstrategie stehen

a) ein spezifisches Ziel, durch das eine höhere Kundenzufriedenheit und -anbindung erreicht werden soll,

b) eine Mitarbeitergruppe, die das Ziel gemeinsam angeht, und
c) oftmals ein interner oder externer Berater.

Mithilfe von zeitlich überschaubaren und klar gegliederten Modulen wird beabsichtigt,

- die Mitarbeiter für dringliche Kundenbedürfnisse „aufzutauen“ bzw. ihre Unterstützung zu gewinnen;
- die angenehm gewordenen Rollen gegenüber Kunden, die eingeübten Gewohnheiten oder die angestaubten Strukturen, zu verändern;
- das Veränderte als neue Handlungs- und Verhaltensmuster „einzufrieren“, im Sinne von Kundenmanagement lebendig werden zu lassen.

Einer solch logischen Entwicklung einer Kundenstrategie stehen die Erfahrungen im Bankenalltag vielfach entgegen: Zahlreiche Projekte in der Praxis – manche schätzen die Anzahl auf fast 70 % – haben bereits frühzeitig ihr Ziel aufgegeben oder befinden sich noch auf der „Intensivstation“. Ihnen wird der Mangel an (Kunden-)Wissen zum Verhängnis. Der Mangel beruht in einem Unternehmen einerseits auf einer Ungleichverteilung von Wissen, die durch die zunehmende Dezentralisierung der Arbeitsprozesse eher noch forciert wird: Der Einzelne weiß gar nicht mehr, was die anderen wissen – und diese Erkenntnis ist im transnationalen Umfeld noch wesentlich stärker auszumachen. Oftmals realisieren die Beteiligten ein Kundenprojekt isoliert von den gegenwärtigen Prozessen anderer Unternehmensbereiche, in denen möglicherweise ähnliche Projekte existieren. Die Konsequenz: Bereits entwickelte Lösungsansätze, die auch für das eigene Umfeld wichtig sein könnten, werden – da nicht voneinander gelernt wird – kaum genutzt. Der Mangel beruht andererseits auf einem Verlust an Erfahrungswissen. Das Wissen, das in bestimmten Phasen der Entwicklung einer neuen Kundenstrategie *einmal* gemeinsam entwickelt wurde, wird nicht aufbewahrt und der nächsten Generation – sozusagen als Erfahrungswert über Erfolgsfaktoren und Kardinalfehler – wieder zur Verfügung gestellt. Für diesen Gedächtnisfehler bezahlen Unternehmen einen hohen Preis.

In welcher Form existiert heute Wissen, das andere Unternehmensbereiche über nationale oder internationale Kundenstrategien aufgebaut haben oder das man selbst im eigenen Arbeitsbereich über Kundenmanagement entwickelt hat? Wer weiß eigentlich noch, welche Prozesse innerhalb einer Bank wie verlaufen und was bringen? Welche Erkenntnisse (z. B. Kriterien für ein Gelingen im Sinne von „best practices") werden aus den einzelnen Kundenprojekten gezogen? Wo setzt eine optimale Beratungsleistung an, um Kundenstrategien zu verbessern? Fragen, zu denen jedes Kundenprojekt seine Erfahrungen macht, die aber aufgrund der wachsenden Dezentralität des Handelns sowohl für die Bank als Ganzes als auch für die jeweils nachfolgenden Kundenprojekte nicht erschlossen werden.

Gerade die *Identifizierung* und *Strukturierung* des vorliegenden Wissens sowie die *Entwicklung* neuen Wissens und die anschließende *Verteilung* dieses Wissens an die richtigen Stellen in der richtigen Form ist als entscheidender Faktor anzusehen, um sich in einer zunehmenden Dynamik effektiv und effizient zu transformieren. Das erfolgreiche Handeln von Banken wird zukünftig von der optimalen Vernetzung der Trilogie Humanressourcen, Kapital und Wissen bestimmt werden.

3.2 Die Basis erfolgreicher Banken ist Wissensvorsprung

Der Erfolg von Banken wird entschieden über ihre Fähigkeit, im Bereich der Kundenorientierung ihre eigenen „best practices" oder „best processes" zu erschliessen (nicht-kopierbares Kundenwissen). In der Regel werden die Kundenbedürfnisse gleich von mehreren Konkurrenten auf hohem Niveau befriedigt. Es genügt folglich nicht, eine gute Leistung zu erbringen, sondern es kommt darauf an, gezielt besser zu sein als die Konkurrenten, d. h. über die Kundenbeziehung Wettbewerbsvorteile zu erreichen. Neben der Frage „Wie gut befriedigen wir die Bedürfnisse des Kunden?" muss deshalb gleichberechtigt die Frage „Inwieweit nimmt unser Kunde unsere Dienstleistungen als Wettbewerbsvorteil wahr?" stehen. Diese Aufgabe, aus der Kundenperspektive „best customer practices" anzubieten, kann nur durch ein aktives Wissensmanagement erlernt werden. *Wissensmanagement als Instrument,* um einerseits die Wirksamkeit und Kosten eines Kundenprojektes zu antizipieren und andererseits „best practices" und „best processes" zu erschliessen und weiterzugeben. Diese Form der Identifizierung, Aufbereitung und Weitergabe von (Kunden-)Wissen dient den Unternehmensbereichen einer Bank insofern, als

1) Impulse für Kundenstrategien (wie geht es am besten) gegeben,
2) bereichsübergreifende Kontakte und Beziehungen (was machen andere und wie machen sie es) gefördert und
3) Kulturentwicklungsprozesse (wie wandelt sich unser Selbstverständnis)

unterstützt werden. Allein die aus dem Wissensmanagement resultierende Antizipationskompetenz ist ein entscheidender Faktor, um die Investitionen in bestehende Kundenstrategien schrittweise zu reduzieren und neue Kundenstrategien in ihrer Realisierung zu beschleunigen. Fünf Beispiele, die (grob skizziert) zeigen, wie durch Wissensmanagement die direkten oder indirekten Kosten einer Kundenstrategie verringert werden können:

a) *Entwicklungskosten* für eine *Kundenstrategie*: Prozessbeteiligte investieren in die Formulierung einer Konzeption und die Planung der Prozessphasen: Das Wissensmanagement orientiert die an der Kundenstrategie Beteiligten im Vorfeld, welche Bausteine bei der Konzipierung ihrer Strategie zu berücksichtigen sind und welche Fehler sie in den Realisierungsphasen einer neuen Strategie vermeiden sollten.

b) *Zeitaufwand,* den die Beteiligten während oder nach der regulären Arbeitszeit für das *Kundenprojekt* aufbringen: Das Wissensmanagement motiviert die Beteiligten, indem es Klarheit über die zu erwartende Aufgaben- und Rollenverantwortung schafft, aber auch über das – jeder Neuerung zugrunde liegende – „Tal der Tränen" frühzeitig informiert (d. h. nach einer engagierten Aufbruchphase kommt eine Zeit, in der die Beteiligten Lernzeit benötigen, um das Erreichte wie auch die Frustrationen zu verarbeiten). Schließlich sind nur wenige Kundenstrategien erfolgreich.

c) *Ressourcen,* die zur Vorbereitung und Umsetzung des Kundenprojektes benötigt werden: Das Wissensmanagement verdeutlicht aufgrund der gesammelten Erfahrungswerte frühzeitig, welcher Umfang an Infrastruktur für eine bestimmte Strategie notwendig ist.

d) *Aufwand* für die Auswahl und den richtigen Einsatz eines *Beraters*, der sich in den eingesetzten Phasen der Kundenstrategie als kompetenter Partner erweist: Das Wissensmanagement informiert die Beteiligten beispielsweise darüber,
   - wann es sinnvoll ist, einen Berater hinzuzuziehen;
   - nach welchen Kriterien ein Berater auszuwählen ist;
   - welche Elemente der Berater und die Bank als Auftraggeber vor Beginn der Zusammenarbeit zu fixieren haben;
   - wie die Partnerschaft mit dem Berater im Kundenprojekt zu gestalten ist und
   - wie der Erfolg eines Beratungsprozesses gemessen werden kann.

e) *Fluktuation* von *Mitarbeitern*, die das Kundenprojekt verlassen (wollen/müssen) oder auch neu in das Projekt eintreten: Das Wissensmanagement hält Informationen zusammen, um neu in ein Kundenprojekt eintretende Mitarbeiter sofort über Fragen zu informieren und damit eine bestmögliche Übergabe von Wissen an neue Projektmitarbeiter zu gewährleisten.

Diese Beispiele zeigen, dass ein formelles Wissensmanagement eine strategische Funktion erfüllt. Es übernimmt in Unternehmen die Aufgabe, erfolgsrelevantes Wissen zu identifizieren und aufzubereiten sowie dieses Wissen in effektiver und effizienter Form den geographisch verteilten Unternehmensbereichen einer Bank bzw. den Finanz-Entrepreneurs verfügbar zu machen. Wissen wird also bewirtschaftet. Diese Bewirtschaftung des Wissens hilft einer Bank im Rahmen ihrer Veränderung „Investitionsfallen“ zu vermeiden, die sich in zeitlichen Verzögerungen eines Kundenprojektes, in Fehlinvestitionen in den (falschen) Berater oder in zu aufwendigen Erarbeitungen einer Strategie ausdrücken. Zugleich wird dem schon klassisch gewordenen „Herrschaftswissen“, das sich dadurch auszeichnet, dass sein Besitzer es mit Macht bewahrt und andere Personen, insbesondere Untergebene, an ihm nicht teilhaben, entgegengewirkt. Kundenwissen wird miteinander geteilt und ständig und überall eingesetzt.

3.3 Wie erschließt man die Ressource Wissen?

Verschiedene international agierende Organisationen – wie ABB oder Siemens – praktizieren bereits ein aktives Wissensmanagement. Im häufigsten Fall wurde eine Infrastruktur zusammen mit den Bereichen Personal- und Organisationsentwicklung aufgebaut, die ihr Selbstverständnis in diese Richtung transformierten, sozusagen „von der betrieblichen Weiterbildung zum Wissensmanagement" (vgl. Habelt, 1998, S. 18 ff.). Die Personalentwicklung wird zu einem Lern-/Informationszentrum erweitert, das auf drei Ebenen Wissen bewirtschaftet:

(1) Management der organisationalen Wissensbasis
- *informiert* über das Kundenwissen, das von allen Unternehmensbereichen einer Bank gemeinsam getragen wird.

(2) Management des für die Organisation verfügbaren Wissens
- *ermittelt,* was und wo innerhalb einer Bank läuft;
- *skizziert,* welche Prozesse, die für alle Unternehmensbereiche einer Bank wichtig sind, in den einzelnen Abteilungen „wie umgesetzt" werden.

(3) Management des für die Organisation erreichbaren Wissens
- *vermittelt* unternehmensspezifisches Wissen über „best processes" (erfolgsrelevante Standards für transnationale Kundenorientierung);
- *fördert* den Erfahrungsaustausch zwischen den Kundenprojekten, die in einer Bank stattfinden;
- *entwickelt* Kriterien („best practices"), die für die Realisierung von transnationalen Kundenprojekten notwendig sind.

In der Praxis wird Wissen sowohl mithilfe von Wissensdatenbanken als auch mithilfe von Lern-Netzwerken identifiziert, strukturiert, aufbereitet und weitergegeben.

Wissensmanagement durch Wissensdatenbanken

Am bekanntesten ist, dass Kundenwissen in Datenbanken festgehalten und über hausinterne Kommunikationssysteme weitergegeben wird: Das Ziel ist es, allen Organisationseinheiten mittels Informationstechnologie das Wissen bereitzustellen, welches zur Funktionserfüllung erforderlich ist. Es geht hier sowohl um Experten- als auch um Erfahrungswissen der Organisation und ihrer Mitarbeiter. Ein Informationssystem gewährleistet die Speicherung und Wiedergabe von Informationen. In diesem Sinne heißt Informationsmanagement, dass Daten, Fakten, Informationen aus laufenden Kundenprojekten identifiziert, systematisiert und in dieser Form als bestehendes (verfügbares) Wissen weitergegeben wird. Organisationseinheiten und Mitarbeiter, die diese Informationen erhalten, reflektieren selbst, inwieweit diese in der Organisation bereits bestehenden Überlegungen für den eigenen Bereich übernommen werden können („single-loop" bzw. Verbesserungslernen).

Zu beachten ist, dass Information und Wissen zwei Seiten einer Medaille bilden: Wissen ist der intelligente Umgang mit bzw. der produktive Einsatz von Informationen. Ein guter Informationsfluss und ein freier Informationszugang sind somit die Grundlage, aber keine Garantie für erfolgreiches Wissensmanagement. Der Informationsfluss führt in einer Bank also erst dann zu einem „Know-how-Transfer", wenn Daten, Fakten und Informationen (in der Regel von „knowledge managern" oder durch „Lern-Netzwerke") zu neuem Kundenwissen generiert werden, sozusagen zu einem dem Reifegrad einer Bank entsprechendem „größtmöglich erreichbarem Wissen". Es werden somit innovative Handlungsanleitungen (im Sinne von „new/best practices" und „new/best processes") entwickelt, die anschließend allen Organisationseinheiten und Mitarbeitern zur Verfügung stehen. Diese Vorgehensweise ist als „double-loop" bzw. Veränderungslernen zu verstehen.

Wissensmanagement durch Lern-Netzwerke

Mithilfe von „Lern-Netzwerken" wird ein Erfahrungsaustausch zwischen Führungskräften und Mitarbeitern verschiedener Abteilungen sowie Kunden betrieben, um praktische Erkenntnisse zum „optimalen Führen und Gestalten von Kundenprojekten" zu gewinnen. Vier Fragen stehen am häufigsten im Mittelpunkt:

(1) Was sind die Hauptschwierigkeiten im Umgang mit Kunden?
(2) Was sind Erfolgsfaktoren und Kardinalfehler in der Umsetzung von bestimmten Kundenprojekten?

(3) Wie sieht das „Drehbuch“ für unser Kundenmanagement aus?
(4) Wobei und wie sollen uns gute Berater unterstützen?

Die Ergebnisse dieser Diskussion werden von den Moderatoren des Lern-Netzwerkes schriftlich aufgenommen, systematisiert und in die Datenbank eingebracht. Diese können dann elektronisch von allen Mitarbeitern abgerufen werden (Informationsmanagement als 1. Stufe).

Die Ergebnisse dienen jedoch auch als Grundlage für das nächste Lern-Netzwerk, um mit denselben oder mit Führungskräften, Mitarbeitern und Kunden, die im ersten Lern-Netzwerk nicht beteiligt waren, weitere „do's und dont's“ im Umgang mit Kundenprozessen zu gewinnen. Dadurch soll das verfügbare Wissen erweitert und Kundenprozesse sollen noch kreativer und effektiver als bisher gestaltet werden: Aufbauend auf den Erfahrungen des ersten Lern-Netzwerkes wird somit im Darauffolgenden auf einem höheren Niveau innovatives Kundenwissen generiert (Spiraleffekt). Auch diese Ergebnisse werden festgehalten, aufbereitet und in das nächste Lern-Netzwerk wieder eingebracht. Damit sind Führungskräfte und Mitarbeiter nicht nur aktive Akteure in der Entwicklung ihrer eigenen Tools und Regeln für Kundenprojekte, sondern sie qualifizieren sich auch selbstorganisierend sozusagen „on-the-job“. Dieser Ansatz würde dazu führen, dass sich die Personalentwicklung von den klassischen Trainingsaufgaben trennt (Outsourcing) und sie nun zum Träger von Wissensmanagement avanciert.

4. Führung tight: Bankbeamte versus Entrepreneure

Die Entwicklung von Wissenszentren, in denen Finanz-Entrepreneure die besten transnational anwendbaren Kundenstrategien für den Wettbewerb identifizieren, strukturieren und nutzen, ist heute noch als „Vision“ für eine lernende Bank zu sehen. Eine solche Neuorientierung lässt sich nur schrittweise kultivieren – gegen manch herrschende Führungseliten, die ihre tradierten Besitzstände bewahren wollen. Warum sollten Banker eigentlich lernen? Neue Wege zu gehen bedeutet, mit Aufwand wettbewerbsfähige Spielregeln zu entwerfen, aus bestehenden Spielfeldern auszuscheren und sich der Gefahr auszusetzen, einen Spielverlust hinzunehmen. In solchen Veränderungssituationen wird das Führungsverhalten emotionalisiert und von Abwehrmechanismen (defensive routines), die die eigenen Interessen schützen, geprägt. Das System an Lernblockaden ist folgendermaßen zu beobachten:

Bereits die Entwicklung neuer Spielregeln ist nicht ohne Spannung: Steht die Sicherung des einmal – mit hohem zeitlichem und energetischem Aufwand – Erarbeiteten und Gewohnten (symbolisiert durch klar vorgegebene Kundenstrategien, berechenbare Hierarchieebenen sowie errungene Machtnetzwerke) nicht im Mittelpunkt des Einzelinteresses gegen die aufwendigen Investitionen in das Neue? Transnational agierende Wissenszentren bilden neue Spielfelder, in denen sich Spieler mit besonderem Kapital bewegen. Banken bestehen aus einer Vielzahl von „politischen Feldern", in denen nach jeweils besonderen Regeln „gespielt" wird. Innerhalb des Feldes schreibt eine dominierende Person oder Gruppe die Spielregeln fest. Für die in diesen Feldern agierenden Individuen oder Gruppen ist beispielsweise festgelegt, was für sie möglich und was nicht möglich ist (beispielsweise durch die Knappheit der Ressourcen, die sie in den jeweiligen Spielfeldern begrenzen) oder was erlaubt und was unerlaubt ist (beispielsweise wer überhaupt Lernen darf bzw. wer für Lernen Unterstützung erfährt). Somit legt die Struktur eines Feldes den Individuen und Gruppen Zwänge und Grenzen auf. Zudem sind diese auch durch die Struktur eines anderen, „mächtigeren" Feldes bedingt. Den Mitgliedern ist bewusst, dass sie in dieses gegenwärtige (ihr) „Feld" nur dadurch gelangt sind, als sie ein bestimmtes, oftmals mit großen ökonomischen Aufwendungen erworbenes Bildungskapital beibrachten und sie sich an die bestehenden Spielpraktiken innerhalb des (ihres) Feldes angepasst haben. Ihre Handlungs- und Profitchancen sind in dem gegenwärtigen „Feld", in dem sie sich befinden, berechenbar und auf eine bewährte „Kapitalstruktur" zurückzuführen. Diese Kapitalstruktur bestimmt somit den Zugang zum und den Verbleib im Feld. Sie basiert allerdings nicht nur auf einem ökonomischen Kapitalverständnis, wovon sich das amerikanische Lernverständnis hauptsächlich leiten lässt, also auf ein Austauschverhältnis, auf bloßen Kosten-Nutzen-orientierten Informationsaustausch, auf Profitmaximierung, alles vom ökonomischen Eigennutz geleitet. Kapital bezeichnet auch die Verfügungsgewalt über spezifische Ressourcen wie

- *symbolisches Kapital:* eine bestimmte Form von Prestige, Ruf und Ansehen,
- *soziales Kapital:* ein Netz an institutionellen Beziehungen gegenseitigen Kennens und Anerkennens oder
- *kulturelles Kapital:* spezifische Fähigkeiten und Fertigkeiten.

Diejenigen, die die Kapitalstruktur eines Entrepreneurs nicht mitbringen werden ein solch neues Spielfeld eher meiden oder gar bekämpfen. Lernen verändert (gefährdet) entweder das gesamte Feld, in dem man sich derzeit aufhält, oder entwertet auch „nur" die Kapitalstruktur des Einzelnen (beispielsweise die spezifische Stellung, die man selbst oder ein anderer innerhalb der Struktur des eigenen Feldes bisher eingenommen hat): Ängste treten hervor, dass man den neuen Anforderungen nicht gewachsen ist (Überforderung), die Zielvorgaben wieder unklarer werden (Orientierungslosigkeit) oder seine eingeübten Spielregeln verliert (Macht- und Prestigeverlust). Aus diesen Gründen verbinden die Beteiligten die Teilnahme am Lernen immer mit der Erhaltung ihrer Handlungs- und Profitchancen. Dabei sehen sie Lerngruppen auch als neu etablierte „Kampffelder" an, in denen es um die Wahrung oder die Veränderung der Kräfteverhältnisse geht. Die einen beteiligen sich aus einer *Erhaltungsstrategie* heraus an der Entwicklung von Neuem, damit sich die daraus resultierenden Prozesse und Strukturen in ihre bewährten Grundannahmen und Orientierungen einfügen lassen. Die anderen konzentrieren sich auf die *Strategie der Häresie*, der Infragestellung der etablierten Ordnung, um dadurch die einflussreicheren Positionen zu erobern und die momentan leitenden Führungskräfte mit alter Kapitalstruktur aus ihrer Dominanz zu verdrängen. In Lernprozessen produzieren solch divergierende Verhaltensstrategien sowohl Gewinner als auch Verlierer (vgl. Habelt, 1997, S. 89 ff.). Deshalb gehört das umsichtige Management von Veränderungen vom Beginn einer Vision bis zum Umgang mit „defensive routines" zu den besonderen Fähigkeiten und Fertigkeiten jeden Lernens.

Die Auflösung solcher Lernblockaden und die Impulsgebung für eine lernende Bank ist Aufgabe der Personalentwicklung. Doch die klassische Aus- und Weiterbildung in Banken ist nach wie vor geprägt von der Vermittlung eines technisch-instrumentellen, betriebswirtschaftlichen, managementorientierten und bankspezifischen Wissens. Dynamik, Komplexität und Internationalität der Bankenwelt werden konzeptionell kaum aufgearbeitet. Während in verschiedenen Ländern bereits Konzepte zum Entrepreneurship vorliegen, stellen die Seminarangebote in Deutschland die Anpassung des Mitarbeiters an die gegebenen Strukturen weiterhin in den Vordergrund (Bankangestellte statt Bankmanager). Hingegen setzen transnational wirksame Kundenstrategien neue Kooperations- und Kommunikationsformen voraus, beispielsweise

- eine Veränderungshaltung zu leben: sich mit Themen des Management-of-Change auseinanderzusetzen; Lerngruppen als Basis der Bereichs- und Unternehmensentwicklung zu akzeptieren; Innovationsinitiativen zu fördern;
- von und mit Kunden zu lernen: wettbewerbsfähige Standards zu definieren;
- sich horizontal und vertikal zu vernetzen: in Erfahrungsaustauschgruppen zu kooperieren; mit allen Unternehmensmitgliedern direkt zu kommunizieren;
- für die Entwicklung der eigenen Fähigkeiten und des eigenen Wissens Mitverantwortung zu tragen: Lernpartner bzw. Coaches sowie unternehmerisch denkende Fortbildungsinstitutionen zu suchen;
- sich gegenüber grenzüberschreitenden Rotationen offen zu zeigen: sich nicht nur am lokalen Arbeitsort zu orientieren; Aufenthalte in neuen Märkten als Entwicklungschance zu sehen;
- die eigene Zeit und Karriere zu managen: Zeit entsprechend den innovativen Bereichszielen zu organisieren; sich nicht in traditionelle Laufbahnstrukturen einbinden zu lassen, sondern „lose aneinander gekoppelte Wissenskarrieren“ aufzubauen.

Personalmanagement und Personalentwicklung sind dann scheiternde Bereiche, wenn sie keine strategische Transformation zu mehr „globalorientiertem Unternehmertum“ einleiten. Damit liegt die Fortschrittsfalle in den Banken selbst.

Fazit

Die Verfügbarkeit von erfolgsrelevantem Wissen ist das Thema von Wissensmanagement. Das Ziel ist, dasjenige Wissen zu gewinnen, mit dem ein Unternehmensbereich *nachweislich* (messbar) eine höhere Wertschöpfung erreicht. Dieses Wissen entsteht durch Tun und Lernen – ein Prozess, der Erfahrungswissen von Führungskräften, Mitarbeitern und Kunden dialogisch in Beziehung setzt. Erst dieser Austausch von Informationen ermöglicht neues Wissen. Damit ist es notwendig, in Unternehmen ein Klima für Lernen zu kultivieren. Das wiederum setzt voraus, das tradierte Prinzip der hierarchischen Arbeitsteilung in weiten Teilen aufzugeben und gerade unternehmerisch denkende Führungskräfte für eine Lernkultur sowie eine Strategie des Wissensmanagement zu gewinnen. Gerade auf diese sind Banken im transnationalen Wettbewerb angewiesen:

„While many fledgling MNCs meticulously carry out their expansion plans, they may neglect to step back and think about how they can improve their learning from internationalization process. A domestic company and an MNC are two very different organizations. In the process of transforming the former into the latter, there are many lessons that can be learned by the management. Ray Stata, chairman of Analog Devices, once argued that ‚the rate at which individuals and organizations learn may become the only sustainable competitive advantage.' In the context of internationalization, in order to meet increasing global competition, it is essential that companies learn from their ... experience in an efficient manner. The aim of active learning for an MNC is to use the knowledge gained from ... experience more effectively than its competitors do.

Active learning demands more a change of mind-sets, especially among corporate leaders, than a commitment of resources. Corporate leaders have an important role to play in creating an internal environment conducive to learning. They should encourage experimentation, generation of new ideas, and sharing of experiences. Last but not least, they have to look beyond short-term financial returns and invest in learning activities that enable their companies to raise their global competitiveness" (Tsang, 1999, S. 99).

Den Kunden als Innovator zu betrachten, ist ein erster Schritt in Richtung lernende Bank. Dieses Kundenwissen systematisch und effizient auszuwerten bedeutet, das „Netz weiter auszuwerfen“ als die Konkurrenz und damit eine profitable Kultur unternehmerischen Handelns zu begründen.

Literaturhinweise

Berthoin Antal, Ariane/Dierkes, Meinolf/Hähner, Katrin: Business Perception of Contextual Changes: Sources and Impediments to Organizational Learning. In: Business & Society, Vol. 36, No. 4, December 1997, S. 387-407.

Eriksson, Kent/Hohenthal, Jukka/Johanson, Jan: A Model of Learning in International Business Networks. In: Albach/Dierkes/Berthoin Antal/Vaillant (Hrsg.): Organisationslernen – institutionelle und kulturelle Dimensionen, Berlin 1998, S. 337-353.

Habelt, Wolfgang: Lernen kultivieren – Neue Spielregeln für eine solidarische Organisationsgemeinschaft. In: Wieselhuber & Partner (Hrsg.): Handbuch Lernende Organisation, Wiesbaden 1997, S. 89-100.

– Die PE als Change Agency – Zu den Schwierigkeiten der Personalentwicklung, ihr Selbstverständnis zu erneuern. In: io management, Nr. 7/8, 1998, S. 18-25.

Organisation for Economic Co-Operation and Development / OECD (Hrsg.): Transborder Data Flows, Amsterdam 1985.

Sauvant, Karl P.: International Transactions in Services – The Politics of Transborder Data Flows. Boulder, Colorado 1986.

Strulik, Torsten: Risiko- und Wissensmanagement in Banken. In: Willke, Helmut (Hrsg.): Systemisches Wissensmanagement. Stuttgart 1998, S. 229-260.

Tsang, Eric W.K.: Internationalization as Learning Process: Singapore MNCs in China. In: The Academy of Management Executive, No. 1, 1999, S. 91-101.

United Nations Centre on Transnational Corporations: Transnational Corporations and Transborder Data Flows: Background an Overview. Amsterdam 1984.

– Salient Features and Trends in Foreign Direct Investment. ST / CTC / 14. New York 1983.
– Transnational Banks: Operations, Strategies and their Effects in Developing Countries. ST / CTC / 16, New York 1981.

Zahra, Shaker A.: The Changing Rules of Global Competitiveness in the 21st Century. In: The Academy of Management Executive, No. 1, 1999, S. 36-42.

Die Kommunikation als strategischer Erfolgsfaktor des Direktbank-Pioniers

Bernhard Hafner

1. Die Dynamik des Marktes

Immer mehr Bankkunden managen ihr Geld auf eigene Faust. Sie bezahlen ihre Rechnungen online oder per Telefon, sie entwickeln eigene Anlagestrategien und sie wählen sich selbst ihre Sparkonten, Fonds oder Wertpapiere aus. Ihre Informationen beziehen sie aus der Wirtschaftspresse, aus den Ratgebersendungen in Funk und Fernsehen sowie zunehmend auch aus dem Internet oder aus Online-Diensten. Und dass man Bargeld heute nicht mehr an der Kasse abholt, sondern am Geldautomaten, ist sowieso schon ganz selbstverständlich. Dies wirft freilich die Frage auf, welche Rolle das Kreditgewerbe in Zukunft überhaupt noch spielt. Ganz überflüssig werden die Banken wohl nicht werden. Zumindest braucht man sie noch für die technische Abwicklung von Geldgeschäften und als Bindeglied zwischen den „Gelderzeugern" – also den Notenbanken – und den „Geldverbrauchern" – also den Bürgern. Aber werden Bank und Kunde bald nur noch via Computer miteinander verkehren ohne jeden persönlichen Kontakt? Oder wird umgekehrt die persönliche Beratung angesichts der verwirrenden Informationsflut gerade wichtig? Umfragen belegen jedenfalls, dass auch viele Online-Bankkunden auf eine individuelle Beratung nicht verzichten wollen.

Auch die Direktbanken, die über keine eigenen Filialen verfügen und ihre Kunden vor allem über Telefon, Datenautobahn oder Fax bedienen, gehen immer mehr dazu über, qualifizierte Beratung in das Angebot aufzunehmen. Ihre Kunden nehmen diesen Service besonders dann in Anspruch, wenn sie Fragen oder Probleme haben, die über die Alltagsroutine hinausgehen. Zum Beispiel, wenn sie einen größeren Kredit aufnehmen wollen oder wenn sie das erste Mal Aktien kaufen.

1.1 Live-Schaltung zur Hausbank

Es wird nicht mehr lange dauern, bis Banken und Kunden vorwiegend via Datenfernübertragung miteinander kommunizieren. Wenn sich dann ein Kunde zum Beispiel dazu entschließt, regelmäßig ein paar Euro als zusätzliche Vorsorge für das Rentenalter zurückzulegen, dann wird er vermutlich folgendermaßen vorgehen: Zunächst ruft er per Fernbedienung einen Selbsttest auf, der auf einem multifunktionalen Großbildschirm angezeigt wird. Eine freundliche Stimme fragt ihn nach seinen persönlichen Daten und erkundigt sich nach seinen Einkünften, Sparzielen, Risikopräferenzen, Steuerverhältnissen, Vermögensverhältnissen und so weiter. Die Antworten tippt er entweder mit einer Tastatur ein, oder er diktiert das Ganze in ein Mikrophon. Blitzschnell errechnet das Programm dann, welche Form der Geldanlage und welche monatlichen Raten für seinen speziellen Fall am günstigsten wären. Als weiteren Service sucht der TV-Computer im Internet gleich schon nach passenden Angeboten und druckt sie sofort aus. Mit diesen Vorinformationen stellt der Kunde dann eine Online-Verbindung mit seiner Hausbank her. Auf dem Großbildschirm erscheint dann sein persönlicher Berater, dem er weitere Fragen stellen kann, auch zu den möglicherweise günstigeren Angeboten anderer Banken. Und falls sich der Berater einmal nicht ganz sicher ist, wird schnell ein Experte aus der Fachabteilung zugeschaltet.

Dieses Szenario ist längst keine Fiktion mehr. Allerdings wird es noch eine Weile dauern, bis die moderne Technik so ausgereift ist, dass sie von allen Bankkunden wie selbstverständlich genutzt werden kann. Aber auch heute schon hat jeder die Möglichkeit, sich mit Hilfe spezieller Software im Internet das gerade günstigste Finanzierungsangebot für seine Immobilie heraussuchen zu lassen. Mit seinem Bankberater kann er dann anschließend zwar noch nicht via Video-Konferenz sprechen, aber dafür am Telefon. Einige Direktbanken bieten zum Beispiel eine telefonische Kundenberatung zu allen Fragen des Privat-Bankings – auch zum Thema Kredite und Immobilienfinanzierung – an. Die Erfahrung hat gezeigt, dass es illusorisch ist, alle Bankangebote derart zu standardisieren und zu vereinfachen, dass sie völlig ohne Beratung verkauft werden können. Dann würden die individuellen Wünsche und Bedürfnisse des Kunden unter den Tisch fallen.

Man muss sich einmal vergegenwärtigen, welch enormer Wandel hier stattfindet. Banken befinden sich – solange wir denken können – in soliden Gebäuden mit dicken Mauern; Geld und Wertpapiere stecken in vielfach gesicherten Stahlschränken und Tresoren; diese Banken vermitteln ihren Kunden das Gefühl: Hier ist mein Geld sicher. Plötzlich ist es jedoch möglich, sich hohe Kredite bei irgendeiner x-beliebigen Bank zu besorgen, die kaum ein Kunde je von innen gesehen hat und von der man vielleicht nicht einmal weiß, wo ihr Stammsitz ist. Noch nicht einmal einen leibhaftigen Banker bekommen die Kunden zu Gesicht, allenfalls seine Stimme am Telefon. Und trotzdem hatten bereits bis Ende 1997 mehr als eine Millionen Kunden ein Konto bei einer deutschen Direktbank, also bei einer Bank ohne Filialen, eröffnet.

Im Laufe der neunziger Jahre erlebten die Direktbanken einen Boom, den sie selbst für kaum möglich gehalten hätten. Wie Pilze schossen immer mehr Direktbanken aus dem Boden, häufig als Tochterunternehmen der Großbanken, und unterboten sich gegenseitig mit mehr oder weniger günstigen Angeboten. Viele verstanden Direktbanking zunächst als Billigbanking. „Das Geldgewerbe reitet auf der Aldi-Welle" titelte die „Frankfurter Rundschau" im Dezember 1994. Selbst Albrecht Schmidt, Vorstandsvorsitzender der Bayerischen Vereinsbank, räumte 1995 gegenüber dem „Spiegel" ein: „Die Kunden akzeptieren unsere Preise nicht mehr". In rascher Folge führten Großbanken wie Sparkassen Discount-Konditionen in der einen oder anderen Form ein, sei es bei einer Direktbank-Tochter oder mit einem „Discount-Depot" wie bei der Landesbank Berlin.

1.2 Was der Kunde will

Zweifellos war das ausgeprägte Preisbewusstsein vieler Kunden eine wesentliche Triebfeder der Bereitschaft zum Wechsel zu einer Direktbank. Und einige neu gegründete Institute versuchten, sich den seit Jahrzehnten gehegten Groll gegen steigende Bankgebühren bewusst zunutze zu machen, indem sie sich das Mäntelchen der Discount-Bank umhingen. Aber es war nicht etwa die Kundschaft mit mittlerem oder gar geringem Einkommen, die die billigeren Angebote besonders rege nutzte, es waren die jüngeren, erfolgreichen, gut ausgebildeten und karrierebewussten Kunden, die zu den Direktbanken wechselten. Diese Kunden handeln zwar preisbewusst, aber sie dürften sich auf Dauer nicht von Sonderangeboten, deren Attraktivität im Wettbewerb ohnehin längst abgenommen hat, an ein Institut binden lassen. Vielmehr gelten diese Kunden zugleich als anspruchsvoll und an Service interessiert. In der Sprache der Unternehmensberater von Price Waterhouse lautet das so: „Die Kunden agieren intelligenter und werden anspruchsvoller in ihren Service-Anforderungen." Den Ergebnissen von Infas-Umfragen zufolge erwarten die Kunden von Direktbanken neben transparenten Produkten und attraktiven Konditionen vor allem auch eine gute Betreuung. Der persönliche Service spielt danach für potenzielle Direktbankkunden sogar eine größere Rolle als für den durchschnittlichen Bankkunden. Direktbankkunden wollen nicht zwischen günstigen Konditionen und gutem Service wählen; sie wollen beides.

Die Banken stehen derweil noch stark unter dem Eindruck des verschärften Wettbewerbs. Sie kappen die Kosten, schließen Filialen, basteln an Strategien für das neue technologiebasierte Banking und suchen ihr Heil in Zusammenschlüssen. Diese intensive Beschäftigung mit sich selbst und die zunehmende Fragmentierung der Vertriebsstrukturen und -kanäle stehen einer durchgängigen Kundenorientierung im Wege, die die Voraussetzung für eine nachhaltige Kundenbindung bietet. Was die Unternehmensberatung Andersen Consulting für Wirtschaftsunternehmen im Allgemeinen festgestellt hat, dürfte für viele Kreditinstitute in besonderem Maße zutreffen: Informationen über das, was die Kunden wirklich wünschen, dringen nur selten tief genug in die Organisationen hinein, um dort zu entsprechenden Reaktionen zu führen. Das Ergebnis stellen die Andersen-Experten so dar: „Bedarfsgerechter Service ist rar und die Organisationen neigen zu einem „One-size-fits-it-all"-Ansatz". Aber nicht alle Kunden sind gleich.

Einer Umfrage des Instituts für Bankinformatik der Universität Regensburg zufolge möchten immerhin 35,6 Prozent der deutschen

Bankkunden künftig auch komplexere Bankprodukte, wie zum Beispiel längerfristige Geldanlagen, Lebensversicherungen oder Ratenkredite über elektronische Vertriebswege nutzen können.

Ein weiteres Ergebnis der Studie ist eine neue Typologie der Bankkunden, die von herkömmlichen Segmentierungen deutlich abweicht. Nach Auffassung der Wissenschaftler führen gesellschaftliche Trends, wie das Streben nach Hedonismus, Selbstverwirklichung und Individualität sowie das steigende Bildungsniveau dazu, dass derjenige Anteil der Bevölkerung wächst, der nicht mehr in traditionelle Schichten und Lebensphasen-Konzepte passt. Die Regensburger Experten teilen die neuen Finanztypen in fünf Gruppen ein:

- Der traditionsorientierte Mengenkunde: sehr konservativ, zurückhaltend gegenüber elektronischen Vertriebswegen oder Direktbankangeboten; unteres bis mittleres Einkommen; sehr viele ältere Menschen. Ihr Anteil an der Bevölkerung wird auf rund 20 Prozent veranschlagt.
- Der chancen- und risikoorientierte Kunde: neuen Vertriebswegen gegenüber aufgeschlossen. Viele junge Leute mit relativ hohem Einkommen (Anteil 18,5 Prozent).
- Der rational handelnde gebrauchsnutzenorientierte Kunde: ebenfalls aufgeschlossen gegenüber elektronischen Vertriebswegen; mittleres Alter und hohes Einkommen (Anteil gut 18 Prozent).
- Der spaßorientierte Mengenkunde: nutzt Karten und Automaten; junge Leute; untere bis mittlere Einkommen (Anteil knapp 24 Prozent).
- Der beratungs- und betreuungsorientierte Kunde: ältere Leute, beruflich etabliert; eher ablehnend gegenüber neuen Vertriebswegen, eindeutige Bevorzugung personengebundener Vertriebsformen (Anteil 19 Prozent).

Diese stärkere Differenzierung dürfte auch mit ein Grund dafür sein, dass immer mehr Kunden auf die Beratungs- und Produktangebote von anderen Finanzdienstleistern eingehen. Dem individuellen Anstrich der Kundenberatung durch Vermittler und Makler von Versicherungspolicen am heimischen Wohnzimmertisch hatten die Banken noch nie Gleichwertiges entgegenzusetzen. Dem proaktiven verkäuferischen Ansatz dieser Strategie sah das Kreditgewerbe jahrzehntelang tatenlos zu und verließ sich lieber abwartend darauf, dass die Kunden den Weg in ihre Filialen schon finden werden.

2. Direktbanken – nur ein Verkaufstrick?

Die neuen Direktbanken stellen für das gesamte Bankwesen eine gewaltige Herausforderung dar. Schon allein die attraktiven Konditionen, etwa die hohe Guthabenverzinsung beim Girokonto, haben neue Maßstäbe für die gesamte Branche gesetzt. Allerdings wird den Direktbanken manchmal vorgeworfen, bei ihnen handele es sich gar nicht um einen neuen Typ von Banken, sondern lediglich um eine spezielle Vertriebsform, die dazu diene, die klassischen Bankprodukte kostengünstig an den Mann beziehungsweise die Frau zu bringen. Auf den ersten Blick erscheint dieser Vorwurf nicht ganz unberechtigt. Verkaufen die Direktbanken nicht die gleichen Produkte wie die Filialbanken – Girokonten, Ratenkredite, Sparverträge, Investmentfonds? Nutzen sie dazu nicht bloß andere Vertriebswege – Telefon, Heimcomputer, Fax und so weiter? Es wäre vorschnell, diese Fragen mit Ja zu beantworten. Beim Direktbankkonzept handelt es sich um die folgerichtige Antwort auf die technischen und sozialen Entwicklungen unserer Zeit. Die Möglichkeiten der elektronischen Revolution werden verknüpft mit dem veränderten Verhalten der Kunden. Direktbanking bedeutet vor allem eines: Die Nutzung aller technischen Möglichkeiten, um den berechtigten Erwartungen der Kunden gerecht zu werden.

Die veränderten Bedürfnisse der Kunden haben das sogenannte Direktbanking seit Beginn der neunziger Jahre ungemein belebt. Führte diese Form des Privatkundengeschäfts jahrzehntelang nur ein Schattendasein, überschlugen sich plötzlich die Neugründungen von Direktbanken. Mit aufwendigen Kampagnen in Illustrierten und Tageszeitungen, in Fernsehprogrammen und im Internet warben die neuen Banken um ihre Kunden und setzten damit auch die traditionellen Filialbanken mächtig unter Druck.

„Deutschlands Finanzinstitute wandeln sich. Banking per Telefon, SB-Automat und Internet werden das klassische Schaltergeschäft ablösen", prophezeite die Zeitschrift DM Anfang 1998 unter der Überschrift „Der Tod der Filialen". Immer mehr Kunden würden ihrer Bank oder Sparkasse untreu, heißt es in dem Artikel weiter. Vorbei seien die Zeiten, „als man wie ein Gläubiger zur Kirche gesenkten Hauptes über Stufen empor in die Säulenhalle einer Bank schritt". Vor allem Kunden mit gutem Einkommen handelten „immer öfter kostenbewusst und wechseln zu einer Direktbank, zumindest als Zweitverbindung". Statt lange nach einem Parkplatz zu suchen und sich am Schalter anzustellen, wickeln sie ihre Bankgeschäfte über Telefon, Homecomputer oder Fax ab. Und zwar zu jeder beliebigen Tages- oder Nachtzeit.

Der Anstieg des Interesses der Verbraucher am Direktbanking in den letzten Jahren ist derart beeindruckend, dass manche Direktbank Mühe hatte, dem Ansturm der Kunden gerecht zu werden. Und dieser Trend hält an. Eine Studie des Arbeitskreises der deutschen Direktbanken hat ergeben, dass schon heute fünfzehn Millionen Bankkunden stark am Direktbanking interessiert sind. Und das Kernpotenzial beläuft sich auf 5,3 Millionen Menschen. Von denen hatten die Direktbanken bis 1998 erst rund 1,5 Millionen als Kunden gewonnen. Manche Prognosen schätzen das Potenzial sogar noch optimistischer ein. Eine deutsche Großbank hat zum Beispiel ermittelt, dass im Jahr 2010 nur noch jeder fünfte Bankkunde über die klassische Filiale erreicht wird.

Besonders macht den traditionellen Banken und Sparkassen zu schaffen, dass es gerade die für die Kreditinstitute so interessante Gruppe der Besserverdiener ist, die zu den Direktbanken abwandert. Umfragen von Infratest (1992) und Infas (1996) zeigen, dass in erster Linie kritische und anspruchsvolle Kunden, die Angebote und Leistungen vergleichen, an Direktbanking interessiert sind. Die Direktbank-Affinität, wie die Marketingexperten sagen, steigt dabei mit zunehmendem Einkommen (Haushalts-Nettoeinkommen drei- bis siebentausend DM). Für manchen überraschend mag auch sein, dass das Interesse am Direktbanking nicht vom Alter abhängt. Überdies sind Direktbankkunden politisch interessiert und aufgeschlossen gegenüber Veränderungen. Und sie haben meist Erfahrung mit modernen Kommunikationsmedien. Auch Frauen mit einem überdurchschnittlichen Einkommen zeigen ein zunehmendes Interesse am Telefon-Banking.

Die Direktbanken konzentrieren sich vorläufig noch auf das Geschäft mit Privatkunden. Ihr Vorteil ist, dass sie dank ihrer schlanken und hochautomatisierten Unternehmensorganisation mit vergleichsweise sehr geringen Personal- und Verwaltungskosten auskommen. Dies ermöglicht es ihnen, Bankdienstleistungen zu wesentlich günstigeren Konditionen anzubieten als die Filialbanken. Typische Direktbankangebote sind zum Beispiel das Girokonto mit hoher Guthabenverzinsung oder auch das preiswerte „Discount Brokerage“. Die Weitergabe des Kostenvorteils an die Kunden ist ein wichtiges Wesensmerkmal der Direktbanken.

Mit ihren Angeboten treffen die Direktbanken genau die wunden Punkte des klassischen Privatkundengeschäfts: hohe Gebühren, verwirrende Konditionen und umständliche Produkte. Aufgrund ihrer geringen Fixkosten können Direktbanken alle Standardprodukte einer Hausbank zu besonders guten Konditionen anbieten. Dies reicht von höheren Sparrenditen und niedrigeren Zinsen für Raten-, Dispositions- oder Immobilienkrediten bis hin zu geringeren Gebühren für Wertpapieraufträge und reduzierte Ausgabeaufschläge für Investmentfonds. Direktbankprodukte sind in der Regel jedoch nicht nur günstiger, sie sind auch unkompliziert und kaum erklärungsbedürftig. Die Angebote müssen „einfach“ gestaltet sein, damit sie ohne großen Aufwand am Telefon oder im persönlichen Brief vermittelt werden können.

3. Das neue Gesicht des Bankers

Online-Banking und moderne Kommunikationsmedien dürfen nicht dazu führen, dass Bankgeschäfte unpersönlich und anonym werden. Gerade Kunden, die ihre Bankgeschäfte von zuhause aus erledigen, wünschen sich nach den Ergebnissen unserer Marktforschung, aber auch nach unseren bisherigen Erfahrungen, eine intensive Beratung und Betreuung. Die Kundenbetreuung am Telefon oder in nicht allzuferner Zukunft per Live-Video erfordert freilich von den Mitarbeitern der Banken eine vollkommen andere Qualifikation als in der Vergangenheit. Nicht zuletzt auch deshalb, weil die moderne Technik den Kunden mächtiger macht. Ein Klick mit der Maus und er hat das Angebot der Konkurrenz auf dem Bildschirm. Niemand zwingt ihn, den Sparvertrag oder das Darlehen seiner Hausbank zu nehmen. Und wenn er sich unfreundlich behandelt oder nicht verstanden fühlt, kann er seine Bank wechseln, ohne sich von der Couch erheben zu müssen. Der klassische Bankberater von früher, der sich hinter seinem Tresen verschanzt und dem Kunden gnädig Kredit gewährt hat, wäre hier wohl überfordert. Und sei er fachlich noch so gut qualifiziert. Fachkompetenz allein reicht in diesem Metier in Zukunft nicht mehr aus. Der Bankberater muss auch über soziale Kompetenzen verfügen. Er muss zuhören, aber auch überzeugen können. Er muss es verstehen, sich, seine Kollegen und seine Kunden zu motivieren oder gar zu begeistern. Er muss aber auch mit Frustrationen und Rückschlägen umgehen können. Und da in der Bank der Zukunft flachere Hierarchien bestehen als in den alten Bankapparaten, muss er auch verantwortungsbewusst handeln und selbständig Entscheidungen treffen können. Auch und gerade im Dialog mit dem Kunden.

Früher verbarg sich hinter dem Motiv, Mitarbeiter oder Mitarbeiterin einer Bank zu werden, oft der Wunsch nach einem sicheren Arbeitsplatz und lebenslanger Versorgung. Dies war für Banken auch kein Problem in einer Zeit, in der Habenzinsabkommen und andere gesetzliche Regelungen Schutzgebiete für Kreditinstitute darstellten. Diese Schutzwälle wurden nach und nach aber eingerissen mit der Folge, dass der zunehmende Wettbewerb auch höhere Ansprüche an Qualifikation und Motivation der Bankmitarbeiter stellte. Von einer Dienstleistungsmentalität konnte allerdings trotz allem noch keine Rede sein. Produktion und Abwicklung der Bankgeschäfte standen im Vordergrund. Der Kunde wurde höchstens dann als solcher zur Kenntnis genommen, wenn er sich als wohlhabender Privatkunde offenbarte. Der Zwang zum Gehaltskonto, ohne das kaum ein Bundesbürger auskommt, tat sein Übriges, um die Nachfrage nach Bankdienstleistungen – fast wäre man versucht zu sagen: künstlich – auszuweiten. Diese Zeiten, in denen die Nachfrage nach Bankdienstleistungen größer war als das Angebot, gehören inzwischen der Vergangenheit an. Ein in der

Bankgeschichte beispielloser Verdrängungswettbewerb hat eingesetzt, ausgelöst nicht zuletzt durch die aggressiven Auftritte neu gegründeter Banken.

Engere Margen bei verbessertem Service kann sich nur erlauben, wer den Markt, das heißt die Kunden, und seine laufend verändernden Erwartungen schnell erkennt, weil nur derjenige erfolgreich wirtschaftet, der den Kunden genau das anbietet, was diese haben möchten – nicht mehr, aber auch nicht weniger. Dies ist einer der Gründe, weshalb das Bankgeschäft als „Dialog mit dem Kunden" begriffen werden muss. Nur im Dialog kann wirklich schnell und zuverlässig der sich permanent verändernde Bedarf des Kunden ermittelt werden. Damit wird klar, dass die Dialog- und Kommunikationsfähigkeit zu den wichtigsten Eigenschaften des Bankmitarbeiters gezählt werden muss.

4. Soziale Kompetenz

Die Dialogfähigkeit mit dem Kunden lässt sich freilich nicht nach Belieben ein- oder ausschalten. Sie funktioniert nur dann, wenn die Mitarbeiter permanent, also auch nach innen, einen Dialog pflegen und weiterentwickeln. Dies mag möglicherweise übertrieben erscheinen. Aber es gibt wohl kaum eine menschliche Fähigkeit, die so schwierig zu perfektionieren ist, wie die Kommunikation. Der Erfolg einer Bank wird in Zukunft ganz wesentlich davon abhängen, ob es ihr gelingt, die Kommunikation mit den Kunden zu perfektionieren. Das wird zum Beispiel deutlich, wenn ganz allgemein gesprochen wird über die Wichtigkeit funktionierender informeller Strukturen für den Unternehmenserfolg. Damit ist doch gemeint, dass die im informellen Netz „miteinander können" und durch ihr „miteinander reden" dafür sorgen, dass zumindest die wichtigsten Defizite im formalisierten Organisationsbereich sich nicht negativ auswirken.

Wichtig ist dabei eine Kommunikation nicht nur auf der horizontalen Ebene, sondern mehr noch auf der vertikalen Ebene, und zwar in beide Richtungen, nach oben genauso wie nach unten. Dies zu betonen ist in einem Land mit ausgeprägt autoritärer Vergangenheit besonders wichtig. Natürlich sind ein kooperativer Führungsstil und eine teamorientierte Unternehmenskultur nicht automatisch und unter allen Umständen richtig. In einem Geschäftsfeld wie dem modernen Banking, das sich dadurch auszeichnet, dass es sich in einem dynamisch entwickelnden Markt und mit den unterschiedlichsten Strategien rasch entwickelt, und dies in einer Konkurrenzsituation, in der man den Eindruck gewinnen kann, dass Geld – zumindest kurz- und mittelfristig – keine Rolle spielt, in einer derartigen Situation gibt es keine Alternative. Hier ist eine Kultur gefragt, in der sichergestellt ist, dass die besten Ideen gewinnen und nicht die Ideen der ranghöchsten Mitarbeiterinnen und Mitarbeiter oder gar nur die Ideen des Vorstands.

Es führt kein Weg daran vorbei: Gerade das moderne Banking braucht Mitarbeiter, die den neuen Anforderungen und dem beschriebenen Beziehungsgeflecht gewachsen sind. Aber was sind das nun für konkrete Eigenschaften, die Mitarbeiter entweder mitbringen oder in Trainings erlernen müssen? An vorderster Stelle sei neben der Fachkompetenz, an der es freilich auch in Zukunft nicht mangeln darf, die „Fähigkeit zur Vertrauensbildung" als wichtiger Persönlichkeitsaspekt sozialer Kompetenz genannt. Gebraucht werden Mitarbeiter,

- die den Kunden nur solche Dienstleistungen anbieten, von denen sie überzeugt sind, dass sie auch im Interesse des Kunden liegen. Ehrlichkeit ist die notwendige Bedingung für Vertrauensbildung – vorausgesetzt, man wählt die richtige Form. Vertrauen wird selten erreicht, wenn egoistisch gesagt wird, was man denkt, ohne Rücksicht auf den Empfänger.

- die sich einfühlen können. Insbesondere in Ansichten, Meinungen und Vorlieben der Kunden, mit denen diese eine so enge Beziehung eingegangen sind, dass sie sich nur unter hohem Verlust von Lebensqualität davon trennen können. Ein Mensch widerspricht einem Menschen oft nur deswegen, weil ihm die Art, wie etwas gesagt wird, nicht gefällt. Im Antipathiefeld haben Fakten bestenfalls Zwangscharakter, erzeugen aber kaum Änderungsbereitschaft. Absichten tun niemandem weh, konkrete Verhaltensweisen können aber soziales und psychisches Leben verletzen, beziehungsweise heilen. Gerade die Kundenbetreuer einer Bank müssen darüber nachdenken, was ihre Aussagen bewirken und nicht, in welcher Absicht sie erfolgten.

- die in der Lage sind, dem Kunden aufmerksam zuzuhören. Ansonsten nutzen auch die beiden vorangenannten Fähigkeiten nichts. Wer spricht, erfährt nichts. Wer permanent redet, hat keine Chance zu erkennen, wer der Kunde wirklich ist und was er will. Statt den Kunden zu unterbrechen, sollte er ihn ermutigen, in seiner Rede fortzufahren. Die Fähigkeit des richtigen Zuhörens kann in ihrer Bedeutung für eine vertrauensvolle Beziehung gar nicht hoch genug eingeschätzt werden. Wenn der Kunde den Eindruck gewinnt, dass der Bankmitarbeiter ihn versteht, ist er auch bereit, offen und ehrlich seine Meinung über die angebotenen Dienstleistungen zu sagen. Ohne eine derartige Rückkoppelung wird es für die Bank schwer, schnell genug die richtigen Entscheidungen zu treffen. Die Fähigkeit des Zuhörens kann auch nicht durch andere Arten von Befragungen ersetzt werden. Bei unklaren Informationen empfiehlt sich das sogenannte „Spiegeln“, eine Technik, bei der man inhaltlich unverfälscht das Gesagte mit anderen Worten wiederholt. Das Gefühl, verstanden zu werden, stärkt Vertrauen und führt zu weiterer Sprechenergie.

- die sich selbst zurücknehmen können. Es geht schließlich nicht um einen Ego-Trip des Mitarbeiters, sondern um ein Anliegen des Kunden. Das heißt natürlich nicht, dass der Mitarbeiter auf die Gesprächsführung verzichten sollte. Im Gegenteil: als Fachmann wird dies sogar von ihm erwartet – allerdings mit der nötigen Behutsamkeit und dem notwendigen Einfühlungsvermögen.

- die es verstehen, das Vertrauen anderer zu gewinnen. Ohne das Gefühl des Kunden, dass er sich auf „seinen“ Bankmitarbeiter und damit auf seine Bank verlassen kann, ohne dieses Gefühl der Zuverlässigkeit lässt sich keine Vertrauensbeziehung herstellen. Zuverlässigkeit und Ehrlichkeit im Handeln fördert die Bereitschaft, etwas für „wahr“ zu halten, nur weil es ein anderer sagt – ohne dass dieser es begründet.

Bei einem derartigen Verständnis von Dienstleistung nimmt – ganz allgemein – das Dienen einen hohen Stellenwert ein. Man dient einer Sache, einer Idee, den internen Kunden, also den Mitarbeitern, und den externen Kunden. Bankmitarbeiter, die dieses nicht anerkennen, müssen von ihrem Sockel geholt werden. Sie müssen lernen, dass der Bankangestellte von morgen mehr sein muss als nur ein Finanzfachmann. Er muss genauso auch ein Psychologe sein und ein Pädagoge und manchmal auch ein Sozialarbeiter.

5. Das intelligente Konto

Vor allem die Direktbanken brachten durch eine bis vor wenigen Jahren nicht für möglich gehaltene Produkt- und Servicequalität eine neue Dimension in das Bankgewerbe. Man denke nur an die Verzinsung der Guthaben auf den Gehaltskonten, die teilweise sogar die Höhe von Tagesgeldern im Interbankengeschäft erreichen, an die Bargeldversorgung, die im Extremfall weltweit kostenlos zur Verfügung gestellt wird oder an den persönlichen Service, der gelegentlich schon rund um die Uhr angeboten wird. Das sind keine moderaten Verbesserungen der bisherigen Dienstleistungen, das sind die viel zitierten Quantensprünge. Auch wenn bisher viele dieser Banken noch nicht profitabel wirtschaften, so erscheint es doch kaum vorstellbar, dass dieser Trend wieder rückgängig gemacht werden könnte.

Dass die Kunden auch in Zukunft auf eine persönliche Betreuung nicht verzichten wollen, wurde schon mehrmals erwähnt. Gleichzeitig muss es aber auch das Ziel der Banken sein, den Beratungsbedarf so gering wie möglich zu halten. Dies kann durch ein einfach zu handhabendes und leicht verständliches Angebot erreicht werden. Die Leistungen müssen „rationell produzierbar, transparent, gut strukturiert und damit auch wenig erklärungsbedürftig sein und können demnach unter Verwendung geeigneter Marketinginstrumente einfach und effizient kommuniziert werden", wie es der in Leipzig lehrende Prof. Helmut Pischulti ausdrückt. Nach seiner Ansicht sollten die Produkte darüber hinaus ein genau definiertes, vom Verbraucher wahrzunehmendes Nutzenprofil aufweisen. Aus Effizienzgründen soll sich die Produktpalette dabei prinzipiell auf diejenigen Leistungen beschränken, die seitens der Kunden auch tatsächlich nachgefragt werden.

Als ein Schlüsselprodukt für das filiallose Banking hat sich in den vergangenen Jahren das Girokonto herauskristallisiert. Zwar unterscheiden sich die Konditionen von Anbieter zu Anbieter, jedoch ist allen gemeinsam eine günstige Grundgebühr sowie eine relativ hohe Verzinsung der Guthaben.

Während die Kosten eines traditionellen Girokontos oft furchtbar unübersichtlich sind, weil sie sich aus Monatspauschalen, mehreren Einzelposten zusammen und nicht selten aus zusätzlichen Extraspesen für besondere Leistungen zusammensetzen, wird bei den neuen Angeboten Wert auf unkomplizierte Transparenz gelegt. Dennoch handelt es sich dabei nicht um schlichte Einfachangebote für geringe Ansprüche. Ganz im Gegenteil: Die Angebote müssen ganz besonders intelligent gestaltet sein, damit der Kunde sie schnell versteht und sie ohne Schwierigkeiten nutzen und auch vergleichen kann. Man kann dies als „produktimmanenten Beratungseffekt" bezeichnen, weil diese Angebote ohne lange Erklärungen verkauft werden können. Wie dies in der Praxis aussieht, zeigt das Beispiel „Direktkonto", das Girokonto der Allgemeinen Deutschen Direktbank. Für Guthaben auf diesem Konto gibt es stets gute Zinsen – im September 1998 zum Beispiel 3,0 Prozent – und zwar von der ersten Mark an. Sockelbeträge oder Stufenverzinsungen würden nur Verwirrung stiften. Die Gebühren für dieses Konto belaufen sich auf acht Mark im Monat – einschließlich EC- und VISA-Karte, einschließlich Euroschecks, einer unbegrenzten Zahl von Buchungen sowie einem Kontoauszug im Monat. Das „Intelligente" an diesem Angebot besteht aber nicht nur an den klaren Konditionen. Vielmehr erleichtert es dem Kunden das Cash-Management erheblich, weil es für ihn nicht nur die Funktion eines Girokontos übernimmt, sondern gleichzeitig auch die eines Sparbuchs, die eines Festgeldkontos und die eines Geldmarktfonds. Der Kunde braucht seine Guthaben nicht mehr zwischen verschiedenen Konten hin und her zu überweisen, er muss nicht auf Fälligkeiten achten und hat trotzdem eine Verzinsung, die sogar deutlich über der vieler Tagesgeldkonten liegt.

Der Anspruch, dass Bankprodukte in Zukunft einfach gestaltet sein sollen, schließt freilich nicht aus, dass diese Angebote ein möglichst hohes Maß an individueller Gestaltungsmöglichkeit und Flexibilität aufweisen. Die Zeit der standardisierten Sparpläne – sieben Jahre Laufzeit, viereinhalb Prozent Zinsen – wird bald vorbei sein. Der Kunde der Zukunft will selbst bestimmen, wann sein Sparvertrag fällig ist, wie seine Ersparnisse gestreut werden (Aufteilung in Aktien, Anleihen, Immobilien, Bankdarlehen und anderes), ob das Geld fest gebunden oder auch früher verfügbar ist, ob die Sparraten regelmäßig oder je nach Bedarf eingezahlt werden usw. Bankprodukte der Zukunft müssen flexibel genug sein, alle diese individuellen Wünsche zu berücksichtigen und danach für jeden Kunden die persönliche Rendite zu berechnen.

Der Trend zu Bankprodukten, die die Anpassung an persönliche Präferenzen ermöglichen, wird sich durchsetzen. Schon heute ist es finanztechnisch kein Problem, Darlehen oder Geldanlagen mit individuellen Laufzeiten, Zinssätzen sowie Aus- oder Rückzahlungsmodalitäten zu konstruieren. Durch die technische Entwicklung wird dieser Trend gefördert. Trotzdem müssen diese Produkte leicht zu verstehen, bequem zu handhaben und gleichzeitig preiswert sein. Einfach, schnell und kostengünstig: „Einfach" im Sinne von „easy" und nicht von „simple". Aber auch die einfachsten, die schnellsten und die kostengünstigsten Produkte werden alleine auf Dauer keinen Erfolg garantieren. Eine entscheidende Rolle kommt – wie oben begründet – auch dem persönlichen Service und der individuellen Beratung zu.

Fazit

Nicht zuletzt aufgrund der rasanten Entwicklung in der Informations- und Kommunikationstechnologie hat sich bereits in der letzten Dekade der Markt der Finanzdienstleistungen radikal verändert. Das Ende der traditionellen Filialbanken ist ebenso absehbar wie die große Zukunft der Direktbanken. Erfolgreich werden aber nur jene Direktbanken sein, die konsequent eine partnerschaftliche Beziehung zum Kunden aufbauen.

Literaturhinweise

Belz, Christian: Strategisches Direct Marketing, Wien 1997.

Booz Allien & Hamilton: Internet Banking in Europe: A Survey of Current Use and Future Prospects, Studie 1997.

Droege & Comp.: Customer Banking. Kundenorientierung – Nutzen schaffen und verkaufen, Wiesbaden 1997.

Giesler, Harry: Direkt-Marketing bei Banken. Ein Instrument der Qualitätspolitik, Wiesbaden 1993.

Hafner, Bernhard: Abschied vom Portemonnaie. Banken im Umbruch, Frankfurt a. M. 1999.

Hahn, Oswald: Die Bedeutung der menschlichen Qualität innerhalb der Bankleistung, in: Die Bank 3/1982.

Lange, Thomas A./Maleki, Nader (International Bankers Forum, Hrsg.): Die Banken auf dem Weg ins 21. Jahrhundert – Strategien und Konzepte, Wiesbaden 1996.

Pischulti, Helmut: Das Telefon – wird es ein eigenständiger Vertriebsweg?, in: bank und markt 12/1993.

Aspekte der Kommunikationsstrategie einer Direktbank

Jens-Peter Knoblauch

1. Ausgangslage und Zielsetzung

Die Zukunft der Filialbanken stellten nicht wenige in Frage, als Mitte der Neunzigerjahre nahezu alle im Privatkundengeschäft agierenden Geschäftsbanken Organisationseinheiten für den Direktvertrieb von Bankdienstleistungen aufbauten: Im Januar 1995 gründete die Commerzbank als erste Großbank mit der Comdirect Bank eine Direktbank. Drei Monate später folgte die Berliner Bank mit der Bank GiroTel und die Deutsche Bank-Tochter, Bank 24, nahm im 2. Halbjahr 1995 ihren Betrieb auf. Die Bayerische Hypotheken- und Vereinsbank verfügt mit der 1994 gegründeten Direkt Anlage Bank ebenso über eine Direktbank wie die Dresdner Bank-Gruppe mit dem Erwerb der 1996 errichteten Advance Bank.

Prognosen, in absehbarer Zeit werde ein nicht geringer Teil aller Bankkunden zu Geschäftspartnern von Direktbanken, untermauerten die Notwendigkeit, Direktvertriebseinheiten zu errichten; denn die Ergebnisse dieser Analysen lassen sich als Belege für den Wandel der Bedürfnisse der Kunden in der täglichen Kommunikation interpretieren.

In der „Potenzialstudie Direktbanken/Discount Broker 1997" des Arbeitskreises Direktbanken (Hrsg. Bankenfachverband e.V., Bonn 1997) wird für Direktbanken das Kernmarktpotenzial auf 5 Mio. und das Gesamtpotenzial auf 21 Mio. Kunden veranschlagt. Die Spiegel-Studie „Soll und Haben 4" (Hrsg. Spiegel Verlag, Hamburg, 1996) ermittelt einen Anteil von 36 % der deutschen Bevölkerung, der sich gegenüber Direktbanken aufgeschlossen zeigt. Die Advance Bank sieht ein bundesweites Potenzial direktbankaffiner Kunden von mehr als

20 Mio. Menschen, entsprechend 20-30 % aller privaten Bankkunden (vgl. G. Kutscher, 1997, S. 21).

Es entstand das Bild des als konvenienz- und technikaffin zu charakterisierenden Kunden, der, sich des Telefons und Internets bedienend, Bankgeschäfte von zu Hause oder dem Büro aus abwickelt. Aus Sicht der Kreditwirtschaft galt es, dieses Kundenverhalten zu antizipieren, oder sich der Gefahr auszusetzen, im Wettbewerb Nachteile zu realisieren.

Nachdem seit der Gründungswelle der Direktbanken einige Zeit vergangen ist, erscheint es lohnend, unter der Perspektive „Direktbanken – Banken der Zukunft“ der Frage nachzugehen, inwieweit bereits jetzt die erwarteten Veränderungen in der Kommunikation mit dem Bankkunden eingetreten sind.

Ziel dieses Beitrages ist es, Aspekte, die für den Wandel in der Kommunikation zwischen Kreditinstituten und ihren Kunden sprechen, aufzuzeigen und anhand von Beispielen zu belegen, dass es richtig ist, die traditionellen Vertriebswege durch neue, auf modernen Techniken fußend zu ergänzen.

2. Der Kunde-Bank-Kontakt im Wandel

Die Art und Weise des modernen Kontakts zwischen Kreditinstituten und ihren Kunden umschreiben eine Fülle von Begriffen wie beispielsweise Telefon-Banking, Front Office Banking oder Home Banking, über deren Bedeutung und Gebrauch weder in der Bankpraxis noch in der bankbetriebswirtschaftlichen Theorie und erst recht nicht in der breiten Bevölkerung Einvernehmen besteht. Von daher und vor allem mit Blick auf die weitere Argumentation im Zuge dieses Beitrags gilt es, klare und eindeutige Sprachregelungen zu treffen (vgl. U.G. Baxmann, 1997).

Ganz allgemein lässt sich der Kunde-Bank-Kontakt in den dreidimensionalen Kombinationen der Antworten auf die Fragestellungen

1. wer kommuniziert?
2. wie, über welches Medium wird der Kontakt gehalten?
3. wo findet der Kontakt statt?

beschreiben, wobei jede dieser Fragestellungen wiederum unterschiedliche subsummierte Ausprägungen abstrahiert (vgl. U. G. Baxmann, 1997).

Die Frage, wer kommuniziert?, beinhaltet sowohl den Mensch-Maschine-Dialog als auch den Mensch-zu-Mensch-Kontakt, wobei auf Seiten der Kreditinstitute zu differenzieren ist, welche Funktionen die Handelnden im klassischen Produktionsprozess der Bankdienstleistung wahrnehmen: Agieren sie als direkter Ersteller der Leistung (Back Office) oder fungieren sie als reine „Schnittstelle“ zu Kunden, als Berater (Front Office), der Kundenaufträge akquiriert, mitformuliert und zur Produktion an das Back-Office weiterleitet? Dabei kann der Kontakt zum Kunden grundsätzlich über den traditionellen Informationsträger Papier oder über elektronische Mittler gehalten werden.

Dem räumlichen Aspekt, wo findet der Kontakt statt?, kommen grundsätzlich drei Ausprägungen zu: Stationär, mobil sowie ohne persönlichen Kontakt zu Bankmitarbeitern (vgl. Abbildung 1). Der Würfel veranschaulicht nicht nur die Wandlungsfähigkeit des Kunde-Bank-Kontakts, sondern liefert einen ersten Ansatz für die These, das Direktbanking präge die Zukunft im Vertrieb von Bankdienstleistungen. Denn nach der aus dem Würfelschaubild ableitbaren Definition des Direktbanking als der Möglichkeit für die Kunden, unabhängig vom Standort des Kreditinstituts räumlich unmittelbar Bankgeschäfte abzuwickeln und Finanzdienstleistungen abzufordern, werden die Entwicklungsschritte des traditionellen stationären Banking in Abhängigkeit vom technischen Fortschritt deutlich.

3. Vom Call-Center zum Kommunikations-Center

Die unaufhaltsame Entwicklung im Bereich der Digitalisierung der Telefon-, Radio-, Fernseh- und Datenübertragungsnetzwerke bringt bislang völlig isoliert zu betrachtende Medien zusammen. Dies spiegelt sich insbesondere in der Ausrichtung der Call-Center als Kommunikationsschnittstellen wider. Die Bank GiroTel hat diesen Trend frühzeitig erkannt und das Kommunikationsspektrum ihres Call-Cen-

Abbildung 1: Drei Möglichkeiten des Kunde-Bank-Kontaktes

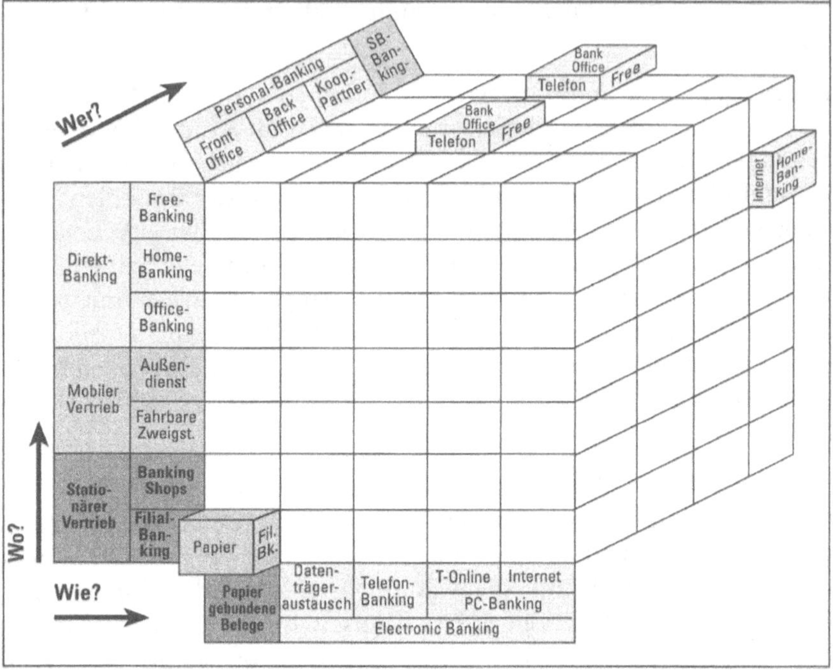

Quelle: U. G. Baxmann, 1997

ters technisch innovativ um das Video-Banking und die E-Mail-Funktionalitäten erweitert, um kundenbedarfsgerecht eine neue Dimension des Bankgeschäfts zu etablieren.

Die Video-Banking-Technik harmoniert mit den Anforderungen nach einfachen und bequemen Transaktionen und ermöglicht durch den zusätzlichen Sichtkontakt Kunde/Mitarbeiter eine noch persönlichere und vertrauensvollere Kommunikation. Für jedermann zugänglich kann dieser neue Kommunikationsweg im Rahmen des laufenden Forschungsprojektes „Video-Banking“ in drei „virtuellen Testfilialen“ in Einkaufszentren in Berlin, auf Rügen und in Greifswald erlebt und ausprobiert werden.

4. Funktionalität der virtuellen Bankfiliale

Der Kunde betritt mit Hilfe seiner ec-Karte die „virtuelle Filiale". Hier kann er sich im Internet zunächst ausführlich über das Angebot der Bank GiroTel informieren oder Bankgeschäfte tätigen. Soweit entspricht der Service in etwa dem Angebot, das die meisten Banken im Internet heute vorhalten. Wendet sich der Kunde nun allerdings mit konkreten Fragen an den Betreuer im Call-Center, zeigen sich die innovativen Möglichkeiten, die in der neuen Lösung stecken. Per Mausklick wird ein Mitarbeiter im Call-Center angewählt, der an seinem PC-Arbeitsplatz sitzt und über ISDN mit der virtuellen Filiale verbunden ist. Er baut eine Videokonferenzschaltung auf, sodass sich Kunde und Betreuer sehen und direkt miteinander kommunizieren können.

Der Mitarbeiter kann den Kunden aktiv unterstützen, indem er in die beim Kunden laufende Browser-Anwendung eingreift (Application Sharing). Die auf seinem Betreuer-PC angezeigten Informationen übermittelt er dem Kunden über ISDN auf den Bildschirm oder veranlasst bei Bedarf einen Ausdruck über den Drucker in der „virtuellen Filiale".

Hat der Kunde seinerseits Fragen zu seinem Kontoauszug oder anderen Schriftstücken, legt er sie seinem Betreuer mit Hilfe einer Dokumentenkamera „virtuell" vor.

Die vorangeschrittene Entwicklung der Videokonferenzschaltung lässt Kunden ihre eigene virtuelle Filiale von zu Hause aus „eröffnen". Da das Video-Banking eine zeit- und kostensparende Kundenbetreuung ermöglicht, setzt es einen zukunftsweisenden Meilenstein im Wettbewerb des Direktbankgeschäfts. Mit Blick auf die bisher gesammelten Erfahrungen aus dem Kontakt mit Kunden ist eine hohe Akzeptanz zu erwarten; ähnlich jenem Trend, der sich in der Telefon-Kommunikation herausgebildet hat.

5. Wandel in der Akzeptanz der Kommunikationswege

Als die Bank GiroTel mit Aufnahme ihres Geschäftsbetriebes im Juli 1995 ihren Kunden die Möglichkeit bot, in direktem persönlichen Kontakt mit den Mitarbeiterinnen und Mitarbeitern des Call-Centers Bankgeschäfte 24 Stunden an sieben Tagen in der Woche vorzunehmen, hätte dies noch als „Marketing-Gag“ eingeschätzt werden können, da dieser Service in der Regel an Werktagen vor- und nachmittags in Anspruch genommen wurde. Mittlerweile nutzen die Kunden der Bank GiroTel dieses Angebot nicht nur regelmäßig am Wochenende; vor allem hat sich erwiesen, dass über 30 % aller Geschäftsvorgänge außerhalb der banküblichen Öffnungszeiten von 8.00 bis 17.00 Uhr getätigt werden (die Angabe bezieht sich auf das durchschnittliche Anrufaufkommen an einem Tag bei der Bank GiroTel auf Basis des Jahres 1998 einschließlich Sonnabende, Sonntage und Feiertage. Den Zeitraum von 8.00 bis 17.00 Uhr zugrunde gelegt, fallen über 32 % aller Kundenkontakte außerhalb der banküblichen Geschäftszeiten an), und es ist nachweisbar, wie sich dieser Block im Laufe der Zeit kontinuierlich verstärkt und sukzessive weiter in die Nacht hinein verschiebt. Dies gilt insbesondere für die Internet-Kommunikation, die mit der Bank GiroTel zu fast 50 % außerhalb der üblichen Öffnungszeiten der Filialbanken stattfindet.

Damit belegt diese Entwicklung den Nutzen des Direktbanking ebenso, wie absehbar erscheint, dass sich, nicht zuletzt gestützt durch die Funktionalitäten des Internet, neue Verhaltensweisen herausbilden (vgl. HB 227/97, S. 21).

6. Die Bedeutung des Internet

Für die nächsten Jahre wird nicht nur für Europa, sondern weltweit ein rapider Anstieg der Umsätze über kommerzielle Webseiten prognostiziert. Die Innovationszyklen neuer Kommunikationstechnologien verkürzen sich nahezu exponentiell.

Abbildung 2: Kundenkontakte zum Call-Center der Bank GiroTel

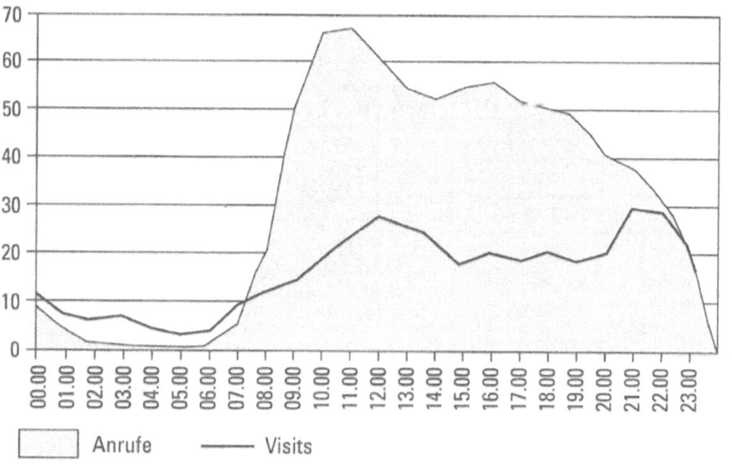

In den USA benötigte das Telefon noch 38 Jahre und das Telefax 22 Jahre, um 10 Mio. Nutzer zu erreichen. Das Handy schaffte es in acht Jahren und das World Wide Web verfügt bereits nach drei Jahren über 10 Mio. User (Booz Allen & Hamilton, FEC, 1996-1997).

Bezogen auf das Internet erscheint eine ähnliche Entwicklung für deutsche Verhältnisse nicht unrealistisch, denn die infrastrukturellen Voraussetzungen für das Internet stellen sich in kaum einem Land der Welt besser dar: In Deutschland liegt – weltweit gesehen – jeder dritte ISDN- und Breitbandkabelanschluss. Hier ist das Telefonnetz vollständig digitalisiert und das Mobiltelefonnetz zählt zu den dichtesten der Welt. Über fünf Millionen Bundesbürger nutzen bereits regelmäßig das Internet und die monatliche Wachstumsrate in Höhe von rund 10 % verspricht eine geradezu explosionsartige Entwicklung.

Diese Fakten verdeutlichen die Gefahr, im Wettbewerb Nachteile zu erleiden, falls es der Kreditwirtschaft nicht gelingt, neue Technologien in ihre Kommunikationsstrategien zu integrieren.

Abbildung 3: Akquisitionsdauer für 10 Mio. Kunden in den USA

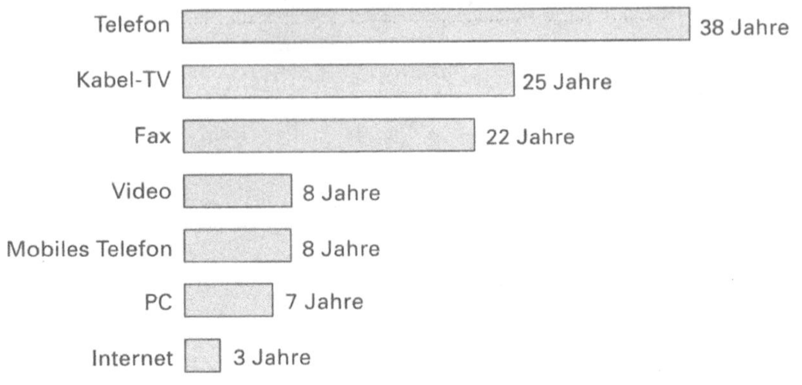

7. Das Internet als multifunktionaler Vertriebsweg

Die Vorteile des Internet definieren sich über die multiple Verwendbarkeit einer Vielzahl von Funktionen, die in der klassischen Kommunikation verschiedenster Module und Kommunikationsträger bedürfen. So ist es durch das Medium Internet möglich, über vielfältigste Maßnahmen (Online-Marketing) neue Interessenten zu gewinnen und sie bei geringem Aufwand mit aktuellen Informationen zu versorgen. Gleichzeitig steigert sich die Präsenz des werbenden Unternehmens im Markt und steht über gezielte Firmen- und Produktinformationen den einzelnen Interessenten- und Kundengruppen adäquat zur Verfügung. Eine Summe von Maßnahmen und Zielen, die früher, im klassischen Sinne, durch einen Media-Mix kommuniziert wurden.

Auch die von vielen Unternehmen noch nicht ernst genug genommenen Analysen der Zielgruppen zur Entwicklung neuer Produktvarianten sowie zur Sicherung und zum Ausbau vorhandener Marketingstrategien leisten diverse Auswertungs-Tools über das Internet.

Vor diesem Hintergrund gilt es, die Kommunikationsleistung des Internet von zwei Seiten aus zu beleuchten. Einerseits aus der Sicht des Site-Betreibers – am Beispiel der Bank GiroTel – und andererseits aus der Perspektive des Nutzers und seines Verhaltens im Netz.

Basis der Internet-Aktivitäten der Bank GiroTel bildet der strategische Ansatz, nur ein gutes Produkt, das im Rahmen eines zeitgemäßen Internetauftritts präsentiert wird, kann Nutzer, die durch zielgruppenadäquate Maßnahmen auf die Sites kommen, auch dort halten. Im nächsten Schritt gilt es, den Site-Besucher als Kunden zu gewinnen, um ihn dann durch Internet-Relationship-Marketing an die Bank GiroTel zu binden. Parallel greifen Maßnahmen des Cross-Selling.

Diese unterstützen die technischen Funktionalitäten des Internet, das als einziges Medium Nutzern erlaubt, Anzeigen zu lesen, spezielle Produktinformationen anzufordern und das Produkt oder die Dienstleistung sofort zu kaufen.

8. Besonderheiten der Internet-Kommunikation

Die aktuellen Erkenntnisse aus dem Bereich der Internet-Nutzung zugrunde legend, darf die Online-Kommunikationsstrategie einer modernen Direktbank nicht allein darauf ausgerichtet sein, Werbebotschaften zu verbreiten. Vielmehr bedarf es einer Strategie, die den Aufbau von Kundenbeziehungen und Markenbewusstsein fördert. Hinzu kommt, dass der Internet-Nutzer regelmäßig Wert auf kurze, d. h. Zeit und Geld sparende Kontakte legt.

Dieser Anspruch erfordert ein modernes Web-Werbe-Modell, das den Internet-Nutzer mit einbezieht, ihn persönlich auf seine aktuelle Lebenssituation anspricht. Daher orientiert sich der Internet-Auftritt der Bank GiroTel auf der Grundlage eines modernen Web-Werbe-Konzepts am Nutzerverhalten der Internet-Nutzer.

Empirische Studien zu Wahrnehmungen von Web-Sites zeigen, dass 3/4 der Nutzer das Textangebot nicht detailliert, sondern extensiv lesen. Sie überfliegen Texte und bleiben nur bei markanten Stellen hängen. Dies liegt einfach daran, dass das Lesen am PC viel anstrengender und langsamer ist als beispielsweise das Lesen einer Zeitschrift. Je kürzer die Internet-Texte gehalten sind, umso stärker steigt der Nutzwert. Keineswegs bestätigt sich jedoch der vielleicht naheliegende Schluss, Textpassagen würden im Vergleich zum Layout und techni-

Abbildung 4: Web-Seite der Bank GiroTel

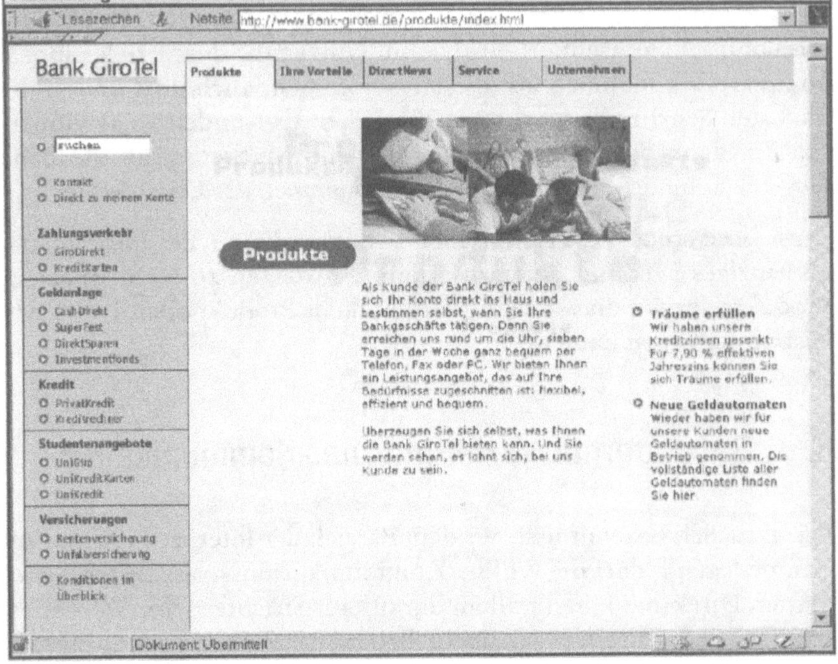

schen Features immer als minder interessant oder weniger wichtig wahrgenommen. Es kommt in erster Linie auf die Gestaltung der Texte an.

Texte konzeptionell zu gestalten lohnt sich; denn diese Passagen haben nicht nur einen großen Einfluss auf die Glaubwürdigkeit der Kommunikation, sondern auch auf die Recall- und Wiedererkennungswerte einer Web-Site. Dies liegt im Blickverhalten des Nutzers begründet. Im Gegensatz zur klassischen Blickverlaufskurve im Printbereich (von links oben nach rechts unten) richtet sich der Blick des Internet-Nutzers während des Web-Site-Aufbaus auf die Mitte des Bildschirms. In diesem Bereich sollte sich der Textblock befinden, da der Blick des Nutzers erst nach Aufbau der Site auf Navigationselemente und Titelzeilen schweift.

9. Werkzeuge im Internet

Bei der Bannerwerbung handelt es sich zwar um die derzeit meistbenutzte Methode der Online-Werbung, um Besucher auf eine neue Web-Site aufmerksam zu machen, doch bieten Online-Marketing und Web-Site Promotion noch weitere interessante Spielräume für den Anbieter einer Web-Site:

- Autoresponder
- Online-Kooperationen
- eMail-Coupons
- Communities
- Chat Rooms
- Newsletter
- Search Engine Optimierung

Hinter diesen Werkzeugen verbergen sich Möglichkeiten der Kommunikation, die keineswegs allen Nutzern bekannt sind und von den Anbietern bei weitem nicht umfassend genutzt werden.

Die Bank GiroTel stellt im Rahmen ihres vertriebsorientierten Ansatzes die Produktwerbung in den Vordergrund und nutzt derzeit neben der Bannerwerbung die Module Linktausch, Search-Engine-Optimierung und die Möglichkeit einer Online-Kooperation, um den Traffic auf der eigenen Web-Site zu erhöhen.

Der Präsenz auf Suchmaschinen und Portalen kommt eine besondere Bedeutung zu; denn fast jede Informationssuche startet dort. Portale zählen deswegen zu den Seiten im Internet, die sich höchster Zugriffszahlen erfreuen und bilden das ideale Umfeld für Unternehmen, die ihre Web-Präsenz erhöhen wollen. Eine Web-Site so zu gestalten, dass der Zugriff jeder Suchmaschine optimiert wird, ist zwar kaum realisierbar, jedoch haben sich einige beachtenswerte Voraussetzungen herausgebildet.

Da die meisten Suchmaschinen und Kataloge die Web-Sites der Unternehmen, die mehrere sogenannte Keywords im Titel führen, besser platzieren als jene mit nur einem oder gar keinem Keyword, ist die Auswahl des richtigen Titels der Web-Site nicht zu vernachlässigen.

Auf der Keyword-Funktion baut das Keyword-Advertising auf, das dem Site-Betreiber ermöglicht, Links und Banner nur bei bestimmten Stichworten anzeigen zu lassen. Diese Technik erlaubt eine zielgruppengenaue Ansprache und minimiert die Streuverluste, indem z. B. die Eingabe des Suchbegriffs „Kredit" dem Nutzer gezielt die bestimmte Seite und nicht das Gesamtangebot der Bank GiroTel aufzeigt.

Dabei zählt die Bannerwerbung derzeit (noch) zu den am häufigsten praktizierten Werbeformen im Internet, obwohl die durchschnittliche Click Through Rate, das erfolgreiche Durchklicken eines Banners, durch Web-Site-Besucher stetig sinkt; denn erfahrene Web-Nutzer lassen sich kaum von der eigens angewählten Web-Site wegholen. Waren es vor 1996 noch mindestens 2,5 % der Web-Site-Besucher, die auf einen Banner klickten, liegt die Click Through Rate gegenwärtig nicht selten unter 0,5 %.

Diese Entwicklung gibt jedoch keinen Anlass, Banner-Werbung aus der Online-Kommunikation auszugrenzen. Es kommt vielmehr darauf an, in welchem Umfeld ein Banner (Keyword-Advertising) platziert und wie er gestaltet ist.

10. Der Internet-Auftritt der Bank GiroTel

Der zentrale Leitgedanke bei der Konzeption des Internet-Auftritts der Bank GiroTel ist: Der Internet-Nutzer bleibt Herr des Mediums. Er will agieren und die Zügel in der Hand halten. Im Internet gibt es keine Einbahnstraßen, aus denen er nicht sofort wieder herauskommt; denn er nutzt ein interaktives Medium, ein Medium, das er selbst steuert.

Diesem Verhalten hat sich der Site-Betreiber anzupassen. Texte müssen so konzipiert sein, dass der Leser einfach und schnell aktiv werden kann, etwas sinnvolles zum Anklicken hat. Dabei gilt es, den Grundsatz „mit maximal drei Klicks bis zum Ziel" nicht aus den Augen zu verlieren.

Dem trägt das den Vertrieb von Bankprodukten fokussierende Web-Angebot der Bank GiroTel Rechnung, d. h. der Nutzer kann sich von

Abbildung 5: Homepage einer Produkt-Werbung der Bank GiroTel

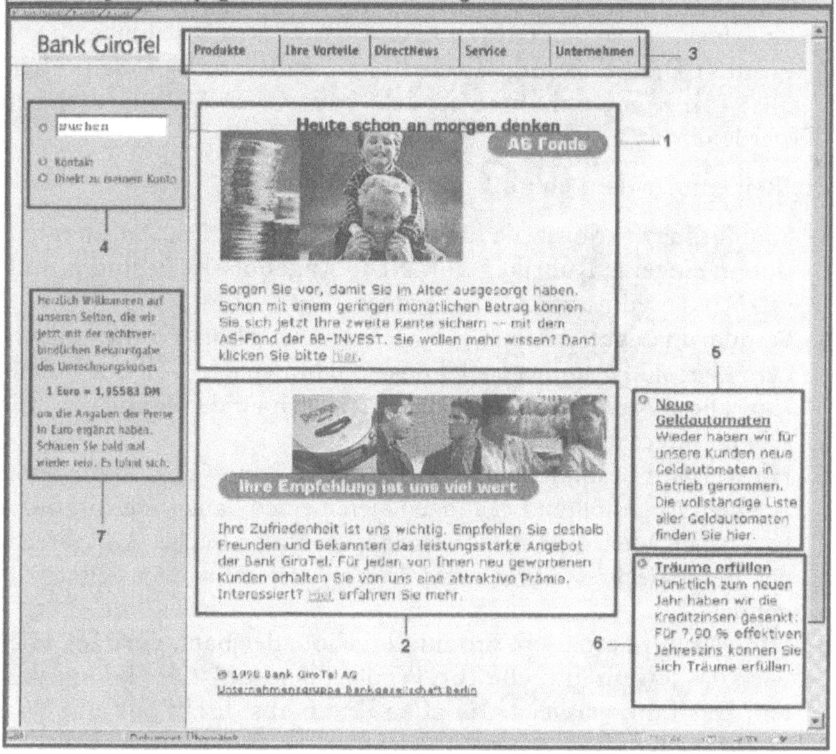

jeder Stelle des Angebots aus mit höchstens drei Mausklicks einen Produktantrag auf seinen PC herunterladen.

In der Praxis hat die mit dem jüngsten Relaunch des Internet-Auftritts verbundene durchgehende Bewerbung spezieller Produkte über alle Seiten unmittelbar zu Erfolgen geführt. Sind vorher nur ca. 30 % der Nutzer über die Homepage hinaus tiefer in das Internet-Angebot eingestiegen, so interessieren sich nach dem nutzerbedarfsorientierten Relaunch durchschnittlich 2/3 aller Besucher für insgesamt 3,2 Seiten. Die mittlere Verweildauer eines Visits sowie die daraus resultierenden Downloads von Produktanträgen sind ebenso wie die Kontoeröffnungen um jeweils das Dreifache gestiegen.

1. Bewerbung eines Produkts/einer Dienstleistung für Neukunden: Dieser Punkt soll mit einem aktuellen Thema Interessenten ansprechen und zu einem tieferen Einstieg in das WWW-Angebot animieren.
2. Produkt/Dienstleistungs-Bewerbung für Bestandskunden: Hierüber soll Kundenbindung erreicht bzw. Cross-Selling betrieben werden.

Die Reihenfolge der Punkte 1 und 2 ist variabel.

3. Standardnavigationszeile für einzelne Rubriken: Das Angebot teilt sich in einzelne Rubriken auf. Neue Angebotsseiten sind grundsätzlich diesen Rubriken zuzuordnen.
4. Standardnavigationszeile für wichtige Angebots-Grundfunktionen: Hier sind grundlegende Funktionalitäten der Web-Site hinterlegt. Diese Navigationszeile orientiert sich an den Standards, die sich im Internet durchgesetzt haben.
5. Hinweis auf besondere Seiten/Module im Bank GiroTel-Angebot: Die hier vorgestellten Leistungen bieten einen bank- oder produktbezogenen Mehrwert (Geldausgabeautomaten-Suche, Anlagerechner, Rentenrechner, Foren usw.). Dieser Link ist auf allen Seiten vorhanden.
6. Hinweis auf besondere Produktangebote der Bank GiroTel: Hier wird das jeweils aktuelle Top-Produkt der Bank GiroTel angeboten. Der Link verweist von allen Seiten aus direkt auf eine Produktseite und dient ebenso wie der Punkt 5 dem aktiven Vertrieb.

Die Punkte 5 und 6 können in der Reihenfolge variiert werden.

7. Sonderaktion: Über die oben genannten Punkte hinaus besteht die Möglichkeit, zeitlich begrenzte Aktionen an dieser Stelle einzubinden (z. B. Gewinnspiele). Dies kann mittels Text oder über animierende Grafiken erfolgen.

Diese Vorgehensweise bestätigt das Leitbild strategischer Visionen des als konvenienz- und technikaffin zu charakterisierenden Bankkunden und untermauert die These, dass der Auf- und Ausbau des Direktbanking eine dem allgemeinen technischen Fortschritt folgende, letztlich nicht aufhaltbare Entwicklung darstellt.

Die Verknüpfung der über das Internet generierten Nutzerdaten mit den über die herkömmlichen Medien gewonnenen Daten ermöglicht schon heute eine niemals zuvor existierende Grundlage für ein effizientes One-to-One-Marketing, das jedem Kunden individuell angepasste Produktangebote präsentiert.

Ausblick

Gemessen an nachweisbaren Verhaltensmustern eines Kunden-Segments ist es richtig, die traditionellen Vertriebswege durch neue, auf modernen Techniken fußend, zu ergänzen.

Vor diesem Hintergrund wird es nur eine Frage der Zeit sein, bis sich neueste Technologien auf breiter Front durchgesetzt haben. Das ist die Chance für die Direktbanken. Wenn sie es schaffen, sich dem Wandel in den Kommunikationswegen zu stellen und eine den Kundenbedürfnissen adäquate und betriebswirtschaftlich effiziente Gestaltung des Kunde-Bank-Kontakts anzubieten, dann sind sie die Banken der Zukunft, auch wenn eine Polarisierung der Vertriebswege Filial- versus Direktbanken festzustellen ist.

Literaturhinweise

U. G. Baxmann: Überlegungen zur Neugestaltung bankbetrieblicher Vertriebswege, Vortrag zum Bankseminar in Lüneburg am 15.4.1997.

G. Kutscher: Direktbank strebt Alleinstellung an, in: Handelsblatt Nr. 225, 1997, S. 21.

o.V.: Hilfe bei der Suche nach der richtigen Bank, in: Handelsblatt Nr. 227, 1997, S. 21.

Die Autoren

Claudia Dillenberger, geboren 1965, Diplomökonom, ist seit 1998 Leiterin Marketing Finanzprodukte bei der Santander Direkt Bank AG, Frankfurt. In dieser Funktion ist sie für die Produktentwicklung und die Vermarktung der Bankprodukte verantwortlich.

Dr. Robert Ertl, Diplomkaufmann, war Mitarbeiter am Lehrstuhl von Prof. Dr. Anton Meyer. In Forschung und Lehre beschäftigte er sich mit Fragen des Dienstleistungs- und Finanzmarketing, der Marktforschung sowie des Qualitätsmanagements. Er ist Lehrbeauftragter an der Ludwig-Maximilians-Universität, München, sowie Dozent an diversen Instituten für Erwachsenenbildung. Jetzt ist er Projektleiter bei der ServiceBarometer AG, München.

Dr. Johannes W. Feuling, geboren 1960, führt ein Büro für Wirtschaftskommunikation und Unternehmensentwicklung. Nach dem Studium der Philologie folgte parallel zur Arbeit in Werbeagenturen die Promotion. Seit einem Jahrzehnt begleitet und berät er Unternehmen der verschiedensten Größenordnungen bei der erfolgreichen Anpassung ihrer Interessen an die neuen kommunikativen Bedürfnisse des nationalen und internationalen Marktes.

Ulf Geismar, geboren 1962 in Bursvik, Schweden, ist Vorstandsvorsitzender der Santander Direkt Bank AG, Frankfurt, seit Gründung des Instituts im Dezember 1994 (vormals Banco Santander S. A., Visa Card Services) und Verwaltungsratsmitglied von VISA Deutschland e. V.

Lenard J. W. Goedeke, geboren 1967, Diplom-Volkswirt, 1995-1997 bei der Westdeutschen Landesbank, Düsseldorf, 1997-1998 bei Ipsos Deutschland (ehemals GFM-Getas/WBA GmbH), Leiter Dienstleistungs- und Finanzmarktforschung. Seit 1999 GfK Marktforschung, Division Manager Finanzmarktforschung.

Prof. Dr. Wolfgang Habelt ist seit 1997 Professor für Dienstleistungsmanagement an der Berufsakademie Stuttgart. Aktuelle Arbeitsschwerpunkte sind: Strategische Unternehmensentwicklung, Service-/Kundensysteme für Dienstleistungsorganisationen, Kulturentwicklung in Unternehmen sowie Europäisches Management. Bisherige Dozenten- und Beratungstätigkeiten im Bankensektor u. a.bei der Bankakademie und der Vereinigung für Bankberufsbildung (vbb) sowie verschiedenen deutschen und schweizerischen Banken.

Bernhard Hafner, Studium der Wirtschafts- und Sozialwissenschaften. Während verschiedener Stationen im In- und Ausland qualifizierte er sich als Spezialist für Geld- und Devisengeschäfte. 1991 trat er in den Vorstand der DiBa Allgemeine Deutsche Direktbank AG ein und übernahm 1996 den Vorsitz. Eine von ihm entwickelte neue Bewertungsmethode zu Devisentermingeschäften ist unter seinem Namen in die Fachliteratur eingegangen.

Thomas Holtrop, geboren 1954, Einzelhandelskaufmann; nach dem Studium verschiedene Anstellungen in den Bereichen Marketing, Presse- und Öffentlichkeitsarbeit im In- und Ausland. 1995 als Generalbevollmächtigter am Aufbau der Bank 24 AG, einer 100%igen Tochter der Deutsche Bank AG, beteiligt. Seit September 1999 ist er Mitglied des Vorstandes bei der Deutschen Bank 24 AG und verantwortlich für das Ressort Marketing.

Jens-Peter Knoblauch, geboren 1939, nach Banklehre und Studium der Rechtswissenschaften wichtige Positionen in verschiedenen Bankhäusern. Seit 1996 Sprecher des Vorstandes der Bank GiroTelAG, Hannover, in Personalunion als Mitglied des Vorstandes der ALLBANK.

Prof. Dr. Knut Kühlmann, Studium der Wirtschaftswissenschaften, dann u. a. Assistent am Lehrstuhl für Allgemeine Betriebswirtschaftslehre bei Prof. Dr. F. X. Bea an der Universität Stuttgart-Hohenheim und Promotion. Seit 1977 Professor an der Berufsakademie Stuttgart und Leitung des Fachbereichs Versicherung mit Schwerpunkt Versicherungsmarketing.

Wolfgang J. Kuhn, geboren 1954, Kaufmann, Gründer und seit 1997 Geschäftsführer der Hypotheken-Discount GmbH. Schwerpunkte des Direktvertriebsprofis: Direktvertrieb von schwierigen Finanzprodukten wie Baufinanzierungen und der telematische Vertrieb von Lebensversicherungsprodukten.

Joachim Lorenz, geboren 1971, Diplomkaufmann. Seit November 1999 ist er bei BMW Financial Services als Inhouse Consultant für Marketing, Vertrieb, Controlling und Risikomanagement tätig. Parallel dazu betreut er die Restrukturierung repetitiver Geschäftsprozesse sowie die Realisierung einer prozessorientierten Einzelgeschäftskalkulation.

Norbert M. Massfeller, nach Banklehre und Studium der Betriebswirtschaftslehre Anstellungen bei Kreditinstituten, u. a. widmete er sich als Mitglied der Geschäftsführung der Eurocard International S.A., Brüssel, dem Aufbau des Kreditkartengeschäfts in Europa. Er war wesentlich an der Konzeption der „Quelle Bank" sowie dem Aufbau des Direktbankgeschäfts der Volkswagen Bank beteiligt. Seit 1994 ist er Vorstandsvorsitzender der neu gegründeten Volkswagen Financial Services AG, der Finanzdienstleistungs-Holding des Volkswagen-Konzerns.

Prof. Dr. Anton Meyer ist Ordinarius für BWL und Marketing an der Ludwig-Maximilians-Universität München. Zahlreiche wissenschaftliche und praxisorientierte Veröffentlichungen zu Fragen des Dienstleistungs-Marketing, Mitglied der „International Academy of Services Research and Education", der „International Service Quality Association", des Herausgeberbeirates von Fachzeitschriften. Er ist Initiator und wissenschaftlicher Leiter des Deutschen Kundenbarometers.

Prof. Dr. Thomas Schempf, geboren 1963, seit Herbst 1998 Professor für Betriebswirtschaftslehre mit den Schwerpunkten Rechnungswesen, Investition, Finanzierung sowie Bank- und Finanzwirtschaft an der Deutsch-Ordens Fachhochschule Riedlingen.

Karl Matthäus Schmidt, geb. 1970, Diplomökonom, Vorstand der ConSors Discount-Broker AG, die er 1994 gründete und mit Hilfe seines Konzeptes innerhalb von fünf Jahren zum Discount-Broker Nummer 1 in Deutschland machte.

Prof. Dr. Dr. Jürgen Singer, geboren 1949, seit 1996 Professor für Bankwesen an der Universität Leipzig. Nach Banklehre und Studium der Wirtschaftspädagogik an der Friedrich-Alexander-Universität Erlangen-Nürnberg, Promotion und Habilitation. Zahlreiche Veröffentlichungen zu Themen der Bankpolitik.

Dr. Frank Stenner, geboren 1945, seit 1992 Vorsitzender der Geschäftsführung der BMW Bank GmbH München. In dieser Funktion verantwortet er das Finanzdienstleistungsgeschäft für die Sparte Finanzdienstleistungen der BMW Group in Deutschland.

Prof. Dr. Uwe Swoboda, geboren 1963, Bankkaufmann und Diplomökonom, studierte an der Friedrich-Alexander-Universität Erlangen-Nürnberg sowie am Institut d'Etudes Politiques in Strasbourg und in Aix-en-Provence internationales Management und Marketing. Seit Oktober 1997 Professor für Marketing, insbesondere Finanzdienstleistungsmarketing mit den Schwerpunkten Finanzmarktforschung, Kundenzufriedenheitsforschung, internationales Marketing, Dienstleistungsmarketing sowie strategisches Marketing an der Berufsakademie Stuttgart.

Rüdiger Szallies, Diplomkaufmann, war Geschäftsführer der GfK Marktforschung. Ab 1. Juli 1993 geschäftsführender Gesellschafter der icon Forschung & Consulting GmbH, Nürnberg. Forschungsgebiete: Analyse und Projektion gegenwärtiger bzw. zukünftiger Verbrauchereinstellungen und Verhaltensweisen; zu diesem Thema zahlreiche Publikationen. Verantwortlich für den Aufbau der Finanzmarktforschung in Deutschland seit 1973.

Dr. Heinz Wings, geboren 1952, Diplomkaufmann und Bankfachwirt, ist seit 1991 stellvertretender Vorstandsvorsitzender der Sparda-Bank Hamburg e.G. und seit 1998 auch Vorstandsvorsitzender der NetBank AG, eines Unternehmens der Sparda-Banken. Er ist Autor von Veröffentlichungen u. a. zu den Themen Bankstrategie/Bankcontrolling, Lean Banking, Informationstechnologie und Redaktionsbeirats-Mitglied der Zeitschrift „Geldinstitute".

Jan Wohlschiess, Diplomökonom, ist seit 1995 Database-Marketing-Spezialist im Bereich Marketing Resarch bei der HVB Direkt GmbH (hundertprozentige Tochtergesellschaft der Bayerischen Hypo- und Vereinsbank AG). Engagement und Aufbau: Weiterentwicklung des konzernweiten Data Warehouse für Privatkunden und die Implementierung von Kampagnenmanagement-Software. Seit 1993 auch als freier Unternehmensberater für die Bereiche Software-Engineering und Data-Base-Marketing tätig.